普通高等教育电子信息类系列教材

MATLAB
在电子信息类专业中的应用

杨毅明　著

机械工业出版社

本书从基础开始，首先介绍 MATLAB 的特点和基本用法，然后逐章介绍 MATLAB 的函数、矢量、复数、矩阵、数组、逻辑和符号的运用。各章按 MATLAB 的运用类别进行讲述，并配有通信与电子专业的课程实例。这些实例在各章节的安排都遵循一个原则——从基础到专业，内容包括计算机基础、电路分析、电子线路、信号与系统、电磁场与电磁波、数字信号处理、信息论与编码技术、数字图像处理、计算机通信、通信与网络原理、通信电子线路、天线与电波传播、随机信号分析等。

全书实例尽可能使用基本运算符和常见函数来编程，以便读者快速理解问题并利用好数学解决问题。

本书可作为电子信息类或相关专业本科生的参考教材，也可供相关技术人员阅读。

图书在版编目（CIP）数据

MATLAB 在电子信息类专业中的应用/杨毅明著. —北京：机械工业出版社，2022.1（2025.1 重印）

普通高等教育电子信息类系列教材

ISBN 978-7-111-70085-2

Ⅰ.①M… Ⅱ.①杨… Ⅲ.①Matlab 软件 - 应用 - 电子信息产业 - 高等学校 - 教材 Ⅳ.①F49

中国版本图书馆 CIP 数据核字（2022）第 008691 号

机械工业出版社（北京市百万庄大街 22 号　邮政编码 100037）

策划编辑：路乙达　　　　　责任编辑：路乙达
责任校对：郑　婕　王　廷　封面设计：张　静
责任印制：邓　博
北京盛通数码印刷有限公司印刷
2025 年 1 月第 1 版第 2 次印刷
184mm×260mm・20 印张・485 千字
标准书号：ISBN 978-7-111-70085-2
定价：60.00 元

电话服务　　　　　　　　网络服务
客服电话：010-88361066　机　工　官　网：www.cmpbook.com
　　　　　010-88379833　机　工　官　博：weibo.com/cmp1952
　　　　　010-68326294　金　书　网：www.golden-book.com
封底无防伪标均为盗版　机工教育服务网：www.cmpedu.com

前　　言

在如今这个科技和数学互相促进和发展的时代，数学在大学理工科的课程里所占的比重越来越大。如何能让学生加深理解数学所描述的问题，减少学生在已知数学方程上的计算时间，并提高学生用数学描述问题和解决问题的能力，是亟待解决的问题。

计算机的普及使得数学软件 MATLAB 在高校中流行开来，编者从 2002 年开始使用 MATLAB，在实践中获益良多，想要将自己的经验与大家分享，但愿能对上述问题有所贡献。

考虑到有些读者初次接触 MATLAB，本书先介绍 MATLAB 的特点和基本用法，然后再由浅入深地介绍 MATLAB 的函数、矢量、复数、矩阵、数组、逻辑和符号的运用。

本书旨在配合理工科的教学过程，各章节的实例顺序均按大学基础课到专业课涉及的数学问题的顺序进行安排：计算机基础、电路分析、电子线路、信号与系统、电磁场与电磁波、数字信号处理、信息论与编码技术、数字图像处理、计算机通信、通信与网络原理、通信电子线路、天线与电波传播、随机信号分析等。

这些课程的对象小到电子，大到太空，研究它们的规律，预测它们的行为，数学是最好的工具。而在求解方程时，不少过程看似简单，计算却十分烦琐。计算机能帮助我们避免烦琐的计算，优秀的软件就像驾驭计算机的灵魂，好的方法更能帮助我们快速解决数学问题。

为了配合 MATLAB 的编程技巧，本书还介绍了一些分形数学和复数域着色的趣味例题，希望能抛砖引玉。

由于时间和精力有限，难免出现一些错误，恳请广大读者批评指正。

杨毅明

目 录

前言

第1章 MATLAB 的特点和基本用法 … 1

1.1 变量都是数组 … 1
1.1.1 电功率 … 2
1.1.2 负反馈放大器 … 2
1.1.3 电阻电路 … 3

1.2 元素都是复数 … 3
1.2.1 正弦量的相量 … 3
1.2.2 一个复数一个点 … 4
1.2.3 正弦稳态电路 … 4
1.2.4 一元二次方程 … 5

1.3 默认矩阵运算 … 6
1.3.1 算术运算 … 6
1.3.2 多项式的根 … 7
1.3.3 三角形和星形电路 … 7
1.3.4 序列的频谱对称性 … 8
1.3.5 非均匀量化 … 9

1.4 编程格式 … 10
1.4.1 星形和三角形电路 … 10
1.4.2 相量分析法 … 11
1.4.3 阻抗的相量模型 … 12
1.4.4 互感电路 … 13
1.4.5 信号发生器 … 14

1.5 先简后难地学 … 15
1.5.1 直流稳压电源 … 15
1.5.2 等差数列与求和 … 15
1.5.3 极坐标画图 … 15
1.5.4 圆柱坐标画图 … 16
1.5.5 巴特沃斯滤波器的设计 … 17

1.6 指令名符其实 … 19
1.6.1 矩阵的平均值 … 19
1.6.2 数字的制式转换 … 19

目　录

1.6.3　图像的代数运算 20
1.6.4　数字滤波器的结构 21
1.7　不会就找 help 22
1.7.1　基本矩阵和矩阵操作 22
1.7.2　基本数学函数 23
1.7.3　支持和工具箱 24
本章小结 25
练习题 25

第 2 章　函数的运用 27

2.1　数学函数 27
2.1.1　二极管 27
2.1.2　整流 28
2.1.3　部分分式展开 28
2.1.4　静电场的电位 30
2.1.5　均匀平面电磁波 30
2.1.6　离散时间傅里叶级数 31
2.1.7　切比雪夫滤波器的设计 32
2.1.8　混频器 33
2.2　矩阵函数 34
2.2.1　信号的基本运算 35
2.2.2　微分方程的求解 36
2.2.3　噪声音乐 37
2.2.4　采样定理 38
2.2.5　离散傅里叶变换 38
2.2.6　不归零二进制码 40
2.2.7　四进制码 40
2.2.8　双调谐回路的耦合因数 41
2.2.9　双边带调幅 42
2.2.10　三踪示波器 42
2.2.11　网格坐标 43
2.3　专业函数 45
2.3.1　信号的频谱 45
2.3.2　系统的频率响应 46
2.3.3　信号的滤波 47
2.3.4　惠更斯元辐射场 49
2.3.5　天线阵的方向性 49
2.3.6　数据的平均值 50
2.3.7　直方图均衡 50

2.4 添加新函数 ... 51
2.4.1 联合熵 ... 52
2.4.2 静电场的分离变量 ... 53
2.4.3 模数转换的原理 ... 54
2.4.4 双线性变换法 ... 55
2.5 匿名函数 ... 57
2.5.1 离散时间信号 ... 57
2.5.2 静电场的电场强度 ... 57
2.5.3 正弦波创作音乐 ... 58
2.5.4 判断信号的相似程度 ... 58
2.5.5 并联谐振回路 ... 59
2.5.6 时域的信号分解 ... 60
本章小结 ... 61
练习题 ... 61

第3章 矢量的运用 ... 64
3.1 归类变量 ... 64
3.1.1 复阻抗 ... 64
3.1.2 一阶电路的响应 ... 65
3.1.3 谐振电路 ... 66
3.1.4 电磁场矢量的乘积 ... 66
3.1.5 自信息和熵 ... 67
3.1.6 信源编码定理 ... 68
3.1.7 模拟信号的幅度量化 ... 69
3.1.8 电子束的隔行扫描 ... 69
3.1.9 模数转换的增量调制 ... 70
3.2 设置步长 ... 72
3.2.1 时谐电磁场 ... 72
3.2.2 良导体的趋肤效应 ... 73
3.2.3 滤波器的原型 ... 74
3.2.4 信号的内插 ... 75
3.2.5 简单的图像处理 ... 76
3.2.6 随机变量 ... 78
3.3 代替循环 ... 79
3.3.1 复导纳和复阻抗 ... 79
3.3.2 条件信息 ... 80
3.3.3 信息熵 ... 81
3.3.4 数据的方差 ... 81
3.3.5 光的反射系数 ... 82

目 录

- 3.4 调整变量的位置 ··· 83
  - 3.4.1 双极型晶体管 ··· 83
  - 3.4.2 电压放大倍数的伯德图 ··· 84
  - 3.4.3 谐振回路的品质因数 ··· 85
- 3.5 循环套循环 ··· 86
  - 3.5.1 平面电磁波 ··· 86
  - 3.5.2 对称振子天线 ··· 88
  - 3.5.3 信号的自相关 ··· 89
  - 3.5.4 滤波器的滤波 ··· 92
  - 3.5.5 离散傅里叶变换 ··· 93
- 3.6 元素运算 ··· 94
  - 3.6.1 连续时间周期信号的频谱 ··· 94
  - 3.6.2 线性时不变系统的正弦响应 ··· 95
  - 3.6.3 卷积的过程 ··· 96
  - 3.6.4 最大熵定理 ··· 97
  - 3.6.5 线性调制 ··· 98
- 本章小结 ··· 99
- 练习题 ··· 100

第4章 复数的运用 ··· 103

- 4.1 复数矢量 ··· 103
  - 4.1.1 曲线艺术 ··· 103
  - 4.1.2 平面电磁波的极化 ··· 104
  - 4.1.3 帕斯维尔定理 ··· 106
  - 4.1.4 移动声源的波 ··· 107
  - 4.1.5 雷达系统 ··· 109
  - 4.1.6 部分分式展开 ··· 110
- 4.2 复数共轭 ··· 111
  - 4.2.1 解微分方程 ··· 111
  - 4.2.2 解差分方程 ··· 113
  - 4.2.3 系统函数的频谱 ··· 114
  - 4.2.4 频谱的共轭对称 ··· 115
  - 4.2.5 快速傅里叶变换的应用 ··· 116
  - 4.2.6 脉冲响应不变法 ··· 118
- 4.3 复数平面 ··· 119
  - 4.3.1 连续时间系统 ··· 119
  - 4.3.2 离散时间系统 ··· 121
  - 4.3.3 两种复平面的映射 ··· 122
- 4.4 几何变换 ··· 123

4.4.1 图形的旋转和平移 ··· 123
   4.4.2 图形的拉伸 ··· 124
   4.4.3 图形的镜像变换 ··· 125
   4.4.4 毕达哥拉斯树 ·· 125
   4.4.5 像素的位置变换 ··· 127
 4.5 空间变化 ··· 128
   4.5.1 模拟系统的幅频空间 ··· 129
   4.5.2 数字系统的幅频空间 ··· 130
   4.5.3 复频率和复变量的空间映射 ··································· 130
 4.6 复数域着色 ·· 131
   4.6.1 复函数的四维空间 ··· 132
   4.6.2 模拟系统的四维空间 ·· 132
   4.6.3 数字系统的四维空间 ·· 133
 本章小结 ··· 134
 练习题 ··· 134

第5章 矩阵的运用 ·· 137

 5.1 矩阵的表示 ·· 137
   5.1.1 表示方程组 ·· 137
   5.1.2 表示位置 ··· 137
   5.1.3 表示飞机 ··· 138
   5.1.4 表示文字 ··· 139
   5.1.5 表示赫兹 ··· 140
 5.2 方程组的矩阵 ·· 141
   5.2.1 基尔霍夫定律 ·· 141
   5.2.2 网孔电流法 ·· 142
   5.2.3 节点电压法 ·· 142
   5.2.4 信道的平均互信息 ··· 143
   5.2.5 最小化最大准则 ·· 143
 5.3 矩阵变化 ··· 147
   5.3.1 天线的方向图 ·· 147
   5.3.2 窗序列的频谱比较 ··· 148
   5.3.3 数据内插 ··· 150
   5.3.4 条件熵 ··· 150
   5.3.5 二项式分布 ·· 151
   5.3.6 迭代和优化 ·· 152
 5.4 矩阵修改 ··· 153
   5.4.1 离散卷积 ··· 153
   5.4.2 图像平移 ··· 154

5.4.3	回声	155
5.4.4	差分方程的数值计算	156
5.4.5	图像的锐化	157
5.5	矩阵重塑	158
5.5.1	卡塞格伦天线	158
5.5.2	图片拼接	160
5.5.3	脉冲成形和眼图	161
5.5.4	心电图	162
5.6	矩阵拓展	164
5.6.1	十进制变二进制	164
5.6.2	泰勒级数和正弦波	165
5.6.3	图像中值滤波	166
5.6.4	数字的脉冲形成	167
5.6.5	基带信号调制	169
5.6.6	混响	170
5.7	二维变量	170
5.7.1	电位与电场强度	171
5.7.2	静态场的边值问题	172
5.7.3	短时傅里叶变换	173
5.7.4	二维正态分布	175
本章小结		176
练习题		176

第6章 数组的运用 · 178

6.1	表示复杂的事物	178
6.1.1	彩色图像和视频	178
6.1.2	火柴棍小人	180
6.1.3	多维随机变量	181
6.1.4	正交频分复用	181
6.1.5	奔跑的小人	183
6.2	简化大型数据运算	184
6.2.1	定积分运算	184
6.2.2	连续时间傅里叶变换	185
6.2.3	二维离散傅里叶变换	186
6.2.4	离散余弦变换	189
6.2.5	正交幅度调制和解调	190
6.3	数组分析与组合	192
6.3.1	图像的灰度变换	192
6.3.2	图像的对比度拉伸	194

- 6.3.3 照片的修饰 ··· 195
- 6.3.4 照片的伪彩色 ··· 196
- 6.3.5 萨巴蒂效果 ··· 197
- 6.4 仿真信号发生器 ··· 198
  - 6.4.1 函数发生器 ··· 198
  - 6.4.2 扫频信号发生器 ··· 199
  - 6.4.3 机械函数发生器 ··· 200
  - 6.4.4 时钟发生器 ··· 202
  - 6.4.5 测试卡 ··· 203
- 6.5 信号变换 ··· 204
  - 6.5.1 正交相移键控 ··· 204
  - 6.5.2 伪随机数 ··· 207
  - 6.5.3 正态分布 ··· 207
  - 6.5.4 图像的插值 ··· 209
  - 6.5.5 图像的抽取 ··· 212
- 6.6 信号处理 ··· 213
  - 6.6.1 边界的傅里叶描述子 ··· 213
  - 6.6.2 图像噪声 ··· 214
  - 6.6.3 图像压缩 ··· 216
  - 6.6.4 数字水印 ··· 219
  - 6.6.5 图像平滑 ··· 220
  - 6.6.6 图像的腐蚀 ··· 222
- 本章小结 ··· 224
- 练习题 ··· 224

第7章 逻辑的运用 ··· 228

- 7.1 映射 ··· 229
  - 7.1.1 波形变换 ··· 229
  - 7.1.2 文字编码 ··· 230
  - 7.1.3 文字解码 ··· 231
  - 7.1.4 黑白转换 ··· 232
  - 7.1.5 趣味相框 ··· 232
  - 7.1.6 霍夫曼编码 ··· 233
- 7.2 变量外的逻辑 ··· 234
  - 7.2.1 一阶电路的三要素公式 ··· 234
  - 7.2.2 二极管的两种模型 ··· 235
  - 7.2.3 奇异信号 ··· 235
  - 7.2.4 连续周期信号 ··· 236
  - 7.2.5 离散奇异信号 ··· 237

  7.2.6 离散卷积 ……………………………………………………………… 237
  7.2.7 即时码的编码和解码 …………………………………………… 238
  7.2.8 电容的充放电 …………………………………………………… 239
  7.2.9 沃尔什函数 ……………………………………………………… 240
  7.2.10 离散沃尔什函数 ………………………………………………… 242
  7.2.11 抠图 ……………………………………………………………… 243
  7.2.12 图像的几何变换 ………………………………………………… 244
 7.3 变量内的逻辑 ……………………………………………………………… 246
  7.3.1 限幅电路 ………………………………………………………… 246
  7.3.2 运算放大器 ……………………………………………………… 247
  7.3.3 信源压缩编码 …………………………………………………… 247
  7.3.4 彩色图像的直方图 ……………………………………………… 248
  7.3.5 DFT 在线性卷积中的应用 ……………………………………… 249
  7.3.6 二极管包络检波器 ……………………………………………… 250
  7.3.7 图像直方图均衡 ………………………………………………… 251
  7.3.8 频移键控的调制和解调 ………………………………………… 252
  7.3.9 反锐化掩膜 ……………………………………………………… 254
  7.3.10 随机模拟法 ……………………………………………………… 255
  7.3.11 随机变量的观测 ………………………………………………… 256
 7.4 条件语句 …………………………………………………………………… 257
  7.4.1 自动计算微积分 ………………………………………………… 257
  7.4.2 数制的转换 ……………………………………………………… 258
  7.4.3 施密特触发器 …………………………………………………… 259
  7.4.4 梯度下降法 ……………………………………………………… 260
  7.4.5 图像的水平和垂直剪切 ………………………………………… 261
  7.4.6 文氏图 …………………………………………………………… 263
  7.4.7 555 定时器 ……………………………………………………… 264
  7.4.8 图像的边缘检测 ………………………………………………… 266
  7.4.9 图像的膨胀 ……………………………………………………… 267
  7.4.10 形态学的开运算 ………………………………………………… 268
 本章小结 ………………………………………………………………………… 269
 练习题 …………………………………………………………………………… 269

第8章 符号的运用 ……………………………………………………………… 272

 8.1 坐标和图的注释 …………………………………………………………… 272
  8.1.1 场效应晶体管的转移特性 ……………………………………… 273
  8.1.2 放大电路的频率特性 …………………………………………… 273
  8.1.3 差分放大器的传输特性 ………………………………………… 274
  8.1.4 信号合成 ………………………………………………………… 275

- 8.1.5 史密斯图 ······ 276
- 8.1.6 史密斯图的应用 ······ 278
- 8.1.7 弹道 ······ 279
- 8.1.8 彩色符号卡片 ······ 280
- 8.2 数学推导 ······ 281
  - 8.2.1 因式分解 ······ 281
  - 8.2.2 解方程 ······ 282
  - 8.2.3 微分方程 ······ 283
  - 8.2.4 连续时间傅里叶级数 ······ 284
  - 8.2.5 连续时间傅里叶变换 ······ 285
  - 8.2.6 拉普拉斯变换 ······ 285
  - 8.2.7 连续时间卷积 ······ 286
  - 8.2.8 平面电磁波 ······ 287
  - 8.2.9 z 变换 ······ 287
  - 8.2.10 离散时间卷积 ······ 288
- 8.3 编码技术 ······ 289
  - 8.3.1 替换密码 ······ 289
  - 8.3.2 转置密码 ······ 290
  - 8.3.3 汉明码 ······ 291
  - 8.3.4 文本的编码和解码 ······ 292
  - 8.3.5 字母的二进制码 ······ 293
- 8.4 隐函数 ······ 294
  - 8.4.1 等位线 ······ 294
  - 8.4.2 等位面 ······ 295
  - 8.4.3 静态场的镜像法 ······ 295
- 8.5 映射 ······ 297
  - 8.5.1 灰度的阈值分割 ······ 297
  - 8.5.2 L 系统 ······ 297
- 8.6 矢量的符号 ······ 298
  - 8.6.1 电偶极子的电场 ······ 299
  - 8.6.2 波导里的电磁波 ······ 299
- 8.7 矩阵运算 ······ 300
  - 8.7.1 线性方程的求解 ······ 300
  - 8.7.2 符号矩阵的微分 ······ 301
  - 8.7.3 符号矩阵的积分 ······ 301
  - 8.7.4 泰勒级数 ······ 303
- 本章小结 ······ 303
- 练习题 ······ 303

参考文献 ······ 306

第 1 章
MATLAB 的特点和基本用法

MATLAB 是一款像字典一样容易操作的编程语言，能进行多种形式的计算和画图。广义地说，计算意味着用逻辑、道理或常识对数字、数据、抽象的问题进行推理，以获取答案；画图则是一种视觉艺术，通过二维介质上的非语言图案传递人们对事物的观察、理解和构思。

表现问题和解决问题的最简练语言是数学。但数学的抽象让不少人望而生畏，为此计算尺、计算器、计算机、计算软件等应运而生。用软件解决计算问题也要动脑筋，对数学公式的理解不同，编程的方法也不同。MATLAB 是美国 MathWorks 公司开发的一款计算数学公式的计算机软件，它简单易懂，名字由 matrix、laboratory 这两个单词的前三个字母组成，它的特点也正如其名——矩阵式操作。

很多事物变化都可以用数学公式描述。理解公式并用好 MATLAB，对学好科学、做好科研起着举足轻重的作用。

1.1 变量都是数组

数学的变量在 MATLAB 里被默认为多维数组（array），无论它具体表示的是数字、符号还是表达式。一般来说，一维的叫矢量（vector）或向量，二维的叫矩阵（matrix），三维或更多维的叫数组。

图 1.1 所示的 a 是 1×3 的矢量或行向量，b 是 3×1 的矢量或列向量，c 是 3×3 的矩阵，d 是 $3 \times 3 \times 2$ 的数组。

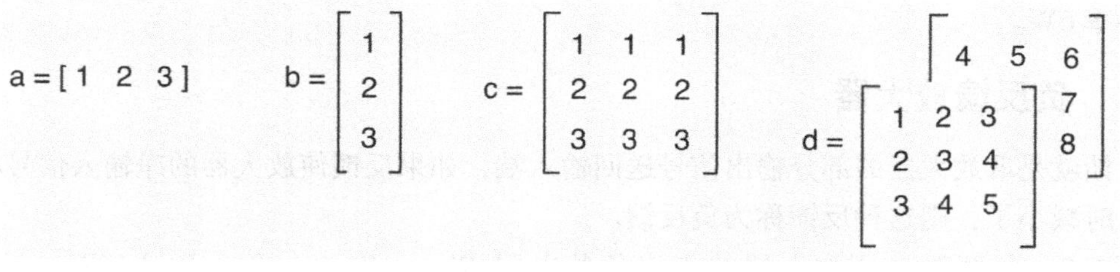

$$a = [1\ 2\ 3] \quad b = \begin{bmatrix} 1 \\ 2 \\ 3 \end{bmatrix} \quad c = \begin{bmatrix} 1 & 1 & 1 \\ 2 & 2 & 2 \\ 3 & 3 & 3 \end{bmatrix} \quad d = \begin{bmatrix} 1 & 2 & 3 \\ 2 & 3 & 4 \\ 3 & 4 & 5 \end{bmatrix} \begin{matrix} 4 & 5 & 6 \\ & & 7 \\ & & 8 \end{matrix}$$

图 1.1 各种数组

用 MATLAB 产生矢量 a 时，在 MATLAB 界面的 Command Window 输入 a = [1 2 3] 或 a = [1，2，3]，也可以输入 a = 1:3，然后回车，计算机会立刻将计算结果显示在 Command

1

Window。MATLAB 行向量元素的间隔用逗号或者空格表示。

请注意，变量的符号只能用英文符号，标点符号也只能用英文符号；变量名、文件名都不能用数字开头。

产生矢量 b 时，在 Command Window 输入 b = [1;2;3] 或 b = [1:3]'，然后回车。同理，产生矩阵 c 时，在 Command Window 输入 c = [1 1 1;2 2 2;3 3 3]，然后回车。MATLAB 列向量元素的间隔用分号表示。

产生数组 d 时，在 Command Window 输入 d(:,:,1) = [1:3;2:4;3:5] 和 d(:,:,2) = [4:6;5:7;6:8]，然后回车；也可以输入 d = [1:3;2:4;3:5] 和 d(:,:,2) = [4:6;5:7;6:8]。

若需要之前在 Command Window 里用过的指令，又不想重新输入，这时使用键盘的向上或向下按键，就可以在 Command Window 里快速找到以前用过的指令；或者到 MATLAB 界面的 Command History 里查找，将找到的指令复制或双击即可。

1.1.1 电功率

电子电气设备的工作是一种能量的转换，它们有功率的限制问题。功率等于电压乘以电流，能量等于功率对时间的积分。

例 1.1 已知图 1.2 所示的电路单元的电压和电流分别为：$u_1 = 4V$、$u_2 = 6V$、$u_3 = 3V$、$i_1 = 2A$、$i_2 = -5A$ 和 $i_3 = 2A$，求各元件的功率。

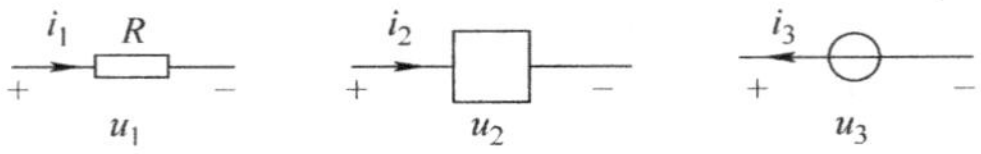

图 1.2 电路单元

解 根据变量是数组的特点，设电压变量为行向量 u，电流变量为行向量 i，矩阵乘法的符号是"*"，元素乘法的符号是". *"，后面会介绍它们的区别。解题的程序如下：

```
u = [4,6,3]
i = [2,-5,2]
p = u.*i
```

运行程序得到 u = [4 6 3]、i = [2 -5 2]、p = [8 -30 6]。

结合电路的参考方向得到，元件 1 的吸收功率 8W，元件 2 的发出功率 30W，元件 3 的发出功率 6W。

1.1.2 负反馈放大器

反馈就是取放大器的部分输出信号送回输入端，如果反馈使放大器的净输入信号相对没有反馈时减小了，则这种反馈称为负反馈。

例 1.2 某两级电压放大器的交流负载电阻 $R'_{L2} = R_{c2}//(R_f + R_{e1})//R_L$，设 $R_{c2} = 4.7k\Omega$、$R_f = 10k\Omega$、$R_{e1} = 100\Omega$、$R_L = 10k\Omega$，求电阻 R'_{L2}。

解 电阻的并联公式是 $\frac{1}{r} = \frac{1}{r_1} + \frac{1}{r_2} + \frac{1}{r_3}$，据此编程如下：

```
r1 =4.7;r2 =10;r3 =0.1;r4 =10;
r =1/(1/r1 +1/(r2 +r3) +1/r4)
```

运行程序得到 r = 2.4285。

答：本题的负载电阻 $R'_{L2} \approx 2.43\text{k}\Omega$。

1.1.3 电阻电路

电阻元件是电路中最基本的二端元件，它的电磁性能是消耗电能，把电能转化为热能。任何时刻它的电压电流都服从关系 $u = Ri$。

例 1.3 已知图 1.3 的电路中，电阻 $R_1 = 1\Omega$、$R_2 = 2\Omega$、$R_3 = 3\Omega$、$R_4 = 4\Omega$、$R_5 = 5\Omega$，电压源 $u_{s1} = 1\text{V}$、$u_{s2} = 2\text{V}$、$u_{s3} = 3\text{V}$，求电流 i_3。

解 根据基尔霍夫电流和电压定律，电路的节点方程和回路方程为

$$\begin{cases} i_1 - i_2 - i_3 = 0 \\ (R_1 + R_2)i_1 + R_3 i_2 = u_{s1} - u_{s2} \\ R_3 i_2 - (R_4 + R_5)i_3 = -u_{s2} + u_{s3} \end{cases}$$

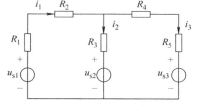

图 1.3 电阻电路

将方程组写成矩阵方程，即 Ai = B，以此编程。程序如下：

```
r1 =1;r2 =2;r3 =3;r4 =4;r5 =5;
u1 =1;u2 =2;u3 =3;
A =[1,-1,-1;r1 +r2,r3,0;0,r3,-r4 -r5];
B =[0;u1 -u2;-u2 +u3];
i =A\B
```

运行程序得到 i = [-0.2381; -0.0952; -0.1429]。

答：电流 $i_3 \approx -0.143\text{A}$。

1.2 元素都是复数

数组中的每个元素（或者叫单元）如果是数字，则 MATLAB 都认为它们是复数，复数由实部和虚部组成。请记住数组和复数的这两个特点。正因为这个先天设计，使得 MATLAB 的运算功能十分强大。

比如 a = 2 + 3i 和 b = 4 + 5i，在手工计算 a×b 时，因为 a×b = 2×4 + 2×5i + 3i×4 + 3i×5i = -7 + 22i，故需做 4 次乘法 2 次加法。而用 MATLAB 计算时，在 Command Window 中输入 a = 2 + 3i、b = 4 + 5i 和 a*b，然后回车，问题立刻得到解决。

1.2.1 正弦量的相量

电路中按正弦规律变化的电流和电压统称为正弦量，正弦量的三要素是幅度、频率和初相位。正弦量的代数运算、微分和积分，其结果仍是同频率的正弦量，所以稳态电路常用相

量表示正弦量。

相量只表示正弦量的幅度有效值和初相位,例如,$i = \sqrt{2} I\cos(\omega t + \varphi) = \text{Re}[\sqrt{2} I e^{j(\omega t + \varphi)}]$,则 i 的相量写为 $\dot{I} = I e^{j\varphi} = I \angle \varphi$。

例 1.4 复数的表示方式有两种,一种是直角坐标方式,另一种是极坐标方式。请将复数 F = −3 − j4 变为极坐标形式。

解 复数的直角坐标形式是实部和虚部,极坐标形式是半径和相角。编程如下:

```
F = -3 -4i;
a = abs(F),
b = angle(F)*180/pi
```

运行程序得到 a = 5,b = −126.8699。

所以极坐标形式为 F = 5∠−127°。

例 1.5 设复数 $a = 3 - j5$,$b = 6\angle -45°$,求 $\dfrac{ab}{a+b}$ 的两种复数写法。

解 将数学表达式写成 MATLAB 指令,得到的程序如下:

```
a =3 -5j;b =6* exp(-j* 45* pi/180);
c =a* b/(a +b),
d =abs(c),
e =angle(c)* 180/pi
```

运行指令后,得到 c = 1.8295 − 2.3516i,d = 2.9795,e = −52.1189。

答:计算的结果为

$$\frac{ab}{a+b} = 1.8295 - 2.3516i = 2.9795 \angle -52.1189°$$

1.2.2 一个复数一个点

复数通常写成如下形式,

$$a + bi = r e^{i\varphi}$$

这里 a 和 b 是实数,i 是虚数单位,r 是幅度,φ 是相角。复数可以用二维空间表示,也可以表示二维空间。

例 1.6 复数的实虚部对应坐标 xy 轴,以下 6 个复数,$[1, e^{j4\pi/5}, e^{j8\pi/5}, e^{j12\pi/5}, e^{j16\pi/5}, e^{j20\pi/5}]$,试用线段连接它们,看看是什么图形。

解 用一个变量表示这组复数,程序如下:

```
z = exp(j* (0:4:20)* pi/5);
plot(z,'.r -');axis equal off
```

运行程序得到图 1.4,它是一个五角星。

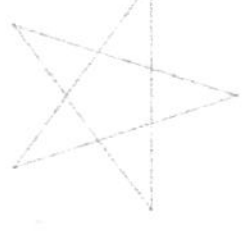

1.2.3 正弦稳态电路

对正弦稳态电路进行分析时,若电路的元件都用相量模型表示,则电路的电压电流都可以用相量表示,电路的

图 1.4 6 个复数得一个五角星

相量模型服从相量形式的基尔霍夫定律和元件的伏安特性。

例 1.7 在图 1.5 所示的串并联电路中，若 $u_i = 10\sqrt{2}\cos(4t + 30°)\,\text{V}$、$L = 0.3\text{H}$、$C = 0.2\text{F}$、$R = 10\Omega$，求电路的稳态电压 u_o。

解 电路的输出电压相量方程为 $\dot{U}_o = \dfrac{X_C//R}{X_L + X_C//R}\dot{U}_i$，整理后得 $\dot{U}_o = \dfrac{1}{1 - \omega^2 LC + \text{j}\omega L/R}\dot{U}_i$。将公式用程序表达，编程如下：

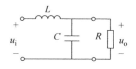

图 1.5 串并联电路

```
u =10* exp(j* 30* pi/180);w =4;L =0.3;C =0.2;R =10;
U =u/(1 -w^2* L* C +j* w* L/R);
a =abs(U)
b =angle(U)* 180/pi
```

运行程序得到 a = 79.0569，b = -41.5651。

所以，输出电压 $u_o \approx 79\sqrt{2}\cos(4t - 42°)\,\text{V}$。

例 1.8 已知图 1.6 所示的串并联电路的阻抗 $z_1 = (15 + 16\text{i})\Omega$、$z_2 = (20 - 33\text{i})\Omega$ 和 $z_3 = (10 + 7\text{i})\Omega$，电流 $i = 3\sin(\omega t)\,\text{A}$。求电路的输入阻抗 z、输入电压 u 和 i_3。

解 电路的输入电阻 $z = z_1 + z_2//z_3$，输入电压 $u = iz$，$i_3 = iz_2/(z_2 + z_3)$。按照以上公式编程，程序如下：

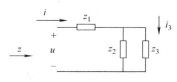

图 1.6 串并联电路

```
z1 =15 +16i;z2 =20 -33i;z3 =10 +7i;i =3;
z =z1 +z2* z3/(z2 +z3)
u =i* z;
U =abs(u),a =angle(u)
i3 =i* z2/(z2 +z3);
I =abs(i3),a =angle(i3)
```

运行程序得到 z = 26.3388 + 19.4937i，U = 98.3038，a = 0.6371，I = 2.916 和 a = -0.3118。

答：电路的 $z \approx (26.34 + 19.49\text{i})\,\Omega$，$u \approx 98.3\sin(\omega t + 0.64)\,\text{V}$，$i_3 \approx 2.92\sin(\omega t - 0.31)\,\text{A}$。

1.2.4 一元二次方程

只含一个未知数，并且未知数的最高次方等于 2 的方程称为一元二次方程，它是理工科数学的基础方程。

例 1.9 设一元二次方程为 $3x^2 + 6x + 9 = 0$，请用 MATLAB 的最基本数学写法，求解该方程的根。

解 一元二次方程的根的公式为

$$x = \frac{-b \pm \sqrt{b^2 - 4ac}}{2a}$$

根据公式直接编写程序如下：

```
a = 3;b = 6;c = 9;
x1 = ( -b + sqrt(b^2 -4* a* c))/(2* a)
x2 = x1'
```

程序的符号"'"表示共轭转置,共轭就是将复数的虚部变正负符号。运行程序的结果是 x1 = -1.0000 + 1.4142i, x2 = -1.0000 - 1.4142i。

所以,方程的根为 $x_1 = -1 + 1.414i$ 和 $x_2 = -1 - 1.414i$。

该方程根的实部应该是整数 -1,但 Command Window 显示 -1.0000;原因是 MATLAB 用有限比特表示数字,常用的数字类型是 64 位双精度数,其浮点相对精度等于 2^{-52},所以计算过程会有误差产生。验证计算得到的根就可以知道,在 Command Window 中输入 x = -1.0000 + 1.4142i 和 3 * x * x + 6 * x + 9,后者在计算机给出的结果是 1.1508e - 04,不是 0。

其实 2^{-52} 的精度是很高的,而误差 1.1508e - 04 很大。原因是 Command Window 没有显示全部的计算结果,MATLAB 默认的是 format short 格式。如果在 Command Window 里输入 format long,回车;再次运行 x = (-b + sqrt(b^2 -4 * a * c))/(2 * a),就得到 x = -1.000000000000000 + 1.414213562373095i。这时再运行一次 3 * x * x + 6 * x + 9,结果就是 0。

1.3 默认矩阵运算

MATLAB 的很多运算写法和数学运算写法一样,但前者的运算都是矩阵运算;若是元素运算,必须在运算符号前加"."。元素运算就是矩阵的相同位置元素之间的运算。

两个大小不一样的矩阵是不能运算的,在 MATLAB 里这种情况称为不匹配。比如 a = [1 3 5], b = [2 8], c = [6 7 9], d = [2;4;6], a 和 b 不能加、不能乘也不能元素乘;a 和 c 可以加,a + c = [7 10 14],可以元素乘,a. * c = [6 21 45],但不能乘;a 和 d 不能加、不能元素乘,但可以乘,a * d = 44。

这种矩阵不匹配造成的指令错误往往很隐蔽,不容易看出来,也很容易被忽略。在 MATLAB 的界面里有一个 Workspace,它保存的是指令执行后的变量大小(Size)和类型(Class),从 Workspace 上可以快速判断变量不匹配的错误。

1.3.1 算术运算

算术运算是指加法、减法、乘法和除法,有时也包括较高级的运算,如乘方、开方、指数等。对人而言,传统的算术运算有特定的书写和运算规则,以确保它的简洁、美观和准确。但 MATLAB 是对机器的,在继承传统算术规则的同时,还要考虑机器对符号的识别。

例 1.10 根据转置运算的法则,$(AB)^T = B^T A^T$。现在设变量 a = [1;2;3] 和 b = 3:5,求 $a \times b$ 和 $b^T \times a^T$,并分析结果。

解 编程如下:

```
a = [1;2;3];
b = 3:5;
c = a* b
d = b'* a'
```

运行程序的结果显示：

$$c = \begin{matrix} 3 & 4 & 5 \\ 6 & 8 & 10 \\ 9 & 12 & 15 \end{matrix}, \quad d = \begin{matrix} 3 & 6 & 9 \\ 4 & 8 & 12 \\ 5 & 10 & 15 \end{matrix}$$

对比两者，c 等于 d^T，或者 d 等于 c^T；说明 $(AB)^T = B^T A^T$。

例 1.11 有一个函数 $f(t) = (3t^2 + 4t + 9)e^{-t}\sin(t)$，当 $t = 2$、8、16 时，求该函数的值。

解 数学公式的乘号往往不用写，但 MATLAB 的乘法必须写，它有矩阵乘法和元素乘法两种；可在 Command Window 输入 help ops 进行了解，乘法有"*"和".*"，幂有"^"和".^"。该题的算术运算是计算 t 分别为不同值时的函数值 f(t)，t 是矢量，所以使用元素运算。

程序如下：

```
t = [2 8 16];
f = (3*t.^2 + 4*t + 9).*exp(-t).*sin(t)
```

运行程序得到 f = [3.5687, 0.0773, -0.0000]。

答：当 $t = 2$、8、16 时，$f(t) = 3.5687$、0.0773 和 0。

1.3.2 多项式的根

多项式是变量和系数通过加减法、乘法、非负整数幂组成的表达式。单变量的多项式如 $x^2 - 3x + 9$，多变量的多项式如 $x^3 - 2yz^2 + y^2z + 3$。它们可以解决从基础化学和物理到经济和社会科学领域的许多问题。

例 1.12 有一个多项式是 $x^5 + 7x^3 + 4x^2 + x + 8 = 0$，请用函数 roots 求解它的根。

解 在 MATLAB 里，求解多项式的功能被编辑成了一段程序，程序名是 roots，它把多项式的系数作为变量，只要给 roots 赋值变量，就能求解方程。所以，这种能解决问题的程序往往称为函数。具体操作请看下面的程序：

```
a = [1,0,7,4,1,8]
x = roots(a)
```

运行程序得到 x = [0.2112 + 2.6307i; 0.2112 - 2.6307i; -1.1313 + 0.0000i; 0.3545 + 0.9432i; 0.3545 - 0.9432i]。

选一个根来验证，如第四个根，即 x(4)；变量 x 的序号只能是正整数。直接在 Command Window 中输入"z = x(4), y = z^5 + 7*z^3 + 4*z^2 + z + 8"，回车得 y = 5.3291e - 15 + 2.8866e - 15i。e - 15 表示 $\times 10^{-15}$，5.3291e - 15 = 5.3291 $\times 10^{-15}$ 几乎为零。

答：多项式的根约等于 0.211 + 2.631i，0.211 - 2.631i，-1.131，0.355 + 0.943i 和 0.355 - 0.943i。

1.3.3 三角形和星形电路

三个元件的端子分别首尾相连，形成三个节点，这三个节点再接外电路，这种结构称为三角形电路，也叫 Π 型电路。三个元件都有一个端子连在一起，形成一个节点，另一端分别接外电路,这种结构称为星形电路,也叫 T 型电路。如图 1.7 所示。

例 1.13 设三角形电路的电阻 $r_1 = 2\Omega$、$r_2 = 6\Omega$ 和 $r_3 = 9\Omega$,如图 1.8 所示,求三角形电路变为星形电路的等效电阻 R_1、R_2 和 R_3。

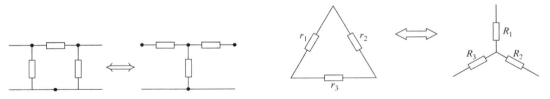

图 1.7 三角形和星形电路　　　　图 1.8 三角形和星形电路

解 三角形电路等效为星形电路的变换公式为

$$R_1 = \frac{r_1 r_2}{r_1 + r_2 + r_3},\ R_2 = \frac{r_2 r_3}{r_1 + r_2 + r_3},\ R_3 = \frac{r_3 r_1}{r_1 + r_2 + r_3}$$

它们的分母相同。将公式写成程序:

```
r1 =2;r2 =6;r3 =9;
d = r1 + r2 + r3;
R = [r1* r2,r2* r3,r3* r1]/d
```

运行程序得到 R = [0.7059　3.1765　1.0588]。

答:星形电路的等效电阻 $R_1 \approx 0.71\Omega$,$R_2 \approx 3.18\Omega$,$R_3 \approx 1.06\Omega$。

1.3.4　序列的频谱对称性

在数字信号处理中,离散时间信号简称序列。实数序列的频谱具有偶对称和奇对称的特点,即幅频特性具有偶对称性,相频特性具有奇对称性。这些特性可用来减少分析频谱的计算量和观察量,提高工作效率。

例 1.14 已知离散时间信号 $x(n) = \sin(1.04n) R_{26}(n)$,$R_{26}(n)$ 是 26 点的矩形序列,请分析 $x(n)$ 的频谱 $X(\omega)$。

解 实数信号 $x(n)$ 的离散时间傅里叶变换是

$$X(\omega) = \sum_{n=-\infty}^{\infty} x(n)\, \mathrm{e}^{-\mathrm{j}\omega n}$$

根据这个定义,利用矩阵运算的特点进行编程,程序如下:

```
N =26;n =0:N -1;w = -10:0.01:10;
x = sin(1.04* n);
subplot(311);stem(n,x,'');xlabel('n');ylabel('x(n)')
X = x* exp(-j* n'* w);
subplot(312);plot(w,abs(X));xlabel('\omega/rad');ylabel('|X(\omega)|')
subplot(313);plot(w,angle(X));xlabel('\omega/rad');ylabel('arg[X(\omega)]')
```

第 1 章
MATLAB 的特点和基本用法

运行程序得到图 1.9，幅频特性 $|X(\omega)|$ 对 y 轴偶对称，对 $x = \pi$ 也是偶对称；相频特性 $\arg[X(\omega)]$ 对 y 轴奇对称，对 $x = \pi$ 也是奇对称。

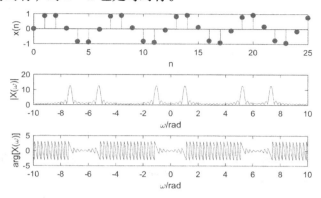

图 1.9　非周期序列的频谱

$X(\omega)$ 是周期函数，周期为 2π；已知频谱的对称性，分析频谱时就没必要分析频谱的一个周期了，一般只分析 $\omega = 0 \sim \pi$ 的频谱。

1.3.5　非均匀量化

量化是指在数字信号处理中将连续信号的值近似为有限多个离散值的过程。离散值越多表示连续信号越准确，但是数字产品和传输的成本都会随之提高。非均匀量化做到了综合考虑人的感知特点和机器的成本，在信号幅度小时量化间隔小，信号幅度大时量化间隔大；它的原理是，先压缩后均匀量化。

例 1.15　请画出非均匀量化的 A 律 13 折线压扩特性；其原理是将输入信号 $x = 0 \sim 1$ 按 2 的倍数分成八段，输出信号 $y = 0 \sim 1$ 均分成八段；对 x 和 y 的负值也这么做。

解　对于 $x = 0 \sim 1$，先按照 2 的倍数分割，分割点是 2^0、2^1、2^2、2^3、…、2^8，如图 1.10 所示，然后将 2^8 变为 0。第三象限的折线可以利用奇对称获取。

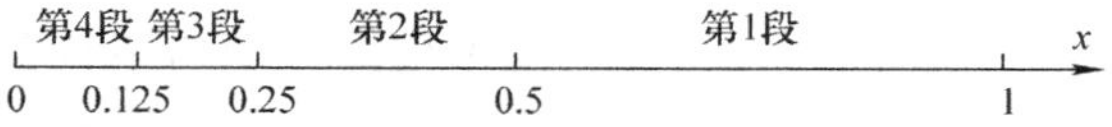

图 1.10　按 2 的倍数量化

具体的操作如下面程序所示：

```
n=0:8;
x=2.^(n-8)
x(1)=0;
y=n/8;
subplot(121);plot(x,y,'.-');grid;xlabel('x');ylabel('y')
subplot(122);plot(x,y,'.-',-x,-y,'.-');grid;xlabel('x');
ylabel('y')
```

运行程序得到图 1.11，从原点向外，第一象限的第 1、2 段折线和第三象限的第 1、2 段折线的斜率相同，所以最后的折线共有 13 条。

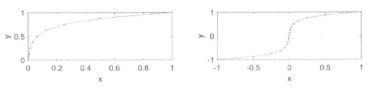

图 1.11　A 律 13 折线压扩特性

1.4　编程格式

一个好的程序既要简单，又要条理清楚。这么做的好处是：既方便自己看懂，也方便别人看懂，还方便自己修改和移植程序。基本的编程格式是：先给变量赋值，然后用变量编写数学公式，指令尽量按它们的工作类型逐行排列。

在输入程序的指令时，指令出错是难免的，一两条指令在 Command Window 中还容易修改，三条以上的指令在 Command Window 中就不方便修改了，也不方便观察程序的整体。这时可以从 New Script 打开 Editor，在 Editor 里面编辑指令；New Script 在 MATLAB 界面的左上角，在 Editor 里面修改和观察指令都很方便。

每个 Editor 都是一个文件，文件名不能以数字开头。Editor 运行的变量结果在 Command Window 中显示，如果变量的指令后面是有分号的，变量的结果就不显示。变量的大小和类型在 Workspace 中显示。

1.4.1　星形和三角形电路

一般来说，两个端点之间的阻抗网络用串联和并联变换可以简化为一个等效阻抗，但有些复杂网络单靠串并联变换是不行的。例如，电桥电路，如图 1.12 所示，直接用串并联转换进行简化是不行的。如果先用星形电路变为三角形电路，然后再用串并联转换，就可以得到一个等效阻抗。

利用三角形电路变为星形电路，也可以简化电桥电路，如图 1.13 所示，先三角形变星形，然后再串并联转换，就可以得到一个等效阻抗。

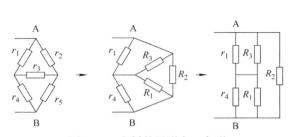

图 1.12　电桥的星形变三角形

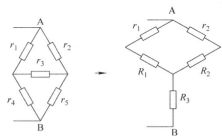

图 1.13　电桥的三角形变星形

例 1.16　设图 1.14 所示的星形电路电阻 $R_1 = 0.7059\Omega$、$R_2 = 3.1765\Omega$、$R_3 = 1.0588\Omega$。求它变为三角形电路时的电阻 r_1、r_2、r_3。

解　星形电路等效为三角形电路的变换

图 1.14　星形和三角形电路

公式为

$$r_1 = \frac{R_1R_2 + R_2R_3 + R_3R_1}{R_2}, \quad r_2 = \frac{R_1R_2 + R_2R_3 + R_3R_1}{R_3}, \quad r_3 = \frac{R_1R_2 + R_2R_3 + R_3R_1}{R_1}$$

它们的分子都一样。按此特点编程，程序如下：

```
R1 = 0.7059;R2 = 3.1765;R3 = 1.0588;
a = R1*R2 + R2*R3 + R3*R1;
r = a./[R2,R3,R1]
```

这个程序的格式是：先变量赋值，然后将这些变量按 MATLAB 规则书写数学公式。程序运行的结果是 r = [2.0000 6.0002 8.9998]。

答：三角形电路的等效电阻为 $r_1 \approx 2\Omega$、$r_2 \approx 6\Omega$、$r_3 \approx 9\Omega$。

1.4.2 相量分析法

正弦稳态电路广泛应用在发电厂、输电线等工业领域，很多电气设备、仪器都工作在正弦稳定状态下。大量的电路问题是根据正弦稳态来分析和设计的，只要对象是线性时不变电路，电源是同频率的正弦波，就可以用相量分析法。

例 1.17 已知电流 $i_1 = 40\sqrt{2}\cos(\omega t)$ A，$i_2 = 30\sqrt{2}\cos(\omega t + 90°)$ A，$i_3 = 10\sqrt{2}\cos(\omega t + 50°)$ A，求三个电流之和 $i = i_1 + i_2 + i_3$。

解 根据相量分析法，总电流 $\dot{I} = \dot{I}_1 + \dot{I}_2 + \dot{I}_3 = 40\mathrm{e}^{\mathrm{j}\varphi_1} + 30\mathrm{e}^{\mathrm{j}\varphi_2} + 10\mathrm{e}^{\mathrm{j}\varphi_3}$。直接把公式写成程序，程序如下：

```
I1 = 40;I2 = 30*exp(j*pi/2);I3 = 10*exp(j*50*pi/180);
I = I1 + I2 + I3
r = abs(I)
a = angle(I)*180/pi
```

运行程序得到 I = 46.4279 + 37.6604i，r = 59.7817，a = 39.0476。

答：总电流 i 的相量写法是 $\dot{I} \approx 59.8\angle 39°$A，正弦写法是 $i = 59.8\sqrt{2}\cos(\omega t + 39°)$A。

例 1.18 设图 1.15 所示的交流电频率为 50Hz，电表读数 $A_1 = 5\mathrm{A}$、$A_2 = 6\mathrm{A}$、$A_3 = 7\mathrm{A}$，求电路的输入电流 I。如果频率改为 60Hz，电路元件和电压 U 不变，求输入电流 I。

解 用相量表示的电路模型符合欧姆定律，各支路电流 $\dot{I}_R = \dfrac{U}{R}$，$\dot{I}_L = \dfrac{U}{\mathrm{j}\omega L}$，$\dot{I}_C = \mathrm{j}\omega C U$。频率 50Hz 的总输入电流 $\dot{I}_{50} = A_1 - \mathrm{j}A_2 + \mathrm{j}A_3$。当频率 = 60Hz 时，根据欧姆定律可知，总输入电流 $\dot{I}_{60} = A_1 - \mathrm{j}\dfrac{50}{60}A_2 + \mathrm{j}\dfrac{60}{50}A_3$。

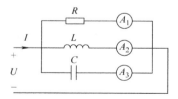

图 1.15 支路电流表读数

电流公式显示，支路电流对应行向量，系数对应矩阵。依此编程如下：

```
A = [5,6,7];
b = [1,1;-j,-50j/60;j,60j/50];
I = abs(A*b)
```

运行程序得到 I = [5.099, 6.0465]。

答：频率为 50Hz 时输入电流是 5A，频率为 60Hz 时输入电流是 6A。

1.4.3 阻抗的相量模型

阻抗是电路的电阻、电感和电容对交流电的阻碍作用的统称。它是一个复数，实部称为电阻，虚部称为电抗。电感对交流电的阻碍作用称为感抗，电容对交流电的阻碍作用称为容抗，两者统称电抗。

电阻 R 的相量模型还是 R，其欧姆定律的相量形式是 $\dot{U} = R\dot{I}$；电感 L 的相量模型是 $j\omega L$，其欧姆定律的相量形式是 $\dot{U} = j\omega L \dot{I}$；电容 C 的相量模型是 $\dfrac{1}{j\omega C}$，其欧姆定律的相量形式是 $\dot{U} = \dfrac{1}{j\omega C}\dot{I}$。

例 1.19 串联谐振电路可用来测量元件的阻抗，其原理如图 1.16 所示。测量过程分两步：首先短路 Z_x，调整电容 C 使电路谐振，这时 $C_1 = 2\mu F$ 和 $Q_1 = 60$；然后串联 Z_x，调整电容 C 使电路谐振，这时 $C_2 = 3\mu F$ 和 $Q_2 = 40$。如果交流电的频率 $f = 50Hz$，请算出 Z_x 的阻抗。

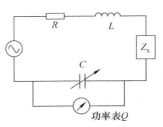

图 1.16 谐振法测量阻抗

解 （1）数学建模

设 $Z_x = R_x + jX_x$。第一次谐振时，$\omega L - \dfrac{1}{\omega C_1} = 0$，$Q_1 = \dfrac{1}{\omega C_1 R}$。第二次谐振时，$\omega L - \dfrac{1}{\omega C_2} + X_x = 0$。因 R、L 和 ω 不变，故 $X_x = \dfrac{1}{\omega C_2} - \dfrac{1}{\omega C_1} = \dfrac{C_1 - C_2}{\omega C_1 C_2}$。若 X_x 呈感性，则 $Q_2 = \dfrac{1}{\omega C_2 (R + R_x)}$，那么 $R_x = \dfrac{1}{\omega C_2 Q_2} - \dfrac{1}{\omega C_1 Q_1}$；若 X_x 呈容性，则 $Q_2 = \dfrac{\omega L}{R + R_x}$，那么 $R_x = \dfrac{1}{\omega C_1 Q_2} - \dfrac{1}{\omega C_1 Q_1}$。

（2）编程

根据已知条件和数学模型，编程如下：

```
C1 =2e-6;Q1 =60;C2 =3e-6;Q2 =40;w =2* pi* 50;
X = (C1 -C2)/(w* C1* C2)
if X >0
    R =1/(w* C2* Q2) -1/(w* C1* Q1)
else
    R =1/(w* C1* Q2) -1/(w* C1* Q1)
end
```

（3）运行与分析

运行程序得到 X = -530.5165 和 R = 13.2629。

答：被测元件 $Z_x \approx (13.26 - j530.52)\Omega$，电抗是负值，呈容性。

例 1.20 假想在平面电路的每个网孔存在一个电流，如图 1.17 所示，设 $R_1 = 6\Omega$、$R_2 = 7\Omega$、$R_3 = 8\Omega$、$C = 4\mu F$、$L = 0.3H$、$V_{S1} = 100\angle 0°V$、$V_{S2} = 200\angle 30°V$ 和 $f = 60Hz$。求三个网孔电流。

解 令 $s=j\omega$,给每个网孔列一个电压降方程:

$$\begin{cases} (R_1+R_2+R_3)I_1 - R_1I_2 - R_2I_3 = V_{S2} \\ -R_1I_1 + \left(R_1+\dfrac{1}{sC}\right)I_2 - \dfrac{1}{sC}I_3 = V_{S1} \\ -R_2I_1 - \dfrac{1}{sC}I_2 + \left(R_2+sL+\dfrac{1}{sC}\right)I_3 = 0 \end{cases}$$

将方程组写为矩阵形式,即 $\boldsymbol{A}\cdot\boldsymbol{x}=\boldsymbol{B}$,再进行编程,程序如下:

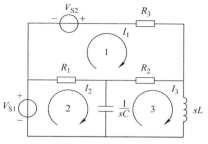

图 1.17 网孔电流法

```
R1 =6;R2 =7;R3 =8;C =4e -6;L =0.3;
V1 =100;V2 =200* exp(j* pi/6);s =j* 2* pi* 60;
A =[R1 +R2 +R3,-R1,-R2;-R1,R1 +1/(s* C),-1/(s* C);-R2,-1/(s* C),R2 +s* L+1/(s* C)];
B =[V2;V1;0];
x =A\B
I =abs(x)
a =angle(x)* 180/pi
```

指令 A\B 和 inv(A)* B 是等效的。运行程序得到 I = [9.3829;1.6833;1.9101],a = [23.2764;-70.0604;-70.998]。

答:网孔电流 $I_1 \approx 9.38\angle 23°$ A,$I_2 \approx 1.68\angle -70°$ A,$I_3 \approx 1.91\angle -71°$ A。

1.4.4 互感电路

一个线圈的电流产生的磁通量会影响它旁边线圈的磁通量,这种现象叫互感。互感可以使一个线圈的变化电流在另一个线圈中产生感应电压。互感原理广泛应用于电源变压器、无线电通信、充电器等产品。

例 1.21 设互感电路的输入电压 $\dot{U}=100\angle 0°$V,如图 1.18 所示,频率为 50Hz,求开关 S 断开和闭合时的输入电流 $\dot{I}$。已知电路的 $R_1=3\Omega$,$R_2=5\Omega$,$L_1=24$mH,$L_2=40$mH,$M=20$mH。

解 为了方便分析,先对互感电路去耦合,得到图 1.19 所示电路,然后列写方程。当 S 断开时,输入阻抗 $Z=R_1+R_2+s(L_1+L_2+2M)$;当 S 闭合时,输入阻抗 $Z=R_1+sL_1-(sM)^2/(R_2+sL_2)$。

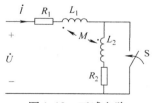

图 1.18 互感电路

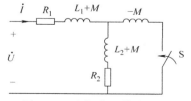

图 1.19 去耦合的等效电路

上述两个方程可作为一个行向量,编程如下:

```
R1 =3;R2 =5;L1 =24e-3;L2 =40e-3;M=20e-3;
U =100;s =j* 2* pi* 50;
Z =[R1 +R2 +s* (L1 +L2 +2* M),R1 +s* L1 -(s* M)^2/(R2 +s* L2)];
I =U./Z;
a =abs(I)
b =angle(I)* 180/pi
```

运行程序得到 a = [2.9729 15.8222], b = [-76.2416 -49.8034]。

答：S 断开时的输入电流是 2.97∠-76°A，S 闭合时的输入电流是 15.82∠-50°A。

1.4.5 信号发生器

信号发生器是一种在模拟或数字域中产生重复或非重复电子信号的设备。这些信号用做电子测量或实验，通常用于设计、测试、故障排除和修复电子或电声设备；也具有艺术用途，如电子琴、MIDI 音乐等。

例 1.22 假设离散时间系统的单位脉冲响应 $h(n) = \sin(\omega n)u(n)$，即系统零状态的 $\delta(n)$ 响应，它能产生正弦波信号。请用加法、乘法和延时三种运算呈现该系统产生信号的过程，设 $n = 0 \sim 100$，$\omega = 0.1$。

解 （1）数学建模

先对 $h(n)$ 进行 z 变换，得到 $H(z) = \dfrac{\sin(\omega)z^{-1}}{1 - 2\cos(\omega)z^{-1} + z^{-2}}$；然后将它转换为差分方程，得到 $y(n) = \sin(\omega)\delta(n-1) + 2\cos(\omega)y(n-1) - y(n-2)$；根据零状态，得 $y(0) = 0$ 和 $y(1) = \sin(\omega)$。

（2）编程

程序如下：

```
N =100;n =0:N;w =0.1;b =2* cos(w);
y0 =0;y1 =sin(w);
plot([0,1],[y0,y1],'kp');xlabel('n');ylabel('y(n)');axis([0,N,-1,1]);box off;hold on
for n =2:N
    y =b* y1 -y0;
    plot(n,y,'kp');pause(0.05)
    y0 =y1;y1 =y;
end
```

（3）运行程序

程序运行时，计算机的屏幕呈现逐渐发展的正弦波，波形如图 1.20 所示。

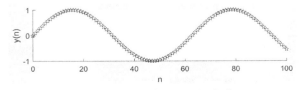

图 1.20 正弦波发生器的波形

1.5 先简后难地学

学习 MATLAB 时，把它当作一个工具、一本字典就好，边用边学。遇到不明白的地方，最直接的方法就是：先简化变量的赋值，然后逐条指令运行，观察运行的结果，破解指令的秘密。

1.5.1 直流稳压电源

直流稳压电源可以在电源变化或负载变化时，输出恒定不变的电压。电子设备大部分都需要电压稳定的直流电源。

例 1.23 已知直流稳压电源的输出电压有效值 $V_{\text{orms}} = 0.707\text{V}$，输出电压的直流分量 $V_o = 0.45\text{V}$；计算纹波电压的有效值 $V_r = \sqrt{V_{\text{orms}}^2 - V_o^2}$ 的程序如下，请分析下面程序中的第三条指令。

```
vm = 0.707;
vo = 0.45;
vr = (vm^2 - vo^2)^0.5;
```

解 vm 是个变量的符号，将第三条指令的 vm^2 改为 3^2，在 Command Window 里运行，答案（ans）是 9，说明"^2"表示二次方。依此类推，"^0.5"就是开根号，用 2^0.5 在 Command Window 里运行，答案是 1.4142，说明推理正确。

1.5.2 等差数列与求和

在等差数列中，任意两项的差都相等，这个差值称为公差。一个等差数列的和等于它的首项加上尾项的和再除以 2 乘以项数。

例 1.24 有两组指令，x = 1:100;y = sum(x) 和 a = [1 3 5 7 9]; b = [2:0.5:4]';c = a*b，请破解它们的意思。

解 破解分两步完成。

1) 指令改为 x = 1：3，其后面的英文分号";"改为英文逗号"，"；运行后得 x = [1 2 3]，它是 1×3 的矢量，说明":"用来产生 1~3 的整数等差数列，公差即增量等于 1。这时，运行 y = sum(x) 得到 6，说明 sum 是计算 1 + 2 + 3，是计算矢量 x 的总和。

2) 指令改为 a = [1 2 3],b = [1:0.5:2]';运行得到的 b = [1; 1.5; 2]，是 3×1 的矢量，说明 b 的两个"："中间的 0.5 是增量，"'"的作用是将行向量转置为列向量。这时，运行 c = a * b 得 c = 10，说明 a * b 是行向量乘列向量的矩阵运算，运算过程是 1×1 + 2×1.5 + 3×2，相当于一个乘法和加法组成的循环运算。

1.5.3 极坐标画图

极坐标是一种二维坐标系统，它用夹角和半径表示点的位置，广泛应用在数学、物理、工程、航海、航空及机器人领域。对于某些曲线，极坐标有非常简单的方程。

例 1.25 有一段程序只有两条指令，该程序如下：

```
t = linspace(0,2*pi,315);
polar(t,0.3*sin(4*t).^2);
```

它运行的结果如图 1.21 所示,曲线形状像花瓣。请问,怎样快速理解 linspace 和 polar 的功能?

解 按程序执行的顺序,先研究 linspace,再研究 polar。

模仿 linspace(0,2*pi,315),在 Command Window 中输入 linspace(0,2,3),回车得到[0,1,2]三个数字。再输入 linspace(0,3,4),回车得到[0,1,2,3]四个数字。根据两次尝试,还有单词 space 有空间的意思,lin 可能是线性的意思,因此推测,linspace(0,3,4)是把 0~3 等分为四个数字。

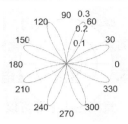

图 1.21 花瓣图形

模仿 polar(t,0.3*sin(4*t).^2),在 Command Window 中输入 polar(1:2,1:2),回车得到图 1.22 所示曲线,它由极坐标点(1,1)和(2,2)连接而成,加上单词 polar 有极地的意思,推断 polar 在这里的作用是极坐标画图。

整体地看,第一条指令 t = linspace(0,2*pi,315)是将 0~2π 分为 315 个点;第二条指令 polar(t,0.3*sin(4*t).^2)是以 t 为相角转一圈,以 0.3*sin(4*t).^2 为半径画图。

图 1.22 两点的曲线

1.5.4 圆柱坐标画图

圆柱坐标是一种三维坐标系统,是极坐标往 z 轴发展的结果。在圆柱坐标系中,任何点都可以用径向距离、方位角和高度表示。在电磁场与电磁波相关课程中,圆柱坐标有重要用途。

例 1.26 有一段由四条指令组成的程序,程序如下:

```
t = 0:0.2:2*pi;
[x,y,z] = cylinder(1+sin(t));
surf(x,y,z);
xlabel('x');ylabel('y');zlabel('z');
```

它的运行结果如图 1.23 所示,像一个美丽的抽象派花瓶。这是一个涉及三维变量的绘画。请问,怎样快速理解 cylinder 和 surf 的功能?

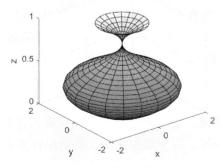

图 1.23 彩色圆柱面

解 首先看 cylinder, 它的词义是圆柱。在 Editor 里输入 [x, y, z] = cylinder (2), 单击工具栏的绿色三角形图标 (run), 观察 Workspace 和 Command Window, x、y 和 z 都是 2×21 矩阵, x 的行从 2→0→-2→0→2 对应 y 的行从 0→2→0→-2→0, 还有 z 的一行 0 和一行 1。推断 cylinder (2) 的作用是将圆周分为 20 点, 建立半径为 2、高度为 1 的圆柱点阵。

然后看 surf, 它有冲浪、浪花的意思。在 Editor 里加入 surf (x, y, z), 运行得到图 1.24, 其圆周 20 点、半径是 2, 高度 z=0 和 1。推断 surf (x, y, z) 的作用是把圆柱点阵用线连成平面, 并给平面填充颜色, 如图 1.24 所示。

为了验证推断, 尝试 [x,y,z] = cylinder(3); 这时 x、y 和 z 还是 2×21 的矩阵, 圆周有 20 点、半径是 3 和高度是 1, 它的图形如图 1.25 所示; 说明前面的推断是正确的, cylinder 的变量表示圆柱的半径, 圆柱高度默认为 1。

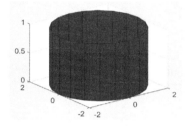

图 1.24　圆柱面

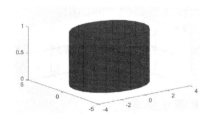

图 1.25　验证

再尝试 [x,y,z] = cylinder(sin(1:0.2:2)), 得到图 1.26, 这时的 x、y 和 z 都是 6×21 的矩阵, 有 6 种半径, 它们对应 sin(1:0.2:2) 这个 1×6 的矢量。几种尝试 x、y 和 z 都是 21 列, 说明一个变量的 cylinder 将圆周分为 20 点。

圆柱坐标的变量有半径、相角和高度, [x,y,z] = cylinder(sin(1:0.2:2)), 它只有半径变量, 应该还有相角变量。试一下 [x,y,z] = cylinder(sin(1:0.2:2),6), 得到图 1.27, 它把圆周分成 6 点。这说明, 两个变量的 cylinder(sin(1:0.2:2),6), 第一个表示半径, 第二个表示圆周。

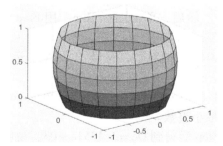

图 1.26　有 6 种半径的圆柱

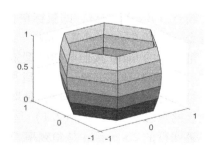

图 1.27　圆周分成 6 点的圆柱

1.5.5　巴特沃斯滤波器的设计

巴特沃斯滤波器是一种幅频特性在通带平坦、阻带单调下降的滤波器; 它有四个技术指标, 通带截止频率 f_p 对应通带允许的最大衰减 A_p, 阻带截止频率 f_s 对应阻带允许的最小衰减

A_s。巴特沃斯滤波器是设计数字滤波器的一种模型。

例 1.27　假设低通滤波器的指标 $f_p = 500\mathrm{Hz}$、$f_s = 1200\mathrm{Hz}$、$A_p = 2\mathrm{dB}$ 和 $A_s = 20\mathrm{dB}$，设计该指标的巴特沃斯滤波器程序如下：

```
fp=500;fs=1200;Ap=2;As=20;
N=log10((10^(Ap/10)-1)/(10^(As/10)-1))/2/log10(fp/fs);
N=ceil(N);
Oc=2*pi*fp*(10^(Ap/10)-1)^(-1/2/N);
k=1:N;
sk=Oc*exp(j*pi/2*(1+(2*k-1)/N));
B=Oc^N
A=poly(sk)
```

请分析程序各条指令的作用。

解　(1) 数学模型

巴特沃斯滤波器的设计步骤是先求阶

$$N = \frac{\lg[(10^{A_p/10}-1)/(10^{A_s/10}-1)]}{2\lg(f_p/f_s)}$$

以及求 3dB 截止频率

$$\Omega_c = \Omega_p(10^{A_p/10}-1)^{-1/(2N)} \quad \text{或} \quad \Omega_c = \Omega_s(10^{A_s/10}-1)^{-1/(2N)}$$

然后求极点

$$s_k = \Omega_c \mathrm{e}^{\mathrm{j}\frac{\pi}{2}\left(1+\frac{2k-1}{N}\right)}, k = 1 \sim N$$

并把极点代入巴特沃斯滤波器的系统函数

$$H(s) = \prod_{k=1}^{N} \frac{\Omega_c}{(s-s_k)}$$

最后把系统函数的复数系数因式变为实数系数多项式。

(2) 指令分析

将程序输入 Editor，从第二行起，去掉指令后面的分号，并在指令左边序号旁的 "-" 设置断点（Breakpoint），即鼠标单击 "-" 的地方。然后，单击图标 Run，用 Step 逐行执行指令，注意 Command Window。

第二行的 log10 按照数学模型猜测，是计算以 10 为底的对数，符号 "^" 是幂运算，符号 "/" 是除法运算，Step 后得到 N=2.9307。

第三行 Step 后得到 N=3，是取整数。尝试 ceil (2.1)，ceil (2.1)=3；单词 ceiling 是天花板的意思，说明 ceil (2.1) 是向上取≥2.1 的最小整数。

第四行的 2*pi*fp 是角频率 Ω_p，故 pi 是 π，Step 后得到 Oc=3.4353e+03，说明 Ω_c=3435.3。

第五行 Step 后得到 k=[1 2 3]，是极点的序号。

第六行是 exp，如果在 Command Window 中尝试 exp (1)，得到 ans=2.7183，说明 exp (x) 是以 e 为底的指数函数。这行指令是计算极点，Step 后得到 sk=[-1717.7+2975.1i, -3435.3, -1717.7-2975.1i]，前后两个是复数共轭极点。

第七行是幂运算，Step 后得到 B=4.0543×10^{10}，它是系统函数的分子系数。

第八行的 poly 按照数学模型猜测,应该是将极点变为多项式的函数;在 Command Window 中尝试 poly([1,1]),得到 ans = [1 −2 1],这是 $x^2 - 2x + 1$ 的系数,说明猜测是对的。Step 后得到 A = [1,6870.7,2.3603×10^7,4.0543×10^{10}],在 Command Window 中运行 A(1) 就能看到 1,运行 A(2) 就能看到 6870.7,等等;如果计算结果有虚数则去掉虚部,虚部是计算产生的误差。

最后将 B 和 A 写成系统函数的形式,

$$H(s) \approx \frac{4.054 \times 10^{10}}{s^3 + 6870 s^2 + 2.36 \times 10^7 s + 4.054 \times 10^{10}}$$

1.6 指令名符其实

大部分数学函数在 MATLAB 里使用相同的名字作为指令,常用的操作指令在 MATLAB 里可直接使用相同意思的英文单词。

比如,x = 0.1:0.2:10,计算 x 的余弦函数指令是 cos(x),计算 x 的常用对数指令是 log10(x),画 x 和 cos(x) 的红色曲线的指令是 plot(x,cos(x),'r'),注释横坐标符号的指令是 xlabel('x'),等等,这种安排相当人性化。随着使用时间的积累,用户对 MATLAB 函数的使用规则就会逐渐习惯,习惯成自然。

1.6.1 矩阵的平均值

平均值一般是指术平均值,等于数字之和除以总数;它表示统计概率集中的那个数,描述对象的一般情况或趋势,有直观简明的特点。

例 1.28 用 MATLAB 的随机函数 rand 产生一个范围在 (0,1) 的随机均匀分布的 4×4 矩阵。请用 sum 计算该矩阵的平均值。

解 rand 是单词 random 的前四个字母,意思是随机。sum 是单词,意思是总和。求矩阵的平均值有三种意思,一是对矩阵的行求平均值,二是对矩阵的列求平均值,三是对矩阵的全部求平均值。

请看下面的程序:

```
a = rand(4)
b = sum(a,1)/4
c = sum(a,2)/4
d = sum(a(:))/16
```

程序运行的结果为:a 是 4×4 的数字矩阵,数字分布在 (0,1);b 是对矩阵的列分别求平均值的 1×4 矢量,c 是对矩阵的行分别求平均值的 4×1 矢量,d 是对矩阵的全部数字求平均值。

1.6.2 数字的制式转换

数字根据需要有不同的表示方法,有按进制来表示的,十进制常用于日常生活,二进制用于计算机,十六进制用于研究程序的指令;也有按比特位数来表示的,无符号 8 位整数(uint8)常用于灰度和彩色图像,二进制数常用于两色图像。

例 1.29 请将十进制数 17 和 31 变为二进制数和十六进制数。

解 十进制的单词是 decimal，二进制的单词是 binary，十六进制的单词是 hexadecimal。它们在 MATLAB 的指令写法是单词的前三个字母，如下面程序所示：

```
a=[17,31]
b=dec2bin(a)
c=dec2hex(a)
```

指令中的"2"来自单词"to"的谐音。运行程序得到二进制数 b = [10001，11111]，十六进制数 c = [11;1F]。Workspace 显示，a 的类型是双精度型（double），b 的类型是字符型（char），c 的类型也是字符型。

例 1.30 用 load 加载文件 mandrill，它含一个数据矩阵 X 和颜色矩阵 map。请用 imshow（X）和 imshow（uint8（X））显示 X，并说出它们的区别。

解 对于图像类型来说，如果数据类型是双精度的（double），它的值在 [0，1] 的范围；如果数据类型是无符号 8 位整数的，它的值在 [0，255] 的范围。请看下面程序：

```
load mandrill
subplot(121);imshow(X)
subplot(122);imshow(uint8(X))
```

运行程序得到图 1.28。由于 X 是 480×500 的双精度矩阵，很多像素的值超出了 [0，1] 的范围，故 imshow（X）显示的是白色画面。而 uint8（X）把 X 转变为无符号 8 位整数的类型，故 imshow（uint8（X））显示的是清楚的灰度图像。

用 max(X(:))可得 X 的最大值是 220；所以将 imshow(X) 改为 imshow(X/max(X(:)))，它

图 1.28 两种数据类型的图像

显示的图像比右图还要清楚，因为 X/max(X(:)) 充分利用了 [0，255] 的范围。

1.6.3 图像的代数运算

图像可以用光学设备获取，如照相机、望远镜、显微镜等，也可以人为创作，如手工绘画、计算机动画等。随着数字采集技术和信号处理理论的发展，越来越多的图像以数字形式存储。数字图像是用有限数值表示像素亮度的二维图像，单色图像用一个矩阵表示，彩色图像用三个矩阵表示。

例 1.31 请对两幅大小相同的图像'office_1.jpg'和'office_2.jpg'做加法和乘法运算。

解 在 MATLAB 里，加减乘除的写法和数学写法基本一样。把图像当作矩阵，当它们的大小一致时，就可以做加法、乘法等运算了。请看下面程序：

```
I1 = imread('office_1.jpg');subplot(231);imshow(I1)
I2 = imread('office_2.jpg');subplot(232);imshow(I2)
I3 = I1 + I2;subplot(233);imshow(I3)
I4 = I1 * 5;subplot(234);imshow(I4)
I5 = I1.* I2;subplot(235);imshow(I5)
```

运行程序得到图 1.29。原图 I1 和 I2 的数据类型是 uint8，运算后还是 uint8，图像大小不变。

图 1.29　图像的代数运算

1.6.4　数字滤波器的结构

数字滤波器是对数字信号进行计算，以达到滤波效果的一种计算机，它的运算由加法、乘法和延时组成。模拟滤波器是靠电阻、电容、电感、晶体管等元件组成的电路，数字滤波器是靠算法组成的系统。所谓算法实际上就是一种结构。

例 1.32　设 IIR 带阻滤波器的系统函数为

$$H(z) = \frac{0.44 + 0.31 z^{-1} + 0.93 z^{-2} + 0.31 z^{-3} + 0.44 z^{-4}}{1 + 0.48 z^{-1} + 0.83 z^{-2} + 0.29 z^{-3} + 0.46 z^{-4}}$$

请借助 roots 和 poly 将 $H(z)$ 写为级联型的系统函数。

解　级联型的结构就是用一阶或二阶的直接型单元串联而成的系统。在对系统转化之前，先将它的分子多项式除以 0.44，然后再求分子和分母多项式的根，并将共轭根合并为二阶多项式的系数。

按照上述步骤编程，程序如下：

```
b=[0.44,0.31,0.93,0.31,0.44];a=[1,0.48,0.83,0.29,0.46];
z=roots(b/0.44)
z1=poly(z(1:2)),z2=poly(z(3:4))
p=roots(a)
p1=poly(p(1:2)),p2=poly(p(3:4))
```

用单步运行进行观察，roots（b/0.44）是求分子多项式的根；z = [- 0.2273 + 0.9738i；- 0.2273 - 0.9738i；- 0.125 + 0.9922i；- 0.125 - 0.9922i]，前两个共轭，后两个也共轭。poly 将共轭根变成二阶多项式的系数，z1 = [1, 0.4545, 1]，z2 = [1, 0.25, 1]。

同理，roots（a）是求分母多项式的根，p = [- 0.5024 + 0.6705i；- 0.5024 - 0.6705i；0.2624 + 0.7658i；0.2624 - 0.7658i]，poly 将共轭根变成二阶多项式的系数，p1 = [1, 1.0048, 0.702]，p2 = [1, - 0.5248, 0.6553]。

写成数学形式的级联型系统函数为

$$H(z) \approx \frac{0.44(1 + 0.45 z^{-1} + z^{-2})(1 + 0.25 z^{-1} + z^{-2})}{(1 + z^{-1} + 0.7 z^{-2})(1 - 0.52 z^{-1} + 0.66 z^{-2})}$$

1.7 不会就找 help

MATLAB 就像一部字典，可以边用边学。遇到不懂的指令符号，在 Command Window 里输入 help、空格和这个指令符号，回车就会显示该指令符号的解释。想要更详细的说明，在 MATLAB 界面右上角的搜索栏里输入想知道的指令符号，回车即可。

例如，想知道指令 x = 1：-0.3：-1 中的"："是什么意思，在 Command Window 里输入 help：，然后回车，它就告诉我们 J：K 就是 [J, J+1, ..., J+m]，……。或者输入简单的数字试一试，如 2.5：5，得到的是 [2.5 3.5 4.5]。

又如，指令 xlabel('t/s') 中的"xlabel"是什么意思？在搜索栏里输入 xlabel，回车就出现详细的说明。

help 的用处很多。若想快速知道 MATLAB 含有的矩阵、函数、绘图工具以及它们的使用方法，在 Command Window 里输入 help，回车；这时 Command Window 就会出现 MATLAB 的目录，它的条目是蓝色的，供用户单击，黑字是蓝字的说明；找到所需的条目，单击它，就会出现更细分的条目。

1.7.1 基本矩阵和矩阵操作

在 MATLAB 里有很多常用的矩阵和操作已经被编写为程序，并以它们的特点赋予了相应的名称，一般叫它们函数，用户直接拿来用就可以产生相应的矩阵和操作。例如，全部元素都是 1 的矩阵用 ones 表示，全部是 0 的矩阵用 zeros 表示；若想知道一个变量的大小，用 size 就可以得到它的行和列；若想把一串数字变为一个矩阵，用 reshape 就可以实现。

例 1.33 在不知道有什么函数能产生矩阵的情况下，如何快速生成一个 6×10×3 的 1 数组 x？

解 在 Command Window 中输入 help，找到 matlab/elmat 条目，它右边是 Elementary matrices and matrix manipulation，意思是初等矩阵和矩阵操作。单击 matlab/elmat，在出现的 Elementary matrices 标题下有 ones，右边 Ones array 意思是 1 数组。单击 ones 就会出现 ones 的说明。

按照说明，在 Command Window 中输入 x = ones (6, 10, 3)，回车即可得到 6×10×3 的 1 矩阵。这时，Workspace 中显示 x 的大小是 6×10×3，数据类型是 double，如图 1.30 所示。

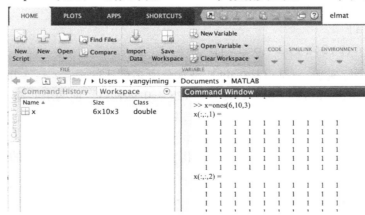

图 1.30 MATLAB 的界面

例 1.34 已知 matlab/elmat 条目里有单位矩阵 eye、矩阵大小 size、矩阵左右翻转 fliplr、矩阵循环移位 circshift 等函数，请用它们给图像 mandrill 添加一个大叉，并用 image 显示。

解 单位矩阵对应斜线，矩阵翻转对应斜线翻转，矩阵移位对应斜线平移，它们和图像矩阵结合为对应图像添加大叉。

编程如下：

```
load mandrill
subplot(121);image(X);colormap(map)
x = eye(size(X)) * 255;
x = x + circshift(x,1);
y = fliplr(x);
z = X + x + y;
subplot(122);image(z);
```

图像矩阵 X 和 z 的元素经 colormap 映射到 map 指定的颜色。运行程序得到图 1.31，图像添加了一个大叉。

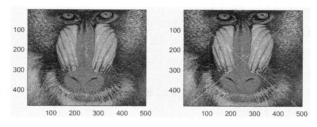

图 1.31　图像添加一个大叉

1.7.2　基本数学函数

数学上认为，函数是两种数的对应关系。例如 x 对应 x^2 的关系就是一种函数。信号处理有时把函数认为是一种映射，例如，傅里叶变换、复频率 s 和复变量 z 的关系。工程上，函数表示系统能够执行的特定过程、操作、任务或功能。

MATLAB 把很多函数都做成了程序，并以它们的数学名作为程序名，直接写函数名就可以调用它的程序了，比如三角函数。不过，有的数学函数名在 MATLAB 里更简练，例如反三角函数，数学写法是在三角函数名前加上 arc，而 MATLAB 只加一个 a。

例 1.35 设变量 $t = -3:0.3:3$，请用它生成双曲正切函数 $\tanh(t)$ 和反双曲正切函数 $\text{artanh}(t)$，并画出它们的曲线。

解 了解双曲正切函数。在 Command Window 中输入 help，找到 matlab/elfun 条目，其右边是 Elementary math functions，即初等数学函数。单击 matlab/elfun，在出现的 Trigonometric 标题下有 tanh，右边 Hyperbolic tangent 指双曲正切；单击 tanh 会出现 tanh 的说明。

用同样的方法可知反双曲正切函数的用法。程序如下：

```
t = -3:0.3:3;
f = tanh(t);g = atanh(t);
plot(t,f,'o-',t,g,'--');grid;xlabel('t');legend('tanh(t)',
'atanh(t)')
```

运行程序得到图 1.32，图中的转折点说明了反函数的奇点和复数问题；因为 $\text{artanh}(t) = \frac{1}{2}\ln\left(\frac{1+t}{1-t}\right)$，在实数的概念里，负数的对数是没有意义的；但在复数的概念里，负数的对数还是复数，这个问题在第四章会详细介绍。

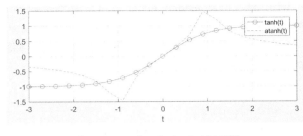

图 1.32 双曲正切和反正切函数

例 1.36 在理想介质和导体的平面分界面上，垂直入射边界的电磁波将全部被反射，入射波和反射波的合成波是纯驻波，其电场瞬时值 $E_x(z,t) = E_{x0}\sin(kz)\sin(\omega t)$ 和磁场瞬时值 $H_y(z,t) = H_{y0}\cos(kz)\cos(\omega t)$。设 $k = \pi/2$，$z = 0 \sim 4$，$\omega = 1$，$t = 0 \sim 10$，请绘制 $E_x(z,t)$ 和 $H_y(z,t)$ 的动画曲线。

解 令 E_{x0} 和 H_{y0} 都等于 1。先画 t=0 的图，然后逐个时间点画图。制图用的函数 plot、axis、grid、subplot、xlabel、ylabel 在 help 的条目 matlab/graph2d 里，时间函数 pause 在条目 matlab/timefun 里，循环语句函数在条目 matlab/lang 里。

根据上述的基本函数编程，程序如下：

```
k=pi/2;z=0:0.1:4;w=1;
for t=0:0.1:10
    E=sin(k*z)*sin(w*t);
    subplot(221);plot(z,E);axis([0 4 -1 1]);grid;xlabel('z');ylabel('E_x(z,t)');
    H=cos(k*z)*cos(w*t);
    subplot(222);plot(z,H);axis([0 4 -1 1]);grid;xlabel('z');ylabel('H_y(z,t)');pause(0.1)
end
```

程序运行时，曲线的幅度缓慢变化，但是过 0 点的位置始终不变；最后停止的曲线如图 1.33 所示。

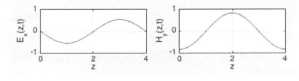

图 1.33 纯驻波

1.7.3 支持和工具箱

有时在设计和调试程序要用到计算机的扬声器，MATLAB 已将这类应用做成函数，需要时用户直接调用就可以了。另外，各个领域都有本专业常用的操作，比如信号处理、图像处理、财务数据分析、生物系统分析等，只要能用数学描述，它们都可能被 MATLAB 编成函数。

例 1.37 一串数字可以变成一段声音。如果音符 n 与频率 f 的关系是 $f = 440 \times 2^{n/12}$ Hz，请用 MATLAB 生成音符"1 2 3 4 5 6 7"的声音。

解 在 Command Window 里输入 help，找到与声音有关的条目 matlab/audiovideo，单击它；找出 Audio hardware drivers 标题下的 sound，它右边的 Play vector as sound 是指将矢量作为声音播放。单击 sound 有使用说明。

由于音乐将八度分为 12 级，一级为一个半音，3~4 相差一个半音；所以，除了 3~4，其他音符之间的级都等于 2。

依此分析编程，程序如下：

```
n =[1;3;5;6;8;10;12];fs =8000;t =0:1/fs:0.5;
f =440* 2.^(n/12);
x =sin(2* pi* f* t)';
sound(x(:),fs)
```

运行程序可听到 1 2 3 4 5 6 7 的声音。

例 1.38 已知红绿蓝三基色图像可以合成一幅彩色图像。试用一个 $5 \times 7 \times 3$ 的随机数组产生一幅彩色图像。

解 彩色图像需要能产生随机数的函数和显示图像的函数。先用 help 调出目录，找到随机矩阵的条目 matlab/randfun；单击 matlab/randfun，在标题 Random matrices 下任选一个。然后，通过 help 找到与图像有关的条目 images/images；单击它，在标题 Image display、exploration 和 visualization 下面有 image、imagesc 和 imshow，它们都可以使用。

编程如下：

```
I =rand(5,7,3);
image(I)
```

运行程序得到图 1.34，由于 rand 是随机函数，故每次运行程序的结果都不同。

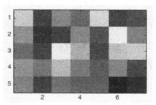

图 1.34 随机函数的图像

本章小结

编程是门艺术，它需要我们找出实际问题和数学问题的特点，并结合 MATLAB 的特点进行编程。写指令和优化程序的过程，是加深我们理解解决问题的方法的过程。

练习题

1. 有一个电阻和电感串联的电路，$R = 35\Omega$ 和 $L = 98$mH，当交流电的电压有效值为

200V，频率分别为 50、500、5000、50000 时，求流过电路的电流。

2. 已知共集电极放大器的 $R_e=1\text{k}\Omega$、$r_{be}=700\Omega$、$\beta=40$、$r_s=100\Omega$、$R_b=240\text{k}\Omega$，求输出电阻

$$R_o = R_e // \frac{(r_{be}+r_s')}{(1+\beta)}$$

其中 $r_s'=r_s//R_b$。

3. 一个 RLC 串联电路的 $R=13\Omega$、$L=0.7\text{mH}$ 和 $C=999\text{pF}$，外加电压 8mV，求电路谐振时的电流、品质因数及电感和电容上的电压。

4. 两级电压串联负反馈放大电路的 $R_s=100\Omega$，$\beta_1=\beta_2=50$，$r_{be1}=r_{be2}=1.5\text{k}\Omega$，$R_{c1}=6.2\text{k}\Omega$，$R_{e1}=100\Omega$，$R_{b12}=75\text{k}\Omega$，$R_{b22}=24\text{k}\Omega$，$R_{c2}=4.7\text{k}\Omega$，$R_f=10\text{k}\Omega$，$R_L=10\text{k}\Omega$。求电路的电压放大倍数

$$A_{uf} = \frac{A_u}{1+A_u F_u}$$

其中 $A_u=A_{u1}A_{u2}$，$F_u=R_{e1}/(R_{e1}+R_f)$。已知 $A_{u1}=-\beta_1 R_{L1}'/[R_s+r_{be1}+(1+\beta_1)R_{e1}']$、$A_{u2}=-\beta_2 R_{L2}'/r_{be2}$，$R_{e1}'=R_{e1}//R_f$，$R_{L1}'=R_{c1}//R_{b12}//R_{b22}//r_{be2}$，$R_{L2}'=R_{c2}//(R_f+R_{e1})//R_L$。

5. 设正弦稳态电路的 $U_s=220\angle 30°\text{V}$、$R=17\Omega$、$L=99\text{mH}$ 和 $C=100\mu\text{F}$，如图 1.35 所示。求频率 $f=50\text{Hz}$ 时的 I、U_R、U_L 和 U_o。

6. 电动牙刷的无线充电器原理如图 1.36 所示，设 $U_s=220\text{V}$、$R_1=3\Omega$、$R_2=2\Omega$、$R_L=19\Omega$、$L_1=2\text{H}$、$L_2=1\text{H}$ 和 $M=0.5\text{H}$，f 分别为 50Hz 和 60Hz，求 U_2。

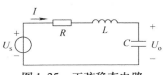

图 1.35　正弦稳态电路

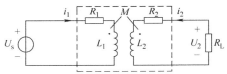

图 1.36　无线充电器原理图

7. 三相交流电路如图 1.37 所示，设 $r_1=5\Omega$、$r_2=5\Omega$、$r_3=5\Omega$、$r_4=6\Omega$、$r_5=7\Omega$、$r_6=8\Omega$，$E_{AB}=220\angle 0°\text{V}$、$E_{BC}=220\angle -120°\text{V}$ 和 $E_{CA}=220\angle 120°\text{V}$。求电路的输入电流 i_1、i_2 和 i_3。

8. 已知串联桥接电路的 $r_1=6\Omega$、$r_2=7\Omega$、$r_3=8\Omega$、$r_4=9\Omega$、$r_5=10\Omega$ 和 $r_6=11\Omega$，如图 1.38 所示，求电路的输入电阻 R。

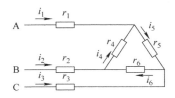

图 1.37　三相交流电路

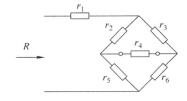

图 1.38　串联桥接电路

9. 请把十进制数 567 变为二进制、八进制和十六进制数。

10. 请把十六进制数 FFFF 变为二进制、八进制和十进制数。

11. 请将十进制数 678.9 变为 8421BCD 码。

12. 设 $t=0:13$，请以 t 为自变量，用 t 的正弦函数 $\sin(t)$ 和余弦函数 $\cos(t)$ 产生彩色方块图的 RGB 数据矩阵，并显示图像。

第 2 章
函数的运用

函数有数学公式的意思,也有事物功能、职责的意思。大部分数学函数都已经在 MATLAB 中封装完成。实践中有些常用的操作 MATLAB 也会编写成程序,并赋予相应的英文名字,直观实用,编程时直接输入这些名字即可。在 MATLAB 里,用户还可以自创函数,把自己常用的、喜欢的操作写成函数,供后续使用。

2.1 数学函数

常用的 MATLAB 函数有三角函数、指数函数、对数函数、复数函数等,它们有的跟原来的数学函数写法相同,有的更简洁,有的是 MATLAB 自己创造的。调用时,它们的大小和自变量是一样的。例如自变量 t = 1:0.1:2 是 1×11 的矢量,函数 f = sin(t) 也是 1×11 的矢量。表 2.1 列举了一些常见的 MATLAB 函数。更多的函数请参照 help 的 matlab/elfun。

表 2.1 一些常见的 MATLAB 函数

函数名	含义	函数名	含义	函数名	含义	函数名	含义
sin	正弦	cos	余弦	tan	正切	cot	余切
asin	反正弦	acos	反余弦	atan	反正切	acot	反余切
sinh	双曲正弦	cosh	双曲余弦	tanh	双曲正切	coth	双曲余切
asinh	反双曲正弦	acosh	反双曲余弦	atanh	反双曲正切	acoth	反双曲余切
exp	指数	log	自然对数	sqrt	平方根	abs	绝对值
angle	相角	conj	复共轭	real	复数实部	imag	复数虚部
floor	向下取整数	ceil	向上取整数	round	四舍五入	mod	模除

调用函数时,自变量要用圆括号围起来。在 MATLAB 里,自变量默认是矩阵,其元素默认是复数,这点跟以前的概念不一样,在第 4 章会详细介绍。

2.1.1 二极管

二极管是由半导体 PN 结构成的二端器件,具有单向导电性,外加正向电压时导通,反向电压时截止。这种特性常用于电源的整流、通信的检波、控制的开关。

例 2.1 已知锗二极管的伏安特性 $i = I_s(e^{v/V_T} - 1)$,$I_s = 6\mu A$,$V_T = 26mV$,$R = 2k\Omega$,电路如图 2.1 所示,请用图解法求二极管的电流 i。

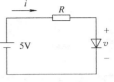

图 2.1 二极管电路

解 根据欧姆定律得电流 $i = (5-v)/R$。用它和二极管的伏安特性编程,程序如下:

```
Is=6e-6;Vt=26e-3;R=2;
v=0:0.01:0.2;
i=Is*(exp(v/Vt)-1)*1000;
plot(v,i);grid;hold on
v=0:0.1:1;
i=(5-v)/R;
plot(v,i,'.-');xlabel('v/V');ylabel('i/mA')
```

运行程序得到图 2.2,因流过二极管的电流必须满足伏安特性和欧姆定律,即电流在两条曲线的交点,故 i 约等于 2.5mA。

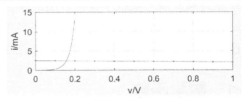

2.1.2 整流

整流就是把正负变化的交流电变为一个方向变化的直流电。利用二极管的单向导电性可以实现这个要求。

图 2.2 伏安特性和欧姆定律

例 2.2 已知交流电源 $x(t) = 2\sin(100\pi t)$V。请用函数 sin 和 abs 画出电流 $x(t)$、全波整流电流 $y(t)$ 和半波整流电流 $z(t)$ 的波形。

解 因 $y(t) = |x(t)| \geq 0$,故 $x(t) + y(t)$ 将抵消 $x(t)$ 的负半周。编程如下:

```
t=-0.03:0.001:0.03;
x=2*sin(100*pi*t);
subplot(311);plot(t,x);ylabel('x(t)/V');grid
y=abs(x);
subplot(312);plot(t,y);ylabel('y(t)/V');grid
z=(x+y)/2;
subplot(313);plot(t,z);xlabel('t/s');ylabel('z(t)/V');grid
```

运行程序得到图 2.3,$x(t)$ 是交流电,$y(t)$ 和 $z(t)$ 是脉动型直流电,波动很大,需要滤波才能比较稳定。

2.1.3 部分分式展开

部分分式展开是指将有理函数分解为低幂多项式和若干低幂分母分式的组合。例如,有理函数

$$\frac{3x^4 - x^3 - 2x^2 - 7x - 1}{x^3 - x^2 + x - 1} = 3x + 2 - \frac{4}{x-1} + \frac{x-5}{x^2+1}$$

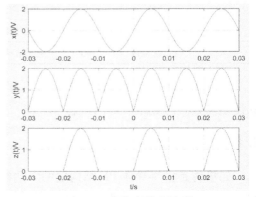

图 2.3 交流电整流波形

等式右边是一阶多项式、一次幂分母分式和二次幂分母分式之和。这种变换方法能让拉普拉斯反变换、z 反变换、数字滤波器设计的运算变得简单。

例 2.3 设线性时不变系统的系统函数 $H(s)=\dfrac{s^3+3s^2+s+2}{s^3+3s^2+2s}$,请利用 MATLAB 的留数函数 residue 求 $H(s)$ 的原函数 $h(t)$。

解 利用基本的拉普拉斯变换对,例如 $1\leftrightarrow\delta(t),\dfrac{1}{s}\leftrightarrow\varepsilon(t),\dfrac{b}{s+a}\leftrightarrow be^{-at}\varepsilon(t)$ 等,部分分式展开 $H(s)$,就可以得到 $h(t)$。

部分分式展开的编程如下:

```
b=[1 3 1 2];a=[1 3 2 0];
[r,p,k]=residue(b,a)
```

residue 的 r 是分子的系数,p 是极点,k 是多项式的系数。运行程序得到 r=[2;-3;1],p=[-2;-1;0] 和 k=1。

将它们写成展开式为

$$\frac{s^3+3s^2+s+2}{s^3+3s^2+2s}=\frac{2}{s+2}-\frac{3}{s+1}+\frac{1}{s}+1$$

根据基本的变换对,得 $H(s)$ 的原函数为

$$h(t)=(2e^{-2t}-3e^{-t}+1)\varepsilon(t)+\delta(t)$$

例 2.4 若系统的系统函数为

$$H(s)=\frac{100(s+2)}{s(s+1)(s+10)}$$

请用卷积函数 conv 和留数函数 residue 计算系统的单位脉冲响应。

解 函数 conv 可以实现两个多项式相乘。用 conv 计算分子和分母的多项式系数,然后部分分式展开。编程如下:

```
b=conv(100,[1 2])
a=conv([1 0],conv([1 1],[1 10]))
[r,p,k]=residue(b,a)
```

运行程序得到 r=[-8.8889;-11.1111;20],p=[-10;-1;0],k=[]。它们对应的部分分式为

$$\frac{100(s+2)}{s(s+1)(s+10)}=-\frac{8.8889}{s+10}-\frac{11.1111}{s+1}+\frac{20}{s}$$

所以系统的单位脉冲响应为

$$h(t)\approx(20-11.11e^{-t}-8.89e^{-10t})\varepsilon(t)$$

例 2.5 已知数字系统的系统函数为

$$H(z)=\frac{2.5+3z^{-1}-3.5z^{-2}+z^{-3}}{1-0.5z^{-1}+z^{-2}-0.5z^{-3}}$$

试用数字系统的留数函数 residuez,求系统的单位脉冲响应 $h(n)$。

解 利用 z 变换的基本变换对,如 $1\leftrightarrow\delta(n)$ 和 $\dfrac{1}{1-az^{-1}}\leftrightarrow a^n u(n)$,部分分式展开法可以很快得到 $h(n)$。编程如下:

```
b = [2.5 3 -3.5 1];
a = [1 -0.5 1 -0.5];
[r,p,k] = residuez(b,a)
```

运行程序得到 r = [2−2i;2+2i;0.5]、p = [i;−i;0.5] 和 k = −2。它们对应的展开式为

$$\frac{2.5+3z^{-1}-3.5z^{-2}+z^{-3}}{1-0.5z^{-1}+z^{-2}-0.5z^{-3}} = \frac{2-2i}{1-iz^{-1}} + \frac{2+2i}{1+iz^{-1}} + \frac{0.5}{1-0.5z^{-1}} - 2$$

利用 z 变换的基本变换对，得系统的单位脉冲响应为

$$h(n) = [(2-2i)i^n + (2+2i)(-i)^n + 0.5 \times 0.5^n]u(n) - 2\delta(n)$$
$$= \left[4\sqrt{2}\cos\left(\frac{\pi}{2}n - \frac{\pi}{4}\right) + 0.5 \times 0.5^n\right]u(n) - 2\delta(n)$$

2.1.4 静电场的电位

电场是指对带电体有作用力的区域。如果这种作用不随时间变化，则这种电场就称为静电场。把一个单位正电荷放入电场中的某个位置，静电场就会移动它，将它移到不能再动的地方，这种移动所做的功就是该电荷所在位置具有的电势能，也称电位。

例 2.6 在球坐标里，有两个距离为 d 的等值异性点电荷 $\pm q$，它们在很远的空间某点 r 处产生的电位 $\Phi = \frac{qd}{4\pi\varepsilon_0 r^2}\cos(\theta)$，极角 $\theta = 0 \sim \pi$。设 $q/(4\pi\varepsilon_0) = 1, d = 0.01$，请用 linspace 和 polar 函数绘制 $\Phi = \pm 1$ 的二维等电位线，并给出这两个点电荷的位置。

解 因为二维曲线没有方位角，故将极角 θ 的取值改为 $\theta = -\pi/2 \sim \pi/2$，它对应正电位。负电位用对称性取得。

将电位方程改写为 $r = \pm\sqrt{\frac{qd}{4\pi\varepsilon_0\Phi}\cos(\theta)}$，令 $\theta = -\pi/2 \sim \pi/2$ 和 $\Phi = 1$，这样就可以编程了。程序如下：

```
d = 0.01; f = 1;
t = linspace(-pi/2, pi/2);
r = sqrt(d/f* cos(t));
polar([t,t],[r,-r],'m');hold on
polar(0,d/2,'r*');polar(pi,d/2,'bo');
legend('\Phi = \pm1','+q','-q');
```

运行程序得到图 2.4，球坐标的极角 θ 是从 z 轴开始的，极坐标函数 polar 的角是从极轴开始的。正电荷在纵轴右边，右边的电位线是正电位 $\Phi = 1$。

2.1.5 均匀平面电磁波

场量垂直于传播方向的电磁波称为横电磁波，如果在任意时刻任意传播点上看，横电磁波的量值恒定不变的面是平面，则这种波称为均匀平面电磁波。例如，传播方向是 z 轴，电场的方向只在 x 轴方向，则均匀平面电磁波的电场 **E**

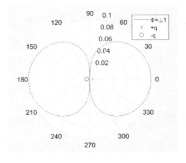

图 2.4 两个点电荷的等位线

可表示为 $E = a_x E_0 \cos(\omega t - kz)$；当时间 t 和距离 z 固定，则相角 $\omega t - kz$ 也固定，这时 E 在这个 z 平面上的电场就等于常数。

例 2.7 坡印廷矢量表示电磁场能量流动的大小和方向，方向等于 $E \times H$ 的方向。若均匀平面电磁波沿 x 轴方向传播，电场强度瞬时值 $E(x,t) = a_y E_{0y} \cos(\omega t - kx)$，则磁场强度 $H(x,t) = a_z H_{0z} \cos(\omega t - kx)$。设 $E_{0y} = 2$、$\omega = 0.5$、$t = 0$、$k = 2$、$x = 0 \sim 10$、$H_{0z} = 1.7$。使用函数 plot3 绘制 $E(x,t)$ 在 $z = 0$ 平面和 $H(x,t)$ 在 $y = 0$ 平面的立体波形。

解 位置 x 是矢量，E 和 H 也是矢量。E 在 y 轴方向，H 在 z 轴方向。为了增强立体感，各场强都添加一些平行线。编程如下：

```
E=2;w=0.5;t=0;k=2;H=1.7;
x=0:0.1:10;z=0*x;
Ey=E*cos(w*t-k*x);
Hz=H*cos(w*t-k*x);
plot3(x,Ey,z,'k',[x;x],[Ey;z],[z;z],'k');grid;axis equal;
hold on
plot3(x,z,Hz,'k.-',[x;x],[z;z],[Hz;z],'k:');
xlabel('x');ylabel('y');zlabel('z');view(22,22);
```

运行程序得到图 2.5，它表示平面电磁波的空间场强，实线代表电场强度，点画线代表磁场强度。

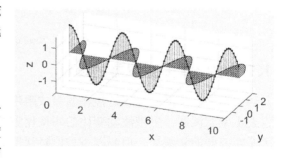

图 2.5 平面电磁波的空间场强

2.1.6 离散时间傅里叶级数

对离散时间周期信号进行分析，计算它不同频率的正弦波的复数幅度；用这些幅度的正弦波进行组合，可得到原来的周期信号，这种组合称为离散时间傅里叶级数。这种分析方法是现代通信的理论基础。

例 2.8 有一离散时间的周期矩形波信号 $x(n)$，见图 2.6；请用函数 sum、abs 和 angle 画出其频率特性，频序 $k = -20 \sim 20$。

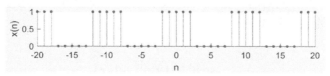

图 2.6 离散时间的矩形波

解 离散时间傅里叶级数系数的定义为

$$X(k) = \sum_{n=0}^{N-1} x(n)\, e^{-j\frac{2\pi}{N}kn}$$

信号 $x(n)$ 的周期 $N = 10$。$X(k)$ 是周期序列，周期是 N。依照此式和周期性编程，程序如下：

```
N=10;n=0:N-1;
x=n<=2|n>=8;
for k=0:N-1
    X(k+1)=sum(x.*exp(-j*2*pi/N*k*n));
end
X=[X,X,X,X];
subplot(211);stem(-2*N:2*N-1,abs(X),'.');box off;xlabel('k');
ylabel('|X(k)|');
subplot(212);stem(-2*N:2*N-1,angle(X),'.');box off;xlabel
('k');ylabel('arg[X(k)]/rad');
```

运行程序得到图2.7，上图是幅频特性，下图是相频特性，统称频率特性，也叫频谱。

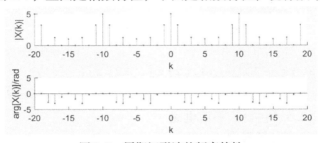

图2.7 周期矩形波的频率特性

2.1.7 切比雪夫滤波器的设计

切比雪夫滤波器是幅频特性在通带或阻带上等波纹变化的滤波器，通带波动变化的叫切比雪夫Ⅰ型滤波器，阻带波动变化的叫切比雪夫Ⅱ型滤波器。切比雪夫滤波器的过渡带比巴特沃斯滤波器的衰减快，但幅度不如巴特沃斯滤波器的平坦。

例2.9 设低通滤波器的指标是 $f_p = 3\text{kHz}$, $f_s = 6\text{kHz}$, $A_p = 1\text{dB}$, $A_s = 40\text{dB}$。请设计一个满足指标的切比雪夫Ⅰ型模拟滤波器 $H(s)$，用函数 acosh、ceil、asinh、sinh、cosh 和 poly 完成。

解 （1）数学建模

设计切比雪夫Ⅰ型滤波器时，先要计算波动系数 r 和阶 N，N 是整数；然后计算极点 s_k, $k = 1 \sim N$，它们的数学公式如下：

$$r = (10^{A_p/10} - 1)^{1/2}$$

$$N = \frac{\text{arch}(\sqrt{10^{A_s/10} - 1}/r)}{\text{arch}(f_s/f_p)}$$

$$s_k = -\Omega_p \sin\left(\frac{2k-1}{2N}\pi\right)\text{sh}\left(\frac{\text{arsh}(1/r)}{N}\right) + j\Omega_p \cos\left(\frac{2k-1}{2N}\pi\right)\text{ch}\left(\frac{\text{arsh}(1/r)}{N}\right)$$

$$H(s) = \frac{\Omega_p^N}{r2^{N-1}(s-s_1)(s-s_2)\cdots(s-s_N)}$$

（2）编程

在实际应用中，系统函数的多项式系数都是用实数表示，所以极点表示的分式要转换为多项式的形式。程序如下：

```
fp=3000;fs=6000;Ap=1;As=40;
r=sqrt(10^(Ap/10)-1);
N=acosh(sqrt(10^(As/10)-1)/r)/acosh(fs/fp);
N=ceil(N)
k=1:N;O=2*pi*fp;
a=(2*k-1)/2/N*pi;b=asinh(1/r)/N;
s=-O*(sin(a)*sinh(b)-j*cos(a)*cosh(b));
B=O^N/r/2^(N-1),
A=poly(s)
```

（3）运行和分析

运行程序得到 N = 5、B = 2.9228 × 10²⁰ 和 A = 10²⁰[0.0000 + 0.0000i, 0.0000 − 0.0000i, 0.0000 − 0.0000i, 0.0000 − 0.0000i, 0.0007 − 0.0000i, 2.9228 − 0.0000i]，这样的 A 值不能用。

A 的值要逐个看。例如，在 Command Window 输入 A(1)，回车得到 A 的第一个数字，A(1) = 1；输入 A(3) 得 6.0005e + 08 − 2.9802e − 08i。这样得到的 A ≈ [1, 1.77 × 10⁴, 6 × 10⁸, 6.53 × 10¹², 7.33 × 10¹⁶, 2.92 × 10²⁰]。

整理得到模拟滤波器的系统函数为

$$H(s) \approx \frac{2.92 \times 10^{20}}{s^5 + 1.77 \times 10^4 s^4 + 6 \times 10^8 s^3 + 6.53 \times 10^{12} s^2 + 7.33 \times 10^{16} s + 2.92 \times 10^{20}}$$

2.1.8 混频器

混频器的功能是将输入它的两个信号的频率相加或相减，甚至倍频。混频器广泛用于无线电通信领域，例如，将语音信号的频谱搬移到高频的地方，通过天线在空气中传播；或将天线接收的高频信号的频谱搬移到固定的中频，再用性能稳定、选择性好的中频放大器进行选通放大。

非线性元件的伏安特性 $i = f(u)$ 可用幂级数表示，如图 2.8 所示，若令 $u = U_0$ 为静态工作点，当工作电压 u 偏离 U_0 很小时，元件的电流 i 可近似用幂级数的前三项表示，即

$$i \approx b_0 + b_1(u - U_0) + b_2(u - U_0)^2$$

例 2.10 设非线性元件的输入电压幅度在 0.3 ~ 0.5V 之间变化，工作点 $U_0 = 0.4$V 的电流 $I_0 = 5$mA；当 $u = 0.3$V 时 $i = 2$mA，$u = 0.5$V 时 $i = 10$mA。若低频信号 $u_1 = 0.05\cos(0.6t)$ V，载波 $u_2 = 0.05\cos(8t)$ V，输入电压 $u = U_0 + u_1 + u_2$，请绘制输出电流 i 的波形，取 $t = 0 \sim 30$s。

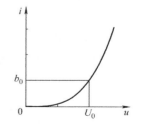

图 2.8 小信号的电流近似

解 根据三组电压电流对幂级数列方程组，求出幂级数的系数，然后计算输出电流。编程如下：

```
V =[1,0,0;1,-0.1,0.01;1,0.1,0.01];I =[5;2;10];U =0.4;
b =V\I
t =0:0.01:30;
u1 =0.05* cos(0.6* t);
subplot(311);plot(t,u1);grid;ylabel('u_1/V')
u2 =0.05* cos(8* t);
subplot(312);plot(t,u2);grid;ylabel('u_2/V')
u =U +u1 +u2;
i =b(1) +b(2)* (u -U) +b(3)* (u -U).^2;
subplot(313);plot(t,i);grid;xlabel('t/s');ylabel('i/mA')
```

运行程序得到 $b_0 =5$，$b_1 =40$，$b_2 =100$，输入输出信号的波形见图2.9，输出电流 i 在 5mA 上下变化。由于电流 $i =5 +40(u_1 +u_2) +100(u_1 +u_2)^2$，其二次幂实现了低频信号 u_1 和载波 u_2 的相乘，还有各自的平方；从三角函数来看，混频实现了 u_1 和 u_2 的频率加减，还有各自频率的倍频。

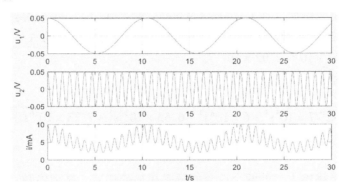

图 2.9　非线性元件的输入和输出

2.2　矩阵函数

在学习和研究时，有时需要一组特殊的数，有时需要特殊的矩阵处理。表2.2列出了一些常用数组和矩阵变换。更多的数组和矩阵变换可到 help 的 matlab/elmat 和 matlab/randfun 中查看。

表 2.2　常用的数组和矩阵变换

函数名	含义	函数名	含义	函数名	含义
zeros	0矩阵	ones	1矩阵	rand	随机矩阵
randn	正态随机矩阵	linspace	均分向量	meshgrid	网格矩阵
eps	最小数	pi	圆周率	i, j	虚数符号
length	矢量长度	fliplr	矩阵左右翻转	flipud	矩阵上下翻转

大小相同的矩阵可以加减。当 A 矩阵的列等于 B 矩阵的行时，可以 $A \times B$。矩阵可用来解线性方程组，还可以用来线性变换，它们在统计、物理、三维动画领域都有应用。

2.2.1 信号的基本运算

信号的基本运算有加法、乘法、平移、翻转、尺度变换等。加法常用于信号叠加，乘法常用于信号调制和解调，平移常用于信号延时，翻转常用于信号处理，尺度变换常用于信号变换。

例 2.11 设信号 $f(t) = e^{-0.3t}$ 在 $t = 0 \sim 10$ 以外为零；求 $f(t)$ 分别以 $t=0$ 和 $t=5$ 为对称轴的水平翻转信号 $g(t)$ 和 $h(t)$，并画出它们的波形图。

解 数学描述水平翻转，$g(t) = e^{-0.3(-t)}$，$h(t) = e^{-0.3(10-t)}$。依照公式编程，程序如下：

```
t = -12:0.01:12;
f = exp(-0.3*t).*(t>=0&t<=10);
subplot(311);plot(t,f,'linewidth',2);ylabel('f(t)');axis([-12,12,0,1]);grid;
g = fliplr(f);
subplot(312);plot(t,g,'linewidth',2);axis([-12,12,0,1]);ylabel('g(t)');grid
h = exp(-0.3*(10-t)).*((10-t)>=0&(10-t)<=10);
subplot(313);plot(t,h,'linewidth',2);axis([-12,12,0,1]);xlabel('t');ylabel('h(t)');grid
```

运行程序得到图 2.10，数学上 $f(t)$ 对 $t=0$ 翻转得 $g(t)$，$f(t)$ 对 $t=5$ 翻转得 $h(t)$，编程时能用的方法很多。

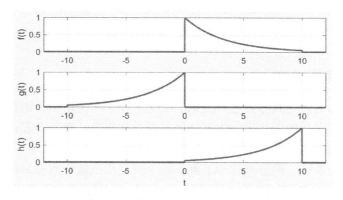

图 2.10　信号的不同位置水平翻转

例 2.12 设信号 $g(t) = (1-0.5t)[u(t) - u(t-2)]$，$u(t)$ 是单位阶跃信号，$t = -5 \sim 5$。现在将 $g(t)$ 右移 2 得 $h(t)$，将 $h(t)$ 在纵轴水平翻转得 $k(t)$，将 $g(t)$ 的时间除以 2 得 $m(t)$。请以 $g(t)$ 为基准，写出 $h(t)$、$k(t)$ 和 $m(t)$ 的闭式（close form），并绘制它们的波形。

解 将信号 $g(t)$ 右移 2 得 $h(t) = g(t-2)$，将 $h(t)$ 水平翻转得 $k(t) = g(-t-2)$，将 $g(t)$ 的时间除以 2 得 $m(t) = g(t/2)$。

依据公式编程,程序如下:

```
t = -5:0.01:5;
g = (1 -0.5* t).* [t >0 &t <2];
subplot(411);plot(t,g,'linewidth',2);ylabel('g(t)');
h = (1 -0.5* (t-2)).* [(t -2) >0 &(t -2) <2];
subplot(412);plot(t,h,'linewidth',2);ylabel('h(t)')
k = (1 -0.5* (-t-2)).* [(-t -2) >0 &(-t -2) <2];
subplot(413);plot(t,k,'linewidth',2);ylabel('k(t)')
m = (1 -0.5* t/2).* [t/2 >0 &t/2 <2];
subplot(414);plot(t,m,'linewidth',2);xlabel('t');ylabel('m(t)')
```

程序运行得到图 2.11,它们分别是原信号、信号平移、信号翻转和信号的尺度变换。

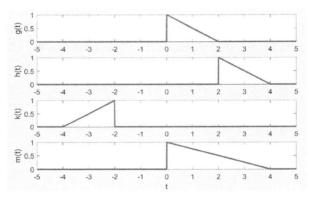

图 2.11 信号的基本运算

2.2.2 微分方程的求解

微分方程是表示函数与其导数之间关系的数学方程。在应用中,函数通常表示物理量之间的关系,导数表示函数的变化率。由于这种关系非常普遍,微分方程在许多课程及专业中发挥着重要作用,如电路、信号与系统、通信、生物等。

对于线性时不变系统,微分方程的求解实际上就是找出微分方程的特征根,然后确定待定系数;这两部分可用 MATLAB 的内建函数"roots"和左除"\"来解决,左除的功能相当于逆矩阵 inv。

例 2.13 已知并联 RLC 电路的电压微分方程 $u'' + 5u' + 6u = 2e^{-t}, t \geq 0$,若电压的初始条件 $u(0) = 2$ 和 $u'(0) = -1$,求微分方程的全解 $u(t)$。

解 (1) 微分方程的特征根

微分方程的特征方程是 $\lambda^2 + 5\lambda + 6 = 0$,MATLAB 求解方程的根的指令如下:

```
x = roots([1,5,6])
```

运行指令后得到的特征根是 $\lambda_1 = -3$,$\lambda_2 = -2$。

(2) 确定待定系数

根据特征根写出方程的齐次解 $u_h = A_1 e^{-3t} + A_2 e^{-2t}$，$A_1$ 和 A_2 是待定系数。

按照激励的形式 $2e^{-t}$ 令特解 $u_p = Be^{-t}$，B 是待定系数；将 u_p 代入微分方程，得到 $B = 1$。这样就得到方程的通解 $u = u_h + u_p = A_1 e^{-3t} + A_2 e^{-2t} + e^{-t}$。这时，将初始条件代入通解，得

$$\begin{cases} A_1 + A_2 = 1 \\ 3A_1 + 2A_2 = 0 \end{cases}$$

将方程组写成矩阵，以此编程，程序如下：

```
c = [1 1;3 2];B = [1;0];
A = c\B
```

运行程序得到 A = [-2;3]。所以，$A_1 = -2$ 和 $A_2 = 3$。

答：微分方程的全解 $u(t) = -2e^{-3t} + 3e^{-2t} + e^{-t}$，$t \geq 0$。

2.2.3 噪声音乐

从物理学的角度看，噪声是频率和强弱都没有规律的声音，从信号的角度就是频率和幅度都没有规律的信号。噪声让人感觉不舒服，但如果让噪声按一定的规律重复，它就可能变成悦耳的音乐。

例 2.14 设噪声的样本 $x(n)$，$n = 0 \sim 399$，对 $x(n)$ 用零状态系统进行如下处理：

$$y(n) = x(n) + 0.5y(n-N) + 0.5y(n-N-1)$$

取 $N = 400$，信号采样率 44kHz。试用函数 randn、max 和 sound 编程产生 3s 的声音信号 $y(n)$。

解 根据 $x(n)$ 是有限长，还有系统是零状态，系统的差分方程在 $n = 0 \sim 399$ 时，有

$$y(n) = x(n)$$

在 $n = 400$ 时，有

$$y(n) = 0.5y(0)$$

在 $n > 400$ 时，有

$$y(n) = 0.5y(n-N) + 0.5y(n-N-1)$$

按照以上分析进行编程，程序如下：

```
N = 400;fs = 44e3;M = fs* 3;
x = randn(1,N);
y = [x,0.5* x(1)];
for n = N + 2:M
    y(n) = 0.5* y(n-N) + 0.5* y(n-N-1);
end
y = y/max(y);
sound(y,fs)
```

运行程序时，计算机将用扬声器播放出一段悦耳的声音。

2.2.4 采样定理

采样定理指出，对模拟信号进行采样时，采样率必须大于被采样信号最高频率的两倍，才能保证采样的信号不失真，也就是说，这样得到的数字信号才能恢复原来的信号。采样定理是模拟信号变为数字信号的准则。

例 2.15 设模拟信号 $x(t)=\sin(2\pi ft)$，$f=20$、40、60Hz，采样率 $f_s=80$Hz。请用函数 plot 画出 $t=0 \sim 1s$ 的采样信号曲线，以此说明采样定理。

解 计算机是不能处理模拟信号的，而曲线函数 plot 画出来的曲线是连续的，这是因为 plot 将输入的数据用直线连接起来。具体请看下面编程：

```
fs=80;T=1/fs;t=0:T:1;
f=20;x=sin(2*pi*f*t);subplot(311);plot(t,x);ylabel('x_{20}(t)')
f=40;x=sin(2*pi*f*t);subplot(312);plot(t,x);ylabel('x_{40}(t)')
f=60;x=sin(2*pi*f*t);subplot(313);plot(t,x);xlabel('t/s');ylabel('x_{60}(t)');
```

运行程序得到图 2.12，采样信号 $x_{20}(t)$ 的频率 $<f_s/2$，波形 1s 重复 20 次；采样信号 $x_{40}(t)$ 的频率 $=f_s/2$，信号的幅度小于 4×10^{-14}，波形无周期；采样信号 $x_{60}(t)$ 的频率 $>f_s/2$，波形变为 20Hz，这种现象称为折叠失真。

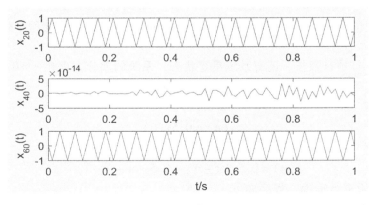

图 2.12 采样信号的波形

2.2.5 离散傅里叶变换

离散傅里叶变换是将一个有限长序列 $x(n)$ 映射为一个同等长的序列 $X(k)$，$k=0 \sim N-1$，

$$\begin{cases} X(k) = \sum_{n=0}^{N-1} x(n)\,\mathrm{e}^{-\mathrm{j}\frac{2\pi}{N}kn} \\ x(n) = \dfrac{1}{N}\sum_{k=0}^{N-1} X(k)\,\mathrm{e}^{\mathrm{j}\frac{2\pi}{N}kn} \end{cases}$$

$X(k)$ 对应离散时间傅里叶变换 $X(\omega)$ 一个周期 2π 的采样,采样间隔等于 $2\pi/N$,N 是 $x(n)$ 的长度。离散傅里叶反变换是 $X(k)$ 的反变换,它将 $X(k)$ 变回原来的序列 $x(n)$。在信号处理领域,离散傅里叶变换和反变换统称离散傅里叶变换,它在离散变换中占有重要位置,许多实际应用都离不开它,如声波、无线电信号、每日温度、图像等。

例 2.16 设有限长序列 $x(n) = \cos(0.2n)R_{13}(n)$ 和 $h(n) = 0.9^n R_7(n)$,请用离散傅里叶变换求解 $x(n) * h(n)$。要求用矩阵乘法和函数 real 来完成。

解 离散傅里叶变换隐含周期性,故它的卷积称为循环卷积。循环卷积代替线性卷积是有条件的,即循环卷积的长度≥线性卷积的长度。满足条件时,有

$$x(n) * h(n) = \text{IDFT}[X(k)H(k)]$$

因 $x(n) * h(n)$ 的长度等于 $13 + 7 - 1 = 19$,故取循环卷积长度 $N = 20$,$n = 0 \sim N - 1$,依此编程如下:

```
N=20;n=0:N-1;k=n;
x=cos(0.2*n).*[n<13];
subplot(231);stem(n,x,'.');xlabel('n');ylabel('x(n)');
h=0.9.^n.*[n<7];
subplot(232);stem(n,h,'.');xlabel('n');ylabel('h(n)');
X=x*exp(-j*2*pi/N*n'*k);
H=h*exp(-j*2*pi/N*n'*k);
Y=X.*H;
y=1/N*Y*exp(j*2*pi/N*k'*n);
subplot(233);stem(n,real(y),'.');xlabel('n');ylabel('x(n)\asth(n)')
```

程序在最后的画图指令 stem 中用 real 对 y 取实部,这是因为计算机的计算不如理论推导那么精确;本来理论推导得到的 $y(n) = x(n) * h(n)$ 应该是实数,但是计算得到的 y 很可能是复数。运行程序得到的数字用图形表示,如图 2.13 所示。

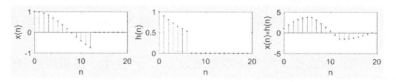

图 2.13 循环卷积代替线性卷积

写坐标符号的指令可以显示很多特殊符号,如希腊字母、数学符号等,还可以修饰所显示的符号。例如,将卷积图形的纵坐标符号变为斜体红色,只要将原指令 ylabel('x(n) \asth (n)') 改写为 ylabel('\itx(n) \asth(n)','color','r')。

更多的用法可以通过以下方式查找,在 MATLAB 界面右上角放大镜符号的位置输入 xlabel,回车,单击 xlabel,里面有很多内容;如果只有句法(Syntax)、说明(Description)、实例(Examples)、输入参数(Input Arguments)和输出参数(Output Arguments),没有看到列

表,请单击第一行"xlabel"旁边的"expand all in page",就会出现三张可供使用的列表。

2.2.6 不归零二进制码

在数字传输系统中,传输对象通常是二进制码0和1;不归零二进制码是用正负脉冲表示二进制的一种脉冲波形。它的优点是直流分量小、抗干扰能力强,是一种主流的编码方式。

例2.17 请根据常用函数和矩阵,生成八个±1的随机二进制码,并画出相应的波形,假定码型为矩形脉冲,宽度为1。请用函数stairs画图。

解 对范围在开区间(0,1)随机分布的矩阵rand乘2并向下取整数,就可以得到整数0或1;它们乘2再减1就是不归零的二进制码。

向下取整函数是floor。编程如下:

```
N=8;
c=2*floor(2*rand(1,N))-1
stairs([c,c(end)],'r','linewidth',2);grid;ylabel('c')
```

运行程序可得到八个±1码和对应的波形,如图2.14所示;由于二进制码是随机的,故每次运行的数字都不一样,这里的码c=[1 1 -1 -1 -1 1 -1 1]。

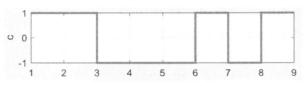

图2.14 不归零二进制码

2.2.7 四进制码

数字基带信号用电平表示数字信息,如果增加电平的数量,就可以增加信息传输率。四进制码是用四个电平来表示两位二进制码的,它传送一个电平等于传送两个比特。例如,电平+3、+1、-1和-3表示00、01、10和11。为了简单,常用矩阵波表示码形。实际上这不可取的,容易产生码间干扰,简单地说,就是一个脉冲的拖尾会影响后面码字的电压幅值,造成接收端的误判。

例2.18 请用随机函数rand和向上取整函数ceil,产生十个随机四进制码,并以矩形波为代表画出相应的波形,每个脉冲的宽度为1。

解 开区间(0,1)的随机函数rand乘以4并向上取整就是整数1~4,它们乘2再减5就是四电平的二进制码。以此分析编程:

```
N=10;
c=2*ceil(4*rand(1,N))-5
stairs([c,c(end)],'r','linewidth',2);grid;ylabel('c')
```

运行程序得到十个随机四进制码,如c=[3 1 3 1 -1 -3 1 3 -1 -3],其波形如图2.15所示。

2.2.8 双调谐回路的耦合因数

耦合回路如果有两个调谐回路就叫双调谐回路，调谐回路的耦合方式有电感耦合、互感耦合、电容耦合等，它的选频特性优于单调谐回路，阻抗变换比单调谐回路灵活。

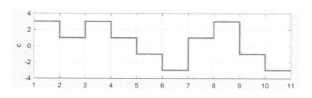

图 2.15　随机四进制码

为了便于研究双调谐回路，如图 2.16 所示，一般设两个回路的参数相同，即 $r_1 = r_2 = r$、$L_1 = L_2 = L$ 和 $C_1 = C_2 = C$；对回路列 KVL 方程，这样就有了回路的广义失谐 $\xi = 2Q\dfrac{\Delta f}{f_0}$ 和耦合因数 $\eta = \dfrac{\omega_0 M}{r}$。

输出电流的有效值就可以写为
$$I_2 = \dfrac{\eta U_s}{r\sqrt{(1-\xi^2+\eta^2)^2+4\xi^2}}$$

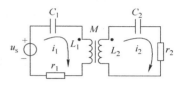

图 2.16　双调谐回路

与频率有关的 ξ 作为自变量，与耦合有关的 η 作为参变量。考虑 $\xi = 0$ 和 $\eta = 1$ 的 I_2 最大值情况，输出电流 I_2 的归一化谐振特性就写为
$$H(\xi,\eta) = \dfrac{2\eta}{\sqrt{(1-\xi^2+\eta^2)^2+4\xi^2}}$$

它与偏离谐振频率 f_0 有关，还与回路的耦合系数 M 有关。

例 2.19　已知广义失谐 $\xi = Q\left(\dfrac{f}{f_0}-\dfrac{f_0}{f}\right) \approx 2Q\dfrac{\Delta f}{f_0}$，请根据双调谐回路的归一化谐振特性 $H(\xi,\eta)$ 画出 $\xi = -4 \sim 4$ 的曲线，设耦合因数 $\eta = 0.5$、1、1.5 和 2。

解　当 $\eta = 0.5$ 时，ξ 是矢量；当 $\eta = 1$ 时，ξ 还是矢量；画四条曲线需要四个矢量，它们合起来就是一个矩阵。

根据分析，把 ξ 变为矩阵，η 也变为矩阵。程序如下：

```
u = -4:0.1:4;v = 0.5:0.5:2;
x = u'* ones(size(v));y = ones(size(u))'* v;
H = 2* y./sqrt((1 - x.^2 +y.^2).^2 +4* x.^2);
plot(x,H);grid;xlabel('\xi');ylabel('H(\xi,\eta)');box off
legend('\eta =0.5','\eta =1','\eta =1.5','\eta =2')
```

运行程序得到图 2.17，四条曲线从内到外对应 $\eta = 0.5$、1、1.5 和 2，η 越大通频带顶部越宽越平坦，回路的频率选择性越接近矩形。

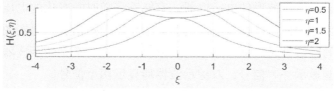

图 2.17　双调谐回路的谐振特性

2.2.9 双边带调幅

在无线电通信中,要把语言信号通过天线发射出去,需要语言信号先调制载波的幅度、频率或相位。调制幅度的方法简称调幅,调幅分为普通调幅、双边带调幅和单边带调幅。从频谱的角度看,普通调幅是载频、上边带和下边带一起传送;双边带调幅只传送上边带和下边带,不传送载频;单边带调幅只传送一个边带,不传送载频。

例 2.20 设信号 $u_1(t) = \cos(1t)$ 和载波 $u_2(t) = \cos(40t)$,时间 $t = 0 \sim 8$s,请绘制出用乘法器实现双边带调制和解调的波形。

解 双边带调制信号是 $u_3 = u_1 \times u_2$,解调这种信号是 $u_4 = u_3 \times u_2$。编程如下:

```
w1=1;w2=40;t=0:0.01:8;
u1=cos(w1*t);
subplot(221);plot(t,u1);xlabel('t/s');ylabel('u_1(t)');
u2=cos(w2*t);
subplot(222);plot(t,u2);xlabel('t/s');ylabel('u_2(t)');
u3=u1.*u2;
subplot(223);plot(t,u3);xlabel('t/s');ylabel('u_3(t)');
u4=u3.*u2;
subplot(224);plot(t,u4);xlabel('t/s');ylabel('u_4(t)');
```

运行程序得到图 2.18,调制信号 u_3 波形的密度和 u_2 一样、幅度按 u_1 的规律变化;解调信号 u_4 波形的密度比 u_2 的密度大、包络按 u_1 的规律变化,用低通滤波器滤除高频分量后就可以得到 u_1。

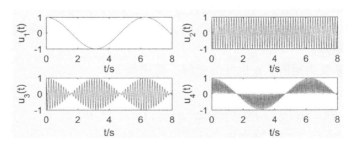

图 2.18 双边带调制和解调

2.2.10 三踪示波器

示波器是一种显示电压波形的电子仪器,它能够将随时间变化的电压信号变为可以观看的曲线,以便分析信号的性质。模拟示波器靠电子束周期扫描屏幕得到图像,当扫描一帧的时间等于信号周期的整数倍时,信号显示的波形就会稳定。常见的示波器有单踪和双踪示波器。单踪示波器只能显示一个信号,双踪示波器能显示两个信号。

例 2.21 已知调制信号 $x(t) = 2.5\sin(2\pi 1006t)$ V,载波 $y(t) = 5\sin(2\pi 10000t)$ V,调幅

波 $z(t)=[2+0.5x(t)]y(t)$ V。设信号的采样间隔是 $1\mu s$，示波器每显示一段信号需要 $2ms$，共显示 501 帧，请动态显示 $x(t)$、$y(t)$ 和 $z(t)$。为了模拟真实情况，给 $y(t)$ 的相位加 0.1 倍的正态分布噪声，$z(t)$ 加 1 倍的正态分布噪声。

解 第一帧图像 $t=0\sim2ms$，第二帧图像 $t=2\sim4ms$，时间相继进行。令每帧 $2ms$，共显示 501 帧。正态分布的随机函数是 randn，编程如下：

```
T =1e -6;p =2e -3;t =0:T:p;
for k =0:500
    t1 =k* p +t;
    x =2.5* sin(2* pi* 1006* t1);
    y =5* sin(2* pi* 1e4* t +0.1* randn);
    z = (2 +0.5* x).* y +randn(size(t));
    subplot(311);plot(1000* t,x);xlabel('t/ms');ylabel('信号');
    subplot(312);plot(1000* t,y);xlabel('t/ms');ylabel('载波');
    subplot(313);plot(1000* t,z);xlabel('t/ms');ylabel('调幅波');
    drawnow
end
```

运行程序得到的是三个会动的图形，图 2.19 只是其中一帧的图形。

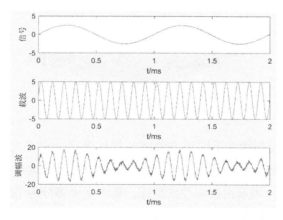

图 2.19 三踪示波器

2.2.11 网格坐标

对于两个自变量的函数来说，函数 $f(x,y)$ 每取一个值，就要有两个自变量的值支撑；例如，当 $x=1$ 和 $y=1$ 时得 $f(1,1)$，当 $x=2$ 和 $y=1$ 时得 $f(2,1)$，当 $x=1$ 和 $y=2$ 时得 $f(1,2)$，当 $x=2$ 和 $y=2$ 时得 $f(2,2)$；自变量共取了四个点，如图 2.20 所示，它们的矩阵形式是 $x=[1\ 2;1\ 2]$，$y=[1\ 1;2\ 2]$。这四个点的二维自变量的坐标图形像网点

图 2.20 二维自变量的取值

或网格,在 MATLAB 里用 meshgrid 表示,故称网格坐标。

例 2.22 地理中的地形常用经度、纬度和海拔来描述。假设 x 和 y 表示经度和纬度,因变量

$$z = 2(1-x)^2 e^{-x^2-(y+1)^2} - 8\left(\frac{x}{5} - x^3 - y^5\right)e^{-x^2-y^2} - e^{-(x+1)^2-y^2}$$

表示某区域的海拔。请用函数 surf 绘制出 $x = -3 \sim 3$ 和 $y = -4 \sim 3$ 的地理图。

解 先把 $x = -3 \sim 3$ 均分 25 点,然后利用 30×1 的 1 矩阵将 x 变为 30×25 的网格矩阵。y 矩阵的大小必须和 x 矩阵一样,都是 30×25。编程如下:

```
M =30;N =25;
x =ones(M,1)* linspace(-3,3,N);
y =linspace(-4,3,M)'* ones(1,N);
z =2* (1-x).^2.* exp(-(x.^2) -(y+1).^2) -8* (x/5 -x.^3 -y.^5).*
exp(-x.^2 -y.^2) -exp(-(x+1).^2 -y.^2);
surf(x,y,z);xlabel('x');ylabel('y');zlabel('z');axis off
```

运行程序得到图 2.21,高度的颜色对应冷暖色调,越高表示越暖,相当于地势越高阳光照射得越多。

图 2.21 地形高度图

例 2.23 海床地形是指海洋不同地方的海底深度形状,它很大程度决定了海洋栖息地的有效性,如洋流、阳光、潮汐等。假设某半径为 1km 的海床地形可用公式 $z = xy$ 来描述,x 表示由西向东的坐标,y 表示由南向北的坐标。请将半径等分为 10 点,一圈等分为 40 点,用最基本的函数产生网格坐标,并用 surf 画出 z 的图形。

解 直角坐标和极坐标的关系为 $x = r\cos(\theta)$ 和 $y = r\sin(\theta)$。编程如下:

```
r =linspace(0,1,10);t =linspace(-pi,pi,40);
r1 =ones(size(t))'* r;
t1 =t'* ones(size(r));
x =r1.* cos(t1);
y =r1.* sin(t1);
z =x.* y;
surf(x,y,z);axis equal;xlabel('x');ylabel('y');zlabel('z')
```

运行程序得到图 2.22,海床地形的图形形状像一片薯片,它的学名叫双曲抛物面。

第 2 章
函数的运用

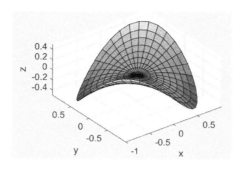

图 2.22　双曲抛物面

2.3　专业函数

MATLAB 自创了很多好用又好记的函数，如 plot、max、length、prod 等。还有很多专业的函数，例如计算和显示信号频率特性的 freqs 函数，对输入信号进行滤波的 filter 函数，根据图像直方图增强对比度的 histeq 函数等。

2.3.1　信号的频谱

信号的频谱一般是指信号的正弦波成分，用这些成分作为相应频率正弦波的幅度和相位，可以合成原来的信号。语言信号的低频成分幅度大于高频成分很多，或者说幅度大的分量占少数，这个特点被数字通信系统用来提高效率。

例 2.24　已知 MATLAB 有个语音文件 mtlb，请用 load 加载它，用 sound 播放它的语音，用 fft 计算它的频谱，绘制出它的幅频特性。

解　声音信号是模拟信号，用计算机处理前必须按一定速率采样，然后才能变成数字信号；播放数字信号时，步骤正好相反，数字信号先按原来的速率转换，然后才能变成原来的模拟信号，播放出来的声音才正常。

数字信号变成模拟信号的程序如下：

```
load mtlb
x = mtlb;
N = length(x); k = 0:N-1;
sound(x/max(x),Fs);
X = fft(x);
plot(Fs/N* k,abs(X));xlabel('f/Hz');ylabel(' |X(f) |');box off;
axis tight;
```

运行程序后会听到一个女性语音，语音的幅频特性 $|X(f)|$ 见图 2.23。数字信号 mtlb 的采样率 F_s = 7418Hz，mtlb 的最高频率是 3709Hz，$|X(f)|$ 在 f = 2000 ~ 3709Hz 的幅值比 0 ~ 2000Hz 的幅值小。

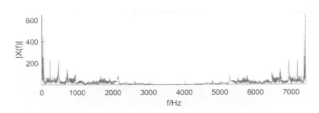

图 2.23 语音的幅频特性

2.3.2 系统的频率响应

频率响应指单位脉冲响应在频域的情况,也称系统的频谱,也就是系统的基本成分构成。常用的基本成分是正弦波,各种频率的正弦波的幅度和相位数值称为频谱。频谱能简化人们表达事物的过程。

例 2.25 假设模拟滤波器的系统函数为

$$H(s) = \frac{1.6 \times 10^9}{s^4 + 625 s^3 + 1.76 \times 10^5 s^2 + 2.56 \times 10^7 s + 1.6 \times 10^9}$$

请用函数 freqs 和 semilogx 画出它的频谱,并指出它是什么滤波器。

解 函数 freqs 的 H = freqs(b,a,w)形式是模拟系统函数分式的频谱 H,b 是分子多项式的系数,a 是分母多项式的系数,w 是角频率;freqs(b,a,w)的形式是画幅频特性和相频特性;[H,w] = freqs(b,a)的形式是自动选 200 个 w 点来计算频谱 H。函数 semilogx 是横坐标取对数的曲线图。

编程如下:

```
b = 1.6e9;
a = [1, 625, 1.76e5, 2.56e7, 1.6e9];
[H,w] = freqs(b,a);
subplot(221);plot(w,abs(H));grid;xlabel('\Omega/rad/s');ylabel('|H(\Omega)|')
subplot(222);semilogx(w,abs(H));grid;xlabel('\Omega/rad/s');ylabel('|H(\Omega)|')
```

运行程序得到图 2.24,这是一个低通滤波器。由于对数放大了小变量压缩了大变量,故横坐标取对数的曲线更容易体现通带和阻带。

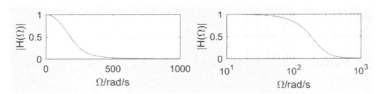

图 2.24 两种作图方法

例 2.26 假设数字滤波器的系统函数是

$$H(z) = \frac{0.202 - 0.333z^{-1} + 0.452z^{-2} - 0.333z^{-3} + 0.202z^{-4}}{1 + 0.225z^{-1} + 0.657z^{-2} - 0.035z^{-3} + 0.055z^{-4}}$$

请画出它的数字频率响应，若它的采样频率 $f_s = 8000$ Hz，请用 freqz 画出 $H(z)$ 对应的模拟滤波器频率响应。

解 数字系统的自变量一般用数字角频率 ω，模拟系统的自变量一般用频率 f，两者的关系是 $f = \omega f_s/(2\pi)$。编程如下：

```
fs = 8000;
b = [0.202,-0.333,0.452,-0.333,0.202];
a = [1,0.225,0.657,-0.035,0.055];
[H,w] = freqz(b,a);
subplot(221);plot(w/pi,abs(H));grid;axis tight;box off;xlabel
('\omega/\pi');ylabel('|H(\omega)|')
subplot(222);plot(w*fs/2/pi,abs(H));grid;axis tight;box off;
xlabel('f/Hz');ylabel('|H(f)|')
```

运行程序得到图 2.25，它的频率响应低频段幅度低，高频段幅度高，是高通滤波器。

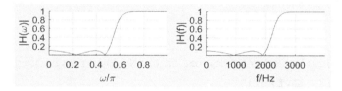

图 2.25 两种频率刻度的幅频特性

更多的信号处理函数请在 Command Window 输入 help，单击 help，找到条目 signal/signal，单击点开之后显示的是信号处理工具箱（Signal Processing Toolbox），里面的每个子条目都有很多专业函数。

2.3.3 信号的滤波

滤波是滤除信号中不需要的成分，提取需要的成分。对于系数是固定的滤波器，它只能处理特定的对象；对象不固定时，这种滤波器就作用有限了。由于人的听觉神经会根据需要即时调整状态，能从众多的声音中提取自己需要的声音。因此科学家模拟这种特性，让系统能根据环境实时修改滤波器的系数，使系统在环境变化的情况下，仍能完成滤波的要求，这种滤波器叫自适应滤波器。

例 2.27 已知 MATLAB 有个声音文件 train，其分量集中在频率 614~1229Hz 处；现在给声音加入 0.1 倍的正态分布噪声 randn。试用专业函数设计一个 6 阶椭圆滤波器，其通带最大衰减 0.3dB，阻带最小衰减 30dB，并用这个滤波器过滤被污染的声音。

解 设声音信号为 $x(t)$，其频谱为 $X(f)$，被污染的信号为 $y(t)$，其频谱为 $Y(f)$，滤波器的频谱为 $H(f)$，滤波后的信号为 $z(t)$，其频谱为 $Z(f)$。由于声音信号的采样频率 $F_s = 8192$Hz，故模拟信号的 $f = 614$Hz 和 1229Hz 对应数字角频率的 $\omega = 2\pi f/F_s \approx 0.15\pi$ 和 0.3π。

根据有用信号的分量集中 614~1229Hz，滤波器应该是带通滤波器。编程如下：

```
load train
x = y;N = length(x);k = 0:N/2 -1;
sound(x,Fs);pause(4)
X = fft(x);
subplot(221);plot(Fs/N* k,abs(X(1:N/2)));axis tight;grid;xlabel
('f/Hz');ylabel(' |X(f) |')
y = x +0.1* randn(N,1);
sound(y,Fs);pause(4);
Y = fft(y);
subplot(222);plot(Fs/N* k,abs(Y(1:N/2)));axis tight;grid;xlabel
('f/Hz');ylabel(' |Y(f) |')
[b,a] = ellip(3,0.3,30,[0.15,0.3])
[H,w] = freqz(b,a);
subplot(223);plot(w/2/pi* Fs,abs(H));grid;axis tight;xlabel ('f/
Hz');ylabel(' |H(f) |')
z = filter(b,a,y);
sound(z,Fs);
Z = fft(z);
subplot(224);plot(Fs/N* k,abs(Z(1:N/2)));axis tight;grid;xlabel
('f/Hz');ylabel(' |Z(f) |')
```

运行程序得到 b = [0.0401, -0.095, 0.0754, 0, -0.0754, 0.095, -0.0401], a = [1, -4.0592, 7.7927, -8.8299, 6.2316, -2.589, 0.5105]。将它转化为系统函数，四舍五入后得

$$H(z) \approx \frac{0.04 - 0.095 z^{-1} + 0.075 z^{-2} - 0.075 z^{-4} + 0.095 z^{-5} - 0.04 z^{-6}}{1 - 4.059 z^{-1} + 7.793 z^{-2} - 8.83 z^{-3} + 6.232 z^{-4} - 2.589 z^{-5} + 0.511 z^{-6}}$$

其频率响应如图 2.26 中的 $H(f)$。为了节省坐标空间，这里的频谱只画频率 $f = 0 \sim F_s/2$ 的部分。程序中函数 ellip 是用来设计椭圆滤波器的，函数 filter 是执行信号滤波的。程序运行时可以听到三次汽笛声，第一次是原始声音，第二次是被污染的声音，第三次是滤波后的声音。

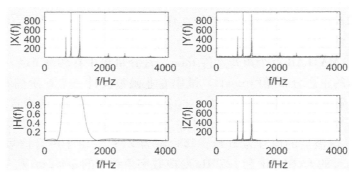

图 2.26　信号和滤波器的频谱

2.3.4 惠更斯元辐射场

面天线用在高频段无线电,尤其是微波波段。分析面天线的辐射一般采用惠更斯－菲涅耳原理,将波阵面的任何一点的电磁场看作是天线面元产生的波阵面的叠加。这些天线面元也叫惠更斯元,元上的等效电流元和磁流元产生辐射场。

例 2.28 假设一个惠更斯元 ds 在 E 面的辐射场为

$$dE = j\frac{E_y ds}{2\lambda r}e^{-jkr}(1+\cos\theta)$$

请用函数 polar 绘制惠更斯元辐射的方向图。

解 将电场振幅 E_y、天线面元 ds、传播常数 k、传播径向距离 r、天线口径半径 λ 合并为一个常数 a,以方向角 θ 为变量。根据这种假设编程,程序如下:

```
a =3;
t =0:0.01:2* pi;
E = a* (1 +cos(t));
polar(t,E)
```

运行程序得到图 2.27,曲线显示辐射强度 E 与方向 θ 有关,当 $\theta=0$ 时,辐射最强。

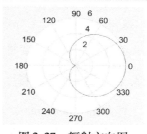

图 2.27 辐射方向图

2.3.5 天线阵的方向性

单个天线的方向性是有限的,为了加强天线的定向辐射能力,可以采用天线阵;也就是将多个天线按一定的方式排列,如直线、平面、立体等,使它们成为一个群体。只要调整好各天线辐射场的相位差,就可以得到更强的方向性。

例 2.29 设平行二元天线阵由两个参数相同的半波振子组成,如图 2.28 所示,它们的阵因子为

$$f_a(\theta) = \left|2\cos\left[\frac{\pi}{4} + \frac{\pi}{4}\cos(\theta)\right]\right|$$

左边的半波振子在 E 面（yz 面）的方向函数为

$$f_1(\theta) = \left|\cos\left[\frac{\pi}{2}\sin(\theta)\right]/\cos(\theta)\right|$$

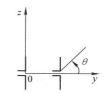

图 2.28 二元天线阵

求这个二元阵的方向函数（方向图）。

解 根据方向图乘积定理,相同参数的二元阵方向函数 $f(\theta)$ 等于单元天线的方向函数 $f_1(\theta)$ 乘以阵因子 $f_a(\theta)$。依此分析编程,程序如下:

```
t =0:0.01:2* pi;
f1 = abs(cos(pi/2* sin(t))./cos(t));
subplot(131);polar(t,f1)
fa = abs(2* cos(pi/4 +pi/4* cos(t)));
subplot(132);polar(t,fa);
f = f1.* fa;
subplot(133);polar(t,f);
```

运行程序得到图 2.29，图 2.29a 是单元天线的方向图 $f_1(\theta)$，图 2.29b 是阵因子 $f_a(\theta)$，图 2.29c 是二元阵的方向图 $f(\theta)$，它的辐射能量集中在 180°方向。

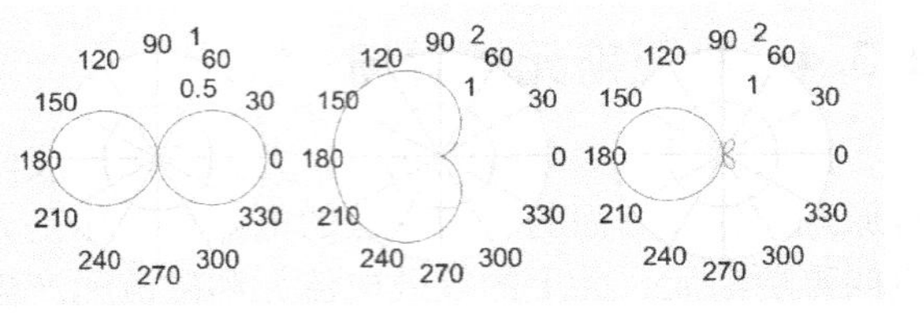

2.3.6 数据的平均值

图 2.29 二元阵的方向图

平均值一般指算术平均数，它等于统计的数据相加后除以它们的总数。平均值常用于表示统计对象的一般水平，能反映事物的趋势。如平均速度、平均收入、平均产量等。

例 2.30 已知自变量 $t = 1$、1.2、1.4、⋯、5，矩阵 $\pmb{x} = [\sin(t); \cos(t); \tanh(t)]$。请使用函数 sum 和 numel 计算自变量和矩阵的平均值。

解 根据平均值等于总和除以总量，编程如下：

```
t=1:0.2:5;
x=[sin(t);cos(t);tanh(t)];
T=sum(t)/numel(t)
X=sum(x(:))/numel(x)
```

运行程序得到自变量的平均值为 3，矩阵的平均值为 0.2048。

2.3.7 直方图均衡

直方图（histogram）用于描述物理量分布的情况，若把数值在 $[0, G]$ 的范围分成 K 段，则直方图函数的定义为

$$h(r_k) = n_k$$

其中，r_k 表示第 k 段数值的大小（级别），n_k 表示数值落在第 k 段的数量，$k = 0 \sim K - 1$。对于数字图像的直方图，当像素亮度为 8 比特时，$G = 255$；如果把 $0 \sim 255$ 分为 2 段，则像素亮度落在 $0 \sim 127$ 的数量是 $h(0)$，像素亮度落在 $128 \sim 255$ 的数量是 $h(1)$。

如果各段的数量都除以图像像素的总量 N，这种直方图称为归一化直方图，即

$$p(r_k) = \frac{h(r_k)}{N} = \frac{n_k}{N}$$

从统计学来看，$p(r_k)$ 近似于亮度值的概率。根据直方图的意义，若像素集中在直方图横坐标 r_k 的低端，则图像总体偏暗；若像素集中在横坐标 r_k 的高端，则图像总体偏亮。

直方图均衡就是通过调整各种亮度 r_k 的大小，增加图像的动态范围和对比度，使调整后的像素亮度 s_k 均匀地分布在 $[0, G]$ 的范围。这实际上是一种函数变换（映射），用方程表示为

$$s_k = T(r_k) = \sum_{j=0}^{k} p(r_j)$$

其中，s_k 是输出（处理后的）图像的像素亮度值，T 表示函数变换的关系，r_k 是输入（原来的）图像的像素亮度值。

例 2.31 已知 MATLAB 有图像文件 "tire.tif"、读图像文件的函数 imread、直方图函数

imhist 和直方图均衡函数 histeq，请用它们调整图像的对比度，设 $K=4$ 和 256。

解 在 Workspace 里看，输入图像是 205×232 矩阵，像素亮度的比特是 8。

（1）把亮度值范围 0~255 分为四段

编程如下：

```
I = imread('tire.tif');
subplot(221);imshow(I);title('输入图像')
K = 4;k = 0:256/K:255
p = imhist(I,K)/numel(I);
subplot(223);bar(k,p,'b');axis tight;xlabel('r_k');ylabel('p(r_k)')
J = histeq(I,K);
subplot(222);imshow(J);title('输出图像')
p = imhist(J,K)/numel(I);
subplot(224);bar(k,p,'b');axis tight;xlabel('s_k');ylabel('p(s_k)')
```

运行程序得到图 2.30，输入图像的像素集中在 r_k 的低端，故图像较暗；输出图像的像素亮度只有四种，均匀分布，故各部分的对比度都一样，但图像清晰度很差。

（2）把亮度值范围 0~255 分为 256 段

编程时，只要将上面的程序 $K=4$ 改为 $K=256$ 就可以了。运行程序得到图 2.31，输入图像的直方图很细腻，像素集中在 r_k 的低端；输出图像的直方图比原来平坦，各种亮度的图像清晰度都趋于一致，效果更加细腻。

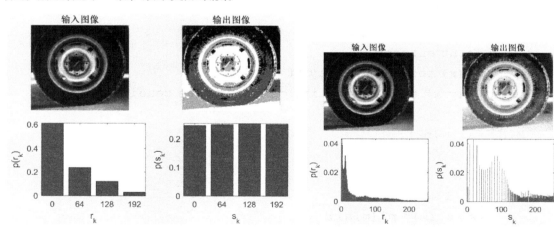

图 2.30　直方图亮度分为 4 级　　　　图 2.31　直方图亮度分为 256 级

2.4　添加新函数

MATLAB 除了自创很多好用又好记的函数，它还为用户自创函数提供了机会。只要按照其函数的形式编写新函数，就可以像使用 MATLAB 函数一样使用。构成新函数的指令和函数必须放在一个文件里，文件的名字就是新函数的名字，扩展名是".m"。文件的第一行用来定义新函数。

2.4.1 联合熵

联合熵是指随机变量 X 的 x_m 和随机变量 Y 的 y_n 同时出现，或者说，发射 x_m 和接收 y_n 同时发生的自信息数学期望，公式为

$$H(XY) = -\sum_{m=1}^{M}\sum_{n=1}^{N} p(x_m y_n)\log[p(x_m y_n)]$$

它反映事件 X 和 Y 同时发生的不确定性。

例 2.32 假设通信系统的发射端概率空间为 $\begin{bmatrix} X \\ p(x) \end{bmatrix} = \begin{bmatrix} x_1 & x_2 & \cdots & x_m \\ p(x_1) & p(x_2) & \cdots & p(x_m) \end{bmatrix}$，发射到接收端的条件转移概率为 $[p(y|x)] = \begin{bmatrix} p(y_1|x_1) & p(y_2|x_1) & \cdots & p(y_n|x_1) \\ p(y_1|x_2) & p(y_2|x_1) & \cdots & p(y_n|x_2) \\ \vdots & \vdots & \vdots & \vdots \\ p(y_1|x_m) & p(y_2|x_m) & \cdots & p(y_n|x_m) \end{bmatrix}$。请编写它们的联合熵函数 $H(XY)$ 的程序。

解 已知 $p(x)$ 和 $p(y|x)$，故使用联合概率 $p(x_m, y_n) = p(x_m)p(y_n|x_m)$ 改写联合熵的公式

$$H(XY) = -\sum_{m=1}^{M}\sum_{n=1}^{N} p(x_m)p(y_n|x_m)\log[p(x_m)p(y_n|x_m)]$$

根据这个公式编写联合熵函数，程序如下：

```
function h = joint(p1,p2)
% h is joint entropy
% p1 is p(x) the probability of X;
% p2 is p(y|x) the probability of Y under the condition X.
%
[M,N] = size(p2);
h = 0;
for m = 1:M
    for n = 1:N
        x = p1(m)*p2(m,n);
        if x == 0
            h = h;
        else
            h = h - x*log2(x);
        end
    end
end
```

现在运行这个函数是不行的，因为没有输入变量，只能保存。保存好后，在其他文件里使用 joint 就可以了。请记住：p1 是行向量，p2 是矩阵。

例如，$p(x)=[0.5,0.5]$，$p(y|x)=[0.99,0.01,0;0,0.02,0.98]$，求联合熵时，程序如下：

```
p1=[0.5,0.5];
p2=[0.99,0.01,0;0,0.02,0.98];
h=joint(p1,p2)
```

运行程序得到 h = 1.1111。故联合熵 $H(XY) = 1.1111$ 比特/符号。

2.4.2 静电场的分离变量

静电场电位的拉普拉斯方程为

$$\frac{\partial^2 \varphi}{\partial x^2} + \frac{\partial^2 \varphi}{\partial y^2} + \frac{\partial^2 \varphi}{\partial z^2} = 0$$

在给定边界条件下求解方程称为边值问题。不同的边界条件，有不同的解法。当边界条件满足各坐标相互独立时，待求电位 $\Phi(x,y,z)$ 可用分离变量法求解，即把多变量函数表示为三个单变量函数的乘积，$\Phi(x,y,z) = f(x)g(y)h(z)$。这么做就能把拉普拉斯方程简化为

$$\frac{1}{f}\frac{d^2 f}{dx^2} + \frac{1}{g}\frac{d^2 \phi}{dy^2} + \frac{1}{h}\frac{d^2 \phi}{dz^2} = 0$$

令上式各项分别等于一个常数，且三个常数之和等于 0，就可以求解 $f(x)$、$g(y)$ 和 $h(z)$。

例 2.33 有一个很长的矩形导电槽，其截面如图 2.32 所示，槽上面有一块与槽绝缘的导电盖板，槽的电位为 0，盖板的电位为 U。试编写槽内的电位函数。

解 将沿着 z 轴方向的导电槽视为无限长，电位就可以视为 xy 平面的二维函数 $\Phi(x,y)$，$0 < x < a$，$0 < y < b$，电位的拉普拉斯方程简化为

$$\frac{1}{f}\frac{d^2 f}{dx^2} = -k_x^2, \quad \frac{1}{g}\frac{d^2 \varphi}{dy^2} = -k_y^2, \quad k_x^2 + k_y^2 = 0$$

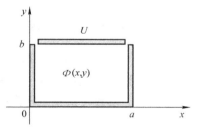

图 2.32 导电槽和导电盖板的截面

根据边界条件

$$\Phi(0,y) = \Phi(a,y) = \Phi(x,0) = 0, \Phi(x,b) = U$$

得到方程的解为

$$\Phi(x,y) = \sum_{m=1}^{\infty} \frac{2U[1-\cos(m\pi)]}{m\pi \operatorname{sh}\left(\frac{m\pi}{a}b\right)} \sin\left(\frac{m\pi}{a}x\right) \operatorname{sh}\left(\frac{m\pi}{a}y\right)$$

这就是编写槽内电位函数的依据。

下面先编写电位函数的程序：

```
function p=potential(a,b,g,N,U)
% p is potential function.
% a is the width of rectangle,b is the height of rectangle.
```

```
% g is grid-point of coordinate.
% N is order of accumulation.
% U is the potential of cover plate.
[x,y]=meshgrid(linspace(0,a,g),linspace(0,b,g));
p=0;
for m=1:N
    p=p+2*U*(1-cos(m*pi))/(m*pi*sinh(m*pi/a*b))*sin(m*pi/a*x).*sinh(m*pi/a*y);
end
mesh(x,y,p)
xlabel('x');ylabel('y');zlabel('\Phi(x,y)')
```

这个函数程序先作为文件保存,使用时要先给它的参数赋值。例如,导电槽矩形的宽 $a=2$,高 $b=1$,坐标网点 $g=10$,电位函数的累加次数 $N=6$,盖板电位 $U=3V$,则绘制槽内电位的程序如下:

```
a=2;b=1;g=10;N=6;U=3;
potential(a,b,g,N,U);
```

运行程序得到图 2.33,x 和 y 是自变量,因变量 $\Phi(x,y)$ 用高度表示,现在的高度在 $y=1$ 处与 $U=3$ 差别很大。增大 g 和 N 情况会得到改善。

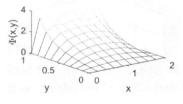

图 2.33 矩形边界条件的电位图

2.4.3 模数转换的原理

模拟信号是时间和幅度都连续的信号,离散时间信号是时间离散和幅度连续的信号,数字信号是时间和幅度都离散的信号。模数转换就是将模拟信号经过采样和量化变为数字信号,其电路原理是每采样一次模拟信号就保持一段时间,这段时间的信号大小和采样值一样,在这段时间里采样值变成二进制数。

数字信号的幅值是有限位二进制数,它和离散时间信号会有一定差距。一般用比特表示模数转换的分辨率,例如,分辨率是 3 比特,则数字信号有 8 种值。

例 2.34 请把模数转换的模拟信号、采样信号和数字信号以图形的形式显示;设模拟信号 $x(t)=\sin(3.2t)$,$t=0\sim2$,分辨率是 3 比特,用四舍五入来量化。

解 模拟信号 $x(t)$ 采样得到的信号 $y(t)$ 用阶梯状的图形表示,量化后的信号 $z(t)$ 也用阶梯状图形表示,它们的变化范围为 $-1\sim1$。阶梯状图形用采样保持函数来绘制。

首先编写采样保持函数,程序如下:

```
function shold(t,T,f)
% shold plots the sample and hold of signal.
% t is the time of the signal; T is the sampling period of the signal.
% f is the signal of t.
```

```
N = length(t);
t1 = zeros(1,2*N);t1(1:2:end) = t;t1(2:2:end-2) = t(2:end);t1(end)
= t(end) +T;
f1 = zeros(1,2*N);f1(1:2:end) = f;f1(2:2:end) = f;
plot(t1,f1,'m');grid;box off;axis tight
```

然后以 shold 的名字保存采样保持函数。

对 $y(t)$ 量化时，先将它映射到 0~7，即 $z = \frac{y+1}{2} \times 7$；然后将 z 映射到整数 0~7，再归一化，即 $z = \frac{\text{round}(z)}{7}$；最后将 z 映射到 -1~1，即 $z = z \times 2 - 1$。下面是模数转换的程序：

```
w = 3.2;T = 0.01;p = 2;t = 0:T:p;
x = sin(w*t);
subplot(231);plot(t,x);grid;xlabel('t');ylabel('x(t)');box off
T = 0.1;t = 0:T:p;b = 3;R = 2^b;
y = sin(w*t);
subplot(232);shold(t,T,y);xlabel('t');ylabel('y(t)')
z = (y+1)/2*(R-1);
z = round(z)/(R-1);
z = z*2 -1;
subplot(233);shold(t,T,z);xlabel('t');ylabel('z(t)')
```

运行程序得到图 2.34，采样信号 $y(t)$ 在 $t = nT$ 时刻的值等于模拟信号 $x(t)$ 在 $t = nT$ 时刻的值，数字信号 $z(t)$ 将 $y(nT)$ 的值用 3 比特表示。实际上 $y(t)$ 和 $z(t)$ 的时间都是离散的，它们在这里连续是为了易于观察。

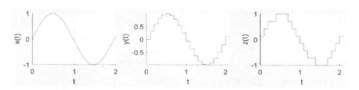

图 2.34 模数转换原理

2.4.4 双线性变换法

间接设计数字滤波器要分两步走，首先按技术指标设计模拟滤波器，然后用变量代换将模拟滤波器变为数字滤波器。变量代换的方法有脉冲响应不变法和双线性变换法。双线性变换法就是将模拟滤波器（模型）的系统函数 $H(s)$ 的 s 按规定公式替换为 z，公式为

$$s = \frac{1-z^{-1}}{1+z^{-1}}$$

变量替换后，将 $H(s)$ 的极点形式写成数字系统 $H(z)$ 的多项式形式就可以了。

例 2.35 已知函数 prod 的作用是计算向量元素的乘积，函数 poly 的作用是将因式的根转变为多项式。试用这两个函数按双线性变换法设计一个四阶数字巴特沃斯滤波器，滤波器

的截止频率 $f_c = 1000\text{Hz}$，采样频率 $f_s = 8000\text{Hz}$。

解 （1）数学建模

双线性变换法的设计顺序如下：计算数字滤波器的截止角频率

$$\omega_c = 2\pi f_c / f_s$$

然后计算模型的截止角频率

$$\Omega_c = \tan(\omega_c / 2)$$

用 Ω_c 计算四阶模型的极点

$$s_k = \Omega_c \mathrm{e}^{\mathrm{j}\frac{\pi}{2}(1 + \frac{2k-1}{4})}, (k = 1 \sim 4)$$

用极点写模型的系统函数

$$H(s) = \frac{\Omega_c^4}{(s - s_1)(s - s_2)(s - s_3)(s - s_4)}$$

将 $H(s)$ 的 s 用双线性变换公式替换

$$H(z) = \frac{\Omega_c^4}{\left(\frac{1-z^{-1}}{1+z^{-1}} - s_1\right)\left(\frac{1-z^{-1}}{1+z^{-1}} - s_2\right)\left(\frac{1-z^{-1}}{1+z^{-1}} - s_3\right)\left(\frac{1-z^{-1}}{1+z^{-1}} - s_4\right)}$$

整理后的数字系统的系统函数

$$H(z) = \frac{\Omega_c^4 (1 + z^{-1})^4}{\prod_{k=1}^{4}(1 - s_k) \prod_{k=1}^{4}\left(1 - \frac{1 + s_k}{1 - s_k} z^{-1}\right)}$$

分式的连乘用 prod 计算，分式的根用 poly 变为多项式。

（2）编程

依据上面的数学模型编程。首先编写设计滤波器的函数，文件名取为 bufilt.m。程序如下：

```
function [b,a] = bufilt(fc,fs,N)
% bufilt designs Butterworth digital filter.
% b is the coefficient of numerator, a is the coefficient of denominator.
% fc is the cutoff frequency, fs is sample rate.
% N is the order of the filter.
k = 1:N;
wc = 2* pi* fc/fs;
Oc = tan(wc/2);
s = Oc* exp(j* pi/2* (1 + (2* k - 1)/N));
B = Oc^N/prod(1 - s);
b = B* poly( - ones(1,N));
a = poly((1 + s)./(1 - s));
```

然后编写设计滤波器的程序，程序如下：

```
fc = 1000;fs = 8000;N = 4;
[b,a] = bufilt(fc,fs,N)
```

（3）运行和整理

运行程序得到 b = [0.0102, 0.0408, 0.0613, 0.0408, 0.0102]，a = [1, -1.9684, 1.7359, -0.7245, 0.1204]。

答：数字滤波器的系统函数为

$$H(z) = \frac{0.0102 + 0.0408 z^{-1} + 0.0613 z^{-2} + 0.0408 z^{-3} + 0.0102 z^{-4}}{1 - 1.9684 z^{-1} + 1.7359 z^{-2} - 0.7245 z^{-3} + 0.1204 z^{-4}}$$

2.5 匿名函数

有时候一个程序里需要反复用到一个运算，但又不希望这个运算作为一个函数存储在函数文件里，这时，用@将这个运算包装成一个函数，像一个标准函数，需要时直接使用。这种函数叫匿名函数（anonymous function），其优点是只要简单地定义，不必编辑和维护一个文件。

2.5.1 离散时间信号

离散时间信号是自变量离散和因变量连续的信号，它适合人工学习和推理。数字信号是自变量和因变量都离散的信号，它适合计算机处理。因为要给计算机处理，所以数字信号的长度往往会根据需要进行一定时间的限制，这个限制可用矩形序列 $R_N(n)$ 来实现，N 表示序列的长度。

例2.36　有一混合信号 $x(n) = -\sin(0.1n)R_5(n+8) + 0.2\tan(3n)R_{10}(n) - 0.8\cos(n)R_6(n-2)$，其各部分用矩形序列 $R_N(n)$ 限制，请生成 $n = -10 \sim 10$ 时的信号 $x(n)$，并绘制出它的波形。

解　先把矩形函数 $R_N(n)$ 包装成匿名函数 R，然后用 R 生成信号。编程如下：

```
n = -10:10;
R = @ (a,b)(n > =a&n <b);
x = -sin(0.1*n).*R(-8,-3) +0.2*tan(3*n).*R(0,10) -0.8*cos(n).*R(2,8)
stem(n,x,'r.');xlabel('n');ylabel('x(n)');grid
```

运行程序得到 x = [0, 0, 0.7174, 0.6442, 0.5646, 0.4794, 0.3894, 0, 0, 0, 0, -0.0285, 0.2747, 0.7015, 0.3957, -0.3981, -0.9956, -0.9086, -0.427, -0.6547, 0]。$x(n)$ 的波形如图2.35所示。

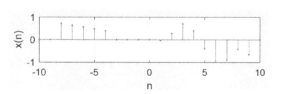

图2.35　混合信号

2.5.2 静电场的电场强度

电量不随时间变化的静止电荷在空间产生的电场称为静电场，点电荷在空间受到的电场力与其电量的比值称为电场强度。

例2.37　有两根半径为 a、轴线距离为 d 的无限长平行双导线，如图2.36所示，一根导线单位长度上的带电量为 q，另一根为 $-q$。求双导线之间的电场强度。

解 根据高斯定律

$$\oint_S \boldsymbol{E}(\boldsymbol{r}) \cdot \mathrm{d}\boldsymbol{s} = \frac{Q}{\varepsilon_0}$$

令左边导线方向为 z 轴，x 轴为极轴，电场只有径向分量；那么上式的闭合曲面积分变为圆柱面积分，电场强度

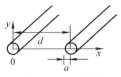

图 2.36　双导线

$$\boldsymbol{E} = \left[\frac{q}{2\pi\varepsilon_0 x} + \frac{q}{2\pi\varepsilon_0 (d-x)} \right] \boldsymbol{a}_x, \quad (a < x < d-a)$$

根据此公式编程，这里设 $a = 0.1$，$d = 10$，$q/(2\pi\varepsilon_0) = 2.9$。程序如下：

```
a=0.1;d=10;q=2.9;
x=a+eps:0.1:d-a-eps;
E=@(q,x)(q./x);
y=E(q,x)+E(q,d-x);
plot(x,y);xlabel('x');ylabel('E(x)')
```

运行程序得到图 2.37，说明越靠近导线的地方场强越大。

2.5.3　正弦波创作音乐

音乐可以用乐谱描述，乐谱是一种用符号记录音乐的方法。乐谱创作完成后，要有声音或用乐器演奏出来，才能知道它的效果。

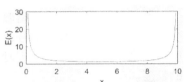

图 2.37　双导线的电场强度

音符的音高是有规律的，以中央 C 为标准，它的频率等于 440Hz，不同音高 p 的频率可以表示为

$$f = 440 \times 2^{p/12} \text{ Hz}$$

有了数学公式，MATLAB 就能把它表现出来。

例 2.38 请将简谱 |5 5 | 5 3 3 2 | 1 2 1| 变成声音，一个音符的时长等于 0.5s。

解 根据 do、re、mi、fa、so、la、xi 与频率的关系建立一个音符函数，然后将简谱写成信号。编程如下：

```
fs=8000;t=0:1/fs:0.5;
k=@(p)sin(2*pi*440*2^(p/12)*t);
do=k(1);re=k(3);mi=k(5);fa=k(6);so=k(8);la=k(10);xi=k(12);
y=[so so so la so mi mi re do re do do];
sound(y,fs)
```

在计算机上运行程序，即可听到|5 5 | 5 3 3 2 | 1 2 1|的音乐。

2.5.4　判断信号的相似程度

对于两个信号是否相似，判断的方法是它们之间的误差是否为 0。如果不是 0，那么多少才算相似？对于这个问题，相关系数为人们提供了评判标准，其表达式为

$$r = \frac{\sum_{n=a}^{b} x(n)y^*(n)}{\sqrt{\sum_{n=a}^{b}|x(n)|^2 \sum_{n=a}^{b}|y(n)|^2}}$$

其特点是 $|r| \leq 1$。$|r|$ 越大，$x(n)$ 和 $y(n)$ 越相似；$|r| = 1$ 时 $x(n)$ 和 $y(n)$ 最相似。

例 2.39 检测中心有一个参考信号 $w = [1\ 1\ 2\ 0\ -1]$，现在收到三个信号 $x = [0\ 1\ -1\ 2\ 1]$、$y = [1\ 1\ 2\ -1\ 0]$ 和 $z = [-1\ -1\ -2\ 0\ 1]$。请判断哪个与 w 最相似。

解 计算 x、y、z 三个信号跟 w 的相关系数，需要三次使用相关系数公式。先编写相关系数的函数，然后调用它。

设时序 $n = 0 \sim 4$，编程如下：

```
w = [1 1 2 0 -1];
r = @(f)w* f'/sqrt((w* w')* (f* f'));
x = [0 1 -1 2 1];
y = [1 1 2 -1 0];
z = [-1 -1 -2 0 1];
rx = r(x),
ry = r(y),
rz = r(z)
```

运行程序得到 rx = -0.2857，ry = 0.8571 和 rz = -1。三个相关系数的绝对值 rz 最大，所以 z 与 w 最相似。

2.5.5 并联谐振回路

电感、电容和激励源并联的电路称为并联谐振回路，如图 2.38 所示。为了方便分析，激励源可采用恒流源，r 为回路的损耗电阻。

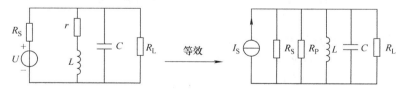

图 2.38 并联谐振回路

对于等效电路，在 R_S 和 R_L 开路时，并联电路的导纳为

$$Y = \frac{1}{r + j\omega L} + j\omega C$$

频率在谐振点周围时，一般 $\omega L \gg r$，故

$$Y \approx \frac{r}{(\omega L)^2} + j\left(\omega C - \frac{1}{\omega L}\right)$$

利用谐振角频率 $\omega_0^2 = \frac{1}{LC}$，并联电路的导纳简化为

$$Y \approx \frac{rC}{L} + j\left(\omega C - \frac{1}{\omega L}\right)$$

其中 rC/L 就是谐振电导，是 R_p 的倒数，令 $g = rC/L$。容纳 $\omega_0 C$ 和电导之比 $\omega_0 C/g$，称为品质因数 Q。则导纳可以进一步简化为

$$Y \approx g\left(1 + jQ\frac{2\Delta f}{f_0}\right)$$

这种写法容易看出，3dB 通频带的带宽 $=f_0/Q$。

例 2.40 设并联谐振回路的 $L = 586\mu H$，$C = 200pF$，$r = 12\Omega$，$R_S = R_L = 200k$。试求没有 R_S、R_L 和有 R_S、R_L 时的品质因数和通频带。

解 已知品质因数 $Q = \frac{1}{g}\sqrt{\frac{C}{L}}$，通频带 $=f_0/Q$；没有 R_S 和 R_L 时，$g = rC/L$；有 R_S 和 R_L 时，$g = rC/L + 1/R_S + 1/R_L$。依照这些分析编程，程序如下：

```
L=586e-6;C=200e-12;r=12;Rs=200e3;RL=200e3;
f=1/(2*pi*sqrt(L*C))
Q=@(g)(sqrt(C/L)./g);
g=[r*C/L,r*C/L+1/Rs+1/RL];
Q=Q(g)
B=f./Q
```

运行程序得到 $f = 4.649 \times 10^5$，$Q = [142.6437, 41.4461]$，$B = [3259, 11217]$。

答：谐振回路的谐振频率是 465kHz；没有 R_S、R_L 时的 Q 值是 143，通频带是 3.3kHz；有 R_S、R_L 时的 Q 值是 41，通频带是 11.2kHz。

2.5.6 时域的信号分解

任何连续时间信号都可以近似地分解为许多宽度相等的矩形脉冲；反过来，用多个矩形脉冲相加可以近似地代替任何连续时间信号。矩形脉冲的宽度越窄，这种分解和代替的近似就越接近真实。

例 2.41 设正弦信号 $f(t) = \sin(0.3t)$ 的时间 $t = -10 \sim 10$，单位矩形脉冲 $g(t)$ 的宽度 $\tau = 0.4$，如图 2.39 所示。若用 $g(t)$ 加权和移位的脉冲 $f(d)g(t-d)$ 的叠加合成一个信号 $y(t)$，即

图 2.39 矩形脉冲

$$y(t) = \sum_{k=-\infty}^{\infty} f(k\tau)g(t-k\tau)$$

请按这个公式绘制出 $d = -8 \sim 8$ 时的 $y(t)$ 波形。

解 因为 $d = k\tau$，$d = -8 \sim 8$ 时 $k = -20 \sim 20$；所以，绘制 $y(t)$ 的波形相当于绘制 41 个形状相同的矩形脉冲，将绘制矩形脉冲写成一个函数有利于简化程序。

编程如下：

```
t = -10:0.001:10;T = 0.4;
f = sin(0.3*t);
subplot(211);plot(t,f);ylabel('f(t)');grid;box off
g = @(d,x)plot(t,x*[(t-d) > =0&(t-d) < =T]);
subplot(212);xlabel('t');ylabel('y(t)');grid;hold on;
for d = -8:T:8
    x = sin(0.3*d);
    g(d,x)
end
```

运行程序得到图 2.40，上图是正弦波信号 $f(t)$ 的波形，下图是 $y(t)$ 的波形，它是 41 个矩形脉冲叠加的结果；从外形看 $t = -8 \sim 8$ 的 $y(t)$ 很像 $f(t)$。

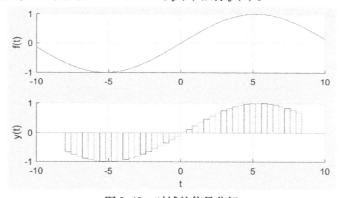

图 2.40 时域的信号分解

本章小结

总的来说，函数是功能，是职能，也是机制；在数学里函数是公式，而在 MATLAB 里函数就是指令。

练习题

1. 双极型晶体管的输入特性模型为

$$i_B = \frac{I_s}{\beta}(e^{\frac{V_{BE}}{V_T}} - 1)$$

设它的反向饱和电流 $I_s = 3\mu A$，共发射极电流放大倍数 $\beta = 100$，热电压 $V_T = 26mV$，基极发射极电压 $V_{BE} = 0 \sim 0.55V$。试绘制出该晶体管的输入特性。

2. 正态分布是一种连续概率分布，其概率密度函数为

$$f(x) = \frac{1}{\sqrt{2\pi}\sigma}e^{-\frac{(x-\mu)^2}{2\sigma^2}}$$

其中数学期望 μ 等于位置参数，标准差 σ 等于尺度参数。在自然和社会科学里，正态分布

经常代表一个分布不明的实值随机变量。请分别绘制出 $\mu=0$、$\sigma^2=0.2$，$\mu=0$、$\sigma^2=1$，$\mu=0$、$\sigma^2=5$，$\mu=-2$、$\sigma^2=0.5$ 时的曲线。

3. 请用 max 和 min 进行实验，找出随机函数 rand 数值的分布范围。

4. 绝大多数运算放大器的开环电压增益可表示为

$$\dot{A} = \frac{A_m}{1 + j\dfrac{f}{f_H}}$$

请绘制出它的幅频特性和相频特性，$A_m=80$，$f_H=10\text{MHz}$，$f=0\sim50\text{MHz}$。若反馈系数 F 是正实数，$F=0.01$ 和 0.001，请分析负反馈放大器的闭环电压增益

$$\dot{A}_f = \frac{\dot{A}}{1 + \dot{A}F}$$

5. 晶体管的开关过程是管子在截止和饱和两种状态之间的互相转换，转换需要一定的时间才能完成。设输入电压 $v_i(t)$ 的高电平脉冲宽度为 400ns，如图 2.41 所示，输出电流 $i_C(t)$ 的开通时间 t_{on} 为 100ns，关闭时间 t_{off} 为 120ns，请绘制出输入电压和输出电流的曲线。

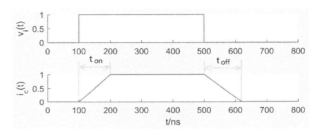

图 2.41 晶体管开关电路的波形

6. 信号经过信道传输总会受到噪声干扰，一般接收信号是发射信号与干扰噪声之和。设发射信号为 $s(t)=3\sin(\omega_c t)$，$\omega_c=2\pi 10^6$，时间 $t=0\sim10\mu s$，采样周期 $T=10\text{ns}$，干扰噪声是窄带高斯噪声 $n(t)=n_c(t)\cos(\omega_c t)-n_s(t)\sin(\omega_c t)$。请用三角函数和正态分布（高斯分布）的伪随机数矩阵 randn 产生正弦波加窄带高斯的过程。

7. 归零（RZ）信号是一种电信信号使用的线路代码，每个代表 0 或 1 的脉冲信号都必须回到零的位置，即使遇到连续的 0 或 1 也是这样，如图 2.42 所示。请用随机矩阵 rand 产生 20 个随机的归零码。

8. 在一个无限大正交导体平面的 xy 坐标点 $(0.5, 0.4)$ 处放一个点电荷 q，$x>0$，$y>0$，如图 2.43 所示，求在 $z=0$ 的平面上的点 (x,y) 的电位分布图。

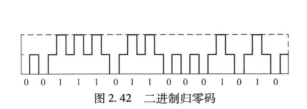

图 2.42 二进制归零码

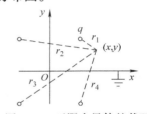

图 2.43 无限大导体的截面

提示，设导体电位为零，根据电位的镜像法求解，得

$$\Phi = \frac{q}{4\pi\varepsilon}\left(\frac{1}{r_1} - \frac{1}{r_2} + \frac{1}{r_3} - \frac{1}{r_4}\right)$$

9. 已知一个模拟滤波器的系统函数

$$H(s) = \frac{3.35 \times 10^{10}}{s^4 + 589s^3 + 5.33 \times 10^5 s^2 + 1.67 \times 10^8 s + 3.71 \times 10^{10}}$$

请指出它属于什么滤波器，若通带最大衰减为 0.9dB，它的通带截止角频率是多少？

10. 已知一个数字滤波器的系统函数

$$H(z) = \frac{0.07 - 0.08z^{-2} + 0.08z^{-4} - 0.07z^{-6}}{1 + 1.34z^{-2} + 0.79z^{-4} + 0.15z^{-6}}$$

若滤波器的通带最大衰减为 1.4dB，阻带最小衰减为 31dB，请指出它的通带和阻带截止角频率是多少？

11. 假设监测站收到一段时长 0.1s 的信号 $f(t) = \sin^2(600\pi t)$，现在分别以采样速率 1000Hz、2000Hz 和 3000Hz 对 $f(t)$ 进行频谱分析，请根据实验结果指出信号包含的最强频率成分。

12. 已知正态分布的概率密度函数

$$f(x) = \frac{1}{\sqrt{2\pi}\sigma} e^{-\frac{(x-\mu)^2}{2\sigma^2}}$$

式中 $\mu = [0, 0, 0, -2]$ 和 $\sigma^2 = [0.2, 1, 5, 0.5]$，请用匿名函数和 integral 函数计算正态分布的积累分布函数 $F(x)$ 在 $x = -5 \sim 5$ 的值，其中

$$F(x) = \int_{-\infty}^{x} f(t) \mathrm{d}t$$

并绘制出其曲线。可用的函数还有 sqrt、exp、length、plot、grid 等。

第 3 章
矢量的运用

第 2 章介绍了 MATLAB 的函数,有的是熟悉的数学函数,有的是 MATLAB 的自创函数。其中有很多是针对专业编写的函数,种类繁多,使用起来非常方便。但大学生在初学理论知识时,直接使用这些专业函数并没有多大意义。从这一章起,我们将从基础数学开始,讲述如何使用基本的 MATLAB 函数快速地解决理工科的数学问题,这也有利于大学生加深理解所学知识。

矢量也称向量,有行向量和列向量。行向量和行向量相乘只能元素相乘,比如 a = [1 2 3] 和 b = [4 5 6],则 a.*b = [4 10 18]。行向量可以和列向量相乘,比如 a = [1 2 3] 和 c = [4;5;6],则 a*c = 32 和 c*a = [4 8 12;5 10 15;6 12 18]。

3.1 归类变量

在信号处理中,大部分信号都是模拟信号,它们的自变量和因变量都是连续变量。计算机只能处理数字信号,故连续变量给计算机处理前必须离散化,连续变量离散化需要符合相应的要求。

变量是一个表示数值的符号,在 MATLAB 里,可以根据需要将一种数字作为一个变量或者矢量。有时候同类型的数字、变量,如未知的电流和电压,都应尽可能地将它们归纳在一起,使它们成为一个矢量,用一个符号代替,为后面简化指令打基础。

3.1.1 复阻抗

复阻抗是相量电压和相量电流之比,是电阻、电感和电容对交流电的阻碍作用的统称,简称阻抗。它的实部为电阻,虚部为电抗,是感抗和容抗的总和。感抗是电感对交流电的阻碍作用,容抗是电容对交流电的阻碍作用。

例 3.1 已知串并联电路的 $U = 100\text{V}$,$f = 50\text{Hz}$,$R = 20\Omega$,$L = 0.2\text{H}$,$C = 100\mu\text{F}$,如图 3.1 所示。求各支路的电流。

解 (1) 数学模型

在正弦稳定状态下,电路的电压和电流都是同频率的正弦量,可根据电路运用欧姆定律,列出它们的电流方程。

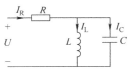

图 3.1 串并联电路

$$\dot{I}_R = \frac{\dot{U}}{R + \dfrac{X_L X_C}{X_L + X_C}}, \quad \dot{I}_L = \dot{I}_R \frac{X_C}{X_L + X_C}, \quad \dot{I}_C = \dot{I}_R \frac{X_L}{X_L + X_C}$$

（2）编程

先计算三个电流，然后统一取它们的模和相角。编程如下：

```
u=100;f=50;w=2*pi*f;r=20;l=0.2;c=100e-6;
a=j*w*l;b=1/(j*w*c);
x=u/(r+a*b/(a+b));y=x*b/(a+b);z=x*a/(a+b);
i=abs([x y z]),c=angle([x y z])*180/pi
```

（3）运行和分析

运行程序得到 i = [1.4805,1.5202,3.0007]，t = [72.7761, -107.2239,72.7761]。

答：电流 $I_R \approx 1.48 \angle 72.78°$A，$I_L \approx 1.52 \angle -107.22°$A，$I_C \approx 3 \angle 72.78°$A。电容和电感的电流相位相差约180°，它们的幅值可以直接相减，结果为1.48。

3.1.2 一阶电路的响应

如果用一阶微分方程来描述动态电路的响应和激励的关系，这种电路就叫一阶电路。所谓动态是指现在的状态除了与激励有关，还与过去的状态有关。

例3.2 已知一阶电路的 $R_1 = 7\Omega$、$R_2 = 9\Omega$、$L = 5$H、$u_1 = 3$V、$u_2 = 3$V，如图3.2所示，当 $t = 0$ 时开关闭合，开关闭合前电路已经稳定。求电流 $i_2(t)$，并绘制出 $t = 0 \sim 10$s 的波形。

解 根据电路的三要素法，含一个储能元件的线性电路，不论它的结构和参数如何，换路后的响应与激励的关系均为

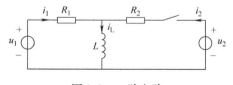

图3.2 一阶电路

$$y(t) = y(\infty) + [y(0_+) - y(\infty)]e^{-t/\tau}, (t>0)$$

故先求三要素，稳态值 $i_2(\infty) = u_2/R_2$，初始值 $i_2(0_+) = [R_1 i_L(0_+) + u_2 - u_1]/(R_1 + R_2)$，时间常数 $\tau = L(R_1 + R_2)/(R_1 R_2)$；然后将它们代入三要素公式，得电流

$$i_2(t) = i_2(\infty) + [i_2(0_+) - i_2(\infty)]e^{-t/\tau}, (t>0)$$

画电流 $i_2(t)$ 的波形需要连续时间 t，为了给计算机处理，必须将 t 离散化。时间离散的距离为0.01，与10相比是一个很小的数；将 t 作为矢量进行编程。程序如下：

```
R1=7;R2=9;L=5;u1=3;u2=3;
iL=u1/R1;
t=0:0.01:10;
a=u2/R2,b=(R1*iL+u2-u1)/(R1+R2),c=L*(R1+R2)/(R1*R2),
i=a+(b-a)*exp(-t/c);
plot(t,i);xlabel('t/s');ylabel('i_2(t)/A');grid;box off
```

运行程序得到稳态值 $i_2(\infty) = 0.3333$A，初始值 $i_2(0_+) = 0.1875$A，时间常数 $\tau = 1.2698$s，电流 $i_2(t)$ 的波形如图3.3所示，开始是0.18，后来稳定在0.33。

答：一阶电路的电流 $i_2(t) \approx (0.333 - 0.146e^{-t/1.27})u(t)$A。

3.1.3 谐振电路

谐振电路是指由电感和电容组成的电路。当电感的磁能和电容的电能互相转换达到平衡时电路对外呈现纯电阻状态，端口的电压和电流相位相同，称之为谐振。谐振电路用于产生特定频率的信号，或从复杂的信号里提取特定频率的信号。谐振时的角频率为

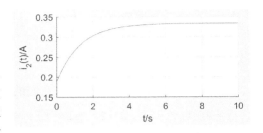

图3.3　一阶电路的电流响应

$$\omega_0 = \frac{1}{\sqrt{LC}}$$

例3.3 已知串并联谐振电路的 $L=25\text{mH}$，$C_1=3\mu\text{F}$，$C_2=7\mu\text{F}$，如图3.4所示，输入电压

$$u_s(t) = U_1\cos(2\pi f_1 t + \varphi_1) + U_2\cos(2\pi f_2 t + \varphi_2) + U_3\cos(2\pi f_3 t + \varphi_3)$$

其中 $f_1=318\text{Hz}$，$f_2=581\text{Hz}$，$f_3=770\text{Hz}$。请问哪个频率的信号可以顺利到达负载 R_L。

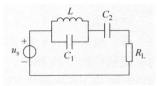

图3.4　串并联谐振电路

解 谐振电路的 LC 阻抗 $Z = \dfrac{X_L X_{C1}}{X_L + X_{C1}} + X_{C2}$；对于 f_1、f_2 和 f_3，谁的 Z 最小谁的信号就能顺利达到负载。所以程序只需计算 Z。

三个频率可作为一个矢量，请看下面的程序：

```
L=25e-3;C1=3e-6;C2=7e-6;
w=2*pi*[318,581,770];
a=j*w*L;b=1./(j*w*C1);c=1./(j*w*C2);
Z=a.*b./(a+b)+c
```

运行程序得到 $Z=1.0\text{e}+05*[\ 0.0000-0.0000\text{i},\ 0.0000+1.7481\text{i},\ 0.0000-0.0019\text{i}\ ]$，不易区别大小。这时在 Command Window 中输入"abs(Z(1)),abs(Z(2)),abs(Z(3))"，即可区别。

答： $|Z(f_1)|\approx 0.199\Omega$、$|Z(f_2)|=1.75\times10^5\Omega$ 和 $|Z(f_3)|\approx189.62\Omega$，则频率为318Hz的信号可以顺利到达负载。

3.1.4 电磁场矢量的乘积

电磁场的物理量有标量和矢量，只有大小没有方向的量称为标量，有大小又有方向的量称为矢量。矢量的乘法有标量积和矢量积。

标量积也称点积，设 **A** 和 **B** 为矢量，则 **A** 和 **B** 的标量积为

$$\boldsymbol{A} \cdot \boldsymbol{B} = A \cdot B \cdot \cos(\theta)$$

其中 A 和 B 是 **A** 和 **B** 的模，θ 是 **A** 和 **B** 的夹角。

矢量积也称叉积，**A** 和 **B** 的矢量积为

$$\boldsymbol{A} \times \boldsymbol{B} = \boldsymbol{a}_n AB\sin(\theta)$$

$\boldsymbol{a}_n$ 是与 **A** 和 **B** 成右手螺旋法则的垂直法向单位矢量。

在直角坐标系里，若 $\boldsymbol{A} = \boldsymbol{a}_x A_x + \boldsymbol{a}_y A_y + \boldsymbol{a}_z A_z$，$\boldsymbol{B} = \boldsymbol{a}_x B_x + \boldsymbol{a}_y B_y + \boldsymbol{a}_z B_z$，则

$$\boldsymbol{A} \cdot \boldsymbol{B} = A_x B_x + A_y B_y + A_z B_z$$

$$\boldsymbol{A} \times \boldsymbol{B} = \begin{vmatrix} \boldsymbol{a}_x & \boldsymbol{a}_y & \boldsymbol{a}_z \\ A_x & A_y & A_z \\ B_x & B_y & B_z \end{vmatrix}$$

例 3.4 设矢量 $\boldsymbol{A} = \boldsymbol{a}_x + 2\boldsymbol{a}_y - 3\boldsymbol{a}_z$ 和 $\boldsymbol{B} = 5\boldsymbol{a}_x - 4\boldsymbol{a}_y + \boldsymbol{a}_z$，求它们的标量积和矢量积。

解 标量积是一个数，等于同分量的元素相乘再相加。矢量积是一个矢量，其各分量等于其他分量的行列式，即

$$\boldsymbol{A} \times \boldsymbol{B} = \boldsymbol{a}_x \begin{vmatrix} A_y & A_z \\ B_y & B_z \end{vmatrix} + \boldsymbol{a}_y \begin{vmatrix} A_z & A_x \\ B_z & B_x \end{vmatrix} + \boldsymbol{a}_z \begin{vmatrix} A_x & A_y \\ B_x & B_y \end{vmatrix}$$

这种运算可以利用行列式函数 det 来完成。编程如下：

```
a = [1,2,-3];
b = [5,-4,1];
c = [a;b];
s = a*b'
v = [det(c(:,2:3)),det(c(:,[3,1])),det(c(:,1:2))]
```

运行程序得到 $s = -6$，$v = [-10, -16, -14]$。写成数学形式，标量积 $\boldsymbol{A} \cdot \boldsymbol{B} = -6$，矢量积 $\boldsymbol{A} \times \boldsymbol{B} = -10\boldsymbol{a}_x - 16\boldsymbol{a}_y - 14\boldsymbol{a}_z$。

3.1.5 自信息和熵

信息是指随机事件的不确定性，自信息是指一个随机事件 a_n 的不确定性，用数学公式写为

$$I(a_n) = -\log[p(a_n)]$$

其中 $p(a_n)$ 表示随机事件 a_n 的概率。在信息论中，对数的底通常取 2，这时的自信息单位是比特。这么一来那些看不见摸不着的信息就可以像重量一样，用斤两来衡量。

自信息反映的是一个事件的不确定性，而对于所有事件，它们的不确定性用平均值来表示。严格地说所有事件的不确定性等于它们自信息的数学期望，

$$H(X) = -\sum_{n=1}^{N} p(a_n) \log[p(a_n)]$$

这种平均信息量称为信息熵，简称为熵。

例 3.5 假设甲男子今天吃饭的概率是 99%，乙海域发生海啸的概率是 0.01%，电视上丙领导视察工程的概率是 89%，丁下班时间路口堵车的概率是 92%。请求出这四个事件的自信息。

解 表面上看，这四个事件的类型不同；若直接按自信息的定义编程，四个事件要写四次这种类型的指令 "$I = -\log2(p)$"；那么 100 个事件怎么办？

抽象地看，自信息的自变量都是概率；所以这些概率可以作为一个矢量来看，如此编程如下：

```
p = [99,0.01,89,92]/100;
I = -log2(p)
```

运行程序得到 I = [0.0145, 13.2877, 0.1681, 0.1203]。

答：吃饭的信息量是 0.0145 比特，海啸的信息量是 13.3 比特，视察的信息量是 0.2 比特，堵车的信息量是 0.1 比特。

例 3.6 某信源有四种符号 a、b、c 和 d，概率是 9/16、3/16、3/16 和 1/16，对应的码字是 0、11、100 和 101。请计算信源的信息熵和平均码长。

解 若 p_n 是符号的概率，则信源符号的信息熵 $H(X) = -\sum_{n=1}^{4} p_n \log(p_n)$。若 l_n 是码字的长度，则平均码长就是 l_n 的数学期望，即 $L = \sum_{n=1}^{N} p_n l_n$。将概率作为一个矢量，码长也作为一个矢量，信息熵和平均码长可用矩阵乘法完成。

编程如下：

```
p = [9,3,3,1]/16;
l = [1,2,3,3];
H = -p* log2(p')
L = p* l'
```

运行程序得到 $H = 1.6226$，$L = 1.6875$。

答：信源的熵约等于 1.6 比特，平均码长约等于 1.69 比特。如果用等长码编码，每个符号要用 2 比特表示。

3.1.6 信源编码定理

信源编码是一种映射，它将信源的符号变为码字符号，码字一般用二进制符号表示。信源编码定理（香农第一定理）是指一个不等式，即

$$H(X) \leq \bar{L} \leq H(X) + 1$$

意思是对于离散无记忆信源进行变长编码，唯一可译码（即时码）的平均长度只能大于或等于信源的熵，否则码字就不是唯一可译码；当平均长度等于信源的熵时，得到的编码是最优的。

例 3.7 已知英语中的字母 a~z 频率为 [8.167, 1.492, 2.782, 4.253, 12.702, 2.228, 2.015, 6.094, 6.966, 0.153, 0.772, 4.025, 2.406, 6.749, 7.507, 1.929, 0.095, 5.987, 6.327, 9.056, 2.758, 0.978, 2.360, 0.150, 1.974, 0.075]%。若对字母用二进制等长编码，每个字母需要多少比特；若对字母用变长编码，每个字母的平均码长最短是多少？

解 因为 $2^4 < 26 < 2^5$，故等长码的长度等于 5 比特。根据香农第一定理，变长码的平均码长最短是 $H(X)$。

$H(X)$ 按信息熵计算，编程如下：

```
p = [8167,1492,2782,4253,12702,2228,2015,6094,6966,153,772,4025,...
     2406,6749,7507,1929,95,5987,6327,9056,2758,978,2360,150,1974,75]/100000;
H = -p* log2(p')
```

运行程序得到 H =4.1758。它说明变长码的平均码长最短是 4.1758 比特；在通信中使用变长码比使用等长码的效率高。

3.1.7 模拟信号的幅度量化

幅度量化就是把连续变化的信号幅度离散化，即用有限个数字表示。常用的量化是均匀量化，它将信号的变化范围均匀地分为若干区间，每个区间一个数值，信号幅值落入哪个区间就用哪个区间的数值。一般各区间的数值是指区间的中间值，这些值可以变为二进制码。

例 3.8 设模拟信号 $x(t) = 2\cos(2\pi t) + 1.5\cos(4\pi t + 2) + \cos(5\pi t) + 0.6\cos(11\pi t)$，现在对它的幅度进行量化，量化比特为 2。请用向上取整函数 ceil 求 $t = 0 \sim 2\mathrm{s}$ 时的量化信号波形。

解 量化的步骤为：先归一化 $x(t)$；然后 $x(t)$ 乘一个略小于 2 的数，再向上取整；取整后下移 0.5，再除以 2。编程如下：

```
n =2;t =0:0.001:2;
x =2* cos(2* pi* t) +1.5* cos(4* pi* t +2) +cos(5* pi* t) +0.6* cos(11* pi* t);
x =2* (x -min(x))/(max(x) -min(x)) -1;
y =ceil(x* (2^(n -1) -3e -12));
y =(y -0.5)/2^(n -1);
subplot(211);plot(t,x,':',t,y);grid;xlabel('t/s');ylabel('x(t), y(t)');legend('x(t)','y(t)')
```

运行程序得到图 3.5，虚线是经过归一化的模拟信号 $x(t)$，它的幅度在 [-1,1] 间变化，量化后的信号 $y(t)$ 的幅度只有 -0.75、-0.25、0.25 和 0.75 四个值。

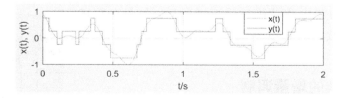

图 3.5 信号幅度的量化

3.1.8 电子束的隔行扫描

显像管的成像是电子束轰击荧光屏上荧光粉的发光现象，这种轰击从左到右、从上到下周期地进行；当信号控制电子束的强弱，加上人眼的视觉暂留现象，显像管的屏幕给人的感觉就是连续的画面。不同的荧光粉在电子束轰击下发出不同颜色的光,彩色电视显像管有三种荧光粉,它们能发出红绿蓝三种颜色的光。为了图像的显示更稳定,但又不提高电视成本,电视扫描采用一场画面扫描奇数行,另一场画面扫描偶数行的技术,称为隔行扫描。

例 3.9 设电子束的扫描点是一个小方块,它的颜色由 r、g、b 三个信号控制;$r = |\sin(kx)|$ 控制红光电子束的行扫描强弱,k 是常数,x 是行像素的序号;$g = |\cos(ky)|$ 控制绿光电子束的场扫描强弱,y 是列像素的序号;$b = |\cos(kx)\sin(ky)|$ 控制蓝光电子束的行场扫描强弱。请显示隔行扫描的奇数场和偶数场全过程。

解 设屏幕一行有 X 个点,一列有 Y 个点,得矢量 $x = 1:X$ 和 $y = 1:Y$。利用列矢量乘行矢量产生三基色的矩阵,用矩阵的元素对扫描点亮度进行控制,扫描的过程是逐点逐行逐场地显示。

令 $k = 0.1$,编程如下:

```
X=50;Y=40;k=0.1;
x=1:X;y=1:Y;
r=ones(Y,1)*abs(sin(k*x));
g=abs(cos(k*y))'*ones(1,X);
b=abs(sin(k*y)'*cos(k*x));
axis([1,X,1,Y]);axis off;
set(gcf,'color','none');hold on
for z=1:2
    for y=z:2:Y
        for x=1:X
            plot(x,Y-y,'s','markerfacecolor',[r(y,x),g(y,x),b(y,x)],...
                'markersize',7,'markeredgecolor','none');
            drawnow
        end
    end
end
```

运行程序,计算机上将动画显示扫描过程,先是奇数场的扫描,然后到偶数场的扫描,两场为一帧,最后的画面如图 3.6 所示。

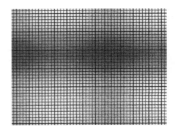

图 3.6 电子束扫描一帧

3.1.9 模数转换的增量调制

增量调制是一种模数和数模转换技术,它在模数转换时产生的代码表示前后两个样本 $x(n)$ 和 $x(n-1)$ 的差值 $e(n)$;由于 $x(n-1)$ 的幅值连续,电路没法延时和累加,故 $e(n)$ 要量化为 $q(n)$。由此一来 $x(n-1) \approx D(n) = D(n-1) + q(n-1)$,如图 3.7 所示。

增量调制的量化值只有两种，当 $e(n) \geq 0$ 时，$q(n) = \Delta$，$c(n) = 1$；当 $e(n) < 0$ 时，$q(n) = -\Delta$，$c(n) = 0$。增量调制是差分脉冲编码调制里最简单的，它将连续样本之间的差值变为 1 比特数据流。

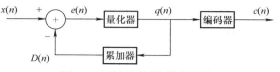

图 3.7　增量调制的模数转换

例 3.10　设信号 $x(t) = \sin(2\pi 50 t) + 0.4\sin(2\pi 150 t)$，采样量为 21，量化器的量化阶为 0.4，编码器输出为 1 比特。请画出 $x(t)$ 的增量调制波形。

解　量化很像用阶梯波逼近模拟信号，阶梯越密时阶梯波越像模拟信号。设采样率 f_s 为 1000Hz，则离散时间 $t = n/f_s$，$n = 0 \sim N$，$N = 20$，$x(t) = x(n)$，初始值 $D(0) = 0$，$e(n) = x(n) - D(n)$，$e(n) \geq 0$ 时 $q(n) = 0.4$；$e(n) < 0$ 时 $q(n) = -0.4$。

根据以上分析编程，为了有时间的概念，$x(n)$、$e(n)$、$D(n)$ 和 $c(n)$ 的自变量 n 均用连续时间 t 表示。程序如下：

```
fs=1000;N=20;
t=(0:N)/fs;
x=sin(2*pi*50*t)+0.4*sin(2*pi*150*t);
subplot(221);plot(t*1000,x,'r.-');grid;ylabel('x(t)');box off
d=0.4;D(N+2)=0;
for n=1:N+1
    e(n)=x(n)-D(n);
    q(n)=d*(2*(e(n)>=0)-1);
    D(1+n)=D(n)+q(n);
    c(n)=(q(n)>0);
end
subplot(222);stairs(t*1000,e,'r');grid;ylabel('e(t)');axis tight;box off
subplot(223);stairs(t*1000,D(1:N+1),'r');grid;xlabel('t/ms');ylabel('D(t)');axis tight;box off
subplot(224);stem(t*1000,c,'.r');grid;xlabel('t/ms');ylabel('c(t)');box off
```

运行程序得到图 3.8。在 $t = 3 \sim 8$ms 和 $11 \sim 19$ms 的地方，$x(t)$ 的变化小于量化阶 0.4，这时增量调制器的分辨能力有所下降，请观察编码器的输出 $c(t)$。

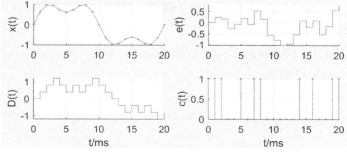

图 3.8　增量调制器的波形

3.2 设置步长

步长也叫增量,一般指变量的相邻数之差,在 MATLAB 里用冒号":"指出步长。在创建等间隔矢量时,如果步长为 1,只要给出矢量开头和结尾的数字,数字之间用一个冒号分开;例如,$a = 1:5$,就可得到 $a = [1\ 2\ 3\ 4\ 5]$。当步长为任意实数时,设置步长要用两个冒号;例如,$a = 1: -0.5: -1$,得到 $a = [1, 0.5, 0, -0.5, -1]$。

冒号有个很好用的地方——修改矢量。例如,把 5×5 的零矩阵 x = zeros(5) 的第 3~4 个(按列从左到右来数)元素变为 2,写成 x(3:4) = 2 即可。

3.2.1 时谐电磁场

电磁场的场强方向与时间无关、场强大小按固定角频率做正弦变换,这种电磁场称为时谐电磁场。时谐电磁场的变量可以用复振幅表示,例如,沿 z 轴方向传播按余弦变化的电磁波,它的瞬时值为

$$u(z,t) = U_0(z)\cos(\omega t + \varphi)$$

用复振幅表示时,$u(z,t)$ 的复振幅为

$$\dot{U}(z) = U_0(z)\mathrm{e}^{\mathrm{j}\varphi}$$

借助时谐电磁场的复振幅,电磁波在无源空间的波动方程可以简化为三个分量的波动方程。假定时谐电磁波仅沿 z 方向传播,其场量垂直于传播方向,场量的大小仅与传播距离和时间有关,这样的波称为均匀平面电磁波,它的波动方程为

$$\begin{cases} \dfrac{\mathrm{d}^2 E_x}{\mathrm{d}z^2} + k^2 E_x = 0 \\ \dfrac{\mathrm{d}^2 H_y}{\mathrm{d}z^2} + k^2 H_y = 0 \end{cases}$$

其中 E_x 指电场 E 的方向在 x 轴方向,H_y 指磁场 H 的方向在 y 轴方向。电场的通解为

$$E_x(z) = E_{x0}^{+}\mathrm{e}^{-\mathrm{j}kz} + E_{x0}^{-}\mathrm{e}^{\mathrm{j}kz}$$

常数 E_{x0}^{+} 和 E_{x0}^{-} 由边界条件确定,第一项是指向前传播的波,它的瞬时值为

$$E_x(z,t) = E_{x0}^{+}\cos(\omega t - kz)$$

例 3.11 假设自由空间的时谐电磁场的电场强度瞬时值为 $\boldsymbol{E}(z,t) = \boldsymbol{a}_y E_{0y}\cos(\omega t - kz)$,角频率 $\omega = 0.7$,相位常数 $k = 2$,时间 $t = 0 \sim 3$;求 $\boldsymbol{E}(z,t)$ 在位置 $z = 0 \sim 5$ 上的动画。

解 设时间矢量 t 的步长为 0.1,t 的每个值画一次 $z = 0 \sim 5$ 的 $\boldsymbol{E}(z,t)$ 曲线,位置矢量 z 的步长为 0.01,依此编程:

```
w=0.7;k=2;t=0:0.1:3;z=0:0.01:5;
for i=1:length(t);
    E=cos(w*t(i)-k*z);
    plot(z,E,'linewidth',2);xlabel('z');ylabel('E(z,t)');grid;
pause(0.3)
end
```

运行程序后可以看到从左向右移动的余弦波，最后的曲线如图3.9所示。

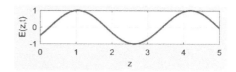

图3.9　行进的电磁波电场

3.2.2　良导体的趋肤效应

在理想介质中，电导率$\sigma = 0$，电磁波朝前传播的电场为

$$\boldsymbol{E} = \boldsymbol{a}_x E_0 \mathrm{e}^{-\mathrm{j}kz}, (k^2 = \omega^2 \mu \varepsilon)$$

到了导电媒质里，介电常数ε就变成了复数，写为$\tilde{\varepsilon} = \varepsilon - \mathrm{j}\dfrac{\sigma}{\omega}$。这时的相位常数也变成了复数，写为$\tilde{k} = \omega\sqrt{\mu\tilde{\varepsilon}} = \beta - \mathrm{j}\alpha$，这样电场表达式就变成

$$\boldsymbol{E} = \boldsymbol{a}_x E_0 \mathrm{e}^{-\alpha z}\mathrm{e}^{-\mathrm{j}\beta z}$$

这表明导电媒质里的电磁波会衰减。衰减常数α可以这么求解，对比$\omega^2\mu\tilde{\varepsilon} = (\beta - \mathrm{j}\alpha)^2$两边的实部和虚部得到两个方程，解方程组可得

$$\alpha = \omega\sqrt{\frac{\mu\varepsilon}{2}}\left[\sqrt{1 + \left(\frac{\sigma}{\varepsilon\omega}\right)^2} - 1\right]^{1/2}$$

一般认为，良导体的$\dfrac{\sigma}{\varepsilon\omega} > 100$。这时$\alpha \approx \sqrt{\pi\mu\sigma f}$，频率越高的电磁波在良导体中衰减得越快，即高频电磁波只在良导体表面，内部没有。这种现象称为趋肤效应。一般把良导体的$1/\sqrt{\pi\mu\sigma f}$称为趋肤深度。

例3.12　已知铜的电导率$\sigma = 6 \times 10^7 \mathrm{S/m}$，电磁波的频率分别为10MHz和3GHz，磁导率$\mu = 4\pi 10^{-7}\mathrm{H/m}$，介电常数$\varepsilon = 10^{-9}/(36\pi)\mathrm{F/m}$，$\delta = 1/\sqrt{\pi\mu\sigma f}$。请画出电磁波的幅值$E(z) = E_0 \mathrm{e}^{-\alpha z}$在$z = 0$、$0.5\delta$、$1\delta$、$1.5\delta$和$2\delta$的点和包络。

解　传播距离z的点增量为0.5δ，设包络增量为0.1δ，$E_0 = 1$；然后根据衰减常数α的公式编程，程序如下：

```
m=4e-7*pi;e=1e-9/(36*pi);c=6e7;f=[10e6,3e9];
for k=1:2
    d=1/sqrt(pi*m*c*f(k));
    z=0:0.5*d:2*d;
    a=2*pi*f(k)*sqrt(m*e/2)*(sqrt(1+(c/(e*2*pi*f(k)))^2)-1)^0.5;
    E=exp(-a*z);
    subplot(2,2,k);stem(z*1e6,E,'m^');grid;hold on
    z=0:0.1*d:2*d;
    E=exp(-a*z);
    plot(z*1e6,E,':');xlabel('z/\mum');ylabel('E(z)');axis tight
end
```

运行程序得到图3.10，增量点用箭头表示，包络用虚线表示；图3.10a的$f = 10\mathrm{MHz}$，$\delta \approx 21\mathrm{\mu m}$；图3.10b的$f = 3\mathrm{GHz}$，$\delta \approx 1.2\mathrm{\mu m}$。

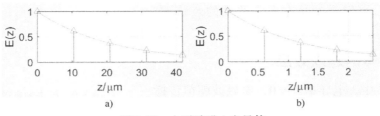

图 3.10 电磁波进入良导体

3.2.3 滤波器的原型

低通滤波器除了具有选择低频信号的功能，还可以作为设计滤波器的原型。原型就是制作的模板，特点是只要对它稍加修改，变量的比例缩放或变换，就可以得到需要的滤波器。例如，把一个低通滤波器作为原型，将它的角频率 Ω 用 $(\Omega_{c1}/\Omega_{c2})\Omega$ 替换；当原型的 3dB 角频率 $\Omega_{c1}=1$，则替换的角频率就变为 (Ω/Ω_{c2})，这就是频率缩放，经过这种缩放，原型的指标 Ω_{c1} 就会变为我们希望的指标 Ω_{c2}。

例 3.13 有一个 3 阶的低通滤波器，它的 3dB 截止角频率 $\Omega_c=1\mathrm{rad/s}$。请用它作原型，设计一个模拟带阻滤波器，其低端截止频率 $f_L=6\mathrm{kHz}$，高端截止频率 $f_H=7\mathrm{kHz}$。

解 （1）数学建模

首先，计算 3 阶滤波器原型的极点

$$s_k = \mathrm{e}^{\mathrm{j}\frac{\pi}{2}\left(1+\frac{2k-1}{3}\right)},(k=1\sim 3)$$

写出原型的系统函数

$$H(s)=\frac{1}{(s-s_1)(s-s_2)(s-s_3)}$$

然后，对原型的角频率进行变换

$$s \xrightarrow{\text{频率变换}} \frac{(\Omega_H-\Omega_L)s}{s^2+\Omega_L\Omega_H}$$

令 $a=\Omega_H-\Omega_L,b=\Omega_L\Omega_H$，整理 $H(s)$ 后就是带阻滤波器

$$H(s)=\frac{(s^2+b)^3}{-\prod_{k=1}^{3}s_k\prod_{k=1}^{3}\left(s^2-\frac{a}{s_k}s+b\right)}$$

（2）编程

按照上述模型编程，程序如下：

```
N=3;k=1:N;L=2*pi*6000;H=2*pi*7000;
s=exp(j*pi/2*(1+(2*k-1)/N));
a=H-L;b=L*H;
B=zeros(1,7);B(1:2:end)=poly([-b,-b,-b]);
B=-B/prod(s)
p1=roots([1,-a/s(1),b]);p2=roots([1,-a/s(2),b]);p3=roots([1,-a/s(3),b]);
A=poly([p1',p2',p3'])
```

第 3 章
矢量的运用

特别说明：这里将 $H(s)$ 的分子分母都写为多项式的形式。程序中把 $H(s)$ 分子的 s^2 看作是 x，用 poly 将 x 的根变为多项式系数；所以当 x 还原为 s^2 后，分子多项式是没有 s 的奇数次幂的，这就是用 B(1:2:end) 的原因。

分母先求三个二阶多项式的根，然后用 poly 将三组根一起转换为一个多项式的系数。

（3）运行和分析

运行程序得到 $B \approx [1, 0, 4.9743 \times 10^9, 0, 8.2478 \times 10^{18}, 0, 4.5586 \times 10^{27}]$，$A \approx [1, 12566, 5.0532 \times 10^9, 4.192 \times 10^{13}, 8.3787 \times 10^{18}, 3.4548 \times 10^{22}, 4.5586 \times 10^{27}]$。

答：低通原型设计的带阻滤波器的系统函数

$$H(s) \approx \frac{s^6 + 4.9743 \times 10^9 s^4 + 8.2478 \times 10^{18} s^2 + 4.5586 \times 10^{27}}{s^6 + 12566 s^5 + 5.053 \times 10^9 s^4 + 4.192 \times 10^{13} s^3 + 8.379 \times 10^{18} s^2 + 3.455 \times 10^{22} s + 4.559 \times 10^{27}}$$

3.2.4 信号的内插

在工程和科学中，实验或采样得到的物理变量是一组数据，需要内插才能更好地反映它们的规律。内插也叫插值，就是在一组已知的数字之间插入新的数字，要求新数字能反映原来数字的变化规律，或者说插入的数字能使这些数字表示的曲线是光滑的。

例 3.14 有一组未知函数的样值，自变量为 $x = [0, 1, 2, 3, 4, 5, 6]$，因变量为 $y = [0, 0.8415, 0.9093, 0.1411, -0.7568, -0.9589, -0.2794]$。请对它们进行三种内插，并说明未知函数是什么？第一种是在因变量数字之间插入四个与前面数字相同的值；第二种是将样值点用直线连接；第三种是根据方程 $y = -0.0001521 x^6 - 0.00313 x^5 + 0.0732 x^4 - 0.3577 x^3 + 0.225 x^2 + 0.904 x$ 对样值点进行连接。

解 第一种内插把每个样值赋给后面的插值；第二种内插构建两点一线；第三种内插将 x 细分后代入 y 多项式。

按照以上分析进行编程，程序如下：

```
x=0:6;
y=[0,0.8415,0.9093,0.1411,-0.7568,-0.9589,-0.2794];
subplot(221);plot(x,y,'r.','markersize',9);grid;xlabel('x');ylabel('y');
I=5;N=length(x);
x1=0:1/I:6;
for k=1:I
    y1(k:I:I*N)=y;
end
y1(end-I+2:end)=[];
subplot(222);plot(x1,y1,'.',x,y,'.','markersize',9);grid;xlabel('x');ylabel('y');
subplot(223);plot(x,y,x,y,'.','markersize',9);grid;xlabel('x');ylabel('y');
t=0:0.01:6;
```

```
y2 = -0.000152* t.^6 -0.00313* t.^5 +0.0732* t.^4 -0.3577* t.^3 +
0.225* t.^2 +0.904* t;
subplot(224);plot(t,y2,x,y,'.','markersize',9);grid;xlabel('x
');ylabel('y');
```

运行程序得到图 3.11，样值的稀疏点不如分段常数插值，分段常数插值不如线性插值，线性插值不如多项式插值。后两种内插的曲线显示，未知函数的规律是正弦函数。

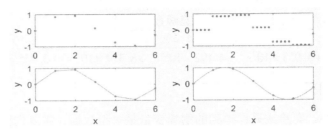

图 3.11 样值的三种内插

3.2.5 简单的图像处理

图像处理是指对图像进行变换、分析、加工等，以满足人们的视觉、心理等要求。由于现在的图像多以数字形式存在，因此很多情况的图像处理都是指数字图像处理，可用数字计算来完成。从计算的形式来看，图像的代数、逻辑、几何、抽取、插值等运算均属简单的图像处理。

例 3.15 试用 imread 读取土星的照片 saturn.png，截取它的 1/4 图像，然后水平翻转、垂直翻转，并给三种处理的图像分别包上绿边放在原图的中间。

解 先计算原图的行 a 和列 b，设置绿线宽 =15，绿色方块的灰度取 231。然后取原图行 =1~a/2 和列 =1~b/2 的部分，放在原图行 =a/4~3a/4 和列 =b/4~3b/4 的地方；取原图的方法根据 1/4、水平翻转和垂直翻转。

根据以上分析编程，程序如下：

```
I = imread('saturn.png');
subplot(141);imshow(I)
[a,b,c] = size(I);d =15;i = I;
y = a/4;x = b/4;
i(y-d:3* y+d,x-d:3* x+d,2) =231;
m = [1:a/2;1:a/2;a/2:-1:1];n = [1:b/2;b/2:-1:1;1:b/2];
for k =1:3
    f = I(m(k,:),n(k,:),:);
    i(y +1:3* y,x +1:3* x,:) = f;
    subplot(1,4,k +1);imshow(i)
end
```

运行程序得到图 3.12。

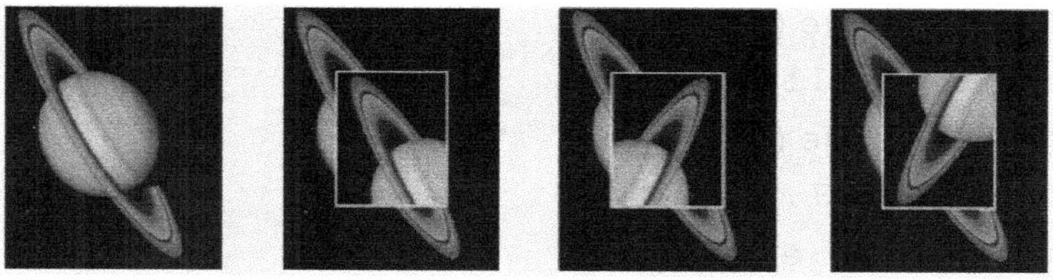

a) 原图　　　　b) 截取图　　　　c) 水平翻转图　　　　d) 垂直翻转图

图 3.12　图像的截取和翻转

例 3.16　用 imread 读取洋葱照片 onion.png，假设它的行数为 a。请用抽取的方法缩小图像，首先将照片的图像缩小为原来的一半，左移和下移 a/15 后放在原图像上；然后将缩小的图像再缩小为原来的一半，左移和下移 a/15 后放在前面的图像上。

解　先计算照片 I 的行和列，然后对 I 隔两点取一个像素作为压缩图像 I1，再对 I1 隔两点取一个像素作为压缩图像 I2。除了叠加的图像，其他地方设置为灰度值 100。

依此操作编程：

```
I = imread('onion.png');
[a,b,c] = size(I); d = round(a/15);
I1 = I(1:2:end,1:2:end,:);
[a1,b1,c] = size(I1);
I2 = I1(1:2:end,1:2:end,:);
[a2,b2,c] = size(I2);
I3 = 100 * ones(a + 2 * d,b + 2 * d,3);
I3(1:a,2 * d + 1:end,:) = I;
I3(end - d - a1 + 1:end - d,d + 1:d + b1,:) = I1;
I3(end - a2 + 1:end,1:b2,:) = I2;
image(uint8(I3)); axis equal off
```

运行程序得到图 3.13，原图在右上角，第一张压缩图向左下横移 d，第二张再向左下移 d。灰色部分的 RGB 值都是 100。

例 3.17　请对 MATLAB 的两张照片 "onion.png" 和 "football.jpg" 作两种处理：一种是一张的像素每隔一点用另一张的像素替换；另一种是从照片 onion 挖一块梯形放到照片 football 的底部。

图 3.13　图像的抽取和叠加

解　第一种处理时，两张照片的像素量很可能不一样，先在 Workspace 里查看它们的大小；然后把像素多的变成和像素少的一样，就可以像素替换了。第二种处理时，先设梯形的斜率为 0.4，然后将图像梯形部分的像素替换。

令梯形的高度为 95 个像素，编程如下：

```
I = imread('onion.png');
subplot(221);image(I);
J = imread('football.jpg');
subplot(222);image(J);
x = J(50:184,80:277,:);
x(1:2:end) = I(1:2:end);
subplot(223);image(x)
for i = 1:95
    r = round(0.4*i);
    J(155+i,105-r:225+r,:) = I(35+i,40-r:160+r,:);
end
subplot(224);image(J)
```

运行程序得到图 3.14，可以看到原图经像素混合处理和图像剪贴处理后的图片。

3.2.6 随机变量

变量的取值一般可以是任意的，随机变量是指在一个事件的发展过程中变量的取值是完全没有规律的。面对这种不可预测的变量，描述它的办法是统计，比如概率密度、积累分布函数等。概率密度指某些数发生的可能性，积累分布函数则是指小于等于某数的可能性。

图3.14 像素混合和图像剪贴

例 3.18 随机信号常见的概率分布有正态分布和瑞利分布。正态分布的概率密度函数为

$$f(t) = \frac{1}{\sqrt{2\pi}\sigma}\exp\left[-\frac{(x-\mu)^2}{2\sigma^2}\right]$$

其中 μ 是均值，σ 是标准差。瑞利分布是非负值的随机变量的概率分布，它的概率密度函数为

$$f(x) = \frac{x}{\sigma^2}\exp\left(-\frac{x^2}{2\sigma^2}\right), x \geq 0$$

设 $\mu = 4$ 和 $\sigma = 1$，请画出这两种分布的概率密度函数和积累分布函数的曲线。

解 随机变量的积累分布函数简称分布函数，其方程为

$$F(x) = \int_{-\infty}^{x} f(t)\mathrm{d}t$$

为了能让计算机处理，随机变量和积分变量只好离散，负无穷只能是某负值；离散和负值的大小由实验来确定，能让视觉满足便可。编程如下：

```
    m = 4;o = 1;dt = 0.1;
    x = 0:dt:8;
    f = [1/sqrt(2* pi)/o* exp(-(x-m).^2/2/o^2);x/o^2.* exp(-x.^2/2/o
^2)];
    subplot(221);plot(x,f);box off;grid;xlabel('x');ylabel('f(x)');
legend('Normal','Rayleigh');
    for j =1:length(x);
        a = sum(f(:,1:j),2)* dt;
        F(:,j) = a;
    end
    subplot(222);plot(x,F);box off;grid;xlabel('x');ylabel('F(x)');
legend('Normal','Rayleigh');
```

运行程序得到图 3.15，图 3.15a 的概率密度曲线说明，正态分布的随机变量在 4 左右的事件发生得特别多；图 3.15b 的分布函数曲线说明，正态分布的随机变量小于 6 的事件基本都会发生。

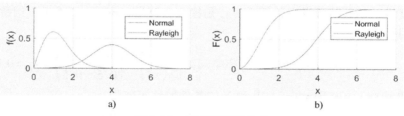

图 3.15 正态和瑞利分布

3.3 代替循环

在计算机中，循环是指一段指令连续出现多次的现象。遇到很多重复运算的情况，应该用循环语句简化它，使程序的可读性更好。这里利用 MATLAB 的矢量和矢量运算的特点，不用循环语句，也能完成重复运算的工作。

3.3.1 复导纳和复阻抗

例 3.19 已知串并联电路的 $R_1 = 10\Omega$、$R_2 = 20\Omega$、$L = 0.1H$、$C = 10\mu F$，如图 3.16 所示，求角频率 $\omega = 314 \text{rad/s}$、1000rad/s 和 4000rad/s 时电路的入端复阻抗 Z。

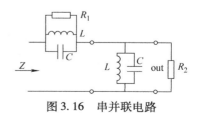

图 3.16 串并联电路

解 （1）数学模型

先求并联导纳，$Y_1 = \dfrac{1}{j\omega L} + j\omega C + \dfrac{1}{R_1}$，$Y_2 = \dfrac{1}{j\omega L} + j\omega C + \dfrac{1}{R_2}$，再求串联阻抗，$Z = \dfrac{1}{Y_1} + \dfrac{1}{Y_2}$。

（2）编程

电路结构相同，ω 不同，故计算 Z 的运算是相同的；直接编程不如循环运算简洁，循环

运算不如矢量运算简洁。矢量运算也能完成循环运算,编程如下:

```
R1 =10;R2 =20;L =0.1;C =10e -6;
w =[314,1000,4000];s =j* w;
y1 =1./(s* L) +s* C +1/R1;
y2 =1./(s* L) +s* C +1/R2;
Z =1./y1 +1./y2
```

(3) 运行和分析

运行程序得到 $Z = [24.2803 + 11.2882i, 30, 21.5671 - 12.8877i]$。

答:电路的入端阻抗 $Z \approx (24.28 + j11.29)\Omega$、$30\Omega$ 和 $(21.57 - j12.89)\Omega$。这说明三种角频率的电路分别呈感性、谐振和容性。

3.3.2 条件信息

信息指事件 x_i 的不确定性,条件信息则指事件 y_j 已知的情况下 x_i 的不确定性。它的数学表示为

$$I(x_i|y_j) = -\log[p(x_i|y_j)]$$

从通信的角度讲,x_i 是信源发出的符号,y_j 是接收的符号;$p(x_i|y_j)$ 越小,信源发出 x_i 的可能性越小,但不确定性越大。

例 3.20 设信源的随机信号 $\boldsymbol{X}$ 的概率空间为 $\begin{bmatrix} X \\ p(x) \end{bmatrix} = \begin{bmatrix} x_1 & x_2 \\ 0.5 & 0.5 \end{bmatrix}$,$x_1 = 0$ 和 $x_2 = 1$;接收信号 $\boldsymbol{Y}$ 的符号有 $y_1 = 0$ 和 $y_2 = 1$;$\boldsymbol{X}$ 和 $\boldsymbol{Y}$ 的条件转移矩阵为

$$[\boldsymbol{p}(y|x)] = \begin{bmatrix} p(y_1|x_1) & p(y_2|x_1) \\ p(y_1|x_2) & p(y_2|x_2) \end{bmatrix} = \begin{bmatrix} 0.9 & 0.1 \\ 0.2 & 0.8 \end{bmatrix}$$

求条件信息 $I(x_1|y_1)$、$I(x_1|y_2)$、$I(x_2|y_1)$ 和 $I(x_2|y_2)$。

解 已知 $\boldsymbol{p}(x)$ 和 $\boldsymbol{p}(y|x)$,所以利用条件概率公式

$$p(x_i|y_j) = \frac{p(x_i)p(y_j|x_i)}{p(y_j)}, \quad p(y_j) = \sum_{i=1}^{2} p(x_i)p(y_j|x_i)$$

首先计算 $\boldsymbol{p}(y)$,运用 $\boldsymbol{p}(x)$ 矢量和 $\boldsymbol{p}(y|x)$ 矩阵相乘;然后计算 $\boldsymbol{p}(x|y)$,为了利用矢量乘法,先做列与行相乘,再做矩阵点乘矩阵。编程如下:

```
px =[0.5,0.5];
pyx =[0.9,0.1;0.2,0.8];
py =px* pyx
c =px'* (1./py)
pxy =pyx.* c
I = -log2(pxy)
```

运行程序的结果为 $I(x_1|y_1) \approx 0.29$ 比特,$I(x_1|y_2) \approx 3.17$ 比特,$I(x_2|y_1) \approx 2.46$ 比特,$I(x_2|y_2) \approx 0.17$ 比特。

3.3.3 信息熵

在信息论中，每条消息的平均信息量称为信息熵，简称熵。这里的消息指不可预测的事件，在通信系统里则指传输的符号。熵的数学定义为

$$H(X) = -\sum_{n=1}^{N} p_n \log(p_n) = -p_1 \log(p_1) - p_2 \log(p_2) - \cdots - p_N \log(p_N)$$

该式的乘法加法运算是重复进行的，可以利用矢量和矢量运算的特点代替这种重复。

例 3.21 某地二月份天气晴、多云、阴、小雨、大雨和雪的概率分布为 0.1、0.2、0.2、0.2、0.1 和 0.2，请计算各种天气的自信息和天气的平均信息量。

解 已知自信息 $I(x_n) = -\log_2(p_n)$ 和信息熵 $H(X) = -\sum_{n=1}^{N} p_n \log_2(p_n)$，将它们的概率设置为矢量，就可以编程了。程序如下：

```
p=[1,2,2,2,1,2]/10
I = -log2(p)
H = -p* log2(p)'
```

运行程序得到天气晴、多云、阴、小雨、大雨和雪的自信息分别是 3.32 比特、2.32 比特、2.32 比特、2.32 比特、3.32 比特和 2.32 比特，天气的平均信息量是 2.52 比特。

3.3.4 数据的方差

随机变量是指变量的取值具有不确定性，但其取值落在某个范围的概率是确定的。例如，接收机输出的噪声电压是与时间有关，而且还和接收机有关的随机变量。方差是衡量随机变量偏离其均值的程度，方差越大的数据它的分布越分散。

方差的定义为

$$Var(X) = \sum_{n=1}^{N} p_n (x_n - \mu)^2, \left(\mu = \sum_{n=1}^{N} p_n x_n\right)$$

X 是随机变量，p_n 是变量 x_n 的概率分布，μ 是 X 的期望。

只知道随机变量的数据，不知道变量的概率，这种情况下均值等于数据的总和除以总数，方差等于数据每个值与均值的差进行平方然后相加，最后除以总数，即

$$Var(X) = \frac{1}{N}\sum_{n=1}^{N}(x_n - \mu)^2, \left(\mu = \frac{1}{N}\sum_{n=1}^{N} x_n\right)$$

例 3.22 现在用整数 $n = 0 \sim 999$ 的 $x = \sin(0.3n)\cos(0.8n)$ 模拟一组随机数，请用矢量运算的方法计算这组数据的均值和方差。

解 当 n 为矢量时，产生的 $\sin(0.3n)$ 和 $\cos(0.8n)$ 也是矢量，$\sin(0.3n)$ 和 $\cos(0.8n)$ 相乘是两者的元素相乘；n 有 1000 个元素，$\sin(0.3n)\cos(0.8n)$ 也有 1000 个元素。矩阵乘法是行的元素分别乘列的元素，所有乘积相加。编程如下：

```
N =1000;n =0:N -1;
x =sin(0.3* n).* cos(0.8* n);
m =x* ones(N,1)/N
v =(x -m)* (x -m)'/N
```

运行程序得到数据 x 的均值 $m = -0.002$，方差 $v = 0.2497$。说明 x 在 0 周围变化，偏离 0 的平均值约 0.25。

例 3.23 设无线电接收机收到的码字长度（比特）是随机变量 x，它们的概率分布如下，请估计这台接收机收到的码字长度均值和方差，用矢量乘法来完成。

x	3	4	5	6	7	8	9
p	0.29	0.28	0.22	0.09	0.06	0.04	0.02

解 已知均值的计算有乘法和加法的重复；方差的计算除了有乘法和加法的重复，还有减法和平方的重复。设 x 和 p 为矢量，然后利用行乘列的特点实现均值和方差的重复运算。编程如下：

```
x =3:9;
p =[0.29,0.28,0.22,0.09,0.06,0.04,0.02];
m =x* p'
s =(x -m).^2;
v =p* s'
```

运行程序得到码字长度的均值为 4.55 比特，方差为 2.2475 比特。

3.3.5 光的反射系数

光是一种电磁波，电磁波的振动方向与传播方向垂直，振动方向也叫极化方向，通常指电场的方向。当光遇到两种不同介质的边界时，通常部分光会反射，如图 3.17 所示。

入射光由垂直极化和平行极化波组成。垂直极化指电场与入射面垂直，入射面是入射线与边界法线构成的平面。垂直极化波的反射强度符合 $|R_\perp|$，$R_\perp$ 等于边界上垂直极化反射波比垂直极化入射波，数学表示为

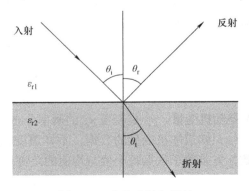

图 3.17 光的反射和折射

$$R_\perp = \frac{\cos(\theta_i) - \sqrt{\varepsilon_2/\varepsilon_1 - \sin^2(\theta_i)}}{\cos(\theta_i) + \sqrt{\varepsilon_2/\varepsilon_1 - \sin^2(\theta_i)}}$$

平行极化指电场与入射面平行。它的反射强度符合 $|R_\parallel|$，$R_\parallel$ 等于边界上平行极化反射波比垂直极化入射波，数学表示为

$$R_\parallel = \frac{(\varepsilon_2/\varepsilon_1)\cos(\theta_i) - \sqrt{\varepsilon_2/\varepsilon_1 - \sin^2(\theta_i)}}{(\varepsilon_2/\varepsilon_1)\cos(\theta_i) + \sqrt{\varepsilon_2/\varepsilon_1 - \sin^2(\theta_i)}}$$

第 3 章
矢量的运用

例 3.24 空气和玻璃介质组成一个边界。设空气的相对介电系数 $\varepsilon_r = 1$，玻璃的相对介电系数 $\varepsilon_r = 4$。请画出光从介质 1 入射到边界上时，反射系数与入射角的特性曲线。

解 介质 1 是空气是一种情况，是玻璃又是一种情况；以入射角 θ_i 为自变量，要计算两种 $\varepsilon_2/\varepsilon_1$ 的特性曲线。程序中设 θ_i 为行向量，$\varepsilon_2/\varepsilon_1$ 也为行向量。编程如下：

```
t=0:0.01:pi/2; n=[4,1/4]; p=t*180/pi;
c=cos(t);
s=sin(t).^2;
for k=1:2
    m=n(k); q=sqrt(m-s);
    subplot(2,2,k); plot(p,abs((c-q)./(c+q)),p,abs((m*c-q)./(m*c+q)),':'); grid; box off;
    xlabel('\theta_i/\circ'); legend('R_\perp','R_{||}'); axis tight
end
```

运行程序得到图 3.18，图 3.18a 是介质 1 是空气的情况，在 $\theta_i < 63°$ 时，平行极化波的反射随 θ_i 的增加而减小；在 $\theta_i = 63°$ 时，反射波只有垂直极化波。只有一种极化波的光叫线偏振光，这说明反射光的偏振光较强。利用这个特点，人们做出了偏光镜。

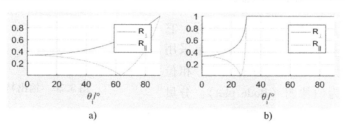

图 3.18 反射系数的特性曲线

图 3.18b 是介质 1 是玻璃的情况，在 $\theta_i > 30°$ 时，垂直和平行极化波都全反射。这说明，在玻璃里斜射的光往往跑不出来；利用这个特点，人们做出了光导纤维。

3.4 调整变量的位置

数字的乘法和矩阵的乘法不同。做数字乘法时，两个数字的位置可以调换，运算的结果一样；做矩阵乘法时，两个矩阵的位置不能随意调换，因为原来可以做乘法的矩阵，调换位置后可能就不能做乘法了，或者乘法的结果不相同。

例如，设 a=[1,2], b=[3;4]，则 a*b=11 是一个数，b*a=[3,6;4,8] 是一个矩阵。再来看，设 a=[1,2;3,4], b=[5,6;7,8]，则 a*b=[19,22;43,50], b*a=[23,34;31,46]，这两个矩阵大小一样内容不一样。

3.4.1 双极型晶体管

双极型晶体管在工作时有电子和空穴两种载流子参与导电，发射区向基区发射多数载流子，基区的少数载流子与多数载流子复合，基区微小的电流变化可以控制集电区收集多数载流子。

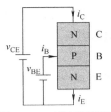

图 3.19 双极型 NPN 晶体管电路

例 3.25 设双极型 NPN 晶体管的输出特性 $i_C = 70 i_B (1 - e^{-v_{CE}/0.3})\text{A}$，基极电流 i_B 分别等于 $1\mu A$、$10\mu A$、$20\mu A$、$30\mu A$ 和 $40\mu A$，$v_{CE} = 0 \sim 5V$，如图 3.19 所示。请画出其输出特性曲线。

解 输出特性是 i_C 与 v_{CE} 的关系曲线。这里将自变量 v_{CE} 设置为向量，将参变量 i_B 设置为另一个向量。编程如下：

```
v=0:0.1:5;b=[1,10,20,30,40]*1e-6;
i=70*b'*(1-exp(-v/0.3));
plot(v,i*1000);grid;xlabel('v_{CE}/V');ylabel('i_C/mA');
legend('i_B=1\muA','=10\muA','=20\muA','=30\muA','=40\muA')
```

运行程序得到图 3.20，电压 $v_{CE} < 0.5V$ 时对 i_C 的影响很大，$v_{CE} > 1V$ 以后影响就很小了；基极电流 i_B 越大，i_C 也越大。

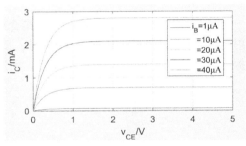

图 3.20 输出特性曲线

3.4.2 电压放大倍数的伯德图

放大倍数是衡量电路放大能力的指标，它和频率的关系叫频率响应。其曲线的频率采用 10 为底的对数尺度，幅值采用分贝尺度，相位采用角度尺度时称为伯德图（Bode plot）。分贝是幅值取 10 为底的对数后乘 20 得到的值，也叫增益。

例 3.26 设某运算放大器的开环电压放大倍数 $\dot{A} = \dfrac{A_0}{1 + j\dfrac{f}{f_0}}$，$A_0 = 100$，截止频率 $f_0 = 2.5\text{MHz}$、5MHz 和 10MHz。请画出该放大倍数在三种截止频率的伯德图。

解 本题要求计算三种截止频率的频率响应，为了避免重复相同的指令，这里设 f 为行向量，f_0 为列向量，然后互换放大倍数公式里 f/f_0 的位置。编程如下：

```
A0=100;f=linspace(0,100e6);
f0=[2.5;5;10]*1e6;
A=A0./(1+j./f0*f);
subplot(211);semilogx(f/1e6,20*log10(abs(A)));grid;
ylabel('幅度/dB');legend('f_0=2.5MHz','=5MHz','=10MHz');
subplot(212);semilogx(f/1e6,angle(A)*180/pi);grid;
xlabel('f/MHz');ylabel('相位/\circ');legend('f_0=2.5MHz','=5MHz','=10MHz')
```

运行程序得到图 3.21，分别是幅频特性的伯德图和相频特性的伯德图。相频特性的伯德图的角度都是负值,说明输入信号经过电路后相位发生了位移,输出的相位滞后于输入。

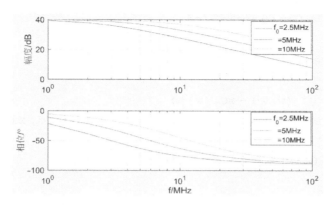

图 3.21 频率特性的伯德图

3.4.3 谐振回路的品质因数

品质因数是谐振回路的一个重要性能指标,它的物理意义是回路谐振时,回路中的储能与每周期的耗能之比,是回路特性阻抗和回路电阻的比值,简称 Q 值;它的大小直接影响回路的选频特性,Q 值越高表示能量损失越低。

对于串联谐振电路,Q 值等于电路谐振时的感抗或容抗与电阻之比。对于并联谐振电路,Q 值等于电路谐振时的感纳或容纳与电纳之比。

例 3.27 设串联谐振电路的 $L=159\mu H$ 和 $C=159pF$,电阻 R 有四种值:10Ω、30Ω、70Ω、100Ω,求电路的谐振频率、Q 值、通频带和输入电流相对值的幅频特性。

解 (1) 建模

因电路的输入电流为

$$\dot{I} = \frac{\dot{U}}{Z} = \frac{\dot{U}}{R + j\omega L + \dfrac{1}{j\omega C}} = \frac{\dot{U}/R}{1 + j\left(\dfrac{\omega L}{R} - \dfrac{1}{\omega RC}\right)}$$

谐振时电流最大,故相对电流比为

$$x = \frac{\dot{I}}{\dot{U}/R} = \frac{1}{1 + j\left(\dfrac{\omega L}{R} - \dfrac{1}{\omega RC}\right)}$$

谐振时,$\omega_0 = \dfrac{1}{\sqrt{LC}}$,特性阻抗是 $\omega_0 L = \dfrac{1}{\omega_0 C}$,$Q = \dfrac{\omega_0 L}{R} = \dfrac{1}{\omega_0 RC}$。将它们代入相对电流比,得

$$x = \frac{1}{1 + jQ\left(\dfrac{\omega}{\omega_0} - \dfrac{\omega_0}{\omega}\right)}$$

(2) 编程

根据以上的分析结果编程,将 f 设为行向量,R 设为列向量。画图时因通频带是指幅度

降为最大值0.7倍时的带宽，故增加一条0.7的水平线。程序如下：

```
L=159e-6;C=159e-12;R=[10;30;70;100];
w0=1/sqrt(L*C);f0=w0/2/pi
Q=w0*L./R
f=0.8e6:1.2e6;
w=2*pi*f;
x=1./(1+j*Q*(w/w0-w0./w));
plot(f/1e6,abs(x),[0.9,1.1],[0.7,0.7]);grid;xlabel('f/MH');
ylabel('|x|')
legend('R=10',' =30',' =70',' =100');
```

（3）运行和分析

运行程序得到谐振频率为1MHz，$Q \approx [100, 33, 14, 10]$，相对电流的幅频特性如图3.22所示。观察得到：通频带在电阻为10Ω时是10kHz，电阻为30Ω时是30kHz，电阻为70Ω时是70kHz，电阻为100Ω时是100kHz。说明 Q 值越大，频率选择性越好。

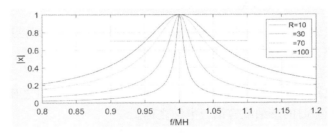

图3.22　相对电流的幅频特性

3.5　循环套循环

一个循环里面还有一个循环，这种循环套循环的方法除了循环语句套矩阵运算外，还有别的方法可以解决。例如，列向量乘行向量得矩阵，这是一个循环；这个矩阵右乘行向量，又是一个循环。

看一个简单例子，设 $a=[1;2]$，$b=[2,4]$，则 $d=\log2(a*b)$ 相当于一个循环运算；若 $c=[1,2]$，则 $e=c*\log2(a*b)$ 相当于两个循环运算；它们的结果是 $d=[1,2;2,3]$ 和 $e=[5,8]$。

3.5.1　平面电磁波

电磁波是一种横波，它的质点振动方向与传播方向垂直。同相位的质点组成的面称为等相面或波阵面，这里的相位是指时谐电磁场的相位；例如，时谐电磁场的电场强度瞬时值 $\boldsymbol{E}(z,t)=\boldsymbol{a}_y E_{0y}\cos(\omega t-kz)$，它的相位是 $(\omega t-kz)$。等相面为平面的横电磁波称为平面电磁波。

例 3.28 设自由空间的平面电磁波的电场强度 $E(z,t) = 3\cos(0.6t - 1.4z)$。当 $t=0$、2 和 4 时,求电场 $E(z,t)$ 在 $z=0\sim10$ 的空间波形,并指出相位为 0 的等相面在各时刻的空间位置。

解 用循环语句画各时刻的空间曲线,z 是行矢量;0 等相面发生在 $(0.6t - 1.4z) = 0$ 时,这时的 $z = 0.6t/1.4, E(z,t) = 3$。编程如下:

```
z = 0:0.1:10;
xlabel('z'),ylabel('E(z,t)');hold on
for t = 0:2:4
    E = 3* cos(0.6* t - 1.4* z);
    plot(z,E);
end
legend('t =0',' =2',' =4');
plot(0.6* [0:2:4]/1.4,3,'>');set(gca,'color',[0.9,0.9,0.9]);
set(gcf,'color',[0.9,0.9,0.9]);
```

运行程序得到图 3.23 所示的不同时刻的平面电磁波,可以看出 $t=0$ 时的 $E(z,0)$ 随着时间的增加向右平移。

例 3.29 光的相位速度在一些媒质中会随频率变化,这种现象叫色散,这种媒质叫色散媒质。设两个幅度相同的电磁波 $f_1(t)$ 和 $f_2(t)$ 在色散媒质中沿 z 轴方向传播

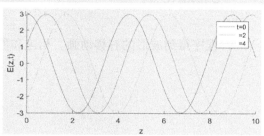

图 3.23 不同时刻的平面电磁波

$$\begin{cases} f_1(t) = A\cos[(\omega + \Delta\omega)t - (k + \Delta k)z] \\ f_2(t) = A\cos[(\omega - \Delta\omega)t - (k - \Delta k)z] \end{cases}$$

已知 $\omega = 8$、$\Delta\omega = 0.1$、$k = 4$、$\Delta k = 0.4$。求它们的合成波动画,并显示相速和群速。

解 令 $A=1$,根据三角恒等式,得合成波为

$$f(t) = f_1(t) + f_2(t)$$
$$= 2\cos(\Delta\omega t - \Delta k z)\cos(\omega t - kz)$$

画图显示相速用绿圆点,显示群速用红方块。显示 $f_1(t)$ 和 $f_2(t)$ 的相速时,令其相位等于 $-\pi/2$。显示 $f(t)$ 的相速时,令 $\omega t - kz = -\pi/2$;显示 $f(t)$ 的群速时,令 $\Delta\omega t - \Delta k z = -\pi/2$。设时间 $t = 0\sim8$,空间 $z = 0\sim18$。

根据以上数学分析编程,程序如下:

```
w = 8;dw = 0.1;k = 4;dk = 0.4;
t = 0:0.05:8;z = 0:0.01:18;
for i = 1:length(t)
    f1 = cos((w+dw)* t(i) - (k+dk)* z);
    subplot(311);plot(z,f1);ylabel('f_1(t)');box off;hold on
    scatter(((w+dw)* t(i) +pi/2)/(k+dk),0,'fill','g');hold off
    f2 = cos((w-dw)* t(i) - (k-dk)* z);
    subplot(312);plot(z,f2);ylabel('f_2(t)');box off;hold on
    scatter(((w-dw)* t(i) +pi/2)/(k-dk),0,'fill','g');hold off
    f = f1 + f2;
    subplot(313);plot(z,f);xlabel('z');ylabel('f(t)');box off;hold on
    scatter((w* t(i) +pi/2)/k,0,'fill','g');
    scatter((dw* t(i) +pi/2)/dk,0,'s','fill','r');hold off
    pause(0.1)
end
```

运行程序得到波形的右移动画，相速和群速的最后结果如图3.24所示。

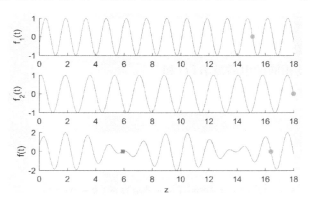

图 3.24 相速和群速

实际上，合成波 $f(t)$ 相当于调幅波，载波的变化快于振幅的变化；方块代表振幅的包络移动，点代表载波的相位移动。

3.5.2 对称振子天线

横向尺寸远小于纵向尺寸的直线导体，若其长度达到波长尺寸并中间断开，从断开处馈电，就可以辐射电磁波，这样的导体叫对称振子天线，它很像末端开路的传输线向外张开后的样子。

若对称振子天线中心在原点沿 z 轴放置，则其远处的辐射电场为

$$E_\theta = j\frac{60\,I_m}{r}\frac{\cos(kh\cos\theta) - \cos(kh)}{\sin\theta}e^{-jkr},(r \gg h)$$

式中，I_m 是馈电的正弦电流峰值，r 是场点与原点的距离，h 是单边振子的长度，θ 是 r 与 z 轴的夹角。电场强度与夹角有关的部分为

$$F(\theta) = \frac{\cos(kh\cos\theta) - \cos(kh)}{\sin\theta}$$

它的绝对值 $|F(\theta)|$ 叫 E 面方向函数。方向函数的曲线称为方向图，归一化方向函数的曲线称为归一化方向图。

例 3.30 已知相移常数 $k = 2\pi/\lambda$，λ 是波长，若电长度 $2h/\lambda = 1/2$、1、3/2 和 2，请画出它们 E 面电场的归一化方向图。

解 $kh = \pi[1/2, 1, 3/2, 2]$，每个 kh 有一个方向图。以 $\theta = 0 \sim 2\pi$ 进行编程，程序如下：

```
t=0:0.01:2*pi;
K=pi*[0.5:0.5:2];
for i=1:4
    f=cos(K(i)*cos(t))-cos(K(i));
    f=abs(f./sin(t));
    f=f/max(f);
    subplot(1,4,i);polar(t,f);title(['2h/\lambda=',num2str(0.5*i)]);
end
```

运行程序得到图 3.25，$2h = \lambda/2$ 叫半波振子天线，它在 $\pm 90°$ 的场强最大；$2h = \lambda$ 叫全波振子天线，它的方向性最强。

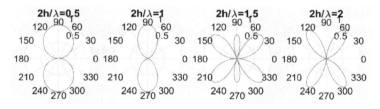

图 3.25 四种天线尺寸的方向图

3.5.3 信号的自相关

相关是指两个事物之间存在关系。在信号与系统中，相关是指一种用数学表示的相似程度，如果它表示的是信号自己和自己不同部位的比较，这时的相似性叫自相关，数学表示为

$$R_{ff}(\tau) = \int_{-\infty}^{\infty} f(t) f^*(t - \tau) dt$$

例 3.31 信号 $x(n) = \sin(0.2\pi n) R_{40}(n)$ 是有限长的离散序列，请计算其自相关序列，并画出波形。

解 （1）数学建模

自相关序列的数学公式为

$$r_{xx}(n) = \sum_{i=0}^{N-1} x(i)x^*(i-n)$$

其计算原理如图 3.26 所示，上面灰条代表 $x(i)$，下面灰条代表 $x(i-n)$。$n=0$ 时，信号自己与自己的相同部位比较，即 $x(i)$ 与 $x(i)$ 比较。$n=N-1$ 时，$x(i)$ 与 $x(i-N+1)$ 比较，$x(i-N+1)$ 是 $x(i)$ 右移 $N-1$ 点的结果。

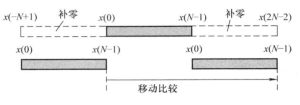

图 3.26　自相关序列的原理

(2) 编程

不用计算的地方不需编入程序，$r_{xx}(n)$ 的非零值范围在 $n=-N+1 \sim N-1$。编程如下：

```
N=40;n=0:N-1;
x=sin(0.2*pi*n);
subplot(211);stem(n,x,'.');xlabel('i');ylabel('x(i)');axis([-N,N,-1,1]);box off
x0=[zeros(1,N-1),x,zeros(1,N-1)];
for i=1:2*N-1
    r(i)=x0(i:i+N-1)*x';
end
subplot(212);stem(-N+1:N-1,r,'.');xlabel('n');ylabel('r_{xx}(n)');box off
```

(3) 运行和分析

运行程序得到图 3.27，当 $n=0$ 时 $r_{xx}(n)$ 最大，也就是说，自己和自己最"像"；其他时序的 $r_{xx}(n)$ 呈现周期衰减，衰减的原因是可相比的部分逐渐减少，周期的原因是 $x(n)$ 有周期性。

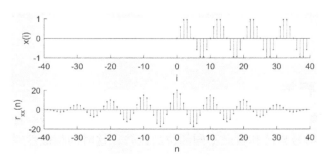

图 3.27　信号和自相关

例 3.32　有一个矩形序列 $x(n)=R_{10}(n)$，请画出 n 逐点变化时，$x(i-n)$ 和 $r_{xx}(n)$ 的波形建立过程，令 $n=-10 \sim 10$。

解：(1) 数学分析

根据自相关序列的公式

$$r_{xx}(n) = \sum_{i=0}^{N-1} x(i)x^*(i-n)$$

在计算过程，$x(i)$ 的位置始终不变。计算从 $n = -10$ 开始，这时 $x(i-n)$ 的左端在 $i = -10$ 的位置，$x(i)$ 与 $x(i-n)$ 相乘再相加，得到一个 $r_{xx}(n)$ 的值；$n = -9$ 时 $x(i-n)$ 右移一点，又得一个 $r_{xx}(n)$ 的值；最后 $n = 10$ 时，$x(i-n)$ 的左端移到 $n = 10$ 的位置，$x(i)x(i-n)$ 全部相加得到最后一个 $r_{xx}(n)$ 的值。

（2）编程

为了增强动画的连续感觉，给移动的序列 $x(i-n)$ 加一个半步移动的显示，并安排其亮度较弱。还有长 N 的序列的自相关非零值范围在 $-N+1 \sim N-1$，增加它的宽度可以显示其零值的范围。

根据以上分析编程，程序如下：

```
N = 10;
x = ones(1,N);
x0 = [zeros(1,N),x,zeros(1,N)];
for i = 1:2*N+1
    subplot(211);stem(-N:2*N-1,x0,'.');xlabel('i');ylabel('x(i)');box off;
    hold on;text(15,0.7,['x[i - (',num2str(i-N-1),')]'],'edgecolor',[0 1 1],'color',[1 0.5 0])
    stem(i-N-1:i-2,x,'o');pause(1.7);
    stem(i-N-0.5:i-1.5,x,'.','color',[0.9,0.9,0.9]);hold off;pause(0.3)
    r(i) = x0(i:i+N-1)*x';
    subplot(212);stem(i-N-1,r(i),'.');legend(['n = ',num2str(i-N-1)]);axis([-N,N,0,N]);
    xlabel('n');ylabel('r_{xx}(n)');box off;hold on;
end
```

（3）运行和分析

运行程序后，屏幕上将出现位置固定的 $x(i)$，位置移动的 $x(i-n)$ 从左向右移动，接着 $r_{xx}(n)$ 的点逐渐增加。这就是 $r_{xx}(n)$ 逐点计算的过程，最后的波形如图 3.28 所示。

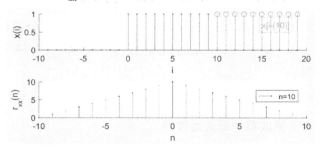

图 3.28　矩形序列的自相关

3.5.4 滤波器的滤波

滤波器能改变输入信号的频率成分,大多数情况下是指删除不想要的频率成分。如今,滤波器可以用计算机通过计算的方法来实现。

例 3.33 设带通滤波器的系统函数为

$$H(s) = \frac{Y(s)}{X(s)} = \frac{2s}{s^2 + 2s + 10001}$$

其输入信号 $x(t) = [1 + \cos(t)]\cos(100t)$,求系统的稳态输出 $y(t)$,并画出 $t = 0 \sim 7$ 的波形。

解 (1) 数学建模

首先将输入 $x(t) = 0.5\cos(99t) + \cos(100t) + 0.5\cos(101t)$ 写成相量表达式,即 $\dot{X}(99) = 0.5\angle 0°$,$\dot{X}(100) = 1\angle 0°$,$\dot{X}(101) = 0.5\angle 0°$。然后将滤波器的稳态系统函数写成 $H(s)|_{s=j\omega} = H(j\omega)$。最后把系统对每个角频率的输出相量 $\dot{Y}(j\omega) = |\dot{Y}(j\omega)|e^{j\arg[\dot{Y}(j\omega)]} = \dot{X}(j\omega)H(j\omega)$ 在时域里叠加。

(2) 编程

将角频率归纳为一个行向量,时间归纳为一个行向量,各频率的幅度归纳为一个行向量,然后按数学公式编程,程序如下:

```
w = [99,100,101]; s = j* w;
N = 1000; t = linspace(0,7,N);
X = [0.5,1,0.5];
x = X* cos(w'* t);
subplot(211);plot(t,x);xlabel('t');ylabel('x(t)');
H = 2* s./(s.^2 + 2* s + 10001);
Y = X.* H;
a = abs(Y),b = angle(Y);
y = a* cos(w'* t + b'* ones(1,N));
subplot(212);plot(t,y);xlabel('t');ylabel('y(t)');
b = b* 180/pi
```

(3) 运行和分析

运行程序得到图 3.29,输出的波形比输入滞后,幅度也变小了,这就是滤波器对信号产生的影响。

输出的三个分量的幅度为 [0.35, 1, 0.36],$\omega = 100\text{rad/s}$ 的分量幅度没有改变,其他两个分量的幅度衰减了 0.7 倍;三个分量的相角为 [45.3, 0.3, -44.7]°。

答:系统的输出为

$$y(t) = 0.35\cos(99t + 45.3°) + \cos(100t + 0.3°) + 0.36\cos(101t - 44.7°)$$

从输出信号看,这个滤波器是带通滤波器。

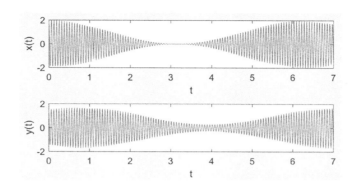

图 3.29　滤波器的输入和输出

3.5.5　离散傅里叶变换

离散傅里叶变换是时域和频域都离散的傅里叶变换,其时域和频域的序列都是有限长,可以认为它们是周期序列的主值序列。在实际应用中,常用快速傅里叶变换对离散傅里叶变换进行计算。

例 3.34　设离散时间信号 $x(n)=\sin(0.27\pi n)R_{31}(n)$,求它的 31 点离散傅里叶变换,并画出它在时域和频域的波形。

解　已知离散傅里叶变换的定义为

$$X(k)=\sum_{n=0}^{N-1}x(n)\mathrm{e}^{-\mathrm{j}\frac{2\pi}{N}kn},(k=0\sim N-1)$$

将 n 和 k 作为矢量,运用矢量乘来实现两个循环。编程如下:

```
N=31;n=0:N-1;k=n;
x=sin(0.27*pi*n);
subplot(311);stem(n,x,'.');xlabel('n');ylabel('x(n)');box off
X=x*exp(-j*2*pi/N*n'*k);
subplot(312);stem(k,abs(X),'.');xlabel('k');ylabel('|X(k)|');
axis tight;box off
subplot(313);stem(k,angle(X),'.');xlabel('k');ylabel('arg[X
(k)]/rad');axis tight;box off
```

运行程序得到图 3.30,在 $n=0\sim30$ 的范围,$x(n)$ 变化约四个周期;在 $k=0\sim30$ 的范围,$|X(k)|$ 在 $k=4$ 处有最大值,对应 $x(n)$ 的数字角频率;由于 $X(k)$ 具有对称性,故 $k=27$ 是 $k=4$ 的镜像。

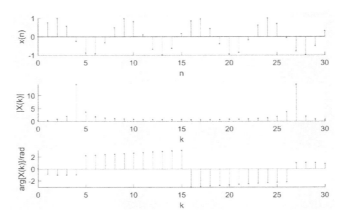

图 3.30　离散时间信号与其频谱

3.6　元素运算

在 MATLAB 里，变量运算默认是矩阵运算。例如，若 a = [1 2]，b = [3;4]，则 a*b = 11 是矩阵运算。元素运算是指参与运算的两个矩阵里的同位置数字的运算。例如，若 a = [7 3]，b = [5 8]，则 a.*b = [35 24] 是元素运算。

元素是组成 MATLAB 矩阵的最小单位，一般来说它是数字，这个数字默认是复数；若该数字是实数则属特例，是虚数也属特例。安排元素是复数的好处是信号处理中许多复数的循环计算都可以用矩阵的元素运算来实现。

3.6.1　连续时间周期信号的频谱

频谱也叫傅里叶变换，它把时间信号变为频率信号。从时间和周期看，傅里叶变换有四种：连续时间傅里叶变换、连续傅里叶级数、离散时间傅里叶变换、离散傅里叶级数。连续时间周期信号的频谱属于连续傅里叶级数。

例 3.35　有一个连续时间的周期信号 $f(t)$，它的波形如图 3.31 所示，周期为 2，脉冲宽度为 0.6，请画出其傅里叶级数在谐波序号 $n = -20 \sim 20$ 的频率特性图，并用这些谐波合成一个信号 $x(t)$。

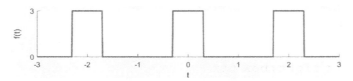

图 3.31　连续时间周期信号

解　连续傅里叶级数的公式为

$$F_n = \frac{1}{T}\int_{-T/2}^{T/2} f(t)\mathrm{e}^{-jn\Omega t}\mathrm{d}t, \quad f(t) = \sum_{n=-\infty}^{\infty} F_n \mathrm{e}^{jn\Omega t}$$

其中，$\Omega = 2\pi/T$。按公式推导 $f(t)$ 的频谱为

$$F_n = \frac{3}{\pi n}\sin(0.3\pi n)$$

按照推导的结果 F_n 编程，当 $n=0$ 时，F_n 是算不出来的，画图也没有这点；所以编程时指令用了 MATLAB 的最小数符号 eps。还有，对于合成信号，公式中的 ∞ 是理想的，计算机计算 $f(t)$ 时只能取一个数来代替 ∞。

根据以上分析编程，程序如下：

```
n=-20:20;n=n+eps;
F=3/pi./n.*sin(0.3*pi*n);
subplot(211);stem(n,F,'.');xlabel('n');ylabel('F_n');axis tight;box off
T=2;t=-3:0.01:3;
x=F*exp(j*n'*2*pi/T*t);
subplot(212);plot(t,real(x));xlabel('t');ylabel('x(t)');axis tight;box off
```

运行程序得到图 3.32。原信号 $f(t)$ 是实数信号，合成信号也应该是实数信号；但计算机的计算是有误差的，故用 x 画图时应取它的实部。

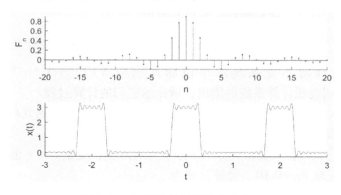

图 3.32 矩形波的频谱及合成信号

3.6.2 线性时不变系统的正弦响应

正弦波是描述光滑周期振荡的数学曲线，它经常出现在信号处理领域是因为它有一个重要属性，即当它与一个同频率不同幅度和相位的正弦波相加时，仍会保持原来的形状。这个属性使得正弦波成为研究系统响应的首选。

例 3.36 若线性时不变系统的系统函数 $H(\omega) = \dfrac{1}{1+j\omega}$，当输入信号为

$$x(t) = 1 + \sin(t) + \sin(2t) + \sin(3t) + \sin(10t)$$

求这时的系统输出，即系统的响应。

解 对于输入正弦信号 $\sin(\omega t)$，从频域看，输出 $Y(\omega) = H(\omega)X(\omega)$；从时域看，输出 $y(t) = |H(\omega)|\sin\{\omega t + \arg[H(\omega)]\}$。因为线性系统有叠加性，所以输入信号是叠加的，

输出信号也是叠加的。

本题的角频率 ω 有五个值,要计算五次 $H(\omega)$ 才能得到五个输出分量的幅度和相角,这个循环用元素运算即可完成。编程如下:

```
w = [0:3,10];
H = 1./(1 + j * w);
a = abs(H)
b = angle(H)
```

运行程序得到 a = [1, 0.7071, 0.4472, 0.3162, 0.0995], b = [0, -0.7854, -1.1071, -1.249, -1.4711]。

答:系统的输出为
$$y(t) \approx 1 + 0.71\sin(t - 0.79) + 0.45\sin(2t - 1.11) + 0.32\sin(3t - 1.25) + 0.1\sin(10t - 1.47)$$

3.6.3 卷积的过程

单位脉冲响应代表了线性时不变系统的本质,在已知系统的输入的情况下,利用单位脉冲响应可以计算系统的输出。这种做法的原理是:首先将信号 $f(\tau)$ 分解为许多窄脉冲,然后将它们分别作用于相应起始时间的单位脉冲响应 $h(t-\tau)$,并对 $f(\tau)h(t-\tau)$ 进行相加,结果就是系统的输出 $y(t)$。这种数学运算称为卷积,写为

$$y(t) = \int_{-\infty}^{\infty} f(\tau)h(t-\tau)\mathrm{d}\tau = \int_{-\infty}^{\infty} f(t-\tau)h(\tau)\mathrm{d}\tau$$

例 3.37 设线性时不变系统的单位脉冲响应 $h(t) = 1.5e^{-t}u(t)$,输入信号 $f(t) = R_2(t)$,现在用卷积计算系统的输出,请显示它们的计算过程。

解 图示卷积的步骤为:画出 $f(\tau)$ 和 $h(\tau) \rightarrow$ 画出 $f(-\tau) \rightarrow$ 移动 $f(t-\tau) \rightarrow$ 积分 $f(t-\tau)h(\tau) \rightarrow$ 画出 $y(t)$。取 $\tau = -5 \sim 10$。

用计算机实现卷积时,只能将积分上下限变为有限值,变量 t 和 τ 也变为有限值,$\mathrm{d}\tau$ 取一个很小的值。这里取 $\mathrm{d}\tau = 0.01$,计算公式为

$$y(t) \approx \sum_{\tau=-5}^{10} f(t-\tau)h(\tau)\mathrm{d}\tau, \ t = -1 \sim 10$$

根据以上分析进行编程,程序如下:

```
a = -5;b = 10;d = 0.01;v = a:d:b;
f = @(v)v > = 0&v < = 2;
subplot(321);plot(v,f(v));axis([a,b,0,1.5]);xlabel('\tau');
ylabel('f(\tau)');pause(0.5)
h = 1.5 * exp(-v).*[v > = 0];
subplot(322);plot(v,h,'color',[0.9 0.4 0]);axis([a,b,0,1.5]);
xlabel('\tau');ylabel('h(\tau)');pause(0.5)
subplot(323);plot(v,f(-v));axis([a,b,0,1.5]);xlabel('\tau');
ylabel('f(-\tau)');pause(0.5)
```

```
T = 0.2;u = 0;
for t = -1:T:10
    f1 = f(t-v);
    subplot(324);plot(v,f1,v,h);axis([a,b,0,1.5]);xlabel('\tau');
    legend(['f(',num2str(t),' - \tau)']);pause(0.5)
    c = f1* h'* d;
    subplot(313);plot([t-T,t],[u,c],'. -');xlabel('t');ylabel('y(t)');axis([a,b,0,1.5]);
    legend(['t = ',num2str(t)]);hold on;pause(0.5)
    u = c;
end
```

运行程序得到 $f(\tau)$ 和 $h(\tau)$ 的波形，$f(-\tau)$ 的波形，$h(\tau)$ 固定的波形和 $f(t-\tau)$ 移动的波形，以及每个 t 的积分结果的输出波形 $y(t)$，最后的结果如图 3.33 所示。

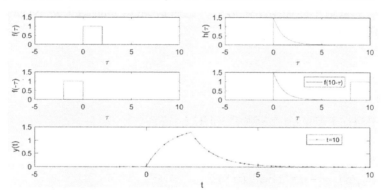

图 3.33 卷积积分的过程

3.6.4 最大熵定理

通信系统的熵表示发送端或接收端的符号包含的平均信息量，因为熵与事件的概率有关，所以熵也称为熵函数，数学写为

$$H(p) = H(p_1,p_2,\cdots,p_N) = -\sum_{n=1}^{N} p_n \log(p_n)$$

它的最大值出现在各符号的概率相同的时候，这种性质称为最大熵定理。最大熵的时候最难猜出哪个符号将要出现。

例 3.38 对于统计独立的离散二元信源，它输出 0 的概率为 p，输出 1 的概率为 $1-p$。这时，该信源的熵 $H(p) = -p\log_2(p) - (1-p)\log_2(1-p)$，是 p 取值于 $[0,1]$ 的函数，请画出该熵函数的曲线。

解 熵与对数有关，对于肯定事件，如 $p=0$ 或 1，熵是等于 0 的，意思是没有悬念。但 0 的对数没有意义，编程时要避开 0 的对数，方法是设一个很小值离开 $p=0$ 和 $1-p=0$。程序如下：

```
p = 1e - 9:0.01:1;
H = -p.* log2(p) - (1 -p).* log2(1 -p);
plot(p,H);xlabel('p');ylabel('H(p)');grid;box off
```

运行程序得到图 3.34，它说明只要信源中某个符号的概率较大，就会引起整个信源的平均不确定性下降，也就是信息量下降。

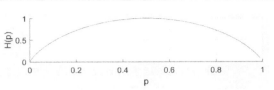

图 3.34 二元信源的最大熵定理

例 3.39 设信源有三种符号，它们发射的概率分别为 p_1、p_2、p_3。请用函数 meshc 分析该信源的熵函数 $H(p)$。

解 因为三元信源的熵函数

$$H(p) = -p_1\log(p_1) - p_2\log(p_2) - p_3\log(p_3)$$

而 $p_1 + p_2 + p_3 = 1$，若设 $p_1 = 0 \sim 1$ 为自变量，则 p_2 是受 $\leq 1 - p_1$ 限制的自变量，$p_3 = 1 - p_1 - p_2$，所以 p_1 和 p_2 的取值不能在整个矩形上，比如 p_1 和 p_2 同时取 1 是不行的。

依此分析编程，程序如下：

```
d = 0.02;
p = 0:d:1;M = length(p);
for m = 1:M
   q = 0:d:1 -p(m);N = length(q);
   for n = 1:N
      u = [p(m),q(n),1 -p(m) -q(n)];
      H(m,n) = -u* log2(u');
   end
end
[x,y] = meshgrid(p);
meshc(x,y,H);view(50,40);xlabel('p_1');ylabel('p_2');zlabel('H(p)');colorbar
```

程序里的函数 meshc 是 mesh 的等高线（contour）画法。运行程序得到图 3.35，其给出 $H(p)$ 数值的高度。三角形中 $H(p) = 0$ 的部分实际上是没有值的，它的出现是因为 MATLAB 默认 H 是矩阵，没有赋值的 H 部分自动设置为 0。$H(p)$ 的最大值在 $p_1 = 0.33$ 和 $p_2 = 0.33$ 处。

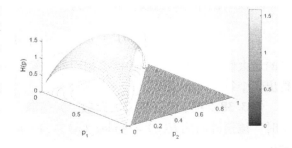

图 3.35 三元信源的最大熵定理

3.6.5 线性调制

无线电通信的调制是指原始信号改变载波参数的过程，即在发送端把原始信号的频谱搬移到指定信道的频段。原始信号也叫基带信号或调制信号。它含有要传输的信息。载波是频率高出原始信号几十倍的正弦波。线性调制是指调制后的信号频谱是原始信号频谱的平行搬移，这种调制也称幅度调制。

例 3.40 设原始信号是 $0.7\sin(6\pi t)$，载波信号是 $\cos(100\pi t)$，请画出振幅调制（AM）和双边带调制（DSB）的信号波形。

解 若原始信号是 $s(t)$，载波是 $c(t)$，则振幅调制的信号为 $x(t) = [1 + s(t)]c(t)$，双边带调制的信号为 $y(t) = s(t)c(t)$。

用元素运算可实现调制，程序如下：

```
t = linspace(0,1,500);
s = 0.7 * sin(6 * pi * t);
subplot(411);plot(t,s);ylabel('s(t)');box off;set(gca,'color','none')
c = cos(100 * pi * t);
subplot(412);plot(t,c);ylabel('c(t)');box off;set(gca,'color','none')
x = (1 + s).* c;
subplot(413);plot(t,x);ylabel('x(t)');box off;set(gca,'color','none')
y = s.* c;
subplot(414);plot(t,y);xlabel('t');ylabel('y(t)');box off;set(gca,'color','none')
```

运行程序得到图 3.36，振幅调制的正弦波峰值的包络随 $s(t)$ 变化；双边带调制的正弦波峰值的包络随 $s(t)$ 的绝对值变化。

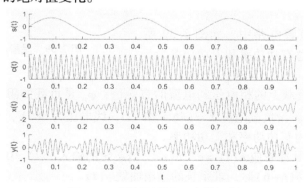

图 3.36 振幅调制和双边带调制

本章小结

在 MATLAB 里，矢量是一串数字，每个数字都以复数的形式存在。这个特点使得用计算机处理实数、处理复数等数学运算时，可以简化编程。

练习题

1. 设图 3.37 中的 $R = 2\Omega$，$C = 0.1\text{F}$，电源 $U_S = 10\text{V}$ 在 $t = 0$ 时接入 RC 电路，设电容的初始电压为 0 和 20V，求电路的 $u_C(t)$、$u_R(t)$ 和 $i(t)$ 的响应曲线。

2. 由三相电源、三相负载及连接导线组成的电路称为三相电路，当电源、负载及导线都对称时，称为对称三相电路。一般三相电源和导线是对称的，负载不对称，如图 3.38 所示，这时的节点电压为

$$\dot{U}_{nN} = \frac{\dfrac{\dot{U}_A}{Z_a} + \dfrac{\dot{U}_B}{Z_b} + \dfrac{\dot{U}_C}{Z_c}}{\dfrac{1}{Z_a} + \dfrac{1}{Z_b} + \dfrac{1}{Z_c} + \dfrac{1}{Z_N}}$$

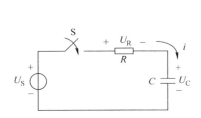

图 3.37 RC 电路

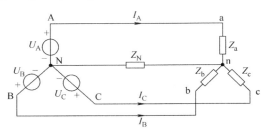

图 3.38 不对称三相电路

设相电压 $\dot{U}_A = 220\angle 0°\text{V}$，$\dot{U}_B = 220\angle 120°\text{V}$，$\dot{U}_C = 220\angle -120°\text{V}$，$Z_a = 70\Omega$，$Z_b = 80\Omega$，$Z_c = 90\Omega$，中性线阻抗 $Z_N = \infty$。求 $\dot{U}_{nN}$、$\dot{U}_{an}$、$\dot{U}_{bn}$、$\dot{U}_{cn}$、$\dot{I}_A$、$\dot{I}_B$、$\dot{I}_C$。

3. 在对称三相负载电路中，如图 3.39 所示，三相负载吸收的总有功功率和无功功率为

图 3.39 星形和三角形接法

$$P = 3U_p I_p \cos(\varphi_p), \quad Q = 3U_p I_p \sin(\varphi_p)$$

其中 U_p 和 I_p 是各相负载上的相电压和电流的有效值；φ_p 是负载的阻抗角。线电压和相电压的关系为 $U_l = \sqrt{3} U_p$。设负载阻抗 $Z = (46 + j48)\Omega$，线电压为 380V，求星形接法和三角形接法时三相负载吸收的有功功率和无功功率。

4. 设系统的单位脉冲响应 $h(t) = e^{-t}u(t)$，当系统的输入 $x(t) = 0.3\delta(t-1) + 0.7\delta(t-2) - 0.5\delta(t-4) + 0.4\delta(t-6)$ 时，求系统的输出曲线 $y(t)$。

5. 请用 "load handel; sound(y, Fs); x = y(2001:2500)';" 作为程序的开头，根据离散傅里叶变换分析 x 的频谱 X，并求 X 的反变换。离散傅里叶变换的定义为

$$\begin{cases} X(k) = \displaystyle\sum_{n=0}^{N-1} x(n) e^{-j\frac{2\pi}{N}kn}, & (k = 0 \sim N-1) \\ x(n) = \dfrac{1}{N}\displaystyle\sum_{k=0}^{N-1} X(k) e^{j\frac{2\pi}{N}kn}, & (n = 0 \sim N-1) \end{cases}$$

6. 已知信号 $x(t) = 3\sin(t)\cos(2t)$，$t = 0 \sim 20$。请根据四舍五入公式
$$Q(x) = \Delta \left\lfloor \frac{x}{\Delta} + 0.5 \right\rfloor$$
对 $x(t)$ 的归一化信号 $y(t)$ 进行量化处理，画出量化前后的信号波形，令 $\Delta = 0.5$。

7. 在增量调制系统的接收端，如图 3.40 所示，解码器每收到一个"1"就将输出值 $y(n)$ 在原来的基础上增加一个量化阶；若收到一个"0"就将输出值 $y(n)$ 下降一个量化阶。这样就可以把二进制码 $c(n)$ 变为阶梯波 $y(n)$。

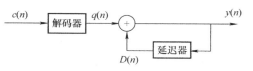

图 3.40 增量调制的数模转换

设量化阶为 0.4，$n = 0 \sim 21$，请画出 $c(n) = [1, 1, 1, 0, 0, 1, 0, 1, 1, 0, 0, 0, 0, 0, 1, 0, 1, 0, 0, 1, 1]$ 的数模转换波形，$y(0) = 0$，并与原信号 $x(n) = \sin(0.1\pi n) + 0.4\sin(0.3\pi n)$ 比较。

8. 已知模拟系统的系统函数为
$$H(s) = \frac{s^6 + 4.9743 \times 10^9 s^4 + 8.2478 \times 10^{18} s^2 + 4.5586 \times 10^{27}}{s^6 + 12566 s^5 + 5.053 \times 10^9 s^4 + 4.192 \times 10^{13} s^3 + 8.378 \times 10^{18} s^2 + 3.455 \times 10^{22} s + 4.558 \times 10^{27}}$$
请根据 $s = j\omega$ 计算它的频谱，并指出它是什么滤波器，截止频率是多少？

9. 加强天线定向辐射能力的方法是将若干天线排列成一个方向，组成天线阵。如果将性能相同的五元天线等间隔排列为一条直线，如图 3.41 所示，间隔 $d = 0.35\lambda$，各天线的激励电流相位差为 $\pi/2$，则天线阵的归一化阵因子为

图 3.41 均匀直线天线阵

$$f(\delta) = \frac{1}{5} \left| \frac{\sin\left\{5\left[\frac{\pi}{4} - \frac{1.4\pi}{4}\cos(\delta)\right]\right\}}{\sin\left[\frac{\pi}{4} - \frac{1.4\pi}{4}\cos(\delta)\right]} \right|$$

请根据该阵因子绘出该均匀直线阵的方向图，即 $f(\delta)$ 和 δ 的极坐标曲线。

10. 若 0 和 1 组成的二元信源 X 每次输出的消息长度为 2，也叫二维矢量，这样的信源就像一个新信源，记作 $X = (X_1 X_2)$。设二维信源 X 每次输出的符号串 $X_1 X_2$ 的联合概率分布为

$$\begin{bmatrix} X_1 X_2 \\ p(x_1 x_2) \end{bmatrix} = \begin{bmatrix} 00 & 01 & 10 & 00 \\ 0.4 & 0.1 & 0.05 & 0.45 \end{bmatrix}$$

求它们的联合熵 $H(X_1 X_2)$。已知联合熵的公式为

$$H(X_1 X_2) = -\sum_{i=1}^{2}\sum_{j=1}^{2} p(a_i a_j) \log[p(a_i a_j)]$$

11. 通信理论的角度调制分为频率调制和相位调制，频率调制是基带信号控制载波的频率变化，相位调制是基带信号控制载波的相位变化。若角度调制的载波为
$$c(t) = A\cos(\omega_c t)$$
基带信号为
$$m(t) = \cos(\Omega t) + 0.4\cos(3\Omega t)$$

则调相波为

$$s_p(t) = A\cos[\omega_c t + k_p m(t)]$$

调频波为

$$s_f(t) = A\cos[\omega_c t + k_f \int m(t)\,\mathrm{d}t]$$

现在设载波幅度 $A=5$，载频 $f_c=7\mathrm{Hz}$，$t=0\sim5\mathrm{s}$，采样频率 $f_s=200\mathrm{Hz}$，基波频率 $f=0.5\mathrm{Hz}$，调相灵敏度 $k_p=6$，调频灵敏度 $k_f=32$。

请根据以上公式画出基带信号 $m(t)$、调相波 $s_p(t)$、$m(t)$ 的积分信号、调频波 $s_f(t)$ 等的波形，并指出 $s_p(t)$、$s_f(t)$ 与 $m(t)$ 的联系。

12. 已知红绿蓝三种光的波长 $\lambda=[700,520,470]\mathrm{nm}$，求它们在 x 轴上的余弦波 $f(x)=\cos(2\pi x/\lambda)$ 曲线，$x=0\sim1050\mathrm{nm}$；要求曲线画在同一坐标并分红绿蓝三色，横坐标以红光波长为基准归一化。

13. 衰减在超声物理学中发挥着重要作用。当超声波通过人体媒质时，其幅度衰减是距离的函数，这个特点可用来测量人体组织。现在假设进入人体的超声波为

$$f(x) = 10^{-0.16x}\sin(12\pi x)$$

请画出 $x=0\sim10\mathrm{cm}$ 的 $f(x)$ 曲线，x 的步长为 $0.01\mathrm{cm}$。

第 4 章
复数的运用

复数由实部和虚部组成,虚部是带虚数符号 i 的数,i 的定义是 $i^2 = -1$。虚数符号也可以用 j 表示。任何一个复数都可以表示为 $x + yi$ 或 $re^{j\varphi}$,这时的 x、y、r 和 φ 表示实数。复数的引入,使得所有单变量多项式的方程都有了解,几次幂就有几个解,而且是不一样的解。例如,$x^3 + 1 = 0$,因为 $x^3 = -1 = e^{j(\pi + 2\pi k)}$,$k = 1$、2 和 3,所以,方程的解有 $x_1 = e^{j\pi}$、$x_2 = e^{-j\pi/3}$ 和 $x_3 = e^{j\pi/3}$,它们都满足 $x^3 + 1 = 0$。

函数的自变量和因变量大多是实数,但是在 MATLAB 里把变量都看作是矩阵,矩阵的元素都是复数;自然地,自变量也是矩阵,其元素也是复数,函数也就变成了复数的矩阵。

在实数里,负数是没有对数的,但在复数里,负数是有对数的,例如 $\lg(-1) = \lg(e^{j\pi}) = j\pi\lg(e) \approx j1.36$。在实数里,正弦函数的绝对值不会大于 1;但在复数里就不一定,例如 $\sin(5i) = (e^{-5} - e^5)/(2i) = 74.2032i$,$|\sin(5i)| = 74.2032$。

不要以为 MATLAB 这么做会增加数学的复杂性,实际上,这么做会为解决数学问题提供极大的方便。至少,复数有实部和虚部这个特点可以简化计算机绘画,提高图画的艺术水平。

4.1 复数矢量

矢量是有大小有方向的量,可以叠加也可以缩放,进而形成新的有大小有方向的量。一个复数在复平面上是一点,以原点作为参考就是一个有大小有方向的量,用极坐标表示就是矢量。一个点与其他点相连,就是一条线段,区别两点的先后就是矢量,可用平行四边形法则进行运算。

4.1.1 曲线艺术

曲线是弯曲的线,可用线段的组合得到。因线段可用复数表示,可以相加,所以曲线的变化可视为复数运算,也就是代数运算。

例 4.1 有一条三段线段组成的曲线,如图 4.1 所示,请用复数运算表示,并用计算机绘制这条曲线。

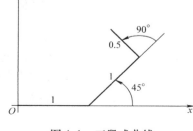

图 4.1 三段式曲线

解 第一线段相当于起点是原点的复数 1;第二线段相当于起点是原点的复数 $e^{j\pi/4}$ 叠

加在点 1 上，即 $1+e^{j\pi/4}$；第三线段相当于起点是原点的复数 0.5i 转动 $\pi/4$ 后叠加在第二线段的末端，即 $1+e^{j\pi/4}+0.5ie^{j\pi/4}$。

根据以上的复数模型编程，程序如下：

```
a=exp(j* pi/4);b=0.5i;
z=[0,1,1+a,1+a+b* a];
plot(z,'k','linewidth',3);axis equal;box off;grid;xlabel('re-
al(z)');ylabel('imag(z)')
```

运行程序得到图 4.2，曲线由四个点组成，从 0 开始递进三次。

例 4.2 有一种树冠是这么得到的，在一条单位长度的线段末端分出两根较短的对称线段，分叉线段的长度是单位长度的 0.75 倍、角度为 $\pi/9$。请按照这个规律持续在线段的末端分叉十一次，并画出这种做法的结果。

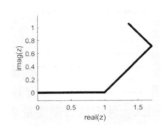

图 4.2 递进的曲线

解 为了节省存储空间，对每次得到的线段画图。每次线段的缩短和旋转用乘上一个复数来描述，这是因为复数的半径表示缩小比例，角度表示转动大小。

根据以上分析编程，程序如下：

```
z=[0,j,nan];
A=0.75* exp(j* pi/9);
plot(z);hold on;
N=11;
for n=1:N
    z=[A* z+j,A'* z+j];
    plot(z);
end
```

变量 z 里的 nan 表示它不是数，目的是让 plot 忽略它，避免画出多余的线段。运行程序得到图 4.3，这是一个彩色小树，数学里叫分形树冠。

4.1.2 平面电磁波的极化

电磁波的电场在空间的方向称为极化，它描述电场矢量端点随时间变化的轨迹。将电场矢量分为水平分量和垂直分量来看，若两个分量的初相位相同或者相差 180°，则合成矢量的方向是不随时间变化的，矢量端点的变化轨迹是一条直线，如图 4.4 所示，这种电磁波称为线极化波。

图 4.3 分形树冠

若两个分量的振幅相等、初相位相差 90°，则合成矢量的方向随时间变化，如图 4.5 所示，矢量端点的变化轨迹是一个圆，这种电磁波称为圆极化波。

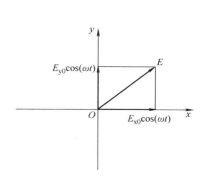

图 4.4 电磁波的线极化波

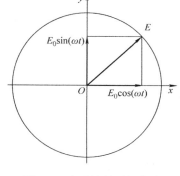

图 4.5 电磁波的圆极化波

若两个分量的振幅不等、初相位相差 $90°$，则合成矢量的方向也随时间变化，如图 4.6 所示，但矢量端点的变化轨迹是一个椭圆，这种电磁波称为椭圆极化波。

不同极化波有不同的使用场合，通常调幅广播使用垂直极化波，电视广播使用水平极化波，雷达、导航等使用圆极化波。

例 4.3 沿 z 方向传播的均匀平面电磁波的电场强度瞬时值为

$$E(z,t) = a_x E_{x0}\cos(\omega t - kz) + a_y E_{y0}\cos(\omega t - kz + \varphi)$$

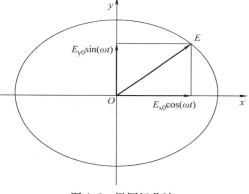

图 4.6 椭圆极化波

请根据 $E(z,t)$ 制作在 $z=0$ 位置的矢量端点变化轨迹，即电磁波极化的动画；设 $E_{x0}=3$，$E_{y0}=3$，$\omega=0.2$，$t=1\sim31$，$\varphi=0$。

解 为了全面表现极化原理，在一个平面上画两幅动画，一个是分量的，另一个是合成矢量的。动画需要反复出现箭头，为了简化程序，建立匿名函数。箭头的箭锋有两个面，用箭杆乘上压缩和旋转因子 $0.05e^{\pm j0.95\pi}$ 来实现。

根据上述思路编程，程序如下：

```
Ex=3;Ey=3;w=0.2;
d=@(b,z)0.05*exp(b*j*0.95*pi)*z;
arrow=@(z)plot([0,z,z+d(1,z),z,z+d(-1,z)]);
p=@(x,y)plot([x,x+j*y,j*y,x+j*y,0],'color',[0.9,0.9,0.9]);
for t=1:0.5:31
    x=Ex*cos(w*t);
    subplot(121);arrow(x);axis equal;axis([-3,3,-3,3]);box off;
xlabel('E_x');ylabel('E_y');hold on
    y=Ey*cos(w*t);
    arrow(j*y);
```

```
        p(x,y);hold off
        subplot(122);arrow(x+j*y);axis equal;axis([-3,3,-3,3]);box
off;xlabel('E_x');ylabel('E_y');
        pause(0.5)
    end
```

程序中增加了匿名函数 p，为的是建立平行四边形法则的效果。运行程序后屏幕上会出现动画，最后的图像如图 4.7 所示，左图是水平分量 E_x 和垂直分量 E_y 的变化，右图是合成矢量 E 的变化，它是线极化波。

例 4.4 已知沿 z 方向传播的均匀平面电磁波的电场强度瞬时值为

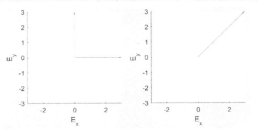

图 4.7 初相位相等的线极化波

$$E(z,t) = a_x E_{x0}\cos(\omega t - kz) + a_y E_{y0}\cos(\omega t - kz + \varphi)$$

若 $E_{x0}=1$，$E_{y0}=1$，$\omega=0.3$，$t=1\sim 31$，$k=11$，$\varphi=\pi/2$。请根据 $E(z,t)$ 制作在 $z=3$ 位置的矢量端点动画，要求分量与合成矢量在同一画面。

解 为了突出极化原理，合成矢量的箭头比两个分量的粗，粗细用函数 set 来调节；箭锋矢量用 $0.07e^{\pm j0.9\pi}$ 来实现；极化轨迹用虚线表示。

依照上述分析编程，程序如下：

```
Ex=1;Ey=1;w=0.3;k=11;z=3;f=pi/2;p=0:0.1:6.3;
d=@(b,z)0.07*exp(b*j*0.9*pi)*z;
arrow=@(z)plot([0,z,z+d(1,z),z,z+d(-1,z)]);
for t=1:0.5:31
    x=Ex*cos(w*t-k*z);
    arrow(x);axis equal;axis([-1,1,-1,1]);box off;xlabel('E_x');
ylabel('E_y');hold on
    y=Ey*cos(w*t-k*z+f);
    arrow(j*y);
    h=arrow(x+j*y);set(h,'linewidth',2);
    plot(cos(p),sin(p),':');hold off
    pause(0.5)
end
```

运行程序后屏幕上出现两个分量和一个合成矢量的动画箭头，背景是一个圆。这个电磁波的极化是圆极化，最后的图像如图 4.8 所示。

4.1.3 帕斯维尔定理

数学上，帕斯维尔定理指一个函数的平方之和等于其变换的平方之和，当"之和"针对连续自变量时，人们常称之为积分。

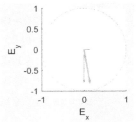

图 4.8 圆极化波

该结论用到连续时间傅里叶变换时，其方程为

$$\int_{-\infty}^{\infty} |x(t)|^2 dt = \int_{-\infty}^{\infty} |X(f)|^2 df$$

对于信号分析来说，帕斯维尔定理的意义是信号的能量等于其频谱的能量。

例 4.5 假设连续时间信号为 $x(t) = 2 + 3\sin(120\pi t)$，$t = 0 \sim 0.2$s，请用计算机验证其时域能量和频域能量的关系。

解 计算机无法计算连续自变量的函数，也无法计算无限多的数，我们只能对 $x(t)$ 和 $X(f)$ 采样，以此验证帕斯维尔定理。

采样 $x(t)$ 时先离散 t。令 $t = nT$，T 是时间间隔，则帕斯维尔定理表达式的左边为

$$\int_{-\infty}^{\infty} |x(t)|^2 dt \approx \sum_{n=0}^{N-1} |x(nT)|^2 T$$

根据连续时间信号的频谱公式

$$X(f) = \int_{-\infty}^{\infty} x(t) e^{-j2\pi ft} dt$$

采样 $X(f)$ 时先离散 f。令 $f = kF$，$F = f_s/K$ 是频率间隔，f_s 是采样频率，则频谱公式变为

$$X(kF) = \sum_{n=0}^{N-1} x(nT) e^{-j2\pi kFnT} T, (k = 0 \sim K-1)$$

这时，帕斯维尔定理表达式的右边为

$$\int_{-\infty}^{\infty} |X(f)|^2 df \approx \sum_{k=0}^{K-1} |X(kF)|^2 F$$

根据以上分析进行编程，在 $t = 0 \sim 0.2$ 上采样 123 点，令 $K = N$ 程序如下：

```
N =123;t =linspace(0,0.2,N);T =t(2) -t(1);
x =2 +3* sin(120* pi* t);
E1 =x* x'* T
K =N;k =0:K -1;
fs =1/T;F =fs/K;
X =x* exp(-j* 2* pi* F* t'* k)* T;
E2 =X* X'* F
```

运行程序得到信号时域能量 E1 = 1.7066，频域能量 E2 = 1.7066。左边 = 右边。

若令 $K = N - 3$，则运行程序得到时域能量 E1 = 1.7066，频域能量 E2 = 1.736，左边 ≠ 右边。

若令 $K = N + 3$，则运行程序得到时域能量 E1 = 1.7066，频域能量 E2 = 1.7066，左边 = 右边。

这说明，$K \geq N$ 时，帕斯维尔定理成立。

4.1.4 移动声源的波

物质的震荡激发周围空气分子振动，形成离开震源的声波。声源位置固定时，波前均匀地向外传播，波前的间距是声波的波长。若声源向前移动，则新波前的中心逐渐前移，前面的波前变密，后面的波前变疏，这时前面听到的声音频率升高，后面听到的声音

频率降低。这种现象称为多普勒效应，它广泛应用于机器人、天文、医疗、流量测绘等领域。

例 4.6 有一个 100Hz 的固定声源，若其声波以 343m/s 的速度传播，请画出声波的动画，传播画面的大小为 30m×30m，动画时间为 15s。

解 （1）数学建模

声源用星号表示，波前用圆表示，以复数矢量描述。圆变大对应半径增大，圆间距对应波长。圆扩散表示声波传播，整个传播过程重复两次。

（2）编程

以波长 3.43m 为半径做一个基本圆 z，然后按波长的倍数增加圆，程序如下：

```
f=0:0.01:6.3;
z=3.43*exp(j*f);
for k=1:2
    for n=0:14
        r=0:n;
        for d=0:0.1:0.9
            p=d+r;
            plot(0,0,'r*');xlabel('x/m');ylabel('y/m');axis([-30,30,-30,30]);axis equal;hold on;
            c=z'*(p+0.1);
            plot(c,'b');hold off;pause(0.05);
        end
    end
end
```

（3）运行和分析

程序运行时屏幕上将出现均匀扩散的一个个圆，最后的图像如图 4.9 所示。测得圆间距为 3.43m，除声波速度得频率为 100Hz。

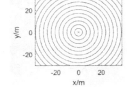

图 4.9 固定声源的声波

例 4.7 若频率 100Hz 的声源以 $v_s = 0.7v$ 的速度向右移动，$v = 343$m/s，请画出该声源的声波动画，传播画面大小为 30m×30m，动画时间为 13s。

解 （1）数学建模

声源从原点向右移，每个声源周期右移 0.7 倍波长。波前用圆表示，圆的个数按声源周期个数增加，圆 = 周期序号×基本圆 + 右移。基本圆是半径为波长的复数矢量 z。

（2）编程

以声源波长 3.43m 作为基本圆半径，根据数学模型编程，程序如下：

```
    f =0:0.01:6.3;w =3.43;
    z =w* exp(j* f);
    for c =1:2
        for k =0:12
            for d =0:0.1:0.9
                x =0.7* w* (k +d);
                plot(x,0,'r* ');axis equal;axis( [ -30,30, -30,30]);
hold on;xlabel('x/m');ylabel('y/m')
                for n =0:k
                    z1 =(n +d +0.1)* z +0.7* w* (k -n);
                    plot(z1,'b');
                end;
                pause(0.05);hold off
            end
        end
    end
```

(3) 运行和分析

运行程序屏幕上将出现移动的声源和它发出的波前；声源的右移像是压缩右边的波前、放大左边的波前，使得声源的波形左边疏右边密，如图 4.10 所示。从波形测得右边波长为 1.03m，左边波长为 5.83m，根据声波速度不变，算出声源右边声波频率为 333Hz，左边声波频率为 58.8Hz。

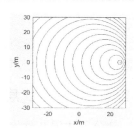

图 4.10 移动声源的声波

4.1.5 雷达系统

雷达是一种无线电探测装置，它用电磁波照射目标，然后从反射的电磁波中提取有用信息，以测算目标的大小、方位、速度等。

例如，雷达发射的信号为

$$s(t) = A\sin(\Omega t)$$

那么它接收到的反射信号应该为

$$r(t) = kA\sin[\Omega(t - t_0)]$$

其中，k 是小于 1 的系数；t_0 是电磁波出去再回来所用的时间，它等于 $2d(t)/c$，$d(t)$ 是雷达与目标之间的距离，如图 4.11 所示；c 是光速。$d(t)$ 可写为泰勒级数，在 t 很小时 $d(t)$ 近似为

$$d(t) = d(0) + d'(0)t$$

$d(0)$ 是 $t=0$ 时的目标距离，$d'(0)$ 是 $t=0$ 时的目标速度。

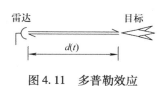

图 4.11 多普勒效应

将 $d(t)$ 代入 $r(t)$ 将得到

$$r(t) = kA\sin\left(\Omega t - \frac{2}{c}d'(0)\Omega t - \frac{2}{c}d(0)\Omega\right)$$

现在看 $r(t)$，目标反射的信号幅度、频率和初相位都含有目标的信息。

例 4.8 用声音模拟雷达电磁波的反射信号，耳朵模拟雷达接收天线。设耳朵位于原点，声源从坐标点（40，400）处以 50m/s 的速度向 x 轴驶来，如图 4.12 所示，声源的声音是 400Hz 的正弦波，求耳朵听到的声音。

解 令声源为 $s = \sin(\Omega t)$，耳朵听到的声音为 $y = \sin[\Omega(t-t_d)]$；$t_d = r/c, r = |z|, z = 40 + j(400 - vt)$，音速 $c = 343$m/s。

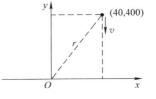

图 4.12 运动的声源

由此分析编程，采样频率取 16kHz，播放声源声音 15s、耳朵声音 15s，程序如下：

```
fs=16e3;T=1/fs;
t=0:T:15;
O=2*pi*400;v=50;c=343;
s=sin(O*t);
sound(s,fs);pause(20);
z=40+j*(400-v*t);r=abs(z);
td=r/c;
y=sin(O*(t-td));
sound(y,fs)
```

运行程序后，扬声器将播放两段声音：第一段是声源的，第二段是耳朵听到的；第二段前面的声音频率高于声源的，后面的声音频率低于声源的。

4.1.6 部分分式展开

部分分式展开是将有理函数分解为低次幂的有理函数的组合，有理函数是指分子分母都是多项式的分式。在拉普拉斯变换和 z 变换的应用中，分解后的有理函数一般是分子零阶分母一阶的，这样做可以利用基本的拉普拉斯变换和 z 变换进行反变换。

例 4.9 部分分式展开的 MATLAB 函数有 residue 和 residuez，前者用于连续时间系统，后者用于离散时间系统。假设有理函数是真分式，请自己设计一个程序将这种有理函数展开为一阶分式，只能用常用函数和 roots。

解 以二阶有理函数展开为一阶分式为例

$$\frac{x}{(x+2)(x+1)} = \frac{r_1}{x+2} + \frac{r_2}{x+1}$$

为了确定展开式的 r_1，对等式两边乘以 $(x+2)$，得

$$\frac{x}{x+1} = r_1 + (x+2)\frac{r_2}{x+1}$$

然后取 $x = -2$，就得 $r_1 = 2$。在计算机里也这么做，问题是左边分母的 $(x+2)$ 消除不了，当取 $x = -2$ 时分母将为 0。避免这种问题的方法是，给 -2 加一个极小数。

根据这个例子的原理，设有理函数的分子和分母多项式系数为 b 和 a，展开式的分子和分母系数为 r 和 p。以 b = [1, 0] 和 a = [1, 3, 2] 为例，编程如下：

```
b=[1,0];a=[1,3,2];
p=roots(a)
P=@(b,x)b*x.^[length(b)-1:-1:0]';
for k=1:length(p)
    x=p(k)+1e-10;
    r(k)=(x-p(k))*P(b,x)/P(a,x);
end
r=r'
```

指令的"r=r'"是为了修正复数根时分子的虚部。运行程序得到 p=[-2;-1] 和 r=[2;-1]。由此写出有理函数为

$$\frac{x}{x^2+3x+2}=\frac{2}{x+2}-\frac{1}{x+1}$$

4.2 复数共轭

复数是实数的扩展，它的产生使多项式方程都有根。如果多项式的系数是实数，则方程的根不是实数根就是共轭复数根。

在 MATLAB 里遇到对一个复数的共轭运算，用共轭转置符号'即可，如 a=1+3i，它的共轭是 a'；遇到对矩阵的元素共轭，就不能用'，要用 conj；如果用 .'，则运算结果是矩阵的转置，其元素没有共轭。

4.2.1 解微分方程

求解常系数线性微分方程的解，可用时域特征根求解，也可用变换域求解，也就是用拉普拉斯变换将微分方程变为代数方程，求出方程的拉普拉斯解，然后对这个解再进行拉普拉斯反变换，得到的结果就是微分方程的解。

例 4.10 假设系统的微分方程为 $y'''+3y''+4y'+2y=3x''+5x'+4x$，求系统的单位脉冲响应，可用函数 residue 来完成。

解 根据定义，单位脉冲响应 $h(t)$ 是无储能的系统在输入 $\delta(t)$ 时的响应；利用拉普拉斯变换的微分性质 $f'(t)\leftrightarrow sF(s)-f(0_-)$，得 $h'(t)\leftrightarrow sH(s)-h(0_-)=sH(s')$，$h''(t)=[h'(t)]'\leftrightarrow s[sH(s)]-h'(0_-)=s^2H(s)$，$h'''(t)=[h''(t)]'\leftrightarrow s[s^2H(s)]-h''(0_-)=s^3H(s)$；同理根据 $\delta(t)\leftrightarrow 1$，得 $\delta'(t)\leftrightarrow s$，$\delta''(t)\leftrightarrow s^2$。

将它们代入微分方程，整理后得系统函数为

$$H(s)=\frac{3s^2+5s+4}{s^3+3s^2+4s+2}$$

求它的拉普拉斯反变换就可以得到 $h(t)$。

用部分分式法求 $H(s)$ 的反变换，将多项式分式化为最简分式。分解 $H(s)$ 的程序如下：

```
b=[3 5 4];
a=[1 3 4 2];
[r,p,k]=residue(b,a)
```

运行指令得到 r = [0.5 + 0.5j; 0.5 − 0.5j; 2], p = [−1 + j; −1 − j; −1], k = [ ]。r 是一阶真分式的分子系数；p 是分母的根，也叫极点；k 是直接项，当分子的阶不小于分母的阶时才有数值。所以部分分式 $H(s)$ 展开后得

$$H(s) = \frac{r_1}{s-p_1} + \frac{r_2}{s-p_2} + \frac{2}{s+1}$$

根据常用函数的拉普拉斯变换

$$e^{-at}u(t) \leftrightarrow \frac{1}{s+a}$$

部分分式的 $H(s)$ 的反变换为

$$h(t) = [r_1 e^{p_1 t} + r_2 e^{p_2 t} + 2e^{-t}]u(t)$$

这里 r_1、r_2、p_1 和 p_2 都是复数，不符合系统实数输入实数输出，该表达式要调整。注意 r_1 和 r_2 是共轭复数，p_1 和 p_2 也是共轭复数，这是可以利用的。

根据欧拉公式 $e^{j\theta} = \cos(\theta) + j\sin(\theta)$，令 $r_1 = Re^{j\varphi}$ 和 $p_1 = u + jv$，则 $r_2 = Re^{-j\varphi}$ 和 $p_2 = u - jv$，将它们代入 $h(t)$ 的前两项得

$$r_1 e^{p_1 t} + r_2 e^{p_2 t} = Re^{j\varphi} e^{(u+jv)t} + Re^{-j\varphi} e^{(u-jv)t}$$
$$= Re^{ut}[e^{j(vt+\varphi)} + e^{-j(vt+\varphi)}]$$
$$= 2Re^{ut}\cos(vt + \varphi)$$

上式里面的四项系数的 MATLAB 指令如下：

```
b=[3 5 4];
a=[1 3 4 2];
[r,p,k]=residue(b,a);
R=2*abs(r(1))
f=angle(r(1))
```

运行指令得到 $2R = 1.4142$ 和 $\varphi = 0.7854$。u 和 v 看前面的 $p(1) = -1 + j$。

答：系统的单位脉冲响应是

$$h(t) = [1.4142 e^{-t}\cos(t + 0.7854) + 2e^{-t}]u(t)$$

它的系数全部是实数。

例 4.11 假设系统的微分方程是 $2y'' + y = f'' + f'$，起始值 $y(0_-) = 8$ 和 $y'(0_-) = 9$，输入 $f(t) = u(t)$；$u(t)$ 是单位阶跃函数，求系统的输出 $y(t)$，可用函数 residue 来完成。

解 根据拉普拉斯变换的微分性质，$y''(t) \leftrightarrow s^2 Y(s) - sy(0_-) - y'(0_-)$，$u''(t) \leftrightarrow s$；对微分方程取拉普拉斯变换，得

$$Y(s) = \frac{8.5s + 9.5}{s^2 + 0.5}$$

对它进行部分分式展开，程序如下：

```
b=[8.5,9.5];
a=[1,0,0.5];
[r,p,k]=residue(b,a)
```

运行程序得到 r = [4.25 − 6.7175i; 4.25 + 6.7175i]，p = [0.7071i; −0.7071i] 和 k =

[ ]。它们对应的系统输出为
$$y(t) = [r(1)e^{p(1)t} + r(2)e^{p(2)t}]u(t)$$
系统的系数一般不写为复数,这会给实际计算增添麻烦。令 $r(1) = Re^{j\varphi}$,则 $r(2) = Re^{-j\varphi}$;同理,令 $p(1) = u + jv$,则 $p(2) = u - jv$。将它们代入 $y(t)$,运用欧拉公式得
$$y(t) = 2Re^{ut}\cos(vt + \varphi)u(t)$$
其中 R 和 φ 用下面程序计算:

```
b = [8.5,9.5];
a = [1,0,0.5];
[r,p,k] = residue(b,a)
R = 2 * abs(r(1))
f = angle(r(1))
```

运行程序得到 $2R = 15.8981$ 和 $\varphi = -1.0067$。现在把输出写为
$$y(t) \approx 15.898\cos(0.707t - 1.007)u(t)$$
它的系数全部是实数。

4.2.2 解差分方程

差分方程是微分方程的自变量离散后的结果,也是从离散时间的角度对实际问题建立的数学模型。例如,若电源 $u_s(t)$ 通过电阻 R 对电容 C 充电,假设 $R = 1\Omega$ 和 $C = 1F$,则电容上的电压 $u(t)$ 与 $u_s(t)$ 的关系即为一种输入输出关系,用微分方程描述为
$$\frac{du(t)}{dt} + u(t) = u_s(t)$$
现在将时间离散,即 $t = nT$,n 是整数,$dt = T$,并将 $u(nT)$ 写为 $u(n)$,$u_s(nT)$ 写为 $u_s(n)$,则微分方程将变为
$$u(n+1) = (1-T)u(n) + Tu_s(n)$$
这就是差分方程。它相当于一种递推关系,非常适合在计算机里操作。

例 4.12 设离散时间系统的输入输出方程为
$$y(n) + y(n-1) + 4y(n-2) + 4y(n-3) = x(n) + 6x(n-3)$$
求该系统的单位脉冲响应,可用函数 residuez。

解 对差分方程取 z 变化,得系统函数
$$H(z) = \frac{1 + 6z^{-3}}{1 + z^{-1} + 4z^{-2} + 4z^{-3}}$$
其 z 反变换就是单位脉冲响应。应用部分分式法可以求解,程序如下:

```
b = [1,0,0,6];
a = [1,1,4,4];
[r,p,k] = residuez(b,a)
```

运行程序得 $r = [0.25 + 0.5i; 0.25 - 0.5i; -1]$,$p = [2i; -2i; -1]$,$k = 1.5$。用它们展开系统函数为
$$H(z) = 1.5 + \frac{r_1}{1 - p_1 z^{-1}} + \frac{r_2}{1 - p_2 z^{-1}} - \frac{1}{1 + z^{-1}}$$

根据基本的 z 变换

$$a^n u(n) \leftrightarrow \frac{1}{1-az^{-1}}$$

求 $H(z)$ 的 z 反变换,得

$$h(n) = 1.5\delta(n) + [r_1 p_1^n + r_2 p_2^n - (-1)^n]u(n)$$

这种含复数的表达式不符合实系数写法,应该调整。

注意这些复数的共轭对称性,令 $r_1 = Re^{j\varphi}$ 和 $p_1 = Pe^{j\omega}$,则有 $r_2 = Re^{-j\varphi}$ 和 $p_2 = Pe^{-j\omega}$,结合欧拉公式,得

$$r_1 p_1^n + r_2 p_2^n = 2R\,P^n \cos(\omega n + \varphi)$$

里面的四个系数用下面程序计算:

```
b = [1,0,0,6];
a = [1,1,4,4];
[r,p,k] = residuez(b,a);
R = 2 * abs(r(1))
P = abs(p(1))
w = angle(p(1))
f = angle(r(1))
```

计算结果是:$2R = 1.118$,$P = 2$,$\omega = 1.5708$,$\varphi = 1.1071$。它们对应的单位脉冲响应是

$$h(n) = 1.5\delta(n) + [1.118 \times 2^n \cos(1.5708n + 1.1071) - (-1)^n]u(n)$$

在逐个计算 $h(n)$ 的值的时候,方程系数为实数的计算量少于系数为复数的计算量。

4.2.3 系统函数的频谱

例 4.13 已知模拟滤波器的系统函数为

$$H(s) = \frac{4.054 \times 10^{10}}{s^3 + 6870s^2 + 2.36 \times 10^7 s + 4.054 \times 10^{10}}$$

求它的频谱,并说明它属于什么滤波器。

解 令复频率 $s = j\Omega$,代入 $H(s)$ 就可以计算频谱。编程如下:

```
f = 0:2000;
s = j * 2 * pi * f;
H = 4.054e10./(s.^3 +6870* s.^2 +2.36e7* s +4.054e10);
subplot(221);plot(f,abs(H));xlabel('f/Hz');ylabel('|H(f)|');
grid;axis tight
subplot(222);plot(f,angle(H));xlabel('f/Hz');ylabel('arg[H
(f)]/rad');grid;axis tight
```

运行程序得到图 4.13,图 4.13a 是幅频特性,低频的幅度大于高频的,属于低通滤波器,3dB 截止频率在 550Hz;图 4.13b 是相频特性,在 $f = 773$Hz 的相位跳变是因为相位取主值的原因,MATLAB 的相位主值在 $-\pi \sim \pi$。消除主值的 MATLAB 函数是 unwrap。

例 4.14 有一个数字滤波器,它的系统函数为

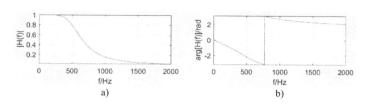

图 4.13 模拟滤波器的频谱

$$H(z) = \frac{3.5 + 14z^{-2} + 21z^{-4} + 14z^{-6} + 3.5z^{-8}}{1 + 6.3z^{-2} + 16z^{-4} + 20z^{-6} + 12z^{-8}}$$

请根据其频谱说明它是什么滤波器。

解 令复变量 $z = e^{j\omega}$,代入 $H(z)$ 即可计算频谱。因为数字系统的频谱具有对称性,故取 $\omega = 0 \sim \pi$,编程如下:

```
w=0:0.01:pi;
z=exp(j*w);
H=(3.5+14*z.^-2+21*z.^-4+14*z.^-6+3.5*z.^-8)./(1+6.3*z.^
-2+16*z.^-4+20*z.^-6+12*z.^-8);
subplot(221);
plot(w/pi,abs(H));xlabel('\omega/\pi');ylabel('|H(\omega)|');
grid;axis tight;box off
subplot(222);
plot(w/pi,angle(H));xlabel('\omega/\pi');ylabel('arg[H(\omega)]/rad');grid;box off;axis tight;
```

运行程序得到图 4.14,幅频特性的中频低,属于带阻滤波器,低频截止频率是 0.35π,高频截止频率是 0.65π。数字系统的幅频特性对 $\omega = \pi$ 偶对称,相频特性对 $\omega = \pi$ 奇对称。

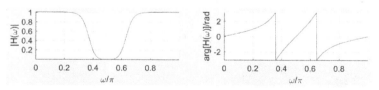

图 4.14 数字滤波器的频谱

4.2.4 频谱的共轭对称

函数的实部为偶函数,虚部为奇函数,这个函数就是共轭对称的,数学写为 $f(t) = f^*(-t)$。而共轭反对称函数写为 $f(t) = -f^*(-t)$,它的实部是奇函数,虚部是偶函数。序列的频谱具有对称性。

设离散复数信号 $z(n) = x(n) + jy(n)$,则 $x(n)$ 的频谱具有共轭对称性,$jy(n)$ 的频谱具有共轭反对称性。

例 4.15 设周期锯齿波 $x(n)$ 和三角波 $y(n)$ 的幅度为 5,周期为 20,请利用周期序列频谱的对称性，计算 $x(n)$ 和 $y(n)$ 的频谱。

解 （1）数学模型

先将 $x(n)$ 和 $y(n)$ 合并为一个复数信号 $z(n)=x(n)+jy(n)$，然后求 $z(n)$ 的频谱 $Z(k)$，再根据 $x(n)$ 的共轭对称性

$$x(n) \leftrightarrow X(k) = \frac{1}{2}[Z(k)+Z^*(-k)]$$

和 $jy(n)$ 的共轭反对称

$$jy(n) \leftrightarrow jY(k) = \frac{1}{2}[Z(k)-Z^*(-k)]$$

求出 $X(k)$ 和 $Y(k)$。

（2）编程

上面的数学模型，还有周期序列的周期等于频谱的周期，$Z(-k)=Z(N-k)$，$N=20$，是编程的依据，程序如下：

```
N=20;
n=0:40;k=mod(n,N);
x=0.5*k-5;
subplot(221);stem(n,x,'.');xlabel('n');ylabel('x(n)');box off;grid
y=k.*[k<=N/2]-5+(N-k).*[k>N/2];
subplot(222);stem(n,y,'.');xlabel('n');ylabel('y(n)');box off;grid
n=0:N-1;k=n;
z=x(1:N)+j*y(1:N);
Z=z*exp(-j*2*pi/N*n'*k);
u=conj([Z(1),Z(N:-1:2)]);
X=(Z+u)/2;
subplot(223);stem(k,abs(X),'.');xlabel('k');ylabel('|X(k)|');box off;grid
Y=(Z-u)/2i;
subplot(224);stem(k,abs(Y),'.');xlabel('k');ylabel('|Y(k)|');box off;grid
```

（3）运行和分析

运行程序得到图 4.15，时域信号画了两个周期，频谱只画一个周期。$X(k)$ 的谐波分量较强，这是因为 $x(n)$ 有跳变。$Y(k)$ 只有基波分量强，其他都很小，这是因为 $y(n)$ 很像周期为 20 的余弦波。

4.2.5 快速傅里叶变换的应用

快速傅里叶变换（FFT）是一种计算离散傅里叶变换（DFT）的方法。直接按定义计算 DFT，需要的计算量是 $N \times N$；按 FFT 计算 DFT，需要的计算量是 $N \times \log_2(N)$。例如，信号

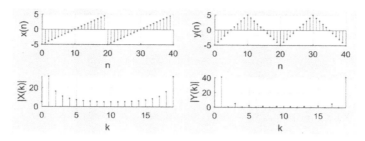

图 4.15 两种信号的频谱

的样本有 $N=2^{10}$ 个,那么直接计算 DFT 时需要的计算量是 1048576,用 FFT 计算 DFT 时需要的计算量是 10240,两种方法的计算量相差约 102 倍。

例 4.16 有一个 $N=64$ 的实数信号 $x(n)=\sin^2(0.23n)$,$n=0\sim N-1$。请根据时序的偶数和奇数将信号分为两段,用快速傅里叶变换计算 $x(n)$ 的频谱,可用 MATLAB 的函数 fft 来完成。

解 (1) 数学建模

先将信号 $x(n)$ 按时序的偶奇数分为 $x_0(r)=x(2r)$ 和 $x_1(r)=x(2r+1)$,$r=0\sim N/2-1$;然后令 $z(r)=x_0(r)+\mathrm{j}x_1(r)$,用函数 fft 计算 $z(r)$ 的频谱 $Z(k)$,$k=0\sim N/2-1$;再利用 DFT 的对称性,有

$$\begin{cases} X_0(k)=\dfrac{1}{2}\{Z(k)+Z^*[(-k)_{N/2}]\} \\ X_1(k)=\dfrac{1}{\mathrm{j}2}\{Z(k)-Z^*[(-k)_{N/2}]\} \end{cases} \quad (k=0\sim N/2-1)$$

这样算出来的 $X_0(k)$ 和 $X_1(k)$ 的长度是 $N/2$ 点,而 $X(k)$ 的长度是 N 点。利用时域抽取快速傅里叶变换法的分解公式

$$\begin{cases} X(k)=X_0(k)+W_N^k X_1(k) \\ X(N/2+k)=X_0(k)-W_N^k X_1(k) \end{cases} \quad (k=0\sim N/2-1)$$

就可以得到 N 点的 $X(k)$。

(2) 编程

以上的 $Z(k)$ 的长度是 $N/2$,$(-k)_{N/2}$ 是 $-k$ 的模 $N/2$ 运算,故 $Z[(-k)_{N/2}]=Z(0)$、$Z(N/2-1)$、$Z(N/2-2)$、$\cdots$、$Z(1)$;旋转因子 $W_N^k=\mathrm{e}^{-\mathrm{j}\frac{2\pi}{N}k}$。依据这些分析编程,程序如下:

```
N=64;
n=0:N-1;k=0:N/2-1;
x=sin(0.23*n).^2;
subplot(221);stem(n,x,'.');xlabel('n');ylabel('x(n)');axis tight;box off;grid
x0=x(1:2:N);x1=x(2:2:N);
z=x0+j*x1;
```

```
Z = fft(z);
u = conj([Z(1),Z(end:-1:2)]);
X0 = (Z + u)/2;
X1 = (Z - u)/2j;
W = exp(-j*2*pi/N*k);
X = X0 + W.*X1;
X = [X,X0 - W.*X1];
subplot(222);stem(n,abs(X),'.');xlabel('k');ylabel('|X(k)|');
axis tight;box off;grid
```

(3) 运行和分析

运行程序得到图4.16，图中 $X(k)$ 有两个很强的分量：$k=0$ 对应直流分量；$k=5$ 对应 $\omega = \dfrac{2\pi}{N} \times 5 \approx 0.49$，它反映的是信号 $x(n)=[1-\cos(0.46n)]/2$ 的第二项数字角频率 0.46。

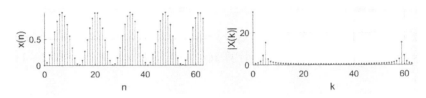

图 4.16　快速频谱分析

4.2.6　脉冲响应不变法

脉冲响应不变法是一种将模拟滤波器变为数字滤波器的方法，其思路是对模拟滤波器的单位脉冲响应 $h(t)$ 采样，得到数字滤波器 $h(n)$。为了方便应用，该方法用一个变量替换，将模拟滤波器的 $H_a(s)$ 直接变为数字滤波器的 $H(z)$，这个替换公式为

$$H_a(s) = \sum_{k=1}^{N} \frac{A_k}{s - s_k} \leftrightarrow H(z) = T\sum_{k=1}^{N} \frac{A_k}{1 - e^{s_k T}z^{-1}}$$

这种方法只适合设计无限脉冲响应滤波器。

例 4.17　设低通滤波器的截止频率 $f_c = 500\,\text{Hz}$，采样频率 $f_s = 4000\,\text{Hz}$；请根据脉冲响应不变法，设计一个四阶数字巴特沃斯滤波器，要求使用元素乘积函数 prod 和多项式乘法函数 conv。

解　(1) 数学建模

首先根据截止频率 f_c 和阶 $N=4$ 设计模拟巴特沃斯滤波器，其极点为

$$s_k = \Omega_c e^{j\frac{\pi}{2}(1 + \frac{2k-1}{4})}, (k = 1 \sim 4)$$

系统函数为

$$H_a(s) = \prod_{k=1}^{4} \frac{\Omega_c}{s - s_k} = \frac{B_1}{s - s_1} + \frac{B_2}{s - s_2} + \frac{B_3}{s - s_3} + \frac{B_4}{s - s_4}$$

然后将 $H_a(s)$ 代入替换公式得

$$H(z) = T\left[\frac{B_1}{1-e^{s_1 T}z^{-1}} + \frac{B_2}{1-e^{s_2 T}z^{-1}} + \frac{B_3}{1-e^{s_3 T}z^{-1}} + \frac{B_4}{1-e^{s_4 T}z^{-1}}\right]$$

最后,合并系数是共轭复数的项,常见的 $H(z)$ 形式为

$$H(z) = \frac{b_0 + b_1 z^{-1} + b_2 z^{-2} + b_3 z^{-3}}{1 + a_1 z^{-1} + a_2 z^{-2} + a_3 z^{-3} + a_4 z^{-4}}$$

(2) 编程

因为 $H(s)$ 的极点相角是从 $\pi/2$ 开始旋转的,所以极点的共轭是前后元素共轭,$H(z)$ 的极点也是这样。用函数 conv 合并因式时,要注意元素的序号。编程如下:

```
fc=500;Oc=2*pi*fc;fs=4000;
N=4;k=1:N;
s=Oc*exp(j*pi/2*(1+(2*k-1)/N));
O=Oc^N;
for k=1:N
    sk=s(k)+1e-10;
    B(k)=O/prod(sk-s)*(sk-s(k));
end
B=B/fs;
z=exp(s/fs);
b1=B(1)*[1,-z(4)]+B(4)*[1,-z(1)];
a1=conv([1,-z(1)],[1,-z(4)]);
b2=B(2)*[1,-z(3)]+B(3)*[1,-z(2)];
a2=conv([1,-z(2)],[1,-z(3)]);
b=conv(b1,a2)+conv(b2,a1)
a=conv(a1,a2)
```

(3) 运行和整理

运行程序得到 $b = [0, 0.0369, 0.0862, 0.0133]$,$a = [1, -2.0324, 1.8068, -0.7664, 0.1284]$。它们对应的系统函数为

$$H(z) = \frac{0.0369z^{-1} + 0.0862z^{-2} + 0.0133z^{-3}}{1 - 2.0324z^{-1} + 1.8068z^{-2} - 0.7664z^{-3} + 0.1284z^{-4}}$$

4.3 复数平面

复数平面简称复平面,它用复数的实部描述它在 x 轴的位置,虚部描述它在 y 轴的位置。在加法运算时,复数可以像矢量一样相加;在乘法运算时,复数可以像极坐标表示的那样,半径乘半径相当于比例缩放,相角加相角相当于旋转。

在拉普拉斯变换和 z 变换里,复平面可以用来研究收敛域、线积分,还可以用来研究系统的频率特性、稳定性,并且可以用来设计滤波器。

4.3.1 连续时间系统

若系统的输入输出都是连续时间信号,且内部也是连续时间信号,则这种系统称为连续

时间系统。它在时域用微分方程或单位脉冲响应描述，在频域和复频域用频率响应和系统函数描述。

例 4.18 模拟系统的零极点可以用来设计滤波器。从系统函数的因式相乘来看：

$$H(s) = k \frac{\prod_{m=1}^{M}(s-z_m)}{\prod_{n=1}^{N}(s-p_n)}$$

当 $s=j\Omega$ 时系统的幅频特性 $|H(j\Omega)|$ 与零点 z_m 和极点 p_n 有关，零点产生波谷，极点产生波峰。现在用零极点来设计一个谐振点在 $\Omega=10$ 的带通滤波器，即在 s 平面设置零点 $z_1=1$、极点 $p_1=-1+10i$ 和 $p_2=-1-10i$。请画出零极点的位置，并用最少的点描绘系统的幅频特性，写出幅频特性最大值为 1 的系统函数。

解 因为 $s=\sigma+j\Omega$，其复平面的 x 轴是 σ，y 轴是 Ω；所以，画点时选择 $\Omega=0$、5、10、20 和 40，用它们计算 $H(\Omega)$。Ω 的负值用幅频特性的偶对称画出，然后用光滑曲线连接这些点。编程如下：

```
O=[0,5,10,20,40];s=j*O;
z1=1;p1=-1+10i;p2=p1';
subplot(211);plot(z1,0,'o');hold on;plot([p1,p2],'x');grid;
axis([-5,5,-20,20]);xlabel('\sigma');ylabel('\Omega');box off
H=1.99*(s-z1)./(s-p1)./(s-p2);H=abs(H);
subplot(212);plot([O,-O],[H,H],'d');xlabel('\Omega');ylabel('|H(\Omega)|');grid;box off
hold on
O=0:0.1:40;s=j*O;
H=1.99*(s-z1)./(s-p1)./(s-p2);H=abs(H);
plot([-fliplr(O),O],[fliplr(H),H],':')
```

运行程序得到图 4.17，其中 ○ 表示零点，× 表示极点，◇ 表示计算点。零点在 $\Omega=0$ 时产生波谷，极点在 $\Omega=10$ 时产生波峰。计算点用光滑曲线连接后，带通滤波器的效果就出来了。

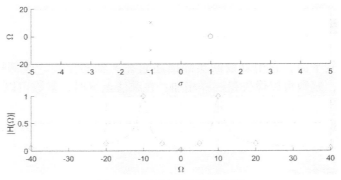

图 4.17 零极点设计滤波器

多次尝试后，幅频特性最大值为 1 时 $k = 1.99$；这时，设计的系统函数为
$$H(s) = 1.99 \frac{s-1}{s^2 + 2s + 101}$$

4.3.2 离散时间系统

若系统的输入输出都是离散时间信号，则此系统叫离散时间系统。它在时域用差分方程和单位脉冲响应描述，在频域用频率响应和系统函数描述。实际上，离散时间系统是一种把 A 序列变为 B 序列的机器或算法。

例 4.19 有一种数字滤波器能滤除 60Hz 交流电，但不损失其他频率成分。若该滤波器的采样频率为 600Hz，零极点位置如图 4.18 所示，三重零点 $z_{1\sim3} = e^{j\varphi}$，极点 $p_1 = (1-d)e^{j\varphi}$，阻带宽度为 0.03π。请确定该滤波器的系统函数。

解 用零极点设计系统函数时，系统函数写为
$$H(z) = k \prod_{n=1}^{6} \frac{z - z_n}{z - p_n}$$

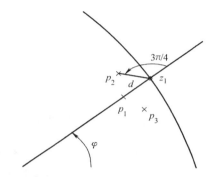

图 4.18 滤波器的零极点位置

根据 $\omega = \Omega T$，得 $\varphi = 0.2\pi$。d 由实验确定。还有复数零极点都是共轭的，复数乘法能缩放和旋转矢量。依此分析编程，程序如下：

```
f = 0.2 * pi; d = 0.03;
z1 = exp(j * f)
p1 = (1 - d) * exp(j * f)
p2 = z1 + d * z1 * exp(j * 3 * pi/4)
p3 = z1 + d * z1 * exp(-j * 3 * pi/4)
w = 0:0.001:pi; k = 0.929;
z = exp(j * w);
H = k * (z - z1).^3 .* (z - z1').^3./(z - p1)./(z - p2)./(z - p3)./(z - p1')./
(z - p2')./(z - p3');
plot(w/pi,abs(H));grid;xlabel('\omega/\pi');ylabel('|H(\omega)|');box off
```

运行程序得到零点 $z_1 = 0.809 + 0.5878\mathrm{i}$，极点 $p_1 = 0.7847 + 0.5702\mathrm{i}$，$p_2 = 0.7794 + 0.5925\mathrm{i}$，$p_3 = 0.8043 + 0.5582\mathrm{i}$，其他零极点与它们共轭。在阻带宽度满足要求时，$k = 0.929$。

系统函数一般写为 z^{-1} 的形式，其子系统为
$$H_1(z) = 0.929 \frac{1 - 1.618 z^{-1} + z^{-2}}{1 - 1.5695 z^{-1} + 0.9409 z^{-2}}$$
$$H_2(z) = \frac{1 - 1.618 z^{-1} + z^{-2}}{1 - 1.5588 z^{-1} + 0.9585 z^{-2}}$$

$$H_3(z) = \frac{1 - 1.618z^{-1} + z^{-2}}{1 - 1.6086z^{-1} + 0.9585z^{-2}}$$

滤波器的系统函数为

$$H(z) = H_1(z)H_2(z)H_3(z)$$

它对应的幅频特性如图 4.19 所示，阻带宽度满足要求；因幅频特性是偶对称的，故频谱只画出 $\omega = 0 \sim \pi$ 部分。

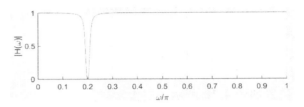

图 4.19 点阻滤波器的幅频特性

4.3.3 两种复平面的映射

映射（map）的原意是地图，在数学里映射是函数的代名词，在信息领域里特指两种函数的对应关系。例如，时域信号和它的频谱关系是一种映射，拉普拉斯变换和 z 变换的关系也是一种映射。

例 4.20 已知模拟系统 $H(s)$ 的极点在 s 的左半平面时，系统是稳定的。这里有拉普拉斯变换和 z 变换的两种映射

$$z = e^s \quad 和 \quad z = \frac{1+s}{1-s}$$

设 $s = \sigma + j\Omega$，$\Omega = 10\sigma$，$\sigma = -1 \sim 1$，请分析它们的映射曲线。

解 为了容易辨认，将 σ 分为两段，$\sigma_1 = -1 \sim 0$，$\sigma_2 = 0 \sim 1$，σ 的步长取 0.05，依此编程，程序如下：

```
x = 0:0.05:1;
s1 = x + 10i* x;s2 = -s1;
subplot(221);plot(s1,'* -');grid;box off;hold on;
plot(s2,'. -');xlabel('\sigma');ylabel('\Omega');
subplot(222);plot(exp(s1),'* -');grid;axis equal;box off;hold on;
plot(exp(s2),'. -');
plot(exp(j* (0:0.1:6.3)),' - -');xlabel('Re(z)');ylabel('Im(z)');
subplot(223);plot((1 + s1)./(1 - s1),'* -');grid;axis equal;box off;hold on;
plot((1 + s2)./(1 - s2),'. -');
plot(exp(j*(0:0.1:6.3)),' - -');xlabel('Re(z)');ylabel('Im(z)');
```

运行程序得到图 4.20，星号线表示 $\sigma \geqslant 0$，这种极点的系统不稳定，它映射 z 的单位圆外面；$\Omega = 0 \sim 2\pi$ 对应 $z = e^s$ 的相角一圈，对应 $z = (1+s)/(1-s)$ 的相角不到半圈，说明第二种映射对频率有压缩作用。

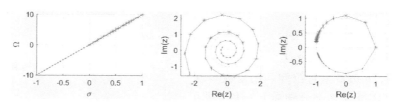

图 4.20　两种复平面的映射

4.4　几何变换

几何变换是指改变点在图形中的空间关系，以改变原始图形的大小、形状和位置。平面图形的几何变换可用矩阵公式表示，设 (x_0, y_0) 表示原始图形的点，(x, y) 表示变换后的点，则它们的几何变换式为

$$\begin{bmatrix} x \\ y \end{bmatrix} = \begin{bmatrix} a_1 & a_2 \\ a_3 & a_4 \end{bmatrix} \begin{bmatrix} x_0 \\ y_0 \end{bmatrix} + \begin{bmatrix} b_1 \\ b_2 \end{bmatrix}$$

其中，矩阵 $\begin{bmatrix} a_1 & a_2 \\ a_3 & a_4 \end{bmatrix}$ 决定图形的变换形状，$\begin{bmatrix} b_1 \\ b_2 \end{bmatrix}$ 决定图形的平移。

4.4.1　图形的旋转和平移

如果几何变换只是图形的旋转和平移，则这种变换的矩阵描述为

$$\begin{bmatrix} x \\ y \end{bmatrix} = \begin{bmatrix} \cos(t) & -\sin(t) \\ \sin(t) & \cos(t) \end{bmatrix} \begin{bmatrix} x_0 \\ y_0 \end{bmatrix} + \begin{bmatrix} \Delta x \\ \Delta y \end{bmatrix}$$

而复数是矢量，从极坐标看，矢量相乘就是模的缩放和相角的旋转。

例 4.21　设小屋的坐标 $x = [-6,-6,-7,0,7,6,6,-3,-3,0,0,-6,\text{nan},2,4,4,2,2]$，$y = [-7,2,1,8,1,2,-7,-7,-2,-2,-7,-7,\text{nan},-5,-5,-2,-2,-5]$，请将小屋放大 1.1 倍且旋转 30°，并向左和上各移动 1。

解　将每个点用复数描述，放大和旋转用 $1.1 e^{j\pi/6}$ 描述，移位用 $-1 + j$ 描述。依此编程，程序如下：

```
x=[-6,-6,-7,0,7,6,6,-3,-3,0,0,-6,nan,2,4,4,2,2];
y=[-7,2,1,8,1,2,-7,-7,-2,-2,-7,-7,nan,-5,-5,-2,-2,-5];
z=x+j*y;
subplot(121);plot(z,'.-');axis equal;axis([-10,10,-10,10]);
z=1.1*exp(j*pi/6)*z-1+j;
subplot(122);plot(z,'.-');axis equal;axis([-10,10,-10,10]);
```

运行程序得到图 4.21。

4.4.2 图形的拉伸

图形拉伸时,它的长宽比例将发生变化,这种变化的矩阵描述为

$$\begin{bmatrix} x \\ y \end{bmatrix} = \begin{bmatrix} a & 0 \\ 0 & b \end{bmatrix} \begin{bmatrix} x_0 \\ y_0 \end{bmatrix}$$

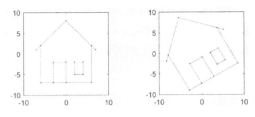

图 4.21 小屋的旋转和位移

a 负责水平拉伸,b 负责垂直拉伸。用复数实现这种变化时,其实部和虚部分别乘上 a 和 b 即可。

例 4.22 设小屋的坐标 x = [-6, -6, -7, 0, 7, 6, 6, -1.5, -1.5, 1.5, 1.5, -6, nan, 2, 4, 4, 2, 2], y = [-7, 2, 1, 8, 1, 2, -7, -7, -2, -2, -7, -7, nan, -5, -5, -2, -2, -5],请将小屋水平拉伸 1.2 倍,垂直拉伸 0.9 倍,然后旋转 45°。

解 用复数描述坐标,旋转用 $e^{j\pi/4}$ 描述。编程如下:

```
x = [-6,-6,-7,0,7,6,6,-1.5,-1.5,1.5,1.5,-6];
y = [-7,2,1,8,1,2,-7,-7,-2,-2,-7,-7];
a = 1.2;b = 0.9;
z = x+j*y;
subplot(131);plot(z,'.-');axis equal;axis([-10,10,-10,10]);grid
z1 = a*x+j*b*y;
subplot(132);plot(z1,'.-');axis equal;axis([-10,10,-10,10]);grid
z1 = exp(j*pi/4)*z1;
subplot(133);plot(z1,'.-');axis equal;axis([-10,10,-10,10]);grid
```

运行程序得到图 4.22,对小屋先拉伸再旋转。如果先旋转再拉伸,效果是不一样的。

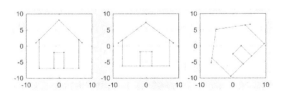

图 4.22 小屋先拉伸再旋转

先旋转再拉伸的部分指令如下:

```
z1 = exp(j*pi/4)*z;
subplot(132);plot(z1,'.-');axis equal;axis([-10,10,-10,10]);grid
subplot(133);plot(a*real(z1),b*imag(z1),'.-');axis equal;axis([-10,10,-10,10]);grid
```

其效果如图 4.23 所示，这么做的小屋整体变歪了。

4.4.3 图形的镜像变换

镜像通常是镜子里看到的东西，它的形状不变。在几何学中，镜像指相对于某

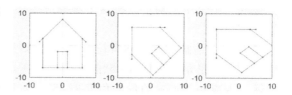

图 4.23 小屋先旋转再拉伸

个参照物形成的对称图像，参照物视具体情况而定，例如 x 轴或 x = 5 的直线。

例 4.23 有一串复数 z，它由下列指令产生：

```
z1 =[exp(j* (-1.6:0.1:4)),nan,0.9* exp(j* (4:0.1:5)) +0.34j];
z2 =0.25* exp(j* (2.8:0.1:6.2));
z3 =z2 -0.7 +0.13i;
z =[z1,nan,[z2,z3] +0.35 +0.12j];
```

请将 z 描述的图像进行水平、垂直和对角线镜像变换。

解 如果原始图形的高度为 Y，宽度为 X，则原始图形的坐标 (x_0, y_0) 水平镜像变换后变为 $(X - x_0, y_0)$，垂直镜像变换后变为 $(x_0, Y - y_0)$，对角线镜像变换后变为 $(X - x_0, Y - y_0)$。

下面用复数实现这三种变换，程序如下：

```
z1 =[exp(j* (-1.6:0.1:4)),nan,0.9* exp(j* (4:0.1:5)) +0.34j];
z2 =0.25* exp(j* (2.8:0.1:6.2));
z3 =z2 -0.7 +0.13i;
z =[z1,nan,[z2,z3] +0.35 +0.12j] +1 +j;
subplot(141);plot(z,'linewidth',2);grid;
X =2;Y =2;
z4 =conj(X -z);
subplot(142);plot(z4,'linewidth',2);grid;
z5 =j* Y +conj(z);
subplot(143);plot(z5,'linewidth',2);grid;
z6 =X +j* Y -z;
subplot(144);plot(z6,'linewidth',2);grid;
```

运行程序得到图 4.24，它分别被水平、垂直和对角线镜像变换。

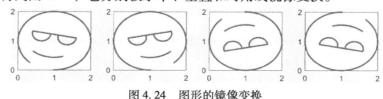

图 4.24 图形的镜像变换

4.4.4 毕达哥拉斯树

这种树是从一个正方形开始，在它上面建造两个正方形，要求三个正方形的角成对接

触，形成一个直角三角形。将这个步骤继续用在两个小正方形上，如此重复多次得到的树叫毕达哥拉斯树。

例 4.24 请画一棵毕达哥拉斯树，要求按以下规则做四次操作：使每个正方形上面的两个正方形都是角对角形成 45° 的直角等腰三角形。

解 因直角等腰三角形的角度为 45°，若初始正方形边长为 1，其上面的正方形边长将为 $1/\sqrt{2}$。由这些条件作图。

先画初始正方形，它是基础；然后画上面的正方形：左边的是基础正方形缩小 $1/\sqrt{2}$ 旋转 45° 上移 1，右边的是基础正方形缩小 $1/\sqrt{2}$ 反转 45° 右移 0.5 上移 1.5。接下来把两个正方形作为一体，继续上述操作。根据以上思路编程，程序如下：

```
z = [i,1 + i,1,0];
fill(real(z),imag(z),'k'),axis equal off,hold on;
A = exp(j* pi/4);
for k = 1:4
    z = z/sqrt(2);
    z = [z* A + j,z* A' + 0.5 + 1.5j];
    z = reshape(z,4,2^k);
    fill(real(z),imag(z),'k')
end
```

运行程序得到图 4.25，根部的正方形是基础，上面的正方形"增长"了四次。

例 4.25 请按照下面要求画一棵毕达哥拉斯树：在一个正方形上建立两个正方形，使得三个正方形的角对接，形成 50°、40° 和 90° 的三角形。然后在小正方形上继续这种操作四次。

图 4.25 四阶毕达哥拉斯树

解 因三角形的角度为 50°、40° 和 90°，若初始正方形的边长为 1，则上面的左正方形边长为 $\cos 50°$，右正方形边长为 $\cos 40°$。根据这些条件作图。

先画初始正方形，以它作为基础；然后画上面的正方形，左边的是基础 $\times \cos 50°$ 旋转 50° 上移 1，右边的是基础 $\times \cos 40°$ 反转 40° 再移位。得到的两个正方形自成一体，重复刚才的操作四次。

根据分析进行编程，程序如下：

```
z = [i,1 + i,1,0];
fill(real(z),imag(z),'k'),axis equal off,hold on;grid
a = exp(j* 5* pi/18);b = exp(-j* 4* pi/18)
for k = 1:5
    z1 = z* cosd(50);z2 = z* cosd(40);
    z = [z1* a + j,z2* b + cosd(50)^2 + cosd(50)* sind(50)* j + j];
```

```
        z=reshape(z,4,2^k);
        fill(real(z),imag(z),'k');
end
```

运行程序得到图 4.26，它的图形左右不对称。

4.4.5 像素的位置变换

像素是图像的一个样本，其位置的原点一般在左上角，数学上定义为 (0, 0)，矩阵元素上定义为 (1, 1)。若用复数表示图像的位置，$z = x + jy$，则很容易实现图像的平移、旋转、缩放等变换。

图 4.26　不对称的毕达哥拉斯树

以图像旋转和缩放为例，首先将图像坐标原点移到图像的中央，如图 4.27 所示，平移后的坐标为

$$z_2 = z_1 - H_1/2 - jW_1/2$$

其中，H_1 是原图的高，W_1 是宽。然后坐标逆时针旋转 α 并缩放 r 倍，如图 4.28 所示，

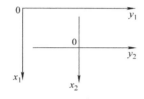
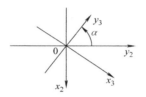

图 4.27　坐标平移　　　　图 4.28　坐标旋转

旋转和缩放后的坐标为

$$z_3 = z_2\, re^{j\alpha}$$

最后将坐标平移回到新图的左上角，新图的大小为 $H_2 \times W_2$，这时的坐标为

$$z_4 = z_3 + H_2/2 + jW_2/2$$

例 4.26　将图像逆时针旋转 360°，同时缩小到原图的 0.2 倍，要求旋转和缩小过程以动画显示。

解　(1) 建模

为了便于编程，将新图坐标和原图坐标的关系写为

$$z_1 = [z_4 + (H_1/2 + jW_1/2)re^{j\alpha} - H_2/2 - jW_2/2]r^{-1}e^{-j\alpha}$$

因像素位置是用整数表示的，故计算得到的 z_1 要用四舍五入取整。

(2) 编程

复数 z 的实部为 x，虚部为 y，若它们超出原图的范围，就给像素一个固定值。具体程序如下：

```
load wbarb
f=X;[H,W]=size(f);
subplot(121);imshow(f,[]);
U=H;V=W;
```

```
x4 =0:U-1;y4 =0:V-1;
x4 =x4'* ones(1,V);y4 =ones(U,1)* y4;z4 =x4 +j* y4;
rr =linspace(1,0.2,30);tt =linspace(0,2* pi,30);
for k =1:length(tt);
    r =rr(k);t =tt(k);
    for m =1:U
        for n =1:V
            z1 = (z4(m,n) + (H/2 +j* W/2)* r* exp(j* t) -U/2 -j* V/2)/r* exp(-j* t);
            z1 =round(z1);
            x =real(z1);y =imag(z1);
            if x <1 |x >H |y <1 |y >W
                g(m,n) =0;
            else
                g(m,n) =f(x,y);
            end
        end
    end
    subplot(122);imshow(g,[]);pause(0.001)
end
```

(3) 运行和分析

运行程序得到图 4.29，其中图 4.29a 为原图，图 4.29b 为旋转后缩小的图。

 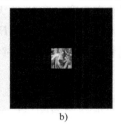

a)　　　　　　　　　　　b)

图 4.29　图像的旋转和缩小

4.5　空间变化

空间是物体和事件存在的相对位置和方向的三维无限范围。若考虑时间流逝，它就是四维无限范围，也就是时空。

当把复数作为自变量时，由于复数是二维的，故它的函数就是四维的。若根据需要只取函数的一种值，如绝对值，那么它就是三维空间了。常用的三维空间画图函数有两个：一个是 mesh，它把空间的第三维变量当作高度画立体网格图；另一个是 surf，它把空间的第三维变量当作高度画立体表面图。

4.5.1 模拟系统的幅频空间

模拟系统的单位脉冲响应的拉普拉斯变换就是系统函数 $H(s)$，因其 s 是复数，故 $H(s)$ 也是复数。传统的幅频特性指 s 实部为零的 $|H(s)|$。现在讨论 s 实部不限制在零的 $|H(s)|$，这里且称它为模拟系统的幅频空间。

例 4.27 有一个带通滤波器，已知其通带截止角频率为 100rad/s 和 200rad/s，系统函数为

$$H(s) = \frac{9820s^2}{s^4 + 110s^3 + 5.1 \times 10^4 s^2 + 2.2 \times 10^6 s + 4 \times 10^8}$$

请用模拟系统的幅频空间观察 $H(s)$ 的极点。

解 首先要知道极点的值，然后才能确定 $s = \sigma + j\Omega$ 的范围。运行函数 roots([1,110, 5.1e4, 2.2e6, 4e8])，得到 $r_1 \approx -36 + 191j$，$r_2 \approx -36 - 191j$，$r_3 \approx -19 + 101j$，$r_4 \approx -19 - 101j$。所以这里选 $\sigma = -60 \sim 0$ 和 $\Omega = -300 \sim 300$ 的范围。

从几何上看，复频率 $s = \sigma + j\Omega$ 就是一个平面；故一维变量 σ 和 Ω 都要变为二维变量，相当于平面网格的交叉点，才能画 $H(s)$ 的立体图。因 s 等于极点时 $H(s)$ 为无穷大，故需做些变化。根据以上分析编程，程序如下：

```
x = -60:0.5:0;y = -300:300;
s = ones(length(y),1)*x+j*y'*ones(1,length(x));
H = 9820*s.^2./(s.^4+110*s.^3+5.1e4*s.^2+2.2e6*s+4e8);
h = abs(H);
h = h.*(h<=20)+20*(h>20);
subplot(121);mesh(x,y,h);xlabel('\sigma');ylabel('\Omega');
zlabel('|H(s)|');axis tight
subplot(122);mesh(x,y,h);xlabel('\sigma');ylabel('\Omega');
view(2);colorbar;axis tight
```

运行程序得到图 4.30，$|H(s)|$ 的高度用颜色表示，颜色越暖对应的高度越高。系统函数的极点是产生幅频特性波峰的关键，从幅频空间看，极点的 σ 在 -40 和 -20，Ω 在 100 和 200，对应通频带截止角频率。

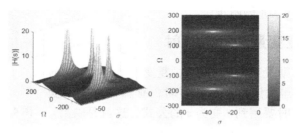

图 4.30 系统的幅频空间

4.5.2 数字系统的幅频空间

数字系统的单位脉冲响应的 z 变换就是系统函数 $H(z)$，其 z 是复数，故 $H(z)$ 也是复数。传统的幅频特性指 z 半径为 1 的 $|H(z)|$，现在讨论 z 半径不限制在 1 的 $|H(z)|$，这里且称它为数字系统的幅频空间。

例 4.28 已知数字带阻滤波器的阻带截止角频率为 0.3π 和 0.6π，系统函数为

$$H(z) = \frac{0.295 - 0.184z^{-1} + 0.486z^{-2} - 0.184z^{-3} + 0.295z^{-4}}{1 - 0.324z^{-1} - 0.124z^{-2} - 0.043z^{-3} + 0.201z^{-4}}$$

请从数字系统的幅频空间观察 $H(z)$ 的零极点。

解 从几何上看，复变量 $z = re^{j\omega}$ 就是一个平面，故一维变量 r 和 ω 都必须变为二维变量。观察极点时用 $H(z)$，幅度限制在 40；观察零点时用 $1/H(z)$，幅度限制在 60。编程如下：

```
M=100;N=500;
u=linspace(0,1.2,M);v=linspace(0,2*pi,N);
r=ones(N,1)*u;w=v'*ones(1,M);
z=r.*exp(j*w);
f=z.^(-1);
H=(0.295-0.184*f+0.486*f.^2-0.184*f.^3+0.295*f.^4)./...
    (1-0.324*f-0.124*f.^2-0.043*f.^3+0.201*f.^4);
H=abs(H);
H1=H.*(H<=40)+40*(H>40);
mesh(r.*cos(w),r.*sin(w),H1);axis equal off;xlabel('x');ylabel('y');hold on;
H2=1./H;
H2=H2.*(H2<=60)+60*(H2>60);
mesh(r.*cos(w),r.*sin(w),H2);view(2);
```

运行程序得到图 4.31，零点最亮，极点较暗。零点在单位圆上，用来衰减频率分量。极点用来提升频率分量。它们共同作用，产生 $\omega = 0.3\pi \sim 0.6\pi$ 的阻带。

图 4.31 幅频空间的零极点

4.5.3 复频率和复变量的空间映射

复频率是指拉普拉斯变换的自变量 s，复变量是指 z 变换的自变量 z；用模拟滤波器设计数字滤波器时，有脉冲响应不变法和双线性变换法，这时要用到 s 变为 z 的公式，这就是映射。

例 4.29 已知脉冲响应不变法的映射公式是 $z = e^{sT}$，双线性变换法的映射公式是 $z = (1+s)/(1-s)$。若 $T=1$, $\sigma = 0 \sim 1$, $\Omega = 0 \sim 6$，求脉冲响应不变法的 s 到 z 的幅频空间映射；若 $\sigma = 0 \sim 0.5$, $\Omega = -1 \sim 10$，求双线性变换法的 s 到 z 的幅频空间映射。

解 先用函数 meshgrid 将一维变量变为二维变量，然后再空间映射。编程如下：

```
M=10;N=100;T=1;
u=linspace(0,1,M);v=linspace(0,6,N);
[x,y]=meshgrid(u,v);
s=x+j*y;
subplot(221);mesh(x,y,abs(s));xlabel('\sigma');ylabel('\Omega');view(2);
z=exp(s*T);
subplot(222);mesh(real(z),imag(z),abs(z));axis equal;xlabel('Re(z)');ylabel('Im(z)');view(2)
u=linspace(0,0.5,M);v=linspace(-1,10,N);
[x,y]=meshgrid(u,v);
s=x+j*y;
subplot(223);mesh(x,y,abs(s));axis tight;xlabel('\sigma');ylabel('\Omega');view(2);
z=(1+s)./(1-s);
subplot(224);mesh(real(z),imag(z),abs(z));axis equal;xlabel('Re(z)');ylabel('Im(z)');view(2)
```

运行程序得到图 4.32。图 4.32a 是脉冲响应不变法的映射，s 平面的 $\sigma=0\sim1$ 映射 z 平面的 $r\approx1\sim3$，s 平面的 $\Omega=0\sim6$ 映射 z 平面的 $\omega=0\sim6$。图 4.32b 是双线性变换法的映射，s 平面的 $\sigma=0\sim0.5$ 映射 z 平面的 $r=1\sim3$，s 平面的 $\Omega=-1\sim10$ 映射 z 平面的 $\omega\approx-\pi/2\sim\pi$。

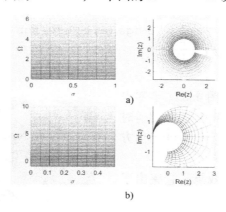

图 4.32 两种空间映射

4.6 复数域着色

复数域着色是给复平面上每个点指定一个彩色的可视化技术。例如，用复函数的相位表示彩色的色调，幅度表示彩色的亮度。通过给复平面着色，有助于描述和理解四维函数，并展现复数的内在美。

4.6.1 复函数的四维空间

复变量 z 是二维的,其函数 f(z) 则是四维的,可借助 HSV 彩色模型给它着色。HSV 是一种表示色调、饱和度和明度的圆柱体:色调 H 是角度,从 0~360°分别表示红黄绿青蓝品;饱和度 S 是半径,从 0~1 表示颜色的淡到浓;明度 V 是高度,从 0~1 表示从暗到亮。

例 4.30 设复变量 z 的函数有 f(z) = z 和 g(z) = 1/z,请用 HSV 模型给复函数绘制彩色平面图,要求平面图能清楚地显示零极点的位置和幅度梯度。可使用 meshgrid、mod、hsv2rgb 和 image 函数来完成。

解 函数 hsv2rgb 要求色调 H、饱和度 S 和明度 V 的值都在 [0,1],这个特点可以利用。对相位归一化,给半径取 2 为底的对数再模除 1。

根据以上分析编程,程序如下:

```
a=linspace(-4,4,500);b=linspace(-4,4,500);
[x,y]=meshgrid(a,b);
z=x+j*y;
for n=1:-2:-1
    f=z.^n;
    H=(pi+angle(-f))/(2*pi);
    S=ones(size(x));
    V=mod(log2(abs(f)),1);
    V=0.2+0.8*V;
    I(:,:,1)=H;I(:,:,2)=S;I(:,:,3)=V;
    subplot(1,2,3/2-n/2);image(a,b,hsv2rgb(I));set(gca,'ydir','normal');grid;axis equal tight;
end
```

运行程序得到图 4.33,图 4.33a 是零点图,它的相位变化方向对应 HSV 的色调逆时针方向;图 4.33b 是极点图,其相位变化方向对应 HSV 的色调顺时针方向。

四维图的圆环是模除的效果,它突出了零极点的位置,并展现了幅度变化的梯度。因对数能压扩变量,故零极点的梯度表现为圆环的宽度翻倍,幅度的增长方向对应明度的增长方向。

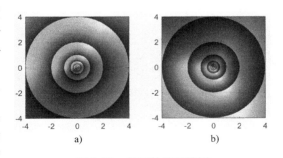

图 4.33 复函数的四维图

4.6.2 模拟系统的四维空间

模拟系统 $H(s)$ 的极点都落在 $\sigma<0$ 区域时,系统才能稳定,也就是当 t 趋于无穷大时,其单位脉冲响应 $h(t)$ 趋于 0;当 $\sigma=0$ 时,$H(s)$ 等于系统的频谱 $H(j\Omega)$。从 $H(j\Omega)$ 的一阶因

式来看，零点使得频谱幅度产生极小值，极点使得频谱幅度产生极大值。

例 4.31 已知一个带通滤波器的系统函数为

$$H(s) = \frac{9820s^2}{s^4 + 110s^3 + 5.1 \times 10^4 s^2 + 2.2 \times 10^6 s + 4 \times 10^8}$$

请用 HSV 模型的 $0 \sim 180°$ 画出 $H(s)$ 在 $\sigma = -200 \sim 200$ 和 $\Omega = -300 \sim 300$ 的四维空间图。

解 因变量 $s = \sigma + j\Omega$ 是二维的，故 σ 和 Ω 先要变为平面矩阵，然后再计算 $H(s)$。依此编程如下：

```
a=linspace(-200,200,500);b=linspace(-300,300,500);
[x,y]=meshgrid(a,b);
z=x+j*y;
f=9820*z.^2./(z.^4+110*z.^3+5.1e4*z.^2+2.2e6*z+4e8);
H=(pi+angle(-f))/(4*pi);
S=ones(size(x));
V=mod(log2(abs(f)),1);
V=0.2+0.8*V;
I(:,:,1)=H;I(:,:,2)=S;I(:,:,3)=V;
image(a,b,hsv2rgb(I));set(gca,'ydir','normal');axis equal tight;grid;
xlabel('\sigma');ylabel('\Omega');
```

运行程序得到图 4.34，它有五个圆心。在原点的圆心是一个二重零点，其色调变化两个周期，圆环比其他四个圆心的密。这个特点把 $H(s)$ 的 s 写为指数形式 $re^{j\varphi}$ 就好理解了，因为分子的 $s^2 = r^2 e^{j2\varphi}$。

其他四个圆心是四个单极点的，其色调的变化顺序与 HSV 的相反，HSV 的色调顺序是红黄绿青；极点的明度从圆心向往递减。理解这个特点时，把 $H(s)$ 写为一阶因式的形式，即

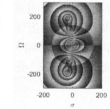

图 4.34 模拟系统的四维空间

$$H(s) = \frac{9820s^2}{(s-p_1)(s-p_2)(s-p_3)(s-p_4)}$$

再把分母因式写为指数形式：$r_1^{-1} e^{-j\varphi_1} r_2^{-1} e^{-j\varphi_2} r_3^{-1} e^{-j\varphi_3} r_4^{-1} e^{-j\varphi_4}$。

突出零极点的圆环得益于对数和模除：对数放大小于 1 的数，压缩大于 1 的数；模除将大范围变化的数变为逐段重复变化的数，这就放大了局部。

还有，$\sigma = 0$ 的直线对应系统的频谱，这时，在 $\Omega = 100 \sim 200$ 的明度没有变化，也就是幅度没有变化，这段曲线对应的是滤波器的通带。

4.6.3 数字系统的四维空间

当数字系统 $H(z)$ 的极点都落在 $r < 1$ 区域时，系统是稳定的，也就是当 n 趋于无穷大时，其单位脉冲响应 $h(n)$ 趋于 0；当 $r = 1$ 时，$H(z)$ 等于系统的频谱 $H(e^{j\omega})$。从 $H(e^{j\omega})$ 的一阶因式来看，零点使得频谱幅度产生极小值，极点使得频谱幅度产生极大值。

例 4.32 已知一个数字带阻滤波器的系统函数为

$$H(z) = \frac{0.295 - 0.184z^{-1} + 0.486z^{-2} - 0.184z^{-3} + 0.295z^{-4}}{1 - 0.324z^{-1} - 0.124z^{-2} - 0.043z^{-3} + 0.201z^{-4}}$$

请用 HSV 的色调 108°~144°画出该 $H(z)$ 的四维空间图。

解 因为 HSV 的色调 0~360°对应函数 hsv2rgb 的色调 0~1，故 HSV 的 108°~144°对应 hsv2rgb 的 0.3~0.4。为了让 $H(z)$ 的相位映射 HSV 的 108°~144°，先把 $H(z)$ 的相位缩小到 0~0.1，然后再加 0.3。这里令 $x = -2$ ~ 2 和 $y = -1.5$ ~ 1.5，编程如下：

```
a=linspace(-2,2,500);b=linspace(-1.5,1.5,500);
[x,y]=meshgrid(a,b);
z=x+j*y;
f=(0.295-0.184*z.^-1+0.486*z.^-2-0.184*z.^-3+0.295*z.^-4)./...
    (1-0.324*z.^-1-0.124*z.^-2-0.043*z.^-3+0.201*z.^-4);
H=mod(angle(f)/(2*pi)*0.1,0.1)+0.3;
S=ones(size(x));
V=mod(log2(abs(f)),1);
I(:,:,1)=H;I(:,:,2)=S;I(:,:,3)=V;
image(a,b,hsv2rgb(I));set(gca,'ydir','normal');axis equal tight;grid;hold on
plot(exp(j*(0:0.1:6.3)),'w--');xlabel('Re(z)');ylabel('Im(z)');
```

运行程序得到图 4.35。零点是衰减幅度的，所以单位圆上四个明度向内减弱的圆点是零点。极点是增强幅度的，一般通带幅度为 1，log(1) = 0，所以单位圆内四个明度向外减弱的圆点是极点。在单位圆上，暗处对应通带，亮处对应阻带。

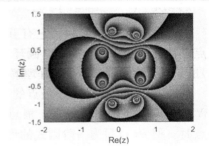

图 4.35 数字系统的四维空间

本章小结

复数是以 $a + bi$ 形式表示的数字，a 和 b 是实数，i 是方程 $x^2 = -1$ 的一个解。另外，复数还以 $re^{i\varphi}$ 的形式表示数字，r 和 φ 是实数。这些是复数应用的基础。

练习题

1. 请在一张画版上画一个箭头，然后以此为模板，顺时针旋转 45°并左移，画七个箭头。只要六条指令，就可以得到图 4.36 所示的箭头群。

2. 假设沿 z 方向传播的均匀平面电磁波的电场强度瞬时值为
$$E(z,t) = a_x E_{x0}\cos(\omega t - kz) + a_y E_{y0}\cos(\omega t - kz + \varphi)$$

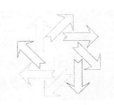

图 4.36 箭头群

其中 $E_{x0}=2$，$E_{y0}=1$，$\omega=0.3$，$t=0\sim31$，$k=11$，$\varphi=\pi/2$。请根据 $E(z,t)$ 制作 $z=9$ 位置的矢量端点动画，要求分量与合成矢量在同一画面。

3. 有一个微分方程
$$y''(t)+2y'(t)+3y(t)=12u(t)$$
它的起始值 $y(0_-)=8$ 和 $y'(0_-)=7$，求它在 $t>0$ 时的解。

4. 复指数有一种定义为
$$e^z=\lim_{n\to\infty}(1+\frac{z}{n})^n$$
按照欧拉恒等式，当 n 趋于无穷大时，$e^{i\pi}=(1+i\pi/n)^n$ 等于 -1。设序列 $f(n)=(1+i\pi/N)^n$，$n=0\sim N$；请为下面程序补充 $f(n)$ 的指令，使它能表示 $N=1\sim200$ 的动画。

```
annotation('arrow',[0.1,0.95],[0.109,0.109]);
annotation('arrow',[0.684,0.684],[0,1]);
x=[-2.03,-1.03,-0.1,0.97,-0.2];
y=[-0.1,-0.1,-0.1,-0.1,3];
s=[-2,-1,0,1,3];
for N=[1:5,10,20,50,100,200]

    plot(f,'r.-');
    axis off;axis([-2.5,1,0,pi]);hold on
    plot([-2,-1,1,-0.1,-0.1,-0.1;-2,-1,1,0,0,0],[0,0,0,1,
2,3;0.1,0.1,0.1,1,2,3],'k');
    for k=1:5
        text(x(k),y(k),['\fontsize{16}',num2str(s(k))]);
    end
    text(-1,2,['\fontsize{16}N=',num2str(N)]);
    pause(0.8);hold off
end
```

5. 有一个连续时间系统的系统函数为
$$H(s)=\frac{1}{s^4+2.6s^3+3.4s^2+2.6s+1}$$
请画出它的频谱。

6. 如果数字系统的系统函数为
$$H(z)=\frac{-6z^{-1}}{2-6z^{-1}+4z^{-2}}$$
输入信号 $x(n)=2\delta(n)+4\delta(n-1)-3\delta(n-2)$，求系统的输出 $y(n)$。

7. 设置画板的范围 $x=-15\sim15$ 和 $y=-15\sim15$，然后在点（0，6）上画半径为 2 的蓝色圆，在点（-0.6，6.5）和（0.6，6.5）上画半径为 0.2 的绿色圆，在（0，5.5）上画 180～360°半径为 1 的红色弧；画点 b=[-2-8i,-6i,2-8i,-6i,4i,0,-2+2i,0,2+2i] 的蓝色线，画点 h=[-1+8i,-0.5+12i,1.5+12i,1+8i,2+8i,-2+8i] 的蓝色线。所有的线宽为 2。

8. 已知系统函数为

$$H(z) = \frac{-0.5 - 1.5z^{-1} - 6z^{-2}}{1 + z^{-1} + 4z^{-2} + 4z^{-3}}$$

对它进行部分分式分解为

$$H(z) = \frac{r_1}{1 - p_1 z^{-1}} + \frac{r_2}{1 - p_2 z^{-1}} + \frac{r_2}{1 - p_3 z^{-1}}$$

请编程求出其每项因式的系数。

9. 高通滤波器的系统函数为

$$H(s) = \frac{s^3 + 7.5 \times 10^5 s}{s^3 + 2343 s^2 + 3.49 \times 10^6 s + 2.48 \times 10^9}$$

求其幅频空间图，要求系统的零点和极点都清楚地标示出来。

10. 已知数字高通滤波器的系统函数为

$$H(z) = \frac{0.254 - 0.473 z^{-1} + 0.473 z^{-2} - 0.254 z^{-3}}{1 + 0.001 z^{-1} + 0.42 z^{-2} - 0.04 z^{-3}}$$

求它的四维空间，并用白圆圈标出零点，白叉标出极点。

11. 已知周期矩形波 $f(t)$ 的傅里叶级数为

$$f(t) = \frac{E}{n\pi} \sum_{n=-\infty}^{\infty} \sin\left(n \frac{\pi\tau}{T}\right) e^{jn\Omega t}$$

若 $E = 3$，$\tau = 1$，$T = 4$，$\Omega = 2\pi/T$；求 $n = -20 \sim 20$ 的 $f(t)$ 的波形，$t = 0 \sim 20$，要求用矩阵乘法编程，不能用循环语句（提示：n = n + eps）。

第 5 章 矩阵的运用

阵通常指兵力部署或士兵排列；从系统的角度，阵是整体的框架。在数学里，矩阵是指按行和列排列的数字、符号或表达式，例如

$$\begin{bmatrix} 1 & 3 & -8 \\ 9 & 5 & 7 \end{bmatrix}$$

是一个维（dimension）为 2×3 的矩阵，由 2 行 3 列的数字排列而成，维也叫大小。

矩阵的用途很广，如方程组、位置、照片、飞机、文字编码等。矩阵的运算分为元素和矩阵两种，函数常用元素运算，算术和几何常用矩阵运算；但这不是规定，矩阵表示什么、变成什么、做什么运算，这些取决于我们想做的工作或想要的结果。

5.1 矩阵的表示

数学是最简洁的语言，矩阵是数学的一个概念，它表示什么是由人们决定的。

5.1.1 表示方程组

方程组是两个或更多未知数组成的方程组。常见的方程组是线性方程组，这种方程的未知数乘上一个常数然后相加，结果都等于常数。

例 5.1 假设未知数是 x 和 y，一种情况是 $3x+5y=4$，另一种情况是 $-x+2y=6$，求满足这两种情况的未知数矩阵。

解 两个方程合起来写为

$$\begin{cases} 3x+5y=4 \\ -x+2y=6 \end{cases}$$

若变量的系数矩阵 $a=[3,5;-1,2]$，常数矩阵 $b=[4;6]$，则方程组的矩阵写为

$$ax=b$$

其中，x 是 2×1 的变量矩阵，它对应未知数 x 和 y。

5.1.2 表示位置

位置在地理环境中表示地球表面的点或区域，在三维空间里则表示点的坐标，在绘图方面则表示数字和彩色的对应关系。

例 5.2 已知点矩阵 v = [-1,0,0;0,0,1;0,-1,0;1,0,0;0,1,0]，面 f = [1 2 3;3 2 4;4 2 5;5 2 1]，颜色 c = [1,0,0;0,1,0;0,0,1;1,1,0]，还有补片函数

patch('faces',f,'vertices',v,'facevertexcdata',c,'facecolor','flat','facealpha',0.7)

请编写绘图程序，并分析这些矩阵的意义。

解 按照已知条件编程，程序如下：

```
v=[-1,0,0;0,0,1;0,-1,0;1,0,0;0,1,0];
f=[1 2 3;3 2 4;4 2 5;5 2 1];
c=[1,0,0;0,1,0;0,0,1;1,1,0];
patch('faces',f,'vertices',v,'facevertexcdata',c,'facecolor','flat','facealpha',0.7)
view(3);grid;xlabel('x');ylabel('y');zlabel('z');
```

运行程序的结果如图 5.1 所示，矩阵 v 表示金字塔的五个顶点，它的每行表示一个顶点。矩阵 f 表示三角形顶点的序号，每行表示一个面。矩阵 c 表示每个面的颜色，每行表示一种颜色。

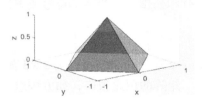

图 5.1 位置矩阵

5.1.3 表示飞机

飞机是指由喷气发动机、螺旋桨或火箭发动机产生推进力的固定翼航空器，没有动力的固定翼航空器叫滑翔机。飞机的主体结构包括机身、机翼、尾翼和起落架。

例 5.3 已知某战术运输机的机身半径为 2.2m，身长 13m，翼展 40m，翼宽 5m，尾长 12.5m，尾翼翼展 16，螺旋桨四个。请用这些尺寸画出其外形。

解 用函数 cylinder 产生机身圆柱，用函数 cos 调整机头半径，用正弦函数产生螺旋桨，用函数 surface 将矩阵变为坐标轴上的曲面，颜色自定。根据基本分析编程，程序如下：

```
R=2.2;L=13;W=5;T=12.5;y=1.8*W;
c=.5*[1 1 1];
[xf,zf,yf]=cylinder(R);% fuselage
h(1)=surface(xf,y-yf*L,R+zf,'facecolor',c);
[xn,zn,yn]=cylinder(R*[1,.95,.9,.8,.7,.5,.5,.5,.5].*cos(linspace(0,pi/2,9)).^2);% nose
zn(6:end,:)=zn(6:end,:)-R/5;
yn=-.7*W*yn;
h(2)=surface(xn,y-yn,R+zn,'facecolor',c);
x1=xf(1,:);x2=.8*x1;% tail
y1=L*ones(size(x1));y2=y1+T;
z1=zf(1,:);z2=R*ones(size(z1));
h(3)=surface([x1;x2],y-[y1;y2],R+[z1;z2],'facecolor',c);
```

```
    xw1 = linspace(-20,20,10);% wing
    yw1 = 1.4* W + abs(xw1)/100;yw2 = 0* xw1 +1.73* W;yw3 = yw1 + W - abs
(xw1)/20;
    zw1 = .85* R* ones(size(xw1));
    h(4) = surface([.99* xw1;xw1;.97* xw1],y - [yw1;yw2;yw3],R + [zw1;
zw1 + .15* R;zw1]);% top
    h(5) = surface([.99* xw1;xw1;.97* xw1],y - [yw1;yw2;yw3],R + [zw1;
zw1;zw1]);% under
    xt1 = linspace(-8,8,5);% tail wing
    xt = [xt1;xt1;xt1];
    yt1 = L + .7* T + abs(xt1)/10;yt2 = 0* xt1 + L + .88* T;yt3 = yt2 + .12* T -
abs(xt1)/10;
    yt = [yt1;yt2;yt3];
    zt1 = .9* R* ones(size(xt1));
    h(6) = surface(xt,y - yt,R + [zt1;zt1 + .05* R;zt1]);% top
    h(7) = surface(xt,y - yt,R + [zt1;zt1;zt1]);% under
    xs = [0 R/20 0;0 R/40 0];% fin
    ys = L + T* [1 .88 .6];ys = [ys;ys];
    zs = R* [1 1 1];zs(2,:) = zs +1.1* W* [1 1 0];
    h(8) = surface(xs,y - ys,R + zs);% right
    h(9) = surface(-xs,y - ys,R + zs);% left
    xp = .4* W* sin(0:.2:2* pi)';% propeller
    zp = .4* W* cos(0:.2:2* pi)' + .4* W;
    yp = 0* xp -1.2* W;
    h(10) = patch([xp -2.16* W,xp +2.16* W,xp -1.2* W,xp +1.2* W],[y +
yp]* ones(1,4),[R + zp]* ones(1,4),c);
    set(h(10),'facealpha',.2,'edgealpha',.5);
    view([140 30]);axis tight equal off;lighting gouraud;camlight
```

运行程序得到图 5.2,飞机各个部分的颜色可用三基色数字来调整。

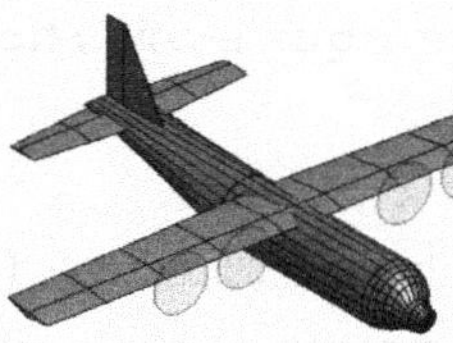

5.1.4 表示文字

现代文字处理的基础是一套易于传输和纠错的系统规则,有了它人们才能方便地生产和使用各种电子产品。典型的例子是 ASCII,它给英文字母、数字和其他符号规定了一套 7 比特数字,以此进行文字的电子通信、处理和存储。

图 5.2 某战术运输机外形

例 5.4 为了方便阅读,比特数字经常写为十进制数字。已知 ASCII 用 0~31 和 127 表示控制字符,32~126 表示显示字符。请用函数 char 显示 ASCII 的 32~126 的字符以及

20001~20040 的字符。

解 （1）显示 ASCII 的字符

把这 95 个字符分两行显示，编程如下：

```
n = 32:64;
m = 65:126;
s = char(n,m)
```

运行程序得到

```
s = !"#$%&'()* +,-./0123456789:;<=>? @
    ABCDEFGHIJKLMNOPQRSTUVWXYZ[\]^_`abcdefghijklmnopqrstuvwxyz{|}~
```

（2）显示 20001~20040 的字符

把这 40 个字符分两行显示，编程如下：

```
a = reshape(20001:20040,20,2)';
disp(char(a))
```

运行程序得到

两丢乓两严並丧丨丩个丫丬中丮丯丰丱串弗临
举、丶九丹为主丼丽举丿乀乁乂乃乄久头乇么

5.1.5 表示赫兹

赫兹（Hz）是频率的单位，表示周期事件每秒发生的次数，也是科学家海因里希·赫兹的名字，为纪念他首次验证电磁波的存在。

例 5.5 请用一个矩阵表示四盏红灯，让红灯闪烁五次，计算红灯的闪烁频率。使用函数 fill、tic 和 toc。

解 红灯用菱形表示，菱形从一个变到四个；然后让菱形闪烁，闪烁时间用函数 tic 和 toc 计算。编程如下：

```
t = (1:4)*pi/2;
z = exp(j*t)';
z = [z,z+1.1+1.1i,z+2.2i,z-1.1+1.1i];
axis equal off;hold on;axis([-5,5,-3,5]);
tic
for k = 1:5;
    h = fill(real(z),imag(z),'r');
    pause(1);
    set(h,'facecolor','none');
    pause(1);
end
Hz = 5/toc
```

运行程序将看到四个菱形一闪一暗重复五次，其图形如图 5.3 所示，最后 Hz = 0.4969。

答：红灯闪烁的频率约为 0.5Hz。

5.2 方程组的矩阵

图 5.3 周期闪烁灯

含未知数的等式称为方程，有几个未知数就必须有几个方程，这样未知数才能有确定的值，这些联合的方程称为方程组。

方程组可表示多种事物之间的复杂关系，在生产和科研中有着广泛的应用。用矩阵解方程组是 MATLAB 所擅长的。

5.2.1 基尔霍夫定律

基尔霍夫定律在电学中指基尔霍夫电压定律和基尔霍夫电流定律，电压定律指任何闭合回路的电压代数和为零，电流定律指进入任何节点的电流代数和为零。

例 5.6 设电路的电阻 $R_1 = 100\Omega$、$R_2 = 200\Omega$、$R_3 = 300\Omega$，电压源 $\varepsilon_1 = 6V$、$\varepsilon_2 = 7V$，如图 5.4 所示，求电流 i_1、i_2 和 i_3。

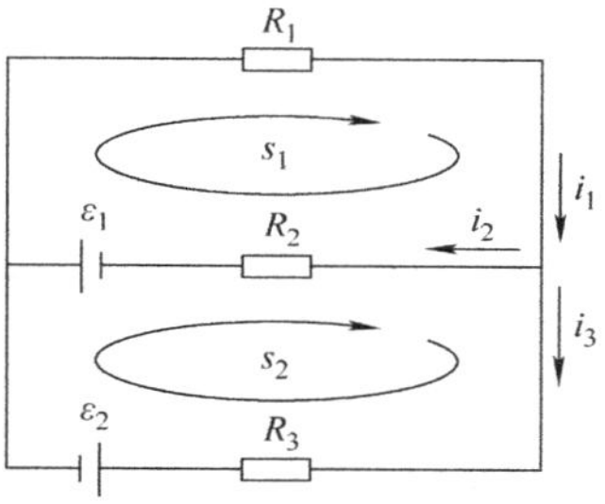

解 （1）数学建模

根据基尔霍夫电流定律，任何节点的电流 $\sum_{k=1}^{n} I_k = 0$，得右节点的电流

$$i_1 - i_2 - i_3 = 0$$

图 5.4 电路图

根据基尔霍夫电压定律，任何闭合回路的电压 $\sum_{k=1}^{n} V_k = 0$，得回路 s_1 的电压为

$$R_2 i_2 - \varepsilon_1 + R_1 i_1 = 0$$

回路 s_2 的电压为

$$R_3 i_3 + \varepsilon_2 + \varepsilon_1 - R_2 i_2 = 0$$

联合三个方程，得方程组

$$\begin{cases} i_1 - i_2 - i_3 = 0 \\ R_1 i_1 + R_2 i_2 = \varepsilon_1 \\ R_2 i_2 - R_3 i_3 = \varepsilon_1 + \varepsilon_2 \end{cases}$$

把它写为矩阵方程得

$$Ai = B$$

（2）编程

矩阵方程的 A 代表方程组变量 i_1、i_2 和 i_3 的系数，i 代表变量 i_1、i_2 和 i_3，B 代表常数。依此编程，程序如下：

```
R1 =100;R2 =200;R3 =300;e1 =6;e2 =7;
A =[1,-1,-1;R1,R2,0;0,R2,-R3];
B =[0;e1;e1+e2];
i =A\B
```

(3) 运行和分析

运行程序得到 i = [0.0036; 0.0282; -0.0245]。

答：电流 $i_1 = 3.6\text{mA}$、$i_2 = 28.2\text{mA}$、$i_3 = -24.5\text{mA}$。

5.2.2 网孔电流法

网孔电流法就是以平面电路的网孔电流为变量，列出各网孔回路的基尔霍夫电压定律方程。网孔电流是想象平面电路上每个网孔存在的电流，其方向可任意指定。

例 5.7 设图 5.5 电路的电阻 $r_1 = 60\Omega$、$r_2 = 20\Omega$、$r_3 = 40\Omega$、$r_4 = 40\Omega$，电压源 $u_1 = 180\text{V}$、$u_2 = 70\text{V}$、$u_3 = 20\text{V}$，求网孔电流 i_1、i_2 和 i_3。

解 网孔电流法的回路电压方程为

$$\begin{cases} (r_1 + r_2)i_1 - r_2 i_2 = u_1 \\ -r_2 i_1 + (r_2 + r_3)i_2 - r_3 i_3 = -u_2 \\ -r_3 i_2 + (r_3 + r_4)i_3 = u_2 - u_3 \end{cases}$$

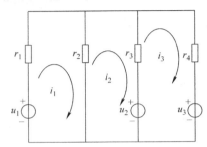

图 5.5 网孔电流法电路

将方程组写成矩阵方程，即 $\boldsymbol{Ai} = \boldsymbol{B}$。据此编程，程序如下：

```
r1 =60;r2 =20;r3 =40;r4 =40;u1 =180;u2 =70;u3 =20;
A =[r1 +r2, -r2,0; -r2,r2 +r3, -r3;0, -r3,r3 +r4];
B =[u1; -u2;u2 -u3];
i =A\B
```

运行程序得到 i = [2.25; 0; 0.625]。

答：网孔电流 $i_1 = 2.25\text{A}$、$i_2 = 0\text{A}$、$i_3 = 0.625\text{A}$。

5.2.3 节点电压法

节点电压法就是以相对参考节点的各节点电压为变量，列出各节点和参考节点之间的基尔霍夫电流定律方程。

例 5.8 设图 5.6 所示电路的电流源 $I_s = 2\text{A}$，电阻 $r_1 = 4\Omega$、$r_2 = 4\Omega$、$r_3 = 5\Omega$、$r_4 = 5\Omega$，受控电源系数 $a = 1.5$、$b = 0.3$、$c = 3$，参考节点在底部。求电路的节点电压 U_a、U_b 和支路电流 I_1、I_2。

解 对节点电压列基尔霍夫电流定律方程，对支路电流列欧姆定律方程，

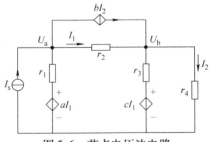

图 5.6 节点电压法电路

$$\begin{cases} \left(\dfrac{1}{r_1} + \dfrac{1}{r_2}\right)U_a - \dfrac{1}{r_2}U_b - \dfrac{a}{r_1}I_1 + bI_2 = I_s \\ -\dfrac{1}{r_2}U_a + \left(\dfrac{1}{r_2} + \dfrac{1}{r_3} + \dfrac{1}{r_4}\right)U_b - \dfrac{c}{r_3}I_1 - bI_2 = 0 \\ \dfrac{1}{r_2}U_a - \dfrac{1}{r_2}U_b - I_1 = 0 \\ \dfrac{1}{r_4}U_b - I_2 = 0 \end{cases}$$

然后将方程组写成矩阵方程 $Ax = B$。根据方程组编写矩阵方程,程序如下:

```
Is =2;r1 =4;r2 =4;r3 =5;r4 =5;a =1.5;b =0.3;c =3;
A =[1/r1 +1/r2, -1/r2, -a/r1,b; -1/r2,1/r2 +1/r3 +1/r4, -c/r3,
-b;1/r2, -1/r2, -1,0;0,1/r4,0, -1];
B =[Is;0;0;0];
x = A\B
```

运行程序得到 x = [5.6462; 3.052; 0.6485; 0.6104]。

答:电压 $U_a = 5.6462$V、$U_b = 3.052$V,电流 $I_1 = 0.6485$A、$I_2 = 0.6104$A。

5.2.4 信道的平均互信息

从通信系统的角度看,平均互信息就是每个符号通过信道传输的信息量,也叫信道的信息传输率,其数学写法为

$$I(X;Y) = H(X) - H(X|Y)$$

X 是输入信道的符号变量,Y 是信道输出的符号变量。

例 5.9 设二元对称信道的输入变量的概率空间为 $\begin{bmatrix} X \\ p(x) \end{bmatrix} = \begin{bmatrix} 0 & 1 \\ p & 1-p \end{bmatrix}$,信道的转移矩阵为 $T = \begin{bmatrix} t & 1-t \\ 1-t & t \end{bmatrix}$,$t$ 表示输入 x 收到 x 的概率。请分析信源概率 p 和转移概率 t 对平均互信息 $I(X;Y)$ 的影响。

解 令 $p_1 = 1-p$ 和 $t_1 = 1-t$,则平均互信息的表达式为

$I(X;Y) = -(pt + p_1 t_1)\log(pt + p_1 t_1) - (pt_1 + p_1 t)\log(pt_1 + p_1 t) + t\log(t) + t_1\log(t_1)$,

这是有两个自变量的函数。

因变量 $p = 0 \sim 1$ 和 $t = 0 \sim 1$,所以要产生网格变量,才能计算 $I(X;Y)$。程序如下:

```
p =0:0.01:1;
[p,t] =meshgrid(p);
p1 =1 -p;t1 =1 -t;
u =p.* t +p1.* t1;v =p.* t1 +p1.* t;
I = -u.* log2(u) -v.* log2(v) +t.* log2(t) +t1.* log2(t1);
mesh(p,t,I);xlabel('p');ylabel('t');zlabel('I(X;Y)')
```

运行程序得到图 5.7,高度 $I(X;Y)$ 与 p 和 t 有关。若 t 值固定,信源概率 $p = 0.5$ 时 $I(X;Y)$ 最大;若 p 值固定,信道的传输概率 $t = 0$ 或 1 时 $I(X;Y)$ 最大。

5.2.5 最小化最大准则

最小化最大准则是有限脉冲响应滤波器的一种设计方法,它的构思是让设计频谱 $H(\omega)$ 和希望频谱 $H_d(\omega)$ 之间的误差最大值趋于最小。做法是:选择 ω 在 $[0, \pi]$ 上通带和阻带的极值频率 $\omega_{1 \sim M+2}$,代入方程组

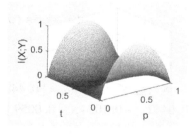

图 5.7 信道的信息传输率

$$\begin{bmatrix} 1 & \cos\omega_1 & \cdots & \cos(M\omega_1) & -1/W(\omega_1) \\ 1 & \cos\omega_2 & \cdots & \cos(M\omega_2) & 1/W(\omega_2) \\ & & \vdots & & \\ 1 & \cos\omega_{M+1} & \cdots & \cos(M\omega_{M+1}) & (-1)^{M+1}/W(\omega_{M+1}) \\ 1 & \cos\omega_{M+2} & \cdots & \cos(M\omega_{M+2}) & (-1)^{M+2}/W(\omega_{M+2}) \end{bmatrix} \begin{bmatrix} a_0 \\ a_1 \\ \vdots \\ a_M \\ e \end{bmatrix} = \begin{bmatrix} A_d(\omega_1) \\ A_d(\omega_2) \\ \vdots \\ A_d(\omega_{M+1}) \\ A_d(\omega_{M+2}) \end{bmatrix}$$

求解 $a_{0\sim M}$，然后将 $a_{0\sim M}$ 代入加权误差函数

$$E(\omega) = W(\omega)\left[A_d(\omega) - \sum_{m=0}^{M} a_m \cos(m\omega)\right]$$

观察 $E(\omega)$ 曲线的通带和阻带极值是否相等。若不相等，则选择极值频率，再代入方程组，重复前面的操作；若相等，且误差 $|e|$ 小于通带和阻带的波动指标，则 $a_{0\sim M}$ 就可以变为滤波器的单位脉冲响应 $h(n)$，否则增加 M 的值，继续前面的操作。

方程组的 $M = (N-1)/2$，N 是 $h(n)$ 的长度；$W(\omega)$ 是通带和阻带的加权函数；$A_d(\omega)$ 是希望的幅度函数。a_m 和 $h(n)$ 的关系为：$m = 0$ 时 $h(M) = a_0$，$m = 1 \sim M$ 时 $h(M-m) = a(m)/2$。e 是误差最小值。

例 5.10 请用最小化最大准则设计一个线性相位低通滤波器，滤波器的通带截止频率 $\omega_p = 0.4\pi$、阻带截止频率 $\omega_s = 0.5\pi$、通带波动 $\delta_p = 0.1$ 和阻带波动 $\delta_s = 0.05$。

解 根据滤波器长度的估算公式

$$N = \frac{-4\pi \lg(10\delta_p \delta_s)}{3(\omega_s - \omega_p)}$$

取 $N = 19$，得 $M = 9$。

取边界频率 $\omega_c = (\omega_p + \omega_s)/2 = 0.45\pi$。$W(\omega)$ 在通带取 1、阻带取 2，$A_d(\omega)$ 在通带取 1、阻带取 0。在通带和阻带上等间隔选择 11 个极值频率，然后开始计算方程组。这段程序如下：

```
M=9;wc=0.45*pi;
w=[0.1.2.3.4.5.6.7.8.9 1]*pi;
W=[w<wc]+2*[w>=wc];
Ad=[w<wc]';
c=ones(M+2);
c(:,2:end-1)=cos(w'*[1:M]);
c(:,end)=(-1).^[1:M+2]'./W';
a=c\Ad
```

运行程序得到 $a_{0\sim 9} = [0.4483, 0.6308, 0.1034, -0.1945, -0.1034, 0.0966, 0.1034, -0.0442, -0.1034, -0.0059]$，$e = -0.069$。将 $a_{0\sim 9}$ 代入加权误差函数 $E(\omega)$，给 ω 在 $[0, \pi]$ 上等间隔取 $20M$ 个值，就可以画 $E(\omega)$ 的曲线。程序如下：

```
w = linspace(0,pi,20 * M);
W = [w < wc] + 2 * [w > = wc];
Ad = w < wc;
m = 0:M;
A = a(m+1)' * cos(m'* w);
E = W.* (Ad - A);
stem(w/pi,E,'.');grid;axis([0,1,-0.3,0.3]);xlabel('\omega/\pi');ylabel('E(\omega)');
```

这段程序是延续上段程序的，运行程序得到图 5.8。通带和阻带上的极值绝对值不相等，$\max|E(\omega)|=0.23\neq|e|$，还得继续寻找极值频率。

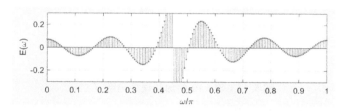

图 5.8 $M=9$ 的加权误差函数（一）

观察图 5.8，新的极值频率（包括边界的）如下：
$$\omega_{1\sim11}=[0,0.11,0.22,0.34,0.4,0.5,0.55,0.66,0.77,0.88,1]\pi$$
把 $\omega_{1\sim11}$ 代入前面的程序，重复前面介绍的计算步骤，也就是把前面两段程序合起来一起运行。

运行结果如图 5.9 所示，通带和阻带的极值很接近，$\max|E(\omega)|\approx0.12$，$|e|\approx0.11$，但它们都大于 δ_p，没有满足要求。

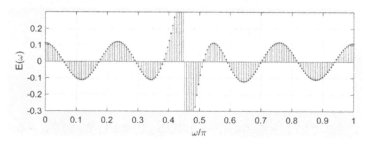

图 5.9 $M=9$ 的加权误差函数（二）

重新选择 M，首先取 $M=10$；然后在通带和阻带上等间隔选择 12 个极值频率，
$$\omega_{1\sim12}=[0,0.1,0.2,0.3,0.4,0.5,0.58,0.67,0.75,0.83,0.92,1]\pi$$
接着重复 $M=9$ 时的那些操作。运行程序的结果如图 5.10 所示，这次的极值大部分都小于 0.1，但它们还不相等。

观察图 5.10，选择新的极值频率，包括边界的，得
$$\omega_{1\sim12}=[0,0.12,0.24,0.35,0.4,0.5,0.54,0.63,0.72,0.82,0.91,1]\pi$$

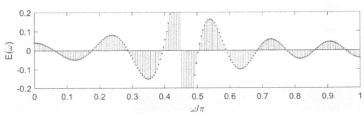

图 5.10 $M=10$ 的加权误差函数（一）

将它们代入程序，运行程序的结果如图 5.11 所示，通带和阻带的极值很接近，max $|E(\omega)|=0.09$ 很接近 $|e|=0.08$，且小于通带和阻带的波动，满足要求。

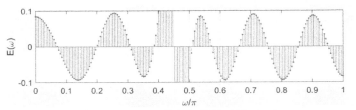

图 5.11 $M=10$ 的加权误差函数（二）

现在可以把 a_m 变为单位脉冲响应，根据程序的结果
$$a_{0\sim10} \approx [0.447, 0.625, 0.104, -0.178, -0.094, 0.072, 0.066, -0.049, -0.092, -0.033, 0.049]$$
还有 $m=0$ 时 $h(10)=a_0$，$m=1\sim10$ 时 $h(10-m)=a(m)/2$，得
$$h(0\sim10)=[0.025, -0.017, -0.046, -0.025, 0.033, 0.036, -0.047, -0.089,$$
$$0.052, 0.313, 0.447]$$

从 $N=2M+1=21$ 看，还缺 $n=11\sim20$ 的 $h(n)$。利用线性相位滤波器的对称性，$h(n)=h(20-n)$，得到
$$h(11\sim20)=[0.313, 0.052, -0.089, -0.047, 0.036, 0.033, -0.025, -0.046, -0.017, 0.025]$$

最后一步是验证 $h(n)$ 的幅频特性是否满足要求。$h(n)$ 的频率响应为
$$H(\omega)=\sum_{n=0}^{20}h(n)\,\mathrm{e}^{-\mathrm{j}\omega n}$$

按照该式编程，程序如下：

```
n = 0:20;
w = 0:0.01:pi;
h = [0.025, -0.017, -0.046, -0.025, 0.033, 0.036, -0.047, -0.089,
0.052, 0.313, 0.447,...
0.313, 0.052, -0.089, -0.047, 0.036, 0.033, -0.025, -0.046, -0.017,
0.025];
H = h* exp(-j* n'* w);
plot(w/pi,abs(H));grid;axis tight;xlabel('\omega/\pi');ylabel
(' |H(\omega) |');
```

运行程序得到图 5.12，设计滤波器的幅频特性在通带和阻带都是等波纹的，通带波动小于 0.1，阻带波动小于 0.05，满足指标。

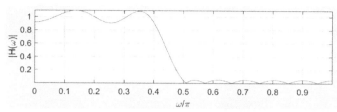

图5.12 设计滤波器的幅频特性

5.3 矩阵变化

在应用过程中,矩阵的大小可以根据需要进行变化,产生循环套循环的效果,或者其他作用。

5.3.1 天线的方向图

从电基本振子看,天线辐射出去的电磁波是球面波,它的电场强度的绝对值为

$$|E(r,\theta,\varphi)| = \frac{60I}{r}f(\theta,\varphi)$$

其中,$f(\theta,\varphi)$称为方向函数。方向函数的图叫方向图,它反映与天线等距离处的天线辐射场强随方向的变化。

例5.11 假设电基本振子立于z轴上,其辐射场E在给定r处的归一化场强是$e=|E|/|E|_{\max}=\sin(\theta)$,请画出$e$随极角$\theta$和方位角$\varphi$变换的方向图和立体图。

解 (1) 数学建模

在给定r处,先计算矢量θ的场强e,$\theta=0\sim\pi$,画二维方向图;然后将矢量θ和φ变为矩阵,再计算e,$\varphi=-0.5\pi\sim\pi$,画三维方向图。

(2) 编程

程序中添加了画电基本振子的指令,程序如下:

```
M=30;N=30;
o=linspace(0,pi,M);f=linspace(-0.5*pi,pi,N);
e=sin(o);
subplot(121);polar(o,e);
h=line([-0.1,0.1],[0,0],'linewidth',3);set(h,'color','r');
o=o'*ones(1,N);f=ones(M,1)*f;
e=sin(o);
x=e.*sin(o).*cos(f);y=e.*sin(o).*sin(f);z=e.*cos(o);
subplot(122);surf(x,y,z);axis equal;xlabel('x');ylabel('y');zlabel('z');
h=line([0,0],[0,0],[-0.1,0.1],'linewidth',3);set(h,'color','r');
```

(3) 运行和分析

运行程序得到图 5.13，图 5.13a 是 e 随 θ 变换的极坐标平面方向图，不同 θ 的半径表示 e 的大小，$\theta = 90°$ 时的 $e = 1$ 最大；图 5.13b 是 e 的三维方向图，不同位置的圆环点 (x, y, z) 到原点的距离表示 e 的大小，$z = 0$ 时的 $e = 1$ 最大。

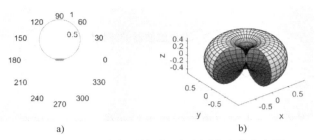

图 5.13 电基本振子的平面方向图和立体方向图

还有图 5.13 所示的红线段表示电基本振子。立体图只画了 $\varphi = -90° \sim 180°$ 的方向图，留出的开口方便读者观看。

5.3.2 窗序列的频谱比较

在信号处理和统计中，经常需要从很长的信号中取出一段信号，这种做法叫加窗。对连续时间信号加窗的数学表达式叫窗函数，对离散时间信号加窗的数学表达式叫窗序列。不同的窗对分析信号的影响是不同的。

例 5.12 离散时间信号常用的窗序列有矩形窗、汉宁窗、汉明窗和布莱克曼窗，设窗序列 $w(n)$ 长 $N = 21$，请比较这四个窗的频谱。

解 矩形窗的表达式为

$$w(n) = R_N(n)$$

汉宁窗的表达式为

$$w(n) = 0.5\left[1 - \cos\left(\frac{2\pi}{N-1}n\right)\right]R_N(n)$$

汉明窗的表达式为

$$w(n) = \left[0.54 - 0.46\cos\left(\frac{2\pi}{N-1}n\right)\right]R_N(n)$$

布莱克曼窗的表达式为

$$w(n) = \left[0.42 - 0.5\cos\left(\frac{2\pi}{N-1}n\right) + 0.08\cos\left(\frac{4\pi}{N-1}n\right)\right]R_N(n)$$

还有有限长序列的频谱为

$$W(\omega) = \sum_{n=0}^{N-1} w(n)e^{-j\omega n}$$

这些表达式和频谱公式是编程的基础。在分析四种窗序列的频谱时，要计算四次频谱公式；若把窗矢量写为矩阵，则矩阵运算就可代替循环。具体程序如下：

```
N=21;n=0:N-1;w=0:0.01:pi;
a=ones(1,N);
b=0.5*(1-cos(2*pi/(N-1)*n));
```

```
        c =0.54 -0.46* cos (2* pi/(N-1)* n);
        d =0.42 -0.5* cos (2* pi/(N-1)* n) +0.08* cos (4* pi/(N-1)* n);
        W =[a;b;c;d]* exp (-j* n'* w);
        s ={'W_{rect}(\omega)','W_{Hann}(\omega)','W_{Hamm}(\omega)','W_{Blac}(\omega)'};
        for k =1:4
            f =abs(W(k,:));f =f/max(f);
            subplot(2,2,k);plot(w/pi,20* log10 (f));grid;xlabel('\omega/\pi');ylabel('decibels');title(s(k));
        end
```

运行程序得到图 5.14，频谱的幅度和宽度最大的波形叫主瓣，其他叫旁瓣。主瓣最窄的是矩形窗，第一旁瓣幅度最小的是布莱克曼窗。

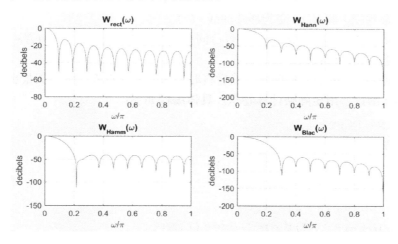

图 5.14　窗序列的频谱

从概念上看，一个正弦信号 $\cos(\omega_0 t)$ 的加窗 $w(t)$ 等于 $\cos(\omega_0 t) w(t)$，其频谱为
$$\mathrm{FT}\{\cos(\omega_0 t) w(t)\}$$
本来 $\cos(\omega_0 t)$ 的频谱是一个在 $\omega = \omega_0$ 的冲激函数，从曲线上看是一根竖线；但是当 $\cos(\omega_0 t)$ 加窗后，其频谱就变为 $W(\omega - \omega_0)$，$W(\omega) = \mathrm{FT}\{w(t)\}$。最简单的情况是 $\omega_0 = 0$ 时，加窗信号的频谱为
$$\mathrm{FT}\{\cos(0t) w(t)\} = \mathrm{FT}\{w(t)\}$$
所以加窗后的信号在 ω_0 外产生了新的频率成分，这种现象称为频谱泄漏。从图 5.14 可以看出，越靠近 ω_0 的频谱泄漏越严重。

从频谱泄漏来看窗频谱，如果信号由两个强弱不同的正弦波组成，矩形窗对较强的分量有最好的分辨力，这得益于它的主瓣最窄；当两个分量的强弱相当时，布莱克曼窗有最好的频率分辨力，这得益于它的旁瓣幅度最小。

5.3.3 数据内插

内插是一种估算，它在已知数据之间构建新数据，以补充采样或实验的数据不足，新数据要求能反映原始数据的变化规律。最简单的内插是在下一个数到来之前，信号一直保持原来的数值，这种做法称为分段常数插值。如果取两点的连线作为构建新数据的算法，这种内插称为线性内插。两种内插虽然简单，但是恢复的曲线都不光滑。

用样本和 sinc 函数卷积，可得到反映样本变化规律的光滑曲线。这种内插的方程为

$$y(t) = \sum_{n=-\infty}^{\infty} x(n) \frac{\sin[\pi(t-nT)/T]}{\pi(t-nT)/T}$$

其中 $x(n)$ 是样本，后面部分是 sinc 函数，它实际上是理想低通滤波器的单位脉冲响应，

$$h(t) = \frac{\sin(\pi t/T)}{\pi t/T}$$

例 5.13 有一个 11 点长序列 $x(n) = e^{-0.1n}\sin(0.5n)$，$n = 0 \sim 10$，采样周期 $T = 1$。请用 $x(n)$ 和 sinc 函数卷积，将 $x(n)$ 变为连续曲线 $y(t)$。

解 因 $x(n)$ 有 11 个点，当 $x(n)$ 和 $y(t)$ 同在一张图时，分解 $t = 0 \sim (N-1)T$ 为 1000 个点足以让 $y(t)$ 近似为连续曲线。

先按时间刻度画离散信号的曲线，然后将时间矢量变为矩阵，延时矢量也变为矩阵，用元素除计算 sinc 函数，用矩阵乘计算卷积。具体编程如下：

```
M=1000;N=11;T=1;
n=0:N-1;
x=exp(-0.1*n).*sin(0.5*n);
stem(n*T,x);grid;hold on
t=linspace(0,(N-1)*T,M);
t1=ones(N,1)*t/T;d=n'*ones(1,M);
y=x*(sin(pi*(t1-d))./(pi*(t1-d)));
plot(t,y);xlabel('t');legend('x(n)','y(t)');
```

运行程序得到图 5.15，圆圈杆状线是离散时间信号 $x(n)$，光滑连续线是内插后得到的连续时间信号 $y(t)$。相当于内插在 $x(n)$ 的各点之间插入了 1000 个点。

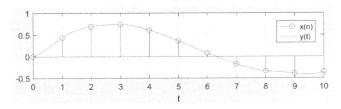

图 5.15 数据内插的示意图

5.3.4 条件熵

在通信系统中，条件熵指在收到一个随机变量 X 后下一个随机变量 Y 的平均不确定性，

它写为 $H(Y|X)$，数学定义为

$$H(Y|X) = -\sum_{m=1}^{M}\sum_{n=1}^{N} p(x_m, y_n) \log \frac{p(x_m, y_n)}{p(x_m)}$$

例 5.14 已知通信系统的发射端有符号 $\{x_1, x_2\}$，接收端有符号 $\{y_1, y_2\}$，收发两端的符号联合概率为

$$[P(x,y)] = \begin{bmatrix} p(x_1,y_1) & p(x_1,y_2) \\ p(x_2,y_1) & p(x_2,y_2) \end{bmatrix} = \begin{bmatrix} 1/8 & 3/8 \\ 3/8 & 1/8 \end{bmatrix}$$

请用算术运算和 sum 求它们的条件熵 $H(X|Y)$。

解 根据条件熵的定义

$$H(X|Y) = -\sum_{m=1}^{2}\sum_{n=1}^{2} p(x_m, y_n) \log[p(x_m|y_n)]$$

变换它的条件概率

$$p(x_m|y_n) = \frac{p(x_m, y_n)}{p(y_n)}$$

接收端的符号概率

$$p(y_n) = \sum_{m=1}^{2} p(x_m, y_n)$$

纵观全局，它们有四个循环。先算接收概率 $p(y_n)$，再算条件概率 $p(x_m|y_n)$，最后算条件熵 $H(X|Y)$。依此顺序编程，程序如下：

```
pxy=[1/8,3/8;3/8,1/8];
py=sum(pxy);
pxIy=pxy./([1;1]*py);
HXIY=-pxy.*log2(pxIy);
HXIY=sum(HXIY(:))
```

运行程序得到 HXlY = 0.8113。

答：该通信系统的条件熵 $H(X|Y)$ 为 0.8113 比特/符号。

5.3.5 二项式分布

在随机信号分析里，那些在一定条件下可能发生也可能不发生的现象称为随机事件，简称事件。由于事件没有必然性，故只能用概率来描述它们。事件若用数字表示就成为变量。随机变量 X 的取值与概率有关，把 X 小于某个值 x 的概率定义为 X 的概率分布函数或累积分布函数，简称分布函数。

例如，试验只有是和否两种可能结果，发生是的概率等于 p；当重复 n 次试验时，发生是的次数就是一种随机变量 X，X 的可能值有 0、1、$\cdots$、n。$X=k$ 的概率为

$$P(X=k) = \frac{n!}{(n-k)!k!} p^k (1-p)^{n-k}$$

这种概率称为二项式分布。病人治疗结果是否有效，接触传染源是否感染，接收二进制信号是否为 1，这类事件的规律都适合二项式分布。

例 5.15 假设是与否的试验中,是的概率分别为 0.3、0.5 和 0.7,三种概率的试验分别做了 20、30 和 40 次。请绘制它们的二项式分布曲线。

解 首先设置概率、次数和线形矢量,用乘积函数 prod 做一个阶乘匿名函数,然后就可以计算二项式分布和画图。编程如下:

```
a=[0.3,0.5,0.7];b=[20,30,40];c=['r*:';'g^:';'bs:'];
xlabel('k');ylabel('P(X=k)');hold on;
P=@(k,n,p)prod(1:n)/prod(1:n-k)/prod(1:k)*p^k*(1-p)^(n-k);
for i=1:numel(a)
    n=b(i);p=a(i);s=c(i,:);
    for k=0:n
        y(k+1)=P(k,n,p);
    end
    plot(0:n,y,s);
end
grid;legend('p=0.3&n=20','p=0.5&n=30','p=0.7&n=40')
```

运行程序得到图 5.16,从横坐标的百分比看,曲线的波峰位置随着是的概率升高逐渐向右移。

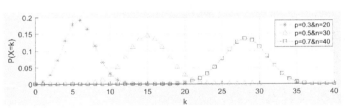

图 5.16 三种概率的二项式分布

5.3.6 迭代和优化

迭代是一种重复操作,它的每次操作结果都是下次操作的初始值,重复次数越多越接近目标。在软件无线电里,迭代能使系统自适应,找出未知数的大约值。从计算的角度,这个过程就是猜测一个值,估计这个值与真值的误差,用误差调整系统的参数;如此重复使猜测值趋于真值,所谓趋于是因为系统面对的环境是变化的。

通信中的许多问题能够设计为达到目标的极值(最优化),即选择一个描述问题的函数,用迭代找出它的极值。例如,寻找函数 $f(x)$ 的最小值位置,如果迭代是根据

$$x(k+1) = x(k) - m\frac{\mathrm{d}f(x)}{\mathrm{d}x}\bigg|_{x=x(k)}$$

步长 m 是个正小数,最小值代表我们希望的目标,如图 5.17 所示,新的估算值 $x(k+1)$ 会比旧的估算值接近最小值,理论上迭代总可以找到最小值的位置。

例 5.16 设多项式 $f(x) = x^2 - 4x + 6$ 描述一个工程问题,我们的目标是让计算机自动找

到 $f(x)$ 的最小值位置。请分别让 x 从 -4、3、5 和 8 出发，找到最小值的位置，假设步长 $m = 0.01$，迭代次数为 400。

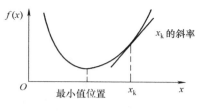

图 5.17　寻找最小值

解　每个初始值的迭代过程是一个矢量，迭代用循环完成，让每次循环分别做四种迭代，就得到一个矩阵。

迭代的程序如下：

```
N = 400;m = 0.01;
x = [-4,3,5,8];t = 0:0.1:4;
f = t.^2 -4* t +6;
subplot(121);plot(t,f);grid;xlabel('x');ylabel('f(x)');
for k = 2:N
    x(k,:) = x(k-1,:) -m* (2* x(k-1,:) -4);
end
subplot(122);plot(x);grid;xlabel('k');ylabel('x(k +1)');legend('x(1) = -4','x(1) =3','x(1) =5','x(1) =8')
```

运行程序得到图 5.18，图 5.18a 是描述工程的函数，图 5.18b 是迭代曲线，不管 x 从哪里出发，经过迭代后都趋向 2，就是 $f(x)$ 的最小值位置。

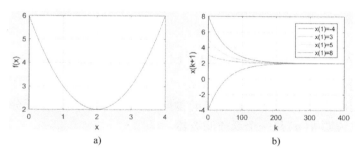

图 5.18　最陡下降法

5.4　矩阵修改

一般情况下，矩阵建立后就可以直接进行运算，但有时矩阵的大小要做些修改才能进行运算，如加入方程的初始条件。有时矩阵里的内容也要做些修改才能拿来用，如加入其他数据。

5.4.1　离散卷积

卷积是一种对两个函数乘积的运算，是甲函数与反转并移位的乙函数相乘后的积分，在信号处理里看作是甲处理乙。若函数的自变量是离散值，则卷积的积分就变为求和。

例 5.17　统计学的移动平均是一种局部数据的平均运算，即取各时刻前后的数据进行

平均，以消除短期波动，显示长期走势。假设输入信号为

$$x(n) = \frac{4}{\pi}\sin(0.1n) + \frac{4}{3\pi}\sin(0.3n) + \frac{4}{5\pi}\sin(0.5n) + \text{noise}$$

其中 noise 用 0.6 倍的函数 randn 模拟，$n = 0 \sim 150$，请用七点移动平均处理这个信号。

解　（1）数学建模

从数学上讲，移动平均是一种卷积运算，即系统的输出为

$$y(n) = \sum_{i=0}^{6} h(i)x(n-i)$$

它的 $h(n) = R_7(n)/7$ 是系统的单位脉冲响应。

（2）编写程序

先建立矢量 $x(n)$ 和 $h(n)$；然后修改 $x(n)$，这是因为 $n=0$ 时 $x(n-i)$ 有 $x(0) \sim x(-6)$；最后计算卷积。程序如下：

```
N=151;n=0:N-1;R=0.6;M=7;
x=4/pi*sin(0.1*n)+4/3/pi*sin(0.3*n)+4/5/pi*sin(0.5*n)+R*randn(1,N);
plot(n,x);grid;xlabel('n');hold on
h=ones(M,1)/M;
x=[zeros(1,M-1),x];
for m=1:N
    y(m)=x(m:m+M-1)*h;
end
plot(n,y,'linewidth',2);axis tight;legend('x(n)','y(n)');
```

（3）运行和分析

运行程序得到图 5.19，系统的输出 $y(n)$ 滤除了 $x(n)$ 的快速变化部分，显示了 $x(n)$ 隐含的周期性。这也说明 $h(n)$ 是一个低通滤波器。

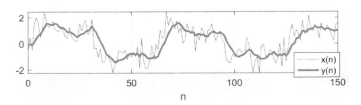

图 5.19　离散卷积

5.4.2　图像平移

图像平移就是将图像的所有像素按照指定的量沿水平方向和垂直方向移动，设像素移动前的坐标是 u 和 v，水平移动量是 du，垂直移动量是 dv，则移动后的坐标为

$$\begin{cases} x = u + du \\ y = v + dv \end{cases}$$

说明：按惯例，图像像素的坐标原点在左上角，x 坐标向下，y 坐标向右。

例 5.18　请将彩色图像 pears.png 下移 50 点和右移 100 点，图像移动空出的地方用黑色填充；要求一种移动不显示离开原图画面的像素，另一种移动显示离开原图画面的像素。

解　首先给新图像的画面建立一个零矩阵，一种移动的矩阵大小和原图的一样，另一种移动的矩阵大小比原图的大；然后根据像素的位置给零矩阵配置像素。

根据上述原理编程，程序如下：

```
du=50;dv=100;
I=imread('pears.png');
s=size(I);
subplot(131);imshow(I);
J=zeros(s);
J(1+du:end,1+dv:end,:)=I(1:end-du,1:end-dv,:);
subplot(132);imshow(uint8(J));
K=zeros(s(1)+du,s(2)+dv,s(3));
K(1+du:end,1+dv:end,:)=I;
subplot(133);imshow(uint8(K));
```

运行程序得到图 5.20，图 5.20b 没显示离开原图画面的像素，图 5.20c 保留原图的全部像素。

a)　　　　　　　　　　b)　　　　　　　　　　c)

图 5.20　两种图像平移

5.4.3　回声

回声也叫回音，是声音传播遇到障碍物时反射的声音，它的传播路程比直接传播的更长，所以会比直接传播的声音晚听到。这两个声音时间间隔小于 0.1s 时，人耳无法分辨。回声可用来辨别位置。

例 5.19　试用 load 从文件 mtlb 下载一段声音信号，用它和它 0.9 倍延迟 0.1s 的声音相加，听听它们的回声。

解　两个声音相加的公式为 $y(n)=x(n)+0.9x(n-N)$，写成指令时，还要保证相加矢量的大小一样。编程如下：

```
load mtlb
x=mtlb'/max(mtlb);
sound(x,Fs);pause(2);
N=round(0.1*Fs);
y=[x,zeros(1,N)]+0.9*[zeros(1,N),x];
y=y/max(y);
sound(y,Fs);
```

对信号归一化是因为 sound 只能发出数值在 $-1\sim1$ 的声音。运行程序后，计算机发出的第一次声音是 mtlb.mat 的，第二次是有回声的。

5.4.4 差分方程的数值计算

差分方程是一种递归关系，它从一组条件开始，不断地重复一种操作，每次操作的结果是下次操作的条件。在信号处理中，差分方程用来描述线性时不变系统的输入输出关系。

例 5.20 假设杨某向银行贷款 50 万，月息 1%，贷款后每月定时计息还款 3 万，请问杨某需要多少个月才能还清贷款。

解 设月份为 n，$n\geq1$，则杨某第 n 个月的欠款为

$$y(n) = y(n-1) + 0.01y(n-1) - 3$$

初始条件 $y(0)=50$。这是一个递归关系，其编程如下：

```
y=50;m=0;
while 1
    y=y+0.01*y-3;
    if y<0
        break
    end
    m=m+1;
end
m
```

运行程序得到 $m=18$。

答：杨某需要 18 个月才能还清贷款。

例 5.21 某 RC 电路的输入输出电压关系是一个微分方程

$$v'_C(t) + \frac{1}{RC}v_C(t) = \frac{1}{RC}v_s(t)$$

它的 $R=300\Omega$ 和 $C=0.01\text{F}$，输入电压 $v_s(t)=4u(t)+6u(t-10)-12u(t-20)V$，输出电压初始值 $v_C(0)=-1\text{V}$。请用数值计算求解电路在 $t=0\sim40\text{s}$ 的 $v_C(t)$，采样周期取 0.1s 和 $0.5RC$。

解 用采样周期 T 将导数写为

$$v'_C(t) = \frac{v_C[(n+1)T] - v_C(nT)}{T}$$

微分方程就可以变为差分方程，

$$v_C(n+1) + \left(\frac{T}{RC} - 1\right)v_C(n) = \frac{T}{RC}v_s(n)$$

它的递推关系为

$$v_C(n+1) = \frac{T}{RC}v_s(n) - \left(\frac{T}{RC} - 1\right)v_C(n)$$

按照初始条件和递推式编程，程序如下：

```
R =300;C =0.01;a =R* C,T =[0.1,0.5* a];
for n =1:2
    t =0:T(n):40;
    N =length(t);vc = -1;
    vs =4 +6* [t > =10] -12* [t > =20];
    subplot(2,2,n);plot(t,vs,' -.');grid;xlabel('t/s');ylabel
('v(t)/V');axis tight;box off;hold on;
    for k =2:N
        vc(k) =T(n)/a* vs(k -1) - (T(n)/a -1)* vc(k -1);
    end
    plot(t,vc);legend('v_s(t)','v_C(t)');
end
```

运行程序得到 $RC=3$，如图 5.21 所示，图 5.21a 的采样周期 0.1s 远小于 RC，计算效果优于图 5.21b；图 5.21b 的采样周期 $0.5RC$，输入的波形在阶跃时效果不好，输出波形也滞后严重，不过基本能反映 $v_C(t)$ 的变化规律。

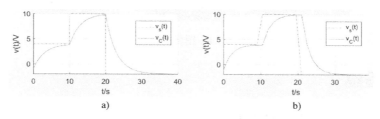

图 5.21 递推求解微分方程

5.4.5 图像的锐化

图像锐化就是增加图像不同光影结合部的对比度，使图像的轮廓更加清晰。从数学的角度看，图像的梯度可以反映灰度的变化率，将这种变化率加一些给原图，可以增加接合部的陡峭性，图 5.22 所示的曲线跃变的增强是一种图像锐化的原理图。

例 5.22 图像梯度的计算是用差分方程实现的，差分的算法很多，如交叉差分算法，其具体实现如图 5.23 所示。请根据下面的算法计算图像 rice. png 的梯度，

$$\nabla f(i,j) = f(i,j) - f(i+1,j+1) + f(i+1,j) - f(i,j+1)$$

并把它加入图像 rice. png，加入的比例由实验确定。

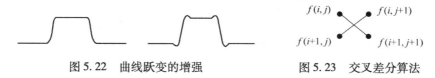

图 5.22 曲线跃变的增强　　　　图 5.23 交叉差分算法

解 每次差分运算都要用两个数字，故给原图矩阵下边增加一行，右边增加一列。观察梯度结果时，要用一个正数抬高全体数据。

为了便于观察，取图像的局部做实验。编程如下：

```
f=imread('rice.png');f=f(70:170,70:170);
subplot(131);imshow(f);title('原图');
f=double(f);
f1=[f;f(end,:)];f1=[f1,f1(:,end)];
d=f-f1(2:end,2:end)+f1(2:end,1:end-1)-f1(1:end-1,2:end);
subplot(132);imshow(uint8(d+100));title('梯度图');
f2=f+d*0.4;
subplot(133);imshow(uint8(f2));title('新图');
```

运行程序得到图 5.24，梯度图显示，用后面减去前面的差分算法，向亮方向变化的边界开始时变黑，向暗方向变化的边界开始时变亮。锐化后的图像，米粒下的花纹也显示出来了。

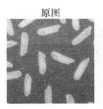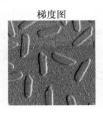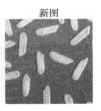

图 5.24　图像的锐化

5.5　矩阵重塑

矩阵变化时，很多情况下它的大小是不需要改变的，但是，重新组合矩阵的大小有时会带来特殊的效果。例如，

$$\begin{bmatrix} A & B & C & D \\ E & F & G & H \\ I & J & K & L \end{bmatrix} \overset{\text{重塑}}{\Rightarrow} \begin{bmatrix} A & I & F & C & K & H \\ E & B & J & G & D & L \end{bmatrix}$$

它的内容没变，只是大小由 3×4 变为了 2×6，这种变化有时很有用。MATLAB 的重塑函数 reshape 就可以从一个矩阵中逐列顺序提取元素，然后按要求将它们组成新矩阵。

5.5.1　卡塞格伦天线

卡塞格伦天线是由抛物线演变而来，由主反射器、副反射器和辐射源组成。辐射源位于主反射器凹面底部，副反射器位于主反射器凹面前方。这种天线的应用遍及卫星地面站、射电望远镜、通信卫星等微波通信领域。

例 5.23　已知主反射器的抛物线焦距 $f=3$、曲面半径 $=5$，副反射器的双曲线实半轴 $a=2$、焦距 $f=3$、曲面半径 $=1$，辐射源在原点；请画出它们的曲面图。

解　（1）数学模型

主反射器的抛物线方程为

$$z = \frac{1}{4f}x^2 \quad (x = -5 \sim 5)$$

副反射器的双曲线方程为

$$\frac{z^2}{a^2} - \frac{x^2}{f^2 - a^2} = 1 \quad (x = -1 \sim 1)$$

它们的焦点重合，两条曲线如图 5.25 所示。将它们绕 z 轴旋转 180°就是主、副反射器的曲面。

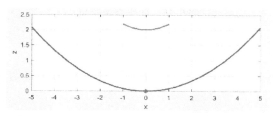

图 5.25　抛物线和双曲线

（2）程序

当平面抛物线在 $x = 5$ 的点（5，2.1）绕 z 轴转 180°时，$x = 5$ 和 $z = 2.1$ 不变；转动角 φ 若有 10 点，则 $x = 5$ 和 $z = 2.1$ 也要有 10 点；所以 φ、x 和 z 要变为网格坐标，才能产生曲面。依此分析的编程如下：

```
f =3;a =2;M =20;m =6;N =10;n =8;
x =linspace(-5,5,M);y =x* 0;
z =1/(4* f)* x.^2;
subplot(221);plot3(x,y,z,0,0,0,'r* ');grid;axis tight;hold on;
x1 =linspace(-1,1,m);y1 =x1* 0;
z1 =a* sqrt(1 +x1.^2/(f^2 -a^2));
plot3(x1,y1,z1);xlabel('x');ylabel('y');zlabel('z');
t =linspace(0,pi,N);t1 =ones(M,1)* t;
x2 =x'* ones(1,N);z2 =z'* ones(1,N);
x3 =x2.* cos(t1);y3 =x2.* sin(t1);
subplot (222); surf (x3, y3, z2, ' facecolor ', [.8, .8, .5],
'facealpha',.5);axis tight;hold on;
plot3(0,0,0,'r* ');
t2 =linspace(0,pi,n);t3 =ones(m,1)* t2;
x4 =x1'* ones(1,n);z4 =z1'* ones(1,n);
x5 =x4.* cos(t3);y5 =x4.* sin(t3);
surf(x5,y5,z4,'facecolor',[.6,.6,.8],'facealpha',.5);xlabel('x');ylabel('y');zlabel('z');
```

（3）运行和分析

运行程序得到图 5.26，图 5.26a 的三维空间曲线绕 z 轴转 180°后得到图 5.26b，它就是卡塞格伦天线的主反射器和副反射器曲面，辐射源在抛物面的底部。

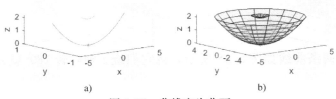

图 5.26 曲线变为曲面

5.5.2 图片拼接

图片拼接可以将多张图片按照左右上下方向无缝连接为一张图片，还可以拼接为 L、Z 等形状的图片。

例 5.24 请选一张照片，用函数 floor 将它自动地剪成对称的四片，并按对角线互换位置，然后拼接在一起。

解 因一张照片的行和列像素不一定是偶数，故照片对半分时，若行或列是奇数时要去掉一行或一列。编程如下：

```
I = imread('onion.png');
subplot(121); imshow(I);
[M,N,p] = size(I);
M = 2*floor(M/2); N = 2*floor(N/2);
J(1:M/2,1:N/2,:) = I(M/2+1:M,N/2+1:N,:);
J(1:M/2,N/2+1:N,:) = I(M/2+1:M,1:N/2,:);
J(M/2+1:M,1:N/2,:) = I(1:M/2,N/2+1:N,:);
J(M/2+1:M,N/2+1:N,:) = I(1:M/2,1:N/2,:);
subplot(122); imshow(J);
```

运行程序得到图 5.27，图 5.27a 是原片，图 5.27b 是剪切和拼接的图片。

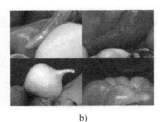

图 5.27 图片剪切和拼接

例 5.25 请选四张照片，以像素最少的照片为基准，将其他三张按自己喜欢选取同等像素，然后将它们拼接在一起。

解 对于像素多的照片，当像素大于基准照片两倍时，可以间隔若干点取一个像素。这种拼接图片的编程如下：

```
a = imread('onion.png'); subplot(231); image(a);
b = imread('fabric.png'); subplot(232); image(b);
c = imread('football.jpg'); subplot(234); image(c);
```

```
d = imread('office_5.jpg');subplot(235);image(d);
[M,N,p] = size(a);
J = a;
J(1:M,N+1:2*N,:) = d(1:4:4*M,1:4:4*N,:);
J(M+1:2*M,1:N,:) = c(21:M+20,1:N,:);
J(M+1:2*M,N+1:2*N,:) = b(1:3:3*M,1:3:3*N,:);
subplot(133);
imshow(J);
```

运行程序得到图 5.28。

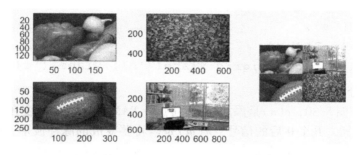

图 5.28 四张照片合成一张

5.5.3 脉冲成形和眼图

因传播媒质都是模拟的,所以数字信号必须转变为模拟信号才能传送。把数字信号变为模拟形态的过程叫作脉冲成形,例如,将数字用余弦脉冲表示。眼图是一系列脉冲成形的数字信号在示波器上按脉冲周期重复扫描的结果。

例 5.26 请产生 100 个 2 - PAM 码,它的幅度为 +1 和 -1,并添加 0.2 倍的标准正态分布噪声 randn,然后用汉明脉冲将二进制码脉冲成形,用码间插入九个点的方法模拟脉冲成形,并画出三个"眼睛"的眼图。

解 (1) 建模

首先用函数 rand 产生 2 - PAM 码,并添加噪声;在码间插入九个 0。然后用函数 hamming 产生 10 点的汉明脉冲,将它作为单位脉冲响应来处理码,通过函数 filter 将码变成脉冲。最后以三个脉冲为一组,重复在屏幕上显示曲线。

(2) 编程

以上模型的流程如图 5.29 所示,矩阵重塑是将脉冲串用 reshape 变为 30 行的矩阵。

图 5.29 码到眼图的流程

具体程序如下:

```
N =100;M =10;E =3;
c =2* floor(2* rand(1,N)) -1;c =c +0.2* randn(1,N);
subplot(321);stem(c,'.');grid;xlabel('n');ylabel('c(n)');
x =zeros(1,N* M);x(1:M:end) =c;
subplot(322);stem(x,'.');grid;xlabel('m');ylabel('x(m)');
h =hamming(M);
subplot(323);plot(h,'.-');grid;xlabel('m');ylabel('h(m)');
y =filter(h,1,x);
subplot(324);plot(y);grid;xlabel('m');ylabel('y(m)');
e =floor(length(y)/(E* M));
p =y(1:E* M* e);
p =reshape(p,E* M,e);
subplot(313);plot(p);grid;xlabel('m');ylabel('p(m)');
```

（3）运行和分析

运行程序得到图 5.30，$c(n)$ 是添加噪声后的 2 - PAM 码，它的幅度在 -1 和 1 的周围；$x(m)$ 是 $c(n)$ 码间插入九个 0 后的信号；$h(m)$ 是码将要变成的脉冲波形，它作为单位脉冲响应将输入的 $x(m)$ 变成 $h(m)$ 的脉冲波形 $y(m)$；$p(m)$ 是连续脉冲 $y(m)$ 按三个码的长度在 $m=0\sim30$ 的画面上显示，最后的结果是三个"眼睛"。

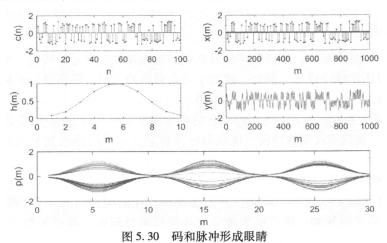

图 5.30 码和脉冲形成眼睛

如果没有噪声干扰，眼图的波形是上下各一条线，眼睛开得最大。噪声干扰越大，眼睛开得越小。

5.5.4 心电图

心电图是一种无创伤记录心脏跳动的曲线，它通过人体皮肤上的电极捕捉心脏跳动时的生理活动，是诊断异常心脏节律的最好方法。

例5.27 在设计心电图仪器时，时常用到心电图信号。这里有心电图的一个周期数据 [-3.2, -3.2, -3.3, -3.2, -3.1, -3, -2.8, -2.7, -2.3, -2.1, -2, -2.2,

−2.5, −2.8, −2.9, −3.2, −3.3, −3.3, −3.2, −3.3, −4.3, 0, 11, 21.6, 0, −18, −15, −10, −6, −3.7, −2.4, −2, −1.6, −1.4, −1, −0.8, −0.2, 0, 0.3, 0.8, 1.2, 1.8, 3, 3.9, 4.7, 6, 7.5, 8.6, 9, 9.3, 9.4, 8.8, 7.5, 5, 2.8, 1, −0.5, −1.7, −2, −2.1, −2.2, −2.3, −2.2, −2.1, −1.9, −1.8, −1.7, −1.7, −1.8, −1.9, −2, −2.1, −2.2, −2.3, −2.5, −2.6, −2.8, −2.9, −3, −3, −3.1, −3.1, −3.1, −3.2, −3.3]/10mV，其采样周期是 0.01s；请将数据扩展两个周期，并用 MATLAB 的函数 interp1 给这些数据内插 19 点。

解 因列向量乘 1 的行向量等于各列相同的矩阵，故对它重塑可得一串周期数字。还有在 Command Window 中查询，interp1 是一个一维插值函数，它有很多插值方法；其中 spline 是分段三次样条插值，也就是每两个数字之间用一个三次多项式表示；这种方法的阶次低，连接数据的曲线光滑。

根据以上分析编程如下：

```
T=0.01;m=3;
h=[-3.2,-3.2,-3.3,-3.2,-3.1,-3,-2.8,-2.7,-2.3,-2.1,-2,-2.2,-2.5,-2.8,-2.9,-3.2,-3.3,-3.3,-3.2,-3.3,...
    -4.3,0,11,21.6,0,-18,-15,-10,-6,-3.7,-2.4,-2,-1.6,-1.4,-1,-0.8,-0.2,0,0.3,0.8,...
    1.2,1.8,3,3.9,4.7,6,7.5,8.6,9,9.3,9.4,8.8,7.5,5,2.8,1,-0.5,-1.7,-2,-2.1,...
    -2.2,-2.3,-2.2,-2.1,-1.9,-1.8,-1.7,-1.7,-1.8,-1.9,-2,-2.1,-2.2,-2.3,-2.5,-2.6,-2.8,-2.9,-3,-3,...
    -3.1,-3.1,-3.1,-3.2,-3.3]/10;
N=length(h);n=0:N-1;
subplot(311);plot(n*T,h);grid;grid minor;ylabel('ECG/mV');axis tight;
L=m*N;p=0:L-1;
hm=reshape(h'*ones(1,m),1,L);
subplot(312);plot(p*T,hm);grid;grid minor;ylabel('ECG/mV');axis tight;
q=0:1/20:L-1;
hi=interp1(p,hm,q,'spline');
subplot(313);plot(q*T,hi);grid;grid minor;xlabel('t/s');ylabel('ECG/mV');axis tight;
```

运行程序得到图 5.31，图 5.31a 是原始数据的曲线，只有一个周期；图 5.31b 是矩阵重塑的，它有三个周期；图 5.31c 是插值的，它的曲线比中图光滑。

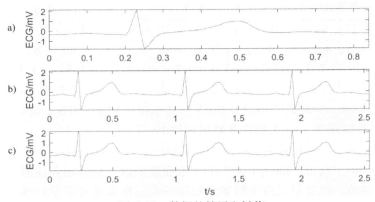

图 5.31 数据的扩展和插值

5.6 矩阵拓展

矩阵拓展在这里是指以原来的矩阵为基础，按某种方式给它添加新内容，例如给原来的矩阵加一个同等大小的矩阵。

5.6.1 十进制变二进制

十进制是一种数字系统，它的基本符号 s 是 0、1、2、3、4、5、6、7、8、9，它们的大小由位置（权值）决定；二进制也是一种数字系统，它的基本符号 s 是 0 和 1，它们的大小也由位置决定。例如，r 进制的整数 $s_n\cdots s_2 s_1 s_0$，它的基本符号 s_i 和权值 r^i 的关系为

$$s_n\cdots s_2 s_1 s_0 = s_n r^n + \cdots + s_2 r^2 + s_1 r^1 + s_0 r^0$$

该式是数字系统互相转换的依据。

例 5.28 请用 MATLAB 的基本函数 floor 编写一个十进制整数变为二进制整数的程序，并将十进制数 358 变为二进制数。

解 因为 358 按二进制展开时，

$$358 = s_n 2^n + \cdots + s_2 2^2 + s_1 2^1 + s_0 2^0$$

它的 s_i 只有 0 和 1 两种符号；所以上式两边除 2 时，左边的余数就是右边的 s_0，这就是编程的依据。

程序开头先将二进制变量 y 设置为空矩阵，然后根据每次除法的余数修改它。具体程序如下：

```
x=358;i=1;y=[];
while i>0
    a=x/2;i=floor(a);
    if a-i>0 y=['1',y];else y=['0',y];end
    x=i;
end
y
```

运行程序得到 y = 101100110。

答：十进制数 358 的二进制数是 101100110。

例 5.29 请用 MATLAB 的基本函数 floor 编写一个十进制小数变为二进制小数的程序，并将十进制数 0.2 变为二进制数，精确到小数点后十六位。

解 十进制小数和二进制小数的关系为

$$0.2 = s_{-1}2^{-1} + s_{-2}2^{-2} + s_{-3}2^{-3} + \cdots + s_{-16}2^{-16}$$

其中 s_{-i} 不是 0 就是 1，对等式两边乘 2 时，左边的整数就是右边的 s_{-1}。如果左边的整数是 1，则下次乘法前要去掉它。

程序开头先设置二进制变量 y 的空矩阵，然后根据乘法结果修改它。程序如下：

```
x = 0.2; y = [];
for k = 1:16
    a = 2 * x; i = floor(a);
    if i > 0 y = [y,'1']; x = a - 1; else y = [y,'0']; x = a; end
end
y
```

运行程序得到 y = 0011001100110011。

答：十进制数 0.2 等于二进制数 0.0011001100110011，它是无限循环小数，误差小于 2^{-16}。

5.6.2 泰勒级数和正弦波

泰勒级数是一种多项式，它用无限项之和来表示一个无限可微的函数。正弦波是一种光滑周期振荡的现象，它与另一个同频率不同幅度不同相位的正弦波相加后，仍能保持原来的波形。

正弦波广泛应用于物理、工程、信号处理等领域。计算机产生正弦波的方法有查表法、数字振荡器和泰勒级数法。查表法是将事先算好的正弦值存在芯片里，需要时按地址提取输出；数字振荡器是按正弦波的差分方程编程，计算并输出；泰勒级数法是取级数的若干次幂，计算正弦函数在 $0 \sim \pi/4$ 的值。

比如取泰勒级数的前四项，计算相位 $x = 0 \sim \pi/4$ 的正弦和余弦函数。取 $0 \sim \pi/4$ 的理由是 $\sin 2x = 2\sin x \cos x$ 且

$$\begin{cases} \sin x \approx x - \dfrac{x^3}{3!} + \dfrac{x^5}{5!} - \dfrac{x^7}{7!} \\ \cos x \approx 1 - \dfrac{x^2}{2!} + \dfrac{x^4}{4!} - \dfrac{x^6}{6!} \end{cases}$$

该级数的近似误差不大于 $2\dfrac{x^8}{8!}$，误差最大在 $x = \pi/4$ 时，这时误差小于 0.0000072；从 $x = 0 \sim \pi/4$ 的正弦和余弦值可以算出 $0 \sim \pi/2$ 的正弦值，根据对称性就可以得到 $0 \sim 2\pi$ 的正弦值。

例 5.30 已知余弦函数的泰勒级数为

$$\cos(x) = 1 - \frac{x^2}{2!} + \frac{x^4}{4!} - \frac{x^6}{6!} + \frac{x^8}{8!} - \cdots$$

它对所有 x 都成立；特别是 $|x|<1$ 时，级数用五项就可以很好地表示余弦函数。请一次性画出余弦函数和它的泰勒级数在最高次幂 $n=0$、2、4、6、8、10、12 时的近似曲线，$x = -10 \sim 10$。

解 设置相位 x 为列向量，f 为 1 的列向量，用循环语句将 f 拓展为七列的矩阵；每次循环产生的列是上一次列加上泰勒级数的一个项得到的。

编程如下：

```
M=100;x=linspace(-10,10,M)';
f=ones(M,1);
for k=1:6
    n=2*k;
    f(:,k+1)=f(:,k)+(-1)^k*x.^n/prod(1:n);
end
h=plot(x,cos(x),':',x,f,'linewidth',2);axis([-10,10,-8,8]);
grid;xlabel('x');ylabel('f(x)');
legend('cos(x)','n=0','n=2','n=4','n=6','n=8','n=10','n=12');
```

运行程序得到图 5.32，虚线是余弦函数 $\cos x$ 的，直线是直流分量的；n 越大，级数的曲线越接近 $\cos x$，接近的 x 范围越宽。

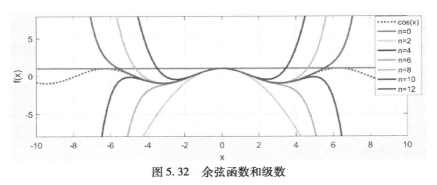

图 5.32 余弦函数和级数

5.6.3 图像中值滤波

把要用的数字从小到大排列，处在中间位置的数字的值就叫中值。图像中值滤波就是把选定的一块图像内的像素数字从小到大排列，然后取它们的中值作为新图像的像素值。这种方法不会像均值滤波那样使图像过于模糊。

例 5.31 MATLAB 的梨子照片 pears.png 有很多麻点，请用一个 3×3 的窗口对它进行中值滤波，可以用中值函数 median 来完成。

解 窗口就是处理照片时每次选择一块图像的固定尺寸，它是 $3\times 3\times 3$ 的矩阵，后面的 3 表示红绿蓝三个矩阵。由于这个原因，要先给待处理的图像矩阵四边添加 0 矢量，然后再用窗口对红绿蓝图像逐块取中值,将它赋给新矩阵。

中值滤波的程序如下:

```
x=imread('pears.png');[M,N,p]=size(x);
subplot(221);imshow(x);
a=zeros(M,1,p);b=zeros(1,N+2,p);
y=[a,x,a];y=[b;y;b];
for m=1:M
    for n=1:N
        c=y(m:m+2,n:n+2,:);
        for i=1:p
            d=c(:,:,i);
            z(m,n,i)=median(d(:));
        end
    end
end
subplot(222);imshow(z)
```

运行程序得到图 5.33,可以发现滤波后的图中梨子上的麻点比原来的少,梨子边缘仍很清晰。

图 5.33 梨子图像的中值滤波

5.6.4 数字的脉冲形成

数字是一种抽象的符号,不能直接在电路或电磁波中传输。用电流或电磁波传输数字时,数字必须先变成一种波形。

例 5.32 请用函数 rand 产生八个 4-PAM 码,即用矩形脉冲 $R_T(t)$ 表示二进制数 10、01、00 和 11,幅度是 +1、-1、-3 和 +3,脉冲宽度 $T=0.1\mathrm{s}$ 用 30 个点模拟。

解 从脉冲形成的原理来看,码字变成矩形脉冲就是用码字 c_n 分别乘上相应时刻 nT 的脉冲 $R_T(t-nT)$, $n=0\sim7$;即脉冲宽 30 点,这 30 点的幅值等于码字。编程如下:

```
N=8;n=0:N-1;T=0.1;
c=2*floor(4*rand(1,N))-3;
subplot(221);stem(n,c,'*');grid;axis tight;xlabel('n');ylabel('c(n)')
M=30;m=0:N*M-1;
```

```
    for i=1:N
        y((i-1)*M+1:i*M)=c(i);
    end
    subplot(222);plot(m/M*T,y,'.-');grid;axis tight;xlabel('t/s');ylabel('c(t)')
```

运行程序得到图 5.34，图 5.34a 是随机码字，图 5.34b 是码字控制的矩形脉冲，离散的八个数字变为连续的 0.8s 信号。

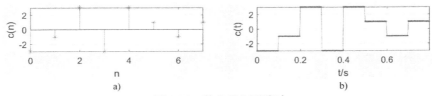

图 5.34 数字的矩形脉冲

例 5.33 矩形脉冲容易实现，但其频谱的旁瓣幅度很大，如图 5.35a 所示，容易干扰临近频道的频谱，这方面汉明窗脉冲的频谱优于矩形脉冲的频谱，如图 5.35b 所示。现在假设数字信号是 $x(n) = [3\ -3\ -1\ 1\ 3]$，$T = 0.5\mathrm{s}$，请把 $x(n)$ 的每个数字变成汉明窗脉冲，每个 T 用 10 个点模拟。

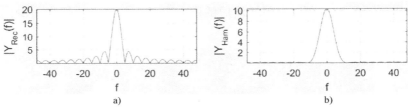

图 5.35 矩形窗和汉明窗的频谱

解 根据汉明窗序列

$$w(m) = \left[0.54 - 0.46\cos\left(\frac{2\pi}{M-1}m\right)\right]R_M(m)$$

先设置一个汉明窗序列 w 和空矩阵 y，然后用 $x(n)$ 的数字逐个加权窗序列 w，并依次放入矩阵 y。

按此原理编程，程序如下：

```
x=[3,-3,-1,1,3];N=length(x);n=0:N-1;T=0.5;
subplot(131);stem(n,x,'.');axis tight;grid;xlabel('n');ylabel('x(n)');box off;
M=10;m=0:M-1;
w=0.54-0.46*cos(2*pi*m/(M-1));
subplot(132);stem(m,w,'.');grid;xlabel('m');ylabel('w(m)');box off;
y=[];
for n=1:N
    y=[y,x(n)*w];
end
subplot(133);plot((0:N*M-1)/M*T,y,'.-');axis tight;grid;xlabel('t/s');ylabel('y(t)');box off;
```

运行程序得到图 5.36，$x(n)$ 的数字逐个加权汉明脉冲 $w(m)$，然后连接在一起，得到 $y(t)$。实际上 t 是用离散值模拟的，计算机的变量都是离散的。

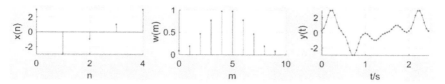

图 5.36 数字的汉明窗脉冲

5.6.5 基带信号调制

信源信号的频率较低，其频谱从零频开始，这类信号称为基带信号，它只适合近距离传输。远距离传输时，基带信号要借助载波传输，即用基带信号去控制一个易于传播的信号的某些参数，如幅度、频率等，这个过程称为调制。

在数字信号处理中，两个不同采样率的信号是不能直接运算的。例如，幅度调制在数学上将两个信号直接相乘就可以了，但是在数字信号处理时，低速率的基带信号必须先上采样，把自身的采样率变得和载波一样，然后才能和载波相乘。

例 5.34 设基带信号 $x(n)=\sin(0.2\pi n)$ 的采样率 $f_x=10\text{Hz}$，载波 $y(m)=\sin(0.2\pi m)$ 的采样率 $f_y=300\text{Hz}$。请用 $x(n)$ 的十个样本对 $y(m)$ 进行平衡调幅，$x(n)$ 上采样时用片段常数法，即内插值和前面的样本相同。

解 对于模拟信号 $x(t)$ 和载波 $y(t)$，它们平衡调幅的公式为
$$z(t)=x(t)y(t)$$
所以，离散信号 $x(n)$ 的一个样本要控制 $y(m)$ 的三十个样本，调制前 $x(n)$ 必须先上采样。

这里用列向量乘行向量的方法拓展 $x(n)$，编程如下：

```
N=10;n=0:N-1;
x=sin(0.2*pi*n);
subplot(221);stem(n,x,'.');grid;xlabel('n');ylabel('x(n)');box off
I=30;m=0:N*I-1;
x=reshape(ones(I,1)*x,1,N*I);
subplot(222);plot(m,x);grid;xlabel('m');ylabel('x(m)');box off
y=sin(0.2*pi*m);
subplot(223);plot(m,y);grid;xlabel('m');ylabel('y(m)');box off
z=x.*y;
subplot(224);plot(m,z);grid;xlabel('m');ylabel('x(m)y(m)');box off
```

运行程序得到图 5.37，在这里采样率低的基带信号 $x(n)$ 变成了采样率高的信号 $x(m)$，

然后 $x(m)$ 才能乘载波 $y(m)$，使载波的幅度随 $x(m)$ 变化。

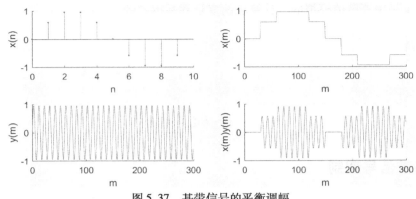

图 5.37　基带信号的平衡调幅

5.6.6　混响

声波在传播时碰到物体会反射，反射的声波叫回声。当声波与多个反射的声波混合在一起时，就叫混响。

例 5.35　假设有一个声音信号 $x(t)$ 和它的六个延时信号 $A_i x(t-t_i)$ 相加，$A_i = [0.9, 0.7, 0.4, 0.2, 0.1, 0.07]$，$t_i = [0.1, 0.3, 0.5, 0.9, 1, 1.5]$。请用函数 load 下载文件 mtlb，将它的数据作为声音，用函数 sum 完成这个声音的混响。

解　先将 mtlb 变为行向量 x，然后将向量分别延时和衰减作为矩阵 y 的第二行、第三行、⋯，最后将矩阵 y 的各列元素用 sum 加起来，作为混响信号。编程如下：

```
load mtlb
x = mtlb'; L = length(x);
a = [0.9,0.7,0.4,0.2,0.1,0.07]; d = round([0.1,0.3,0.5,0.9,1,1.5]*Fs);
K = length(d);
sound(x/max(x),Fs); pause(2);
y = x;
for k = 1:K
    y(k+1,d(k):d(k)+L-1) = a(k)*x;
end
y = sum(y);
sound(y/max(y),Fs)
```

运行程序后喇叭将发出两次声音，第一次是 mtlb 的，第二次是它的混响。

5.7　二维变量

在物理和数学领域，维是维度（dimension）的简称，指描述一个对象所需的独立变量数目；例如，0 维是一个点，一维是一根线，二维是一个长和宽平面。在平面上的内容是用水平和垂直两个方向的变量来描述的,理论上这些内容可以铺满整个二维平面。

5.7.1 电位与电场强度

电位是描述电场势能的标量,它的数值只有相对意义。电场强度简称场强,它是描述电场作用力的矢量。电场强度 E 等于电位 φ 的梯度乘以负号,即

$$E = -\nabla\varphi = -\left(a_x\frac{\partial\varphi}{\partial x} + a_y\frac{\partial\varphi}{\partial y}\right)$$

例 5.36 两个等值异性电荷产生的电位为

$$\varphi(x,y) = \frac{30x}{(1+x^2+y^2)^{\frac{3}{2}}}$$

试求它在 $x = -2 \sim 2$ 和 $y = -1 \sim 1$ 范围的数值,并用等高线函数 contour、伪彩色函数 pcolor 和箭头函数 quiver 绘制电位和场强图。

解 (1) 数学模型

一维 $f(t)$ 的导数 $f'(t)$ 是 $f(t)$ 的变化率,也是 $f(t)$ 曲线的斜率。在数值计算时,其第二点的导数 $f'(2) = \frac{f(3)-f(1)}{2}$,如图 5.38 所示,以此类推;第一点的导数 $f'(1) = \frac{f(2)-f(1)}{1}$,最后一点的导数 $f'(\text{end}) = \frac{f(\text{end})-f(\text{end}-1)}{1}$。

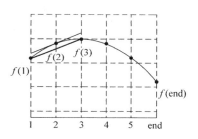

图 5.38 导数的数值计算

(2) 程序

根据以上的数学模型进行编程,需要 x 和 y 向量变为矩阵,供二维的 $\varphi(x,y)$ 计算。场强 x 和 y 的偏导数按以上三种情况计算。程序如下:

```
x = -2:0.1:2;y = -1:0.1:1;
[x,y] = meshgrid(x,y);
f = 30 * x./(1 + x.^2 + y.^2).^1.5;
subplot(231);contour(x,y,f);xlabel('x');ylabel('y');
subplot(232);pcolor(x,y,f);shading interp;xlabel('x');ylabel('y');
u = -[f(:,2) - f(:,1),(f(:,3:end) - f(:,1:end - 2))/2,f(:,end) - f(:,end - 1)];
v = -[f(2,:) - f(1,:);(f(3:end,:) - f(1:end - 2,:))/2;f(end,:) - f(end - 1,:)];
subplot(233);quiver(x,y,u,v);grid;axis tight;xlabel('x');ylabel('y');
```

(3) 运行和分析

运行程序得到图 5.39,图 5.39a 是电位的等位线,彩色代表电位的大小,其对应的数值可用色条函数 colorbar 显示。图 5.39b 是电位平面,左半面是负电位,最小值为 -11.5;右半面是正电位,最大值为 11.5。图 5.39c 是场强,箭头的尾端表示矢量的位置、长度表示矢

量的大小，箭头的指向是从高电位到低电位。

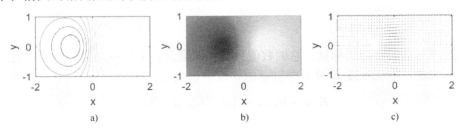

图 5.39 两个电荷产生的电位和场强

5.7.2 静态场的边值问题

在给定边界条件下求解空间的静电场称为边值问题。求解的方法有两大类，一类是用公式表示结果的解析法，一类是用数字表示结果的数值法。

数值法中较简单的是有限差分法，其原理是把电位区域划分为均匀的网点，点距为 h，如图 5.40 所示，将点 (i,j) 相邻的四个点电位分别用泰勒级数在点 (i,j) 上展开，得

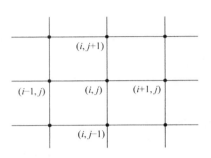

图 5.40 有限差分法的网点

$$\begin{cases} \varphi_{i-1,j} = \varphi_{i,j} - \left(\frac{\partial \varphi}{\partial x}\right)_{i,j} h + \frac{1}{2!}\left(\frac{\partial^2 \varphi}{\partial x^2}\right)_{i,j} h^2 - \frac{1}{3!}\left(\frac{\partial^3 \varphi}{\partial x^3}\right)_{i,j} h^3 + \cdots \\ \varphi_{i+1,j} = \varphi_{i,j} + \left(\frac{\partial \varphi}{\partial x}\right)_{i,j} h + \frac{1}{2!}\left(\frac{\partial^2 \varphi}{\partial x^2}\right)_{i,j} h^2 + \frac{1}{3!}\left(\frac{\partial^3 \varphi}{\partial x^3}\right)_{i,j} h^3 + \cdots \\ \varphi_{i,j+1} = \varphi_{i,j} + \left(\frac{\partial \varphi}{\partial y}\right)_{i,j} h + \frac{1}{2!}\left(\frac{\partial^2 \varphi}{\partial y^2}\right)_{i,j} h^2 + \frac{1}{3!}\left(\frac{\partial^3 \varphi}{\partial y^3}\right)_{i,j} h^3 + \cdots \\ \varphi_{i,j-1} = \varphi_{i,j} - \left(\frac{\partial \varphi}{\partial y}\right)_{i,j} h + \frac{1}{2!}\left(\frac{\partial^2 \varphi}{\partial y^2}\right)_{i,j} h^2 - \frac{1}{3!}\left(\frac{\partial^3 \varphi}{\partial y^3}\right)_{i,j} h^3 + \cdots \end{cases}$$

然后忽略四阶以上的幂，相加后可以得到

$$\frac{\partial^2 \varphi}{\partial x^2} + \frac{\partial^2 \varphi}{\partial y^2} = \frac{1}{h^2}(\varphi_{i-1,j} + \varphi_{i+1,j} + \varphi_{i,j+1} + \varphi_{i,j-1} - 4\varphi_{i,j})$$

如果待求区域没有电荷，根据泊松方程上式左边将等于零，上式就变为

$$\varphi_{i,j} = \frac{\varphi_{i-1,j} + \varphi_{i+1,j} + \varphi_{i,j+1} + \varphi_{i,j-1}}{4}$$

这就是二维拉普拉斯方程的有限差分形式。只要给待求点设置初值，就可以用这个公式重新计算待求点的电位，直到新旧值之差小于指定值。

例 5.37 有一长方形的微带线，如图 5.41 所示，它的 $x = 10\text{mm}$，$y = 5\text{mm}$，上边的电位是 10V，下面三边的电位是 0V，内部是空气，请用有限差分法求它内部的电位，要求 2 点/mm，迭代前后的误差小于 10^{-4}，然后用曲面函数 surf 画图。

解 先根据边界条件设置电位的矩阵，然后按迭代公

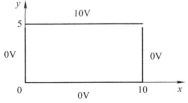

图 5.41 微带线结构

式更新该矩阵的值，直到新旧矩阵的误差小于 10^{-4}。相应的程序如下：

```
N=21;M=11;
x=linspace(0,10,N);y=linspace(0,5,M);
f1=zeros(M,N);f1(M,2:N-1)=10;
f=0;
while max(max(abs(f1-f)))>1e-4
    f=f1;
    for i=2:M-1
        for j=2:N-1
            f1(i,j)=(f(i-1,j)+f(i+1,j)+f(i,j+1)+f(i,j-1))/4;
        end
    end
end
surf(x,y,f,'facecolor','interp');view(2);colormap jet;colorbar;xlabel('x'),ylabel('y');
```

运行程序得到图 5.42，横坐标和纵坐标表示微带线的空间位置，颜色表示电位的大小，右边彩条给出颜色对应的数值。

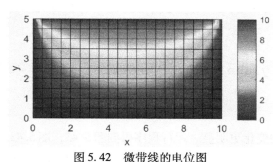

图 5.42 微带线的电位图

5.7.3 短时傅里叶变换

短时傅里叶变换是傅里叶变换的一种变形，它把一个长信号均匀地分成若干段，然后逐段计算信号的傅里叶变换，并将计算结果显示在时间和频率的二维平面上。

例 5.38 有一个采样频率为 200Hz 的信号

$$x(n) = 1.5\sin(0.3n) R_{300}(n-100) + 0.5\sin(0.8n) + \sin(2n) R_{200}(n-600)$$

它由三个正弦波组成，其中两个只有一段时间出现。为了分析这种频谱，并确定频谱的时间，请把时序 $n=0\sim1000$ 的 $x(n)$ 均匀分成十段，逐段计算它们的频谱，并用曲面函数 surf 显示它们。

解 （1）建模

非周期信号 $x(n)$ 的频谱公式为

$$X(\omega) = \sum_{n=-\infty}^{\infty} x(n)\,\mathrm{e}^{-\mathrm{j}\omega n}$$

信号分解后每段信号 y 有 100 点，y 的频谱 Y 的 ω 主值区间也分成 100 点；根据对称性，计算 Y 的前面 51 点即可。

（2）编程

由于 surf 是画矩阵数据的，故每段信号的频谱 Y 都要变成矩阵才能画二维平面图。编程如下：

```
n=0:1000;fs=200;N=100;
R=@ (a,b)n>=a&n<b;
x=1.5*sin(0.3*n).*R(100,400)+0.5*sin(0.8*n)+sin(2*n).*R(600,800);
subplot(211);plot(n/fs,x);grid;xlabel('t/s');ylabel('x(t)');
k=0:N/2;w=2*pi/N*k;
subplot(212);hold on;view(2);axis tight;colormap jet;
for p=1:10
    n=(p-1)*N:p*N-1;
    y=x(n+1);
    Y=y*exp(-j*n'*w);
    Y=[Y;Y]';
    surf([(p-1)*N,p*N]/fs,fs/N*k,20*log10(abs(Y)+eps),'edgecolor','none');
end
xlabel('t/s');ylabel('f/Hz');title('20log_{10}|X(f)|');% colorbar;
```

（3）运行和分析

幅度取分贝能使它的变化更明显。运行程序得到图 5.43，图 5.43a 显示 $x(t)$ 有两段波形发生了变化；图 5.43b 显示 $X(f)$ 有两段发生了变化，在 $t=0.5 \sim 2\mathrm{s}$ 出现了一个 11Hz 的分量（用放大镜观察），在 $t=3 \sim 4\mathrm{s}$ 出现了一个 65Hz 的分量。分量的大小用颜色表示，具体数值用函数 colorbar 显示。频谱在 $k=N/2+1 \sim N-1$ 的部分与 $k=0 \sim N/2$ 的部分是对称的。

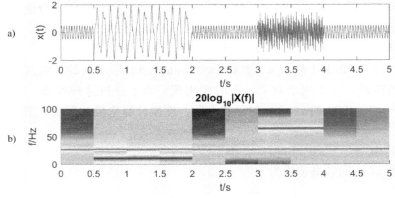

图 5.43　信号的短时傅里叶变换

5.7.4 二维正态分布

分布函数是指随机变量的统计规律，也就是这件事情发生的可能性。许多自然现象和社会现象的事件都表现为一种统计规律，称为正态分布，它的概率密度函数为

$$f(x) = \frac{1}{\sqrt{2\pi}\sigma}\exp\left[-\frac{(x-\mu)^2}{2\sigma^2}\right]$$

其中，数学期望 μ 决定 $f(x)$ 的位置，标准差 σ 决定 $f(x)$ 的幅度。考试的分数分布就像正态分布，正态分布函数写为

$$F(x) = \frac{1}{\sqrt{2\pi}\sigma}\int_{-\infty}^{x}\exp\left[-\frac{(t-\mu)^2}{2\sigma^2}\right]dt$$

二维正态分布是一维正态分布的推广，其概率密度函数写为

$$f(x,y) = \frac{1}{2\pi\sigma_x\sigma_y\sqrt{1-\rho^2}}\exp\left\{-\frac{1}{2(1-\rho^2)}\left[\frac{(x-\mu_x)^2}{\sigma_x^2}+\frac{(y-\mu_y)^2}{\sigma_y^2}-\frac{2\rho(x-\mu_x)(y-\mu_y)}{\sigma_x\sigma_y}\right]\right\}$$

其中，ρ 是 x 和 y 的相关系数。概率密度为 $f(x,y)$ 的二维正态分布函数为

$$F(x,y) = \int_{-\infty}^{x}\int_{-\infty}^{y}f(u,v)dudv$$

例 5.39 设某课程学生平时成绩的 $\mu_x=70$ 和 $\sigma_x=13$，考试成绩的 $\mu_y=50$ 和 $\sigma_y=7$，相关系数 $\rho=0.3$；请画出该课程总成绩的二维正态概率密度和分布函数图形。

解 这里的成绩都用百分制描述，总成绩的概率密度和分布函数用高度描述。从合理性考虑，分布函数的积分下限从 0 开始，平时成绩 x 和考试成绩 y 的变化范围在 0~100，积分变量 u 和 v 的离散化距离 du 和 dv 取 1。具体编程如下：

```
ux=70;ox=13;uy=50;oy=7;p=0.3;
x=0:100;
[x,y]=meshgrid(x);
f=1/(2*pi*ox*oy*sqrt(1-p^2))*exp(-1/(2*(1-p^2))*((x-ux).^2/ox^2+(y-uy).^2/oy^2-...
    2*p*(x-ux).*(y-uy)/(ox*oy)));
subplot(221);mesh(x,y,f);colormap jet;xlabel('x');ylabel('y');zlabel('f(x,y)');title('概率密度')
for i=1:101
    for j=1:101
        A=sum(sum(f(1:i,1:j)));
        F(i,j)=A;
    end
end
subplot(222);mesh(x,y,F);colormap jet;xlabel('x');ylabel('y');zlabel('F(x,y)');title('分布函数')
```

运行程序得到图 5.44，概率密度图形显示，运用工具栏的旋转图标 ⟳，平时成绩 x 集中在 70，考试成绩集中在 50，总成绩密集的坐标 (x,y) 在 $(70,50)$。分布函数显示，x 和 y 从 0 开始，越往 100，累积的概率越接近 1。

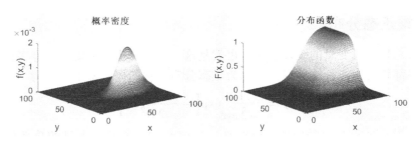

图 5.44　二维正态分布

本章小结

矩阵是一种排列方式，在数学中是一组按矩形排列的数字或符号，在信号处理中还可以是一种显示或存储形式，它可以表示方程、物体、声音、图形等，还可以提高运算效率，因此应根据实际情况灵活使用。

练习题

1. 求解方程组

$$\begin{cases} x + 2y + 3z = 5 \\ 3x + 2y + z = -3 \\ 4x + 5y + z = 9 \end{cases}$$

请用多种方法验证得到的结果。

2. 有一处别墅被分解为七部分，并用矩阵表示：墙壁是 [0, 8, 8, 0, 0; 0, 8, 8, 0, 0]、[0, 0, 4, 4, 0; 0, 0, 4, 4, 0] 和 [0, 0, 0, 0, 0; 4, 4, 4, 4, 4]，天花板是 [9, -1; 9, -1]、[-1, -1; 5, 5] 和 [4, 4; 4, 4]，屋顶是 [-1, 9, 9, -1, -1; 4, 4, 4, 4, 4]、[-1, -1, 5, 5, -1; 2, 2, 2, 2, 2] 和 [4, 4, 4, 4; 6, 6, 6, 6]，大门是 [3, 3, 5, 5]、[0, 0, 0, 0] 和 [0, 2, 2, 0]，左前窗是 [1, 2, 2, 1, 1]、[0, 0, 0, 0, 0] 和 [2, 2, 3, 3, 2]，左侧窗是 [0, 0, 0, 0, 0]、[1.5, 1.5, 2.5, 2.5, 1.5] 和 [2, 3, 3, 2, 2]。请用矩阵、surf 函数和 plot3 函数画出图 5.45。

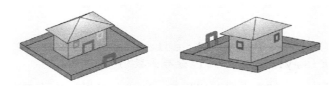

图 5.45　草地上的别墅

3. 有一串数字是 [25105, 20174, 21738, 37324, 26469, 65292, 35201, 21040, 21738,

37324，21435，65311］，请把它们转换为字符。

4. 有五个相同结构的天线沿 x 轴排列，它们形成一个辐射电场，其归一化方向图为

$$F(\delta) = \frac{1}{5} \left| \frac{\sin\left[5\left(\frac{\pi}{4} + \frac{1.4\pi}{4}\cos\delta\right)\right]}{\sin\left(\frac{\pi}{4} + \frac{1.4\pi}{4}\cos\delta\right)} \right|$$

设电波射线和 x 轴的夹角 $\delta = 0 \sim 2\pi$，请用极坐标绘制该方向图。

5. 假设内插函数 $g(t) = R_T(t)$，即 $t = 0 \sim T$ 的 $R_T(t) = 1$，其他 t 的 $R_T(t) = 0$。请根据公式

$$y(t) = \sum_{n=0}^{N-1} x(n) g(t - nT)$$

将数据 $x(n)$ 变成连续曲线 $y(t)$，$n = 0 \sim 10$，$x(n)$ 用语句 x = 2*randi(4,1,N)-5 产生。

6. 发射端发出的信号 $u = 4\sin(0.3n)$，途中受到噪声 v 的干扰，接收到的信号 $w = u + v$。为了滤除干扰，请对 w 进行处理，即对 w 的第 1~3 个数字求平均，第 2~4 个数字求平均，如此操作。要求处理后的数字和收到的数字一样多，设整数 $n = 1 \sim 100$，噪声用函数 randn 来实现。

7. 离散时间信号的尺度压缩就是给自变量乘上一个正整数，例如，信号 $x(3n)$ 就是 $x(n)$ 的 n 乘 3 的结果。设 $x(n) = \cos(\pi n/100)\sin(\pi n/20)$，请画出 $x(n)$ 和 $x(3n)$ 的波形，$n = 0 \sim 50$。

8. 差分方程具有递推关系，很适合计算机的数值计算。若某系统的差分方程为

$$y(n) - y(n-5) = 0.25\delta(n-1) + 0.5\delta(n-2) + 0.75\delta(n-3) + \delta(n-4)$$

其中 $y(-1) = y(-2) = y(-3) = y(-4) = y(-5) = 0$，请用递推法算出 $n = 0 \sim 30$ 的 $y(n)$。

9. 用 load gong 下载的数据 y 是列向量，采样频率是 Fs；请以 y 为模型，重复变化四次，并用函数 sound 播放变化后的数据。

10. 八进制用符号 0、1、2、3、4、5、6 和 7 表示数字，请用 while 和 switch 语句编程，把十进制整数变为八进制整数，并验证 $1357 = (2515)_0$。

11. 中心位于原点平行 z 轴的半波对称振子，它的远场辐射电场用球坐标表示为

$$E_\theta = \frac{60 I_m \cos\left[\frac{\pi}{2}\cos(\theta)\right]}{r \sin(\theta)}$$

若 $I_m = 1$、$\theta = 0 \sim \pi$ 和 $r = 10 \sim 20$，请用箭头函数 quiver 在 xz 平面绘制辐射场。提示，电场的 x 分量 $E_x = E_\theta \cos(\theta)$，$z$ 分量 $E_z = -E_\theta \sin(\theta)$，$x = r\sin(\theta)$，$z = r\cos(\theta)$。

第 6 章 数组的运用

一维变量的矢量由元素组成，矩阵由矢量组成，数组由矩阵组成。数组包括了矩阵、矢量和元素，这种软件设计框架为我们使用计算机提供了极大便利。

彩色图像就是数组的一个很好实例。电视机的彩色图像是由红绿蓝三基色图像组成的，计算机的显示屏颜色也是这样，也就是说一幅彩色图像是由三组数据矩阵组成的。书也是一种数组，它分为行、列和页，当寻找某个概念时，只要知道其所在页码、行和列就可以很快找到它。MATLAB 将变量默认为数组，就赋予了它在数学上的灵活性，例如，表示复杂的事物、简化大型数据运算、进行二维变换和图像处理等。

在生理学、医学、药学的研究过程中经常用小白鼠做解剖、治疗等实验。MATLAB 也为使用者提供了做实验的信号，如声音信号、图像信号等，随时可以调用。这些信号的名字无需记忆，需要用信号做实验的时候，只要在 Command Window 里输入 help，然后单击 matlab/audiovideo，就会出现若干声音文件的名字；如果单击 images/imdata，就会出现若干图像文件的名字。

6.1 表示复杂的事物

事物可以分成若干个基本部分。当事物的组成部分很多，并且它们以多种方式互相作用时，情况是很复杂的；这时以基本部分的观点看事物、分析问题、解决问题，那么问题就比较简单，容易找到问题的变化规律。

6.1.1 彩色图像和视频

印刷和电子画面都是由像素组成的。彩色印刷画面主要由青、品红、黄和黑四基色的像素组成。电子画面分为图像和视频，彩色图像画面由红、绿和蓝三基色的像素组成，彩色视频画面则由一串按时间顺序排列的彩色图像组成。

例 6.1 试用函数 load 下载 MATLAB 的黑白图像序列 mristack，把它变为彩色图像序列，颜色是土黄色，然后用函数 implay 播放它们，帧频设为 2。

解 彩色图像是数组，由三个矩阵组成，这里将原图数值的 0.9、0.7 和 0.3 倍作为三基色矩阵。用 help 查看 implay，它的作用是播放电影、视频和图像序列，每次单击打开一个播放器，能播放不同速度或指定的画面。

根据矩阵变为数组的思路编程，程序如下：

```
load mristack
a = mristack;
[M,N,P] = size(a)
for p = 1:P
    b(:,:,1) = 0.9*a(:,:,p);b(:,:,2) = 0.7*a(:,:,p);b(:,:,3) = 0.3*a(:,:,p);
    z(:,:,:,p) = b;
end
implay(z);
```

程序运行后 Command Window 显示 mristack 是 256 行 256 列 21 帧的图像序列，还出现一个电影播放器 Movie Player，如图 6.1 所示。单击 Tools 的 Maintain Fit to Window，图像大小将保持适合窗口。在 Playback 的 Frame Rate…里选择期望的播放帧速（Desired playback rate）为 2 帧/秒，然后单击播放图标▶，图像序列将以 2 帧/秒的帧速播放。

图 6.1　电影播放器

例 6.2　请用函数 VideoReader 读取彩色视频文件 rhinos.avi，然后将其视频变为黄昏效果，连接在原视频后面；连接的地方：原视频的后 10 帧按 0.9^n 的倍数变化，$n = 1 \sim 10$，黄昏视频的前 10 帧按 $1.25 - 0.9^n$ 的倍数变化。要求制作结果形成一个视频文件，全过程用到的函数还有 VideoWriter、getframe 和 writeVideo。

解　查询得到，VideoReader 用于读取多媒体文件的视频数据，VideoWriter 用于创建 Motion JPEG 的 AVI 视频文件，getframe 用于将当前图形变为电影帧，writeVideo 用于将电影帧写入视频文件。

由于短波长的光在空气中衰减大，黄昏的红光较多，故黄昏视频是原视频每帧的红绿蓝图像分别乘上 0.8、0.6 和 0.1。依此原理进行编程，程序如下：

```
a = VideoReader('rhinos.avi');fps = a.FrameRate;N = a.numberofframes;
obj = VideoWriter('C:\Users\yym\Documents\犀牛.avi');obj.FrameRate = fps;
open(obj)
for n = 1:N
    b = read(a,n);
    if n>N-10 b = 0.9^(n-N+10)*b;end
    imshow(b);
    writeVideo(obj,getframe)
```

```
end
for n = 1:N
    b = read(a,n);
    c(:,:,1) = 0.8 * b(:,:,1); c(:,:,2) = 0.6 * b(:,:,2); c(:,:,3) = 0.1 * b(:,:,3);
    if n < =10
        c = (1.25 - 0.9^n) * c;
    end
    imshow(c);
    writeVideo(obj,getframe)
end
close(obj)
```

程序开始运行后,计算机边制作视频边显示,最后一帧图像如图 6.2 所示。做好的视频保存在指定的路径 'C:\Users\yym\Documents\犀牛.avi',双击它的图标可以看到预期的白天和傍晚的野外情景。

6.1.2 火柴棍小人

火柴棍是用来点火的,常用它玩游戏,搭建数字、算术等式或图形,移动一根火柴棍,图形就变成另一个样。

图 6.2 计算机视频特技

例 6.3 请用数组画一个火柴棍小人,立体的,可以转动。小人由 13 点组成,三维坐标为: x = [0, 0, 0, 0, 0, 0, 0, 0, 0, 0, 0, 0, 0], y = [0, 1, 2, 1, 0.25, 0, 1.75, 2, 1, 1.25, 1.25, 0.75, 0.75], z = [0, 1, 0, 2.5, 2.1, 1.3, 2.1, 1.3, 3, 3, 3.6, 3.6, 3]。

解 先建立小人线段的点坐标 p,小人从下往上共有 13 点;然后根据画小人的顺序给点编号,并将点按编号用 plot3 连接。最后逐渐变化观察角度。程序如下:

```
p = [0,0,0,0,0,0,0,0,0,0,0,0,0;...
    0,1,2,1,0.25,0,1.75,2,1,1.25,1.25,0.75,0.75;...
    0,1,0,2.5,2.1,1.3,2.1,1.3,3,3,3.6,3.6,3];
k = [1,2,3,2,4,5,6,5,4,7,8,7,4,9,10,11,12,13,9];
plot3(p(1,k),p(2,k),p(3,k),'linewidth',3);grid;axis equal off;
for i = 1:180
    view(2 * i - 37.5, 30 - 0.3 * i); pause(0.01)
end
```

程序运行时,计算机屏幕出现的是一个旋转的小人,图 6.3 是它的最后一幅图像。程序中用点的编号画图,可以节省点在指令中出现的次数。

6.1.3 多维随机变量

随机实验的可能结果称为样本点,所有可能结果称为样本空间,用样本空间定义的单值函数称为随机变量,多个随机变量的组合就构成多维随机变量。随机变量一般用取值和概率分布函数来描述。

例 6.4 某电子系统由部件 A 和 B 组成,工作时 A 和 B 的情况为随机变量,若变量为 0 代表正常,1 代表出错,则系统工作情况的概率分布函数为

$$f(x,y) = 0.42\delta(x,y) + 0.28\delta(x,y-1) + 0.18\delta(x-1,y) + 0.12\delta(x-1,y-1)$$

请用函数 quiver 画出 $f(x,y)$ 的立体图形。

图 6.3 火柴棍小人

解 $\delta(t)$ 是冲激函数,它的图形是用箭头表示的。quiver 是画箭头的函数,用法是 quiver(x,y,u,v),其 x 和 y 表示矢量的位置,u 和 v 表示矢量在 x 和 y 方向的大小。画立体图时要用 quiver3(x,y,z,u,v,w),其中 x、y、z 表示矢量的位置,u、v、w 表示矢量在 x、y、z 的方向和大小。

因为 $f(x,y)$ 的箭头位于并垂直于 xy 平面,故编程时矩阵 z、u、v 都等于 0。具体程序如下:

```
x = 0:1;
[x,y] = meshgrid(x);
z = 0*x; u = z; v = z;
w = [0.42,0.18;0.28,0.12];
quiver3(x,y,z,u,v,w,'linewidth',2);xlabel('x');ylabel('y');
zlabel('z');axis([-.2,1.2,-.2,1.2,0,.7]);
```

运行程序得到多维概率分布函数,如图 6.4 所示,箭头立在 xy 平面 (0, 0)、(0, 1)、(1, 0)、(1, 1) 的地方,大小分别为 0.42、0.28、0.18、0.12。

6.1.4 正交频分复用

正交频分复用(OFDM)是一种信号调制方式,它的思路是将串行数据变为并行数据,

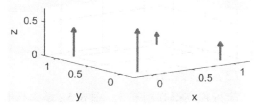

图 6.4 多维随机变量的概率分布

然后用并行数据分别调制相互正交的子载波,子载波的频谱是相互重叠的;也就是说将一个信道分为 N 个子信道,同时将数据分成 N 个子数据分配给子信道,然后再将它们合为一体进行传输。这么操作后,子数据的符号周期相对得到增加,有利于抵抗多径干扰。

例 6.5 设正交频分复用系统的串行码传输率为 3bit/s,现在把它变为三个并行传输的子信号,码型采用双极型不归零矩形脉冲,请分析它们的低通等效频谱。

解 (1)数学建模

正交频分复用信号的低通等效表达式为

$$f(t) = \sum_{k=0}^{2} x_k(t) e^{jk\Omega t}, (0 \leq t < T)$$

其中，$x_k(t)$ 是并行数据的码脉冲，$\Omega = 2\pi/T$，T 是脉冲周期；三个子载波 $e^{jk\Omega t}$ 相互正交，即两个不同频率的载波乘积在一个 T 的积分等于0。

对于在 $t = -T/2 \sim T/2$ 时为1、其他时候为0的矩形脉冲 $x(t)$，其频谱为

$$X(\omega) = \frac{2}{\omega} \sin\left(\frac{\omega T}{2}\right), X(0) = T$$

根据移频特性

$$x(t) e^{jat} \leftrightarrow X(\omega - a)$$

可以得到第 k 个子信号 $x_k(t) e^{jk\Omega t}$ 的频谱为

$$X_k(\omega) = \frac{2}{\omega - k\Omega} \sin\left[\frac{(\omega - k\Omega) T}{2}\right]$$

（2）编程

由串行变为并行，子信号的码传输率等于 1bit/s，$T=1$。按照串行和并行脉冲的频谱公式编程，这里要考虑两种周期和三种载波频率。为方便观察，角频率取较小的范围。程序如下：

```
T=1/3;w=-40:0.1:40;w=w-eps;
F=2./w.*sin(w*T/2);
subplot(211);plot(w,F);grid;xlabel('\omega');ylabel('X(\omega)');axis tight;
T=1;k=[0:2]*2*pi/T;
[w1,k1]=meshgrid(w,k);
F=2./(w1-k1).*sin((w1-k1)*T/2);
subplot(212);plot(w,F);grid;xlabel('\omega');ylabel('X_k(\omega)');axis tight;
legend('k=0','k=1','k=2');
```

（3）运行和分析

运行程序得到图 6.5，图 6.5a 是串行脉冲的频谱，图 6.5b 是三个并行脉冲的频谱。从频域来看，并行子信号的频谱虽然存在重叠，但它们的主峰并不受其他子信号的频谱干扰。从时域来看，串行信号的脉冲周期很短，是并行脉冲的 1/3，故前者抗多径干扰能力差。

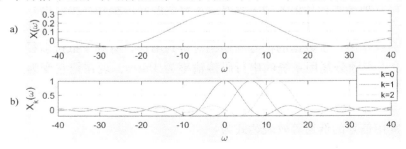

图 6.5 串行和并行脉冲的频谱

6.1.5 奔跑的小人

简单是复杂的基础。根据这个规律,用计算机制作动画时,首先应找到物体不变部分的关键点,以此为参考点,将变化的物体分成简单部分;然后在原点制作这些简单部分,并按需要缩放和旋转它们;最后将它们位移到参考点。

例 6.6 从跑步的姿势看,人体可分为四部分:头颈躯干、手臂、大腿和小腿。设头颈躯干部分的复数为 $[10.5+11.3i,10+10i,9.3+8.4i,9.3+6.5i]$,取肩颈节点 $10+10i$ 作为参考点;手臂部分相对参考点的偏移量是 $[0,-1-2.6i,2.5-2.2i]$,大腿部分相对躯干底部的偏移量是 $[0,0.3-3.5i]$,小腿部分相对大腿底部的偏移量是 $[0,-0.6-3.4i]$。试根据所给数据制作一个奔跑的小人。

解 先画头部、颈部和躯干,然后画手臂,最后画腿。头颈躯干的形状不变,直接按复数绘制。手臂先绕原点摆动,然后位移到参考点;另一手臂与第一手臂相同,但方向相反。大腿先绕原点摆动,然后位移到躯干底部。小腿也绕原点摆动,然后位移到大腿底部。另一条腿与第一腿相同,但方向相反。

为了增强小人跑步的动感,给原本不变的头颈躯干部分添加一个跳跃,频率是手臂摆动的两倍。编程如下:

```
a=[10.5+11.3i,10+10i,9.3+8.4i,9.3+6.5i];b=[0,-1-2.6i,2.5-2.2i];c=[0,0.3-3.5i];d=[0,-0.6-3.4i];
t=0:0.1:20;N=length(t);f=exp(j*sin(t));
f1=exp(j*(sin(t)+0.3));f2=exp(j*(0.8*sin(t)-0.8));
f3=exp(j*(-sin(t)+0.3));f4=exp(j*(-0.8*sin(t)-0.8));
for n=1:N
    a=a+0.05*sin(2*t(n))*i;
    plot(a(1),'ko','linewidth',15);grid;axis equal off;hold on;axis([-5,30,-5,25]);
    h(1)=plot(a(1:4));
    h(2)=plot(a(2)+b*f(n));h(3)=plot(a(2)+b*f(n)');
    leg1=c*f1(n);h(4)=plot(a(4)+leg1);h(5)=plot(a(4)+leg1(end)+d*f2(n));
    leg2=c*f3(n);h(6)=plot(a(4)+leg2);h(7)=plot(a(4)+leg2(end)+d*f4(n));
    set(h,'color','k','linewidth',6);hold off;pause(0.02);
end
```

程序运行时，屏幕上将出现一个奔跑的小人，它的头部线宽为15，其他线宽为6，如图6.6所示。实际上，这个小人只用了11个点。

6.2 简化大型数据运算

图6.6 奔跑的小人

有的数据运算是重复的一层套一层，例如，一个重复的乘加运算嵌套在另一个重复的乘加运算里面。在这种情况下编程，需要细心地观察嵌套运算的先后顺序，找出可以利用的规律，然后精心安排数据的结构，运用矩阵运算的特点，才能提高数据的运算或存储效率。

6.2.1 定积分运算

积分分为定积分和不定积分，不定积分是导数的逆运算，定积分是求面积的运算，即求多个乘积之和。在计算机编程时，连续变量可用离散变量近似代替，只要最后结果不影响应用即可；用数字表示时，最小和最大面积的相对误差应小于3%。

例6.7 用计算机计算定积分的面积时，一个关键问题是积分区间的分割。设函数

$$f(t) = -0.125(t-4)^2 + 3$$

试用计算机计算$f(t)$在$t=0 \sim 8$的定积分；从t均分为8点开始，如图6.7所示，观察t要分到多少点定积分的最大和最小面积的相对误差才小于3%。

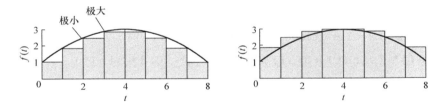

图6.7 定积分的最小和最大面积

解 将定积分转化为计算机能够应用的形式，即

$$s = \int_0^8 f(t)\,\mathrm{d}t \approx \sum_{i=0}^{N-1} f(t_i)T$$

$f(t_i)$取$f(iT) \sim f[(i+1)T]$中某个值，若每次都取极小值，则累加的面积最小，反之最大。T是$f(t)$的采样间隔，近似等于$\mathrm{d}t$。按此原理编程如下：

```
N =8;e =6;
while e >0.03
    s1 =0;s2 =0;N =N +1;
    t =linspace(0,8,N);T =t(2) -t(1);
    f = -0.125* (t-4).^2 +3;
    for i =1:N -1
```

```
            if f(i) < = f(i +1)
                s1 = s1 + f(i) * T;s2 = s2 + f(i +1) * T;
            else
                s1 = s1 + f(i +1) * T;s2 = s2 + f(i) * T;
            end
        end
        e = abs(s1 - s2)/abs(s1);
end
s1,s2,N
```

运行程序得到 s1 = 18.3925、s2 = 18.9347、N = 60。

答：当程序运行到误差小于 3% 时，最小面积 = 18.3925，最大面积 = 18.9347，此时的 t 共有 60 点。这说明只要 t 分得足够细，$f(t_i)$ 的取值就可以选择容易编程的 $f(iT)$ 或 $f[(i+1)T]$。

6.2.2 连续时间傅里叶变换

傅里叶变换是一种积分变换，用于信号在时域和频域之间的变换。若"傅里叶变换"不加定语，一般是指连续时间的傅里叶变换，是连续时间非周期信号的频谱，公式为

$$F(\Omega) = \int_{-\infty}^{\infty} f(t) \, \mathrm{e}^{-\mathrm{j}\Omega t} \mathrm{d}t$$

其中，∞ 是数学的理想概念。

例 6.8 假设雷达收到一段信号 $f(t) = \mathrm{e}^{-0.1t}\sin(20\pi t)$，$t = 0 \sim 3$，采样频率 $f_s = 100\mathrm{Hz}$；请分析 $f(t)$ 的频谱，也就是它的连续时间傅里叶变换 $F(\Omega)$。

解 令信号 $f(t)$ 在 $t = 0 \sim 3$ 以外等于 0，则 $f(t)$ 的连续时间傅里叶变换为

$$F(\Omega) = \int_0^3 f(t) \, \mathrm{e}^{-\mathrm{j}\Omega t} \mathrm{d}t$$

为了让计算机处理，将无穷小的 $\mathrm{d}t$ 变成采样周期 T，$T = 1/f_s$；这样一来，$f(t)$ 取 $f(nT)$，则它的傅里叶变换为

$$F(\Omega) = \int_0^3 f(t) \, \mathrm{e}^{-\mathrm{j}\Omega t} \mathrm{d}t \approx T\sum_{n=0}^{N-1} f(nT) \, \mathrm{e}^{-\mathrm{j}\Omega nT}$$

其中，$N = 3f_s$。余下来就是角频率 Ω 的离散，实验中取 Ω 的离散量为 N 的若干倍数进行观察。

模拟实验的程序如下：

```
fs =100;T =1/fs;t =0:T:3 - T;
f = exp(-0.1* t).* sin(20* pi* t);
M = [100,200,300,600];
for k =1:4
    O = linspace(-pi* fs,pi* fs,M(k));
    F = T* f* exp(-j* t'* O);
    subplot(2,2,k);plot(O/2/pi,abs(F));grid;xlabel('f/Hz');
ylabel('|F(f)|');axis tight;
end
```

运行程序得到积分运算的模拟结果，如图6.8所示，角频率 Ω 的离散量顺序是100、200、300、600点；随着离散量的增加，脉冲形状越来越尖锐，但尖峰的位置基本不变，说明雷达收到的信号里含一个频率为10Hz的正弦波。

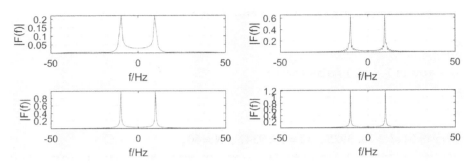

图6.8 雷达信号的频谱分析

观察实验结果可知，离散量300和600的波形基本看不出区别，也就是说，这种频谱分析将 $\Omega = -\Omega_s/2 \sim \Omega_s/2$ 分为300点就可以满足要求了。对于知道频谱对称性的人，取 $\Omega = 0 \sim \Omega_s/2$ 就可以了，而这段频率只用分为150点。

6.2.3 二维离散傅里叶变换

将时域序列 $f(n)$ 通过公式

$$F(k) = \sum_{n=0}^{N-1} f(n)\, e^{-j\frac{2\pi}{N}kn}$$

变为频域序列 $F(k)$ 称为离散傅里叶变换（DFT），它的时序 $n = 0 \sim N-1$ 和频序 $k = 0 \sim N-1$ 都是离散值。对于平面图像 $f(x,y)$，它的离散自变量 x 和 y 的范围称为空域，也可以通过公式

$$F(u,v) = \sum_{x=0}^{M-1}\sum_{y=0}^{N-1} f(x,y)\, e^{-j2\pi\left(\frac{ux}{M}+\frac{vy}{N}\right)}$$

变为频域 $F(u,v)$ 序列，其频率 $u = 0 \sim M-1$ 和 $v = 0 \sim N-1$ 都是离散值，这种变换称为二维离散傅里叶变换。

频域是很多压缩算法的基础。这是因为高频成分对应信号的细节；利用人的感官分辨力有限，先将音、视频等信号的高频部分除去，然后再进行通信，这样可以获得很高的压缩比。

例6.9 设一个 20×30 的矩阵 $f(x,y)$ 在 $x = 9 \sim 10$ 和 $y = 13 \sim 16$ 处幅度为1，其他幅度为0。请根据二维离散傅里叶变换的公式，计算 $f(x,y)$ 的频谱，并画出其幅频特性。

解 该信号 $f(x,y)$ 的二维离散傅里叶变换为

$$F(u,v) = \sum_{x=0}^{20-1}\sum_{y=0}^{30-1} f(x,y)\, e^{-j2\pi\left(\frac{ux}{20}+\frac{vy}{30}\right)}$$

频率 $u = 0 \sim 19$ 和 $v = 0 \sim 29$。虽然这个公式有两个连加运算，但是公式有四个变量，故有四个循环运算。循环可以利用矢量乘法来实现，具体安排如以下程序所示：

```
M=20;N=30;
x=0:M-1;y=0:N-1;
u=x;v=y;
f=zeros(M,N);f(10:11,14:17)=1;
subplot(121);imshow(f);axis on;
F=exp(-j*2*pi/M*u'*x)*f*exp(-j*2*pi/N*y'*v);
a=abs(F);
b=a/max(a(:));
subplot(122);imshow(b);axis on;
```

运行程序得到图 6.9，图 6.9a 是矩阵 $f(x,y)$ 的图形，图 6.9b 是 $f(x,y)$ 的幅频特性，白表示幅值大，$F(u,v)$ 的幅值在四个角大、中间小。这个现象很奇特，从一维频谱的对称性来看就正常了。

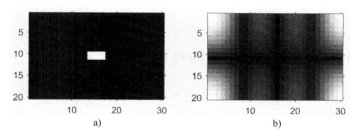

图 6.9 二维图形及其幅频特性

一维频谱的低频位于频率为 0 和采样频率倍数附近，高频位于折叠频率附近。$F(u,v)$ 的一行相当于一维频谱，其低频也位于 v 为 0 和 N 附近，列也是如此；$f(x,y)$ 的行相当于一维信号的脉冲，脉冲信号的低频分量强，如图 6.10 所示，分量随着频率增大而强度减弱；这点我们从图 6.9b 的行也可以看出来。

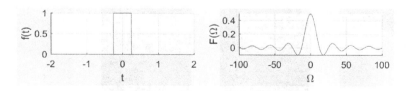

图 6.10 脉冲信号及其频谱

例 6.10 取一张黑白照片作为信号 $f(x,y)$，如 "moon.tif"，然后用矩阵运算分析它的频谱，频谱显示的方法有三种：①标准二维离散傅里叶变换；②将 0 频率的位置移到频谱图中央；③幅频特性取对数，即 $c\log(1+f)$，c 是常数。

解 （1）数学建模

根据二维离散傅里叶变换

$$F(u,v) = \sum_{x=0}^{M-1}\sum_{y=0}^{N-1} f(x,y)\, e^{-j2\pi(\frac{ux}{M}+\frac{vy}{N})}$$

当把 $f(x,y)$ 的频谱 $F(u,v)$ 位移到中央（$M/2$，$N/2$）时，对应的频谱为

$$F\left(u-\frac{M}{2}, v-\frac{N}{2}\right) = \sum_{x=0}^{M-1}\sum_{y=0}^{N-1} f(x,y)\, e^{-j2\pi\left(\frac{u-M/2}{M}x+\frac{v-N/2}{N}y\right)}$$

$$= \sum_{x=0}^{M-1}\sum_{y=0}^{N-1} f(x,y)\, (-1)^{x+y}\, e^{-j2\pi\left(\frac{u}{M}x+\frac{v}{N}y\right)}$$

也就是说

$$f(x,y)(-1)^{x+y} \leftrightarrow F(u-M/2, v-N/2)$$

（2）编程

按照数学模型进行编程，程序如下：

```
f=imread('moon.tif');[M,N]=size(f)
x=0:M-1;y=0:N-1;u=x;v=y;
[x1,y1]=meshgrid(y,x);
subplot(141);imshow(f);
f=double(f);
F=abs(exp(-j*2*pi/M*u'*x)*f*exp(-j*2*pi/N*y'*v));
subplot(142);imshow(F/max(F(:)));
f=f.*(-1).^(x1+y1);
F=abs(exp(-j*2*pi/M*u'*x)*f*exp(-j*2*pi/N*y'*v));
subplot(143);imshow(F/max(F(:)));
F=log(1+F);
subplot(144);imshow(F/max(F(:)));
```

（3）运行和分析

运行程序得到图 6.11。图 6.11a 是月亮的黑白照片；图 6.11b 是标准二维离散傅里叶变换，它的 0 频在四个角，很难看见；图 6.11c 是 0 频移到中央的傅里叶变换，中央有一个很小的亮点；图 6.11d 是幅频特性取对数的频谱，中央周围的频率成分显示出来了。

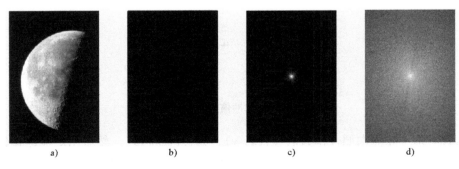

图 6.11　三种频谱显示

若运行指令 F = abs(exp(-j*2*pi/M*u'*x)*f*exp(-j*2*pi/N*y'*v)); max(F(:)),min(F(:))，可知频谱 $F(u,v)$ 的最大值是 8.4168×10^6，最小值是 1.0574；在这种大动态范围下，大值主导了显示。对数的作用是压缩大值，增加可视的细节。

6.2.4 离散余弦变换

离散余弦变换（DCT）用来将图像映射为一组系数，对大多数自然图像来说，这些系数的幅值大部分都很小，粗略地量化或完全丢弃它们，对图像造成的失真很小。

在变换编码里，大小为 $M \times N$ 的图像 $f(x,y)$ 的离散余弦变换定义为

$$F(u,v) = \alpha(u)\alpha(v) \sum_{x=0}^{M-1} \sum_{y=0}^{N-1} f(x,y) \cos\left[\pi \frac{u(2x+1)}{2M}\right] \cos\left[\pi \frac{v(2y+1)}{2N}\right]$$

式中

$$\alpha(u) = \begin{cases} 1/\sqrt{M}, & (u = 0) \\ \sqrt{2/M}, & (其他) \end{cases}$$

$$\alpha(v) = \begin{cases} 1/\sqrt{N}, & (v = 0) \\ \sqrt{2/N}, & (其他) \end{cases}$$

该变换式的数都是实数，因此，DCT 的计算速度比 DFT 快。

例 6.11 设图像信号为 peppers.png 的灰度信号，请用矩阵运算分析它的离散余弦变换和离散傅里叶变换的频谱区别；可用函数 im2double、rgb2gray 和 colormap 来完成。

解 为了方便矩阵运算，$F(u,v)$ 的 α 先按 $\sqrt{2/M}$ 和 $\sqrt{2/N}$ 来计算，然后再修正 $u=0$ 和 $v=0$ 的系数。

分析频谱时，为了增大观察面积，利用幅频特性的对称性，只显示幅频特性的第二象限；另外为了更好地显示频谱细节，给幅频特性取两次对数，还给幅值上色。具体编程如下：

```
f = imread('peppers.png');f = im2double(f);f = rgb2gray(f);
subplot(221);imshow(f);
[M,N] = size(f); au = sqrt(2/M);av = sqrt(2/N);
x = 0:M-1;y = 0:N-1;
u = 0:M/2;v = 0:N/2;
F = abs(exp(-j*2*pi/M*u'*x)*f*exp(-j*2*pi/N*y'*v));
F = log(1+F);F = log(1+F);
figure
subplot(222);imshow(F/max(F(:)));
C = abs(au*av*cos(pi*u'*(2*x+1)/2/M)*f*cos(pi*(2*y'+1)*v/2/N));
C(:,1) = C(:,1)/sqrt(2);C(1,:) = C(1,:)/sqrt(2);
C = log(1+C);C = log(1+C);
subplot(223);imshow(C/max(C(:)));colormap(jet);
```

运行程序得到图 6.12，图 6.12b 是 DFT 的幅频特性，红色表示大幅值，蓝色表示小幅值，左上方是低频区，右下方是高频区。图 6.12c 是 DCT 的幅频特性，与 DFT 相比，DCT 的蓝色区域更多，说明其小数值的系数很多，能量集中在低频区，这对压缩编码是很有利的。

  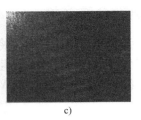

a)　　　　　　　　　　b)　　　　　　　　　　c)

图 6.12　黑白照片的两种幅频特性

6.2.5　正交幅度调制和解调

正交幅度调制（QAM）是一种通信方式，它用两路信号 I 和 Q 分别控制两个同频载波 $\cos(\Omega_c t)$ 和 $\sin(\Omega_c t)$ 的幅度，然后将它们加在一起作为发射信号 $x(t) = I\cos(\Omega_c t) + Q\sin(\Omega_c t)$。解调时用与载波同频同相的余弦和正弦波乘 $x(t)$，然后再低通滤波。

例 6.12　设数据由 16 个二进码组成，码长 1μs，用矩形脉冲表示；若将两个码作为一组，然后正交调制，载波频率为 1MHz，采样频率为 100MHz。请用简单方法编程，绘制这个调制和解调的过程。

解　（1）数学建模

解调 I 信号时，用 $\cos(\Omega_c t)$ 乘信号 $x(t)$，得

$$y(t) = \frac{I}{2}[1 + \cos(2\Omega_c t)] + \frac{Q}{2}\sin(2\Omega_c t)$$

低通滤波 $y(t)$ 后得 $I/2$，乘 2 得到 I。同理，解调 Q 信号时，用 $\sin(\Omega_c t)$ 乘 $x(t)$，得

$$z(t) = \frac{I}{2}\sin(2\Omega_c t) + \frac{Q}{2}[1 - \cos(2\Omega_c t)]$$

低通滤波 $z(t)$ 后得 $Q/2$，乘 2 得 Q。

（2）编程

因采样周期 $T_s = 1/f_s = 0.01\mu s$，故每个码有 $100T_s$。两个码作为一组后，每个码有 $200T_s$；作为脉冲，它们的 0 用 -1 表示。

低通滤波用均值实现，均值相当于矩形脉冲，脉冲的能量集中在低频。脉冲宽度为 T 时，频谱主瓣的零点频率 $f_c = 1/T$，正好滤除 $y(t)$ 和 $z(t)$ 的 2 倍载频。计算 $y(t)$ 和 $z(t)$ 的均值前，先给它们前面补 99 个 0。

从解调的波形中恢复码组时，从 150 点处开始抽取数字，抽取的间隔是 200 点。根据得到的码组数字，恢复原来的二进码。

根据以上分析开始编程，程序如下：

```
N=16;n=0:N-1;M=100;t=[1:M*N]/M;Wc=2*pi;
s=[0,1,1,0,0,1,0,1,1,0,1,1,0,1,1,0]
subplot(311);stem(n,s);box off;ylabel('s(t)');hold on
s1=ones(M,1)*s;s1=s1(:);
plot(t,s1,'linewidth',2);
I=ones(2*M,1)*s(1:2:end);I=I(:)';
```

```
    subplot(312);plot(t,I,'linewidth',2);box off;ylabel('I(t)');
    Q=ones(2*M,1)*s(2:2:end);Q=Q(:)';
    subplot(313);plot(t,Q,'linewidth',2);box off;xlabel('t/\mus
');ylabel('Q(t)');
    figure
    x=(2*I-1).*cos(Wc*t)+(2*Q-1).*sin(Wc*t);
    subplot(311);plot(t,x,'linewidth',2);box off;ylabel('x(t)');
axis tight
    y=[x.*cos(Wc*t);x.*sin(Wc*t)];
    y=[zeros(2,M-1),y]';
    for i=1:M*N
        z(i,:)=2*sum(y(i:i+M-1,:))/M;
    end
    subplot(312);plot(t,z(:,1),'linewidth',2);box off;ylabel('I_1
(t)');axis tight
    subplot(313);plot(t,z(:,2),'linewidth',2);box off;xlabel('t/\
mus');ylabel('Q_1(t)');axis tight
    I2=(1+round(z(150:200:end,1))')/2;
    Q2=(1+round(z(150:200:end,2))')/2;
    s2(1:2:N)=I2;s2(2:2:N)=Q2;
```

(3) 运行和分析

运行程序后 Command Window 显示发送前的二进码 s = [0, 1, 1, 0, 0, 1, 0, 1, 1, 0, 1, 1, 0, 1, 1, 0], 以及正交幅度调制和解调后的二进码 s2 = [0, 1, 1, 0, 0, 1, 0, 1, 1, 0, 1, 1, 0, 1, 1, 0]。

程序显示的图形有两幅, 一幅是调制前的信号波形, 如图 6.13 所示。图 6.13a 是调制前的二进码, 图 6.13b、c 是分组后的码, 它们的脉冲宽度是原来的两倍。

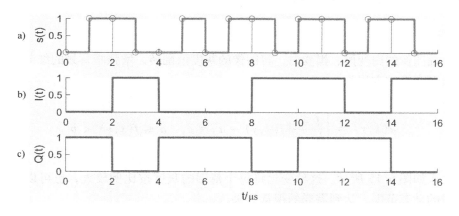

图 6.13 二进码和分组码

另一幅是调制和解调的信号波形,如图 6.14 所示;图 6.14a 是正交幅度调制后的信号 $x(t)$,由正交的余弦波和正弦波组成;图 6.14b、c 是解调后的波形,幅度有正有负,幅度稳定的时间发生在码宽的后半段。

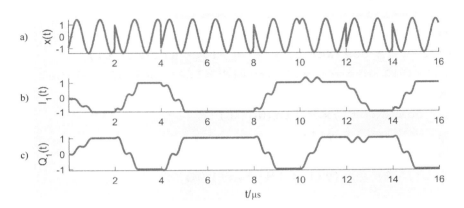

图 6.14　正交幅度调制和解调的信号

6.3　数组分析与组合

数组是由矩阵组成的,可以分解,也可以合成。数组的数据量很大,有很大的利用空间。例如,一张彩色照片是由三张反映红绿蓝光线亮度的照片组成的,我们可以把蓝光的强弱作为标准,将照片里没有蓝光的物体抠出来,移动到其他地方。

6.3.1　图像的灰度变换

对于图像来说,灰度是指纯白、纯黑以及两者之间的一系列从黑到白的过渡。严格地说,人们常说的黑白照片、黑白电视都该称为灰度照片、灰度电视。

灰度变换是将一幅图像的像素灰度 $f(x,y)$ 变为另一幅图像的像素灰度 $g(x,y)$,这种变换也叫映射。若图像灰度变换范围在 0~255,原始图像的灰度为 $f(x,y)$,则图像反转方程为

$$g(x,y) = 255 - f(x,y)$$

它可以将一幅图像的白变黑、黑变白,将图像的灰度值翻转,增强暗背景的细节。

线性灰度变换的方程为

$$g(x,y) = \begin{cases} c, & 0 \leq f(x,y) < a \\ \dfrac{d-c}{b-a}[f(x,y)-a]+c, & a \leq f(x,y) < b \\ d, & b \leq f(x,y) \end{cases}$$

它的几何关系如图 6.15 所示。这种变化将每个范围的灰度按比例放大,也可以是压缩,以此改变图像的动态范围,达到需要的视觉效果。

图像的灰度变换除了线性变换,还有非线性灰度变换,它用非线性函数来实现,如对数、指数、平方等。利用三基色原理,这些变换都可以用到彩色照片或者视频上。

例 6.13 取 peppers.png 照片的绿色图像作为黑白照片 x,然后用指数函数 $y(x) = 1 - e^{-0.01x}$ 将 x 非线性变换为 y,并用 y 做一张反转图像的照片 z。

解 一般像素量化是用 8bit 表示,也就是量化值范围在 0~255;所以为了充分发挥图像的对比度,变换后的图像使用最大值进行归一化,然后再乘上 255。

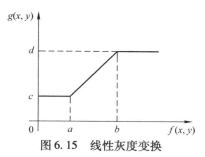

图 6.15 线性灰度变换

先显示指数曲线,然后图像灰度变换。程序如下:

```
t=0:0.1:255;
f=1-exp(-0.01*t);
subplot(221);plot(t,f);grid;xlabel('x');ylabel('y(x)');axis tight;title('非线性变换');
I=imread('peppers.png');
x=I(:,:,2);
subplot(222);imshow(x);title('x');
y=1-exp(-0.01*double(x));
y=y/max(y(:))*255;y=uint8(y);
subplot(223);imshow(y);title('y');
z=255-y;
subplot(224);imshow(z);title('z');
```

运行程序得到图 6.16,图 6.16a 是指数曲线,x 在 100 前的斜率较大,相当于放大像素的亮度,之后被压缩。图 6.16b 是 peppers 照片的绿色图像数据的灰度照片。图 6.16c 是灰度变换后的照片,由于灰度变换按指数变化,故原图 100/255≈39% 的灰度放大为新图 0.6/0.92≈65% 的灰度,即原来阴暗部分变明亮了。图 6.16d 是 y 的反转照片,y 的白在 z 里变成了黑。

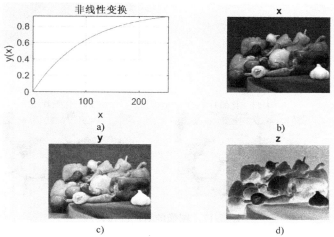

图 6.16 指数函数和图像灰度变换

6.3.2 图像的对比度拉伸

图像的对比度拉伸也称对比度增强,实际上就是灰度变换,它的目的是改善图像的显示效果,突出人们关心部分的清晰度,这么做的代价是不重要的部分被衰减。

例 6.14 请将图像 pears.png 的中等亮度部分的对比度放大,公式为 $y = \dfrac{1}{1+(m/x)^n}$,其中 m 是门槛值,x 是输入,n 是拉伸的斜坡。

解 利用数组把彩色照片用一个变量表示。m 和 n 可以反复调试,这里取 $m=0.5$,$n=4$,程序如下:

```
x=0:0.01:1;m=0.5;n=4;
y=1./(1+(m./x).^n);
subplot(221);plot(x,y);xlabel('x');ylabel('y');grid;
I=imread('pears.png');
subplot(222);imshow(I);title('原照片');
x=double(I);
x=x/max(x(:));
y=1./(1+(m./x).^n);
J1=uint8(y*255);
subplot(223);imshow(J1);title('未归一化照片')
J2=uint8(y/max(y(:))*255);
subplot(224);imshow(J2);title('归一化照片')
```

运行程序得到图 6.17,从曲线看,原照片像素亮度在 1/3~2/3 的部分被放大,其他被压缩;原照片反映的情况与生活较接近;经对比度拉伸的照片,未归一化的照片亮的地方太亮,归一化的照片相对细节和层次更好。

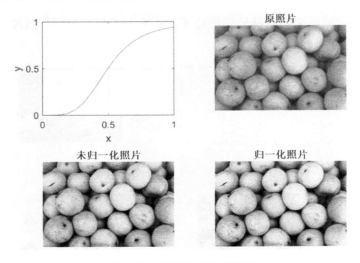

图 6.17 图像的对比度拉伸

6.3.3 照片的修饰

修饰照片俗称修图，是指用各种方式和技术修改照片，以达到预期的目的；例如，对照片进行拼接、染色、扭曲变形等，以达到强化事件、提高艺术价值等。

例 6.15 请取两张照片作为素材 A 和 B，对它们进行两种组合，第一种是 A×80% + B×20%；第二种是 A×70% + 单色 B×30%。

解 两张照片相加就是各照片的数组分别乘上百分比系数，然后再相加；乘百分比的目的是，不让相加的最大值超过量化的最大值。另外，单色照片就是把原片某色的矩阵作为新照片三种颜色的矩阵。

具体程序如下（照片不是 MATLAB 的，应给出照片的位置）：

```
I = imread('C:\Users\yym\Pictures\Saved Pictures\52181556.jpg');
[h1,w1,p1] = size(I)
subplot(221);imshow(I);
J = imread('C:\Users\yym\Pictures\Saved Pictures\1160692818.jpg');
[h2,w2,p2] = size(J)
subplot(222);imshow(J);
h = min(h1,h2);w = min(w1,w2);p = min(p1,p2);
x = 0.8* I(1:h,1:w,1:p) +0.2* J(1:h,1:w,1:p);
subplot(223);imshow(x)
y(1:h,1:w,1) = J(1:h,1:w,3);
y(:,:,2) = y(:,:,1);y(:,:,3) = y(:,:,1);
z = 0.7* I(1:h,1:w,1:p) +0.3* y(1:h,1:w,1:p);
subplot(224);imshow(z);
```

运行程序得到图 6.18，第一种组合的照片的湖水变得更清澈还有绿树环绕的倒影，第二种组合的照片突出了环境的静谧。

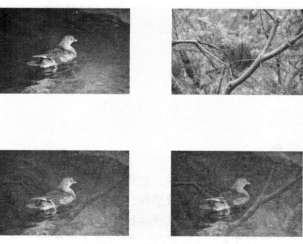

图 6.18 照片的组合

例 6.16 请取一张画面艳丽的照片，对它按正弦函数进行扭曲，正弦函数的幅度为 10，数字角频率为 0.01π，不要改变原始照片的像素值。

解 从数学的角度，不改变像素值的简单扭曲就是移动像素的位置，像素位置必须是正整数，而且落在图像坐标的范围内。

编程如下：

```
I = imread('C:\Users\yym\Pictures\Saved Pictures\2039409946.jpg');
[h,w,p] = size(I)
subplot(121);imshow(I);
J = I;
for y = 1:h
    for x = 1:w
        y1 = round(y + 10 * sin(0.01 * pi * x));
        x1 = round(x + 10 * sin(0.01 * pi * y));
        if y1 >= 1&&y1 <= h&&x1 >= 1&&x1 <= w
            J(y,x,:) = I(y1,x1,:);
        end
    end
end
subplot(122);imshow(J)
```

运行程序得到图 6.19，图 6.19a 是一幅街头涂鸦，图 6.19b 是处理后的照片，它具有水质的动感，这是正弦波周期波动的美妙体现。该照片的大小是 2448×3696×3，所以水平方向的波动有 18 个周期；如果照片小，正弦波的角频率要取大一些，才会有较好的波动效果。

　　　　　　a)　　　　　　　　　　　　　　　b)

图 6.19　照片的扭曲

6.3.4　照片的伪彩色

伪彩色也叫假色，是一种图像显示技术，它用不同寻常的彩色显示图像记录的可见和不可见电磁光谱，也就是利用人眼对颜色的敏感性，分配三基色给那些不易看到的部分，突出图像的细节。这种技术可用来显示地形、核磁共振等非光谱的数据信息。

例 6.17 请用一幅灰度图像 moon.tif 模拟一幅记录了红外线、可见光和紫外线的图像，用三个函数把灰度映射为三基颜色,然后将它们合成一幅图像;要求合成的颜色不能相同。

解 颜色映射的原理是自变量作为灰度,因变量作为三基色;函数要连续,这样图像的颜色变化才能连续。映射的方法很多,这里红色用线性方程,绿色用三周期的三角波,蓝色用四周期的三角波,如图 6.20 所示,它们在 $t=0 \sim 1$ 的组合函数值是没有相同的。

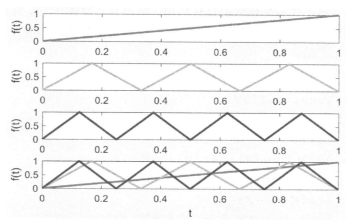

图 6.20 灰度映射三基色

依据上述原理,先将图像值归一化,将三角波包装成一个匿名函数,然后分配三基色。编程如下:

```
I = imread('moon.tif');
I = double(I);
t = I/max(I(:));subplot(121);imshow(t);
f = @ (a,b,c)(t-a)/(b-a).*[t>=a&t<b]+(1-(t-b)/(c-b)).*[t>=b&t<c];
r = t;
g = f(0,1/6,2/6) + f(2/6,3/6,4/6) + f(4/6,5/6,1);
b = f(0,1/8,2/8) + f(2/8,3/8,4/8) + f(4/8,5/8,6/8) + f(6/8,7/8,1);
m(:,:,1) = r;
m(:,:,2) = g;
m(:,:,3) = b;
subplot(122);imshow(m);
```

运行程序得到图 6.21,图 6.21b 比图 6.21a 显得清楚,这是因为三角波起到了放大灰度的作用;人眼可以分辨二十多种灰度,而彩色可以分辨上千种。

6.3.5 萨巴蒂效果

萨巴蒂效果(Sabattier effect)也叫伪日晒(pseudo - solarisation),是一种摄影现象,

a)　　　　　　　　b)

图 6.21 给灰度图像上色

它把底片记录的图像在色调上完全或部分颠倒,这种既含正影又含负影的图像可以产生强烈的边界效果或水洗效果。

例 6.18 用数字信号处理的方法,将黑白照片 trees.tif 变为负片,然后用负片和正片相加,要求突出图像中所有物体的边界。

解 基本原理是将正片和变化后的负片相加,负片是正片的非。实际操作中要根据图像的特点和要求用函数进行调整。例如,对比度太大,就用对数压缩;边界模糊,就用幂函数放大;放大和压缩相互结合。

下面的例子是一种处理方式,编程如下:

```
I = imread('trees.tif');
I = double(I);
J = I/max(I(:));
subplot(131);imshow(J);title('正片');
K = log(1 + I.^13);
K = K/max(K(:));K = 1 - K;
subplot(132);imshow(K);title('负片');
L = (K + J).^3;
subplot(133);imshow(L);title('叠加片');
```

运行程序得到图 6.22,正片经过放大、压缩和取反,使负片的图案纹理更清晰;叠加片经过幂函数缩放,正负片的纹路都得到充分显示。

 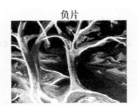 

图 6.22 萨巴蒂效果

6.4 仿真信号发生器

信号发生器是产生重复或不重复信号的电子装置,通常用在设计、实验、维修或电声设备上。传统的信号发生器是由电子元件构成的,现代的信号发生器是通过数字信号处理技术产生的,或者说是由计算机和程序产生的。

6.4.1 函数发生器

函数发生器是一种电子测试设备或软件,它产生各种函数的电子波形,如正弦波、方波、锯齿波等,它们可以重复,也可以是单触发波形,还可以加入直流偏移。

例 6.19 请用普通函数设计按正弦波、矩形波、三角波和锯齿波顺序重复出现的信号发生器,要求它们首尾相连地向左前进,重复两次,每个函数长三周期,轴背景用 whitebg

设置，暂停用 pause 设置。

解 矩形波、三角波和锯齿波没有普通函数，用匿名函数设置。程序如下：

```
N=300;t=linspace(0,3,N);n=1:N;
x1=sin(2*pi*t);
f=@(a,b,c)(t>=a&t<b)-(t>=b&t<c);
x2=f(0,0.5,1)+f(1,1.5,2)+f(2,2.5,3);
g=@(a,b,c,d)4*(t-a).*(t>=a&t<b)+(1-4*(t-b)).*(t>=b&t<c)+(-1+4*(t-c)).*(t>=c&t<d);
x3=g(0,0.25,0.75,1)+g(1,1.25,1.75,2)+g(2,2.25,2.75,3);
h=@(a,b)(2*(t-a)-1).*(t>=a&t<b);
x4=h(0,1)+h(1,2)+h(2,3);
x=[x1,x2,x3,x4];whitebg([0,0,0]);
for i=1:2400
    y=x(1+mod(n+i,4*N));
    subplot(312);plot(t,y,'linewidth',2);grid;
    pause(0.005);
end
```

运行程序时，四种波形按顺序从右向左轮流出现在计算机屏幕上，它们是正弦波、矩形波、三角波和锯齿波。如果不需要黑背景，可在 Command Window 里运行一次 whitebg。

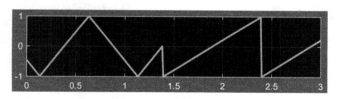

图 6.23 四种波形轮流出现

6.4.2 扫频信号发生器

扫频信号是一种测试设备频率响应的正弦波信号，其幅度不变，频率从低到高连续地反复变化。从正弦波的相位 $\varphi(t)$ 来看，瞬时角频率为

$$\omega(t) = \frac{\mathrm{d}\varphi(t)}{\mathrm{d}t}$$

它的变化率除以 2π 称为啁啾（chirp），该名字来自鸟叫声。啁啾分为线性啁啾和几何啁啾。线性啁啾的瞬时频率为

$$f(t) = ct + f_0$$

其中，f_0 是 $t=0$ 时的频率，$c=(f_1-f_0)/T$ 是啁啾，T 是频率从 f_0 扫到 f_1 所需的时间。

几何啁啾也叫指数啁啾，它的瞬时频率随时间几何变化，即

$$f(t) = f_0 (f_1/f_0)^{t/T}$$

其中，f_0 是 $t=0$ 时的频率，f_1 是 $t=T$ 的频率。只要频率 f_0 到 f_1 的时间不变，频率比 f_1/f_0 也不变。

例 6.20 请产生一个指数啁啾的声音信号,播放其声音,声音播放时显示各段信号的曲线;信号的频率从 20Hz~20kHz 连续变化,重复播放三次,每次 5s,采样率 40kHz。

解 从时间看,正弦波的指数啁啾相位为

$$\varphi(t) = 2\pi \int_0^t f_0 (f_1/f_0)^{t/T} d\tau$$

$$= \frac{2\pi f_0 T}{\ln(f_1/f_0)} (f_1/f_0)^{t/T} - \varphi_0$$

因初始相位 $\varphi_0(t)$ 对声音没有影响,故不写入程序。具体程序如下:

```
T=5;fs=40e3; t=0:1/fs:T;n=1:60000;
f0=20;f1=20e3;k=f1/f0;
x=sin(2*pi*f0*T/log(k)*k.^(t/T));
sound([x,x,x],fs);
whitebg([0,0,0]);
for i=1:25:50000
    y=x(i+n);
    plot(y);grid;pause(0.001);
end
```

运行程序时电脑发出频率从低到高的啁啾声音,同时啁啾曲线从疏到密地逐渐变化,图 6.24 是期间的截图,曲线左边稀右边密,对应频率从低到高变化。

6.4.3 机械函数发生器

机械函数发生器是用连杆、凸轮或非圆齿轮产生函数的装置,产生的函数或周期或非周期,如正弦波、抛物线等。在计算机出现之前,机械函数发生器就用于火炮控制系统和机械计算机了。

机械连杆是由固定杆、运动杆、固定轴和运动轴组成的传动机构,最简单的连杆是绕地面固定点旋转的杠杆。一个杠杆通过连杆将力传递给另一杠杆的机构称为四杆机构,其杠杆叫曲柄,支点叫枢轴,连杆也叫连接器,第四杆是安装曲柄的支架。

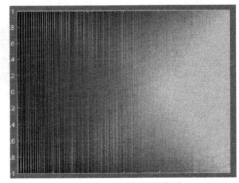

图 6.24 指数啁啾曲线

例 6.21 平面四连杆机构的杆都在同一平面,如图 6.25 所示,设它的左曲柄长 1,枢轴距离 2.4,右曲柄长 1.5,连接器长 2.3,连接器是 30°的等腰三角形。当左曲柄旋转时,连接器和右曲柄会跟着动,请画出三角形顶点的运动轨迹。

解 (1) 数学模型

杆都用点表示,点用复数表示,如图 6.26 所示。角 t_1 用正弦定理确定得

$$\frac{xb}{\sin(t)} = \frac{xo}{\sin(t_1)}$$

角 t_2 用余弦定理确定,得

$$xy^2 = xb^2 + yb^2 - 2xb \cdot yb \cdot \cos(t_2)$$

点 z 的位置运用矢量的概念确定，得
$$z = zx \cdot e^{j\varphi} + x$$
角 φ 是 zx 与水平线的夹角，等于 yx 与水平线的夹角加上 30°。

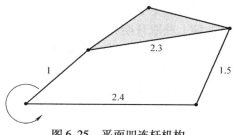

图 6.25 平面四连杆机构　　　　　图 6.26 四连杆的几何关系

（2）编程

以原点为参考，编程如下：

```
N =500;t =linspace(0,4* pi,N);a =1;b =2.4;c =1.5;d =2.3;
x =a* exp(j* t);
t1 =asin(a./abs(x -b).* sin(t));
t2 =acos((abs(x -b).^2 +c^2 -d^2)./(2* abs(x -b)* c));
t3 =pi -t1 -t2;
y =c* exp(j* t3) +b;
f =angle(y -x) +pi/6;
z =d/sqrt(3)* exp(j* f) +x;
for n =1:N
    h =plot([x(n),z(n),y(n),x(n),0,b,y(n)],'k. -');axis([-1.5,3.5,-1.5,2]);axis off;hold on
    s =[x(n),y(n),z(n)];
    patch(real(s),imag(s),'g','facealpha',0.5);
     set(h,'linewidth',2,'markersize',20,'markeredgecolor','b');
    plot(z,'r --');hold off
    pause(0.01);
end
```

（3）运行和分析

程序运行时屏幕出现的是四连杆联动的画面，图 6.27 是左曲柄转到第四象限时的截图；左曲柄的简单旋转，带动三角形顶点产生一条复杂的函数曲线。机械函数的这种特点被广泛应用于自动化、机器人、生物系统等领域。

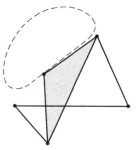

图 6.27 四连杆机构的函数

6.4.4 时钟发生器

时钟是计量、保持和指示时间的仪器,日晷是靠太阳投给物体的影子来计时的,沙漏是靠流沙来计时的,机械钟是靠摆轮来计时的,电子学的发展产生了不用机械的时钟。有些科学需要非常准确的时间,互联网时代可以通过网络在电脑上获取日期和时间。

例 6.22 在 MATLAB 里,函数 clock 可获取当时的年、月、日、时、分和秒,秒准确到小数点后好几位。请用函数 clock 制作一个圆盘指针的时钟,时间刻度隔一分用小点,隔五分用大点,有时、分和秒指针,钟面上有两条用递归产生的龙形曲线。

解 (1) 数学模型

时间刻度、指针和龙都用复数表示。刻度用点,指针用线条。龙形曲线是自相似分形的一种,实现它的方法有很多,这里的方法是从直线 ab 开始,如图 6.28a 所示,首先复制它,并将复制的 ab 绕原点正转 99°,然后将两条线的 b 点重合在一起,得到图 6.28b 中的 a_1b_1 折线;同理,复制 a_1b_1,并将复制的 a_1b_1 绕原点正转 99°,然后将两条线的 b_1 点重合在一起,得到图 6.28c 中的 a_2b_2 折线;如此重复多次,便得到一条龙曲线。

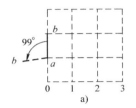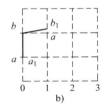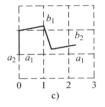

图 6.28 龙曲线的产生

(2) 编程

先计算固定的刻度,然后是龙,最后是循环地画刻度和双龙,提取时间,画时针、分针和秒针。程序如下:

```
p1 = exp(j* 2* pi* (0:1/60:1));
p2 = exp(j* 2* pi* (0:1/12:1));
z = [0,j];
for k = 1:12
    c = fliplr(z) - z(end);c = c* exp(j* 99/180* pi) + z(end);
    z = [z,c(2:end)];
end
z = z/250;
while 1
    plot (p1,'.b'); axis ([-1,1,-1,1]); axis equal; axis off;
hold on;
    plot(p2,'* b','linewidth',5);
```

```
        plot(z,'b','color',[.3 .6 .9]);plot(-z,'b','color',[.3 .6
.9]);
        c=clock;
        plot([0,0.7*exp(j*2*pi*(3/12-(c(4)+c(5)/60)/12))],'
color',[.9 .3 .1],'linewidth',5);
        plot([0,0.9*exp(j*2*pi*(3/12-(c(5)+c(6)/60)/60))],'
color',[1 .7 .1],'linewidth',3);
        plot([0,exp(j*2*pi*(3/12-c(6)/60))],'color',[.5 .2 .1],'
linewidth',2);
        set(gcf,'menubar','none');hold off
        pause(0.01)
    end
```

(3) 运行和分析

因程序的循环采用了 while 1，故程序运行时，循环是持续不停的，电脑屏幕的时钟指针随时间同步变化，其效果如图 6.29 所示；程序中的 z 代表一条龙形曲线，-z 是另一条龙形曲线。

6.4.5 测试卡

测试卡是一种电视测试信号，通常在发射机工作但没节目时播出，电视台用它校准摄像机、发射机等设备，也可用来诊断线路故障和调试电视机。简单的测试信号有灰条和彩条：灰条是黑白电视的测试信号，由不同灰度的条组成，可以反映电视机的对比度；彩条由白、黄、青、绿、紫、红、蓝和黑组成，可以反映电视机的色调和色饱和度。

图 6.29 双龙时钟

例 6.23 请用矩阵乘法产生一个条状的灰度图像信号，图像的像素是 500×640，灰度电平从白到黑均分为八级，1 表示白，0 代表黑。

解 先把亮度的量化值 0~255 分为八级，用它把一行的 640 个像素值分为八级，再形成 500 行。编程如下：

```
M=500;N=80;
x=(7:-1:0)/7*255;
x=ones(N,1)*x;
x=reshape(x,1,8*N);
I=ones(M,1)*x;
imshow(uint8(I));
```

运行程序得到我们希望的灰条图像信号，单击图形窗的 ，然后在图像边框右击，再单击 Color，就可以给边框涂上自己喜欢的颜色，如图 6.30 所示。

例 6.24 彩条图像由白、黄、青、绿、紫、红、蓝和黑的条状组成，请用最简单的矩阵产生一幅彩条图像信号。

解 因为彩色图像由红绿蓝三幅图像组成，红+绿=黄，绿+蓝=青，红+蓝=紫，红+绿+蓝=白。一幅图像有八个条状，用八个元素就可以表示。安排红色图像的一行变化两个周期，绿色图像的一行变化一个周期，蓝色图像的一行变化四个周期。

编程如下：

```
r=[1 1 0 0 1 1 0 0];
g=[1 1 1 1 0 0 0 0];
b=[1 0 1 0 1 0 1 0];
I=r;I(:,:,2)=g;I(:,:,3)=b;
image(I);
```

运行程序得到图6.31，它的颜色是呈阶梯跳变的白、黄、青、绿、紫、红、蓝和黑，跳变是表现高频的地方，平坦是表现低频的地方。

图6.30 灰度条状信号

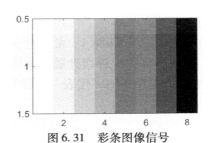

图6.31 彩条图像信号

6.5 信号变换

通信系统是利用不同的媒质传递信息的机构，不同的媒质其性质也不同，为了适应媒质的传输特性，信号的形式要相应地变换，才能将信息安全、高效地送达。一般来说，信号变换的方法有调制、插值、抽取、编码等。

6.5.1 正交相移键控

正交相移键控（QPSK）是利用相位差传递信息的调制方法，它的信号表达式为

$$s(t) = \cos(\omega_c t + \varphi_n)$$
$$= I_n \cos(\omega_c t) - Q_n \sin(\omega_c t), n = 0 \sim 3$$

信号 $I_n = \cos\varphi_n$ 和 $Q_n = \sin\varphi_n$，相位 $\varphi_n = \pi/4$、$3\pi/4$、$5\pi/4$ 和 $7\pi/4$ 对应格雷码，如图6.32所示。产生这种信号要求二进制先变为不归零双极型码，0用−1表示，然后串并变换为 I 和 Q，用它们分别调制正交载波 $\cos(\omega_c t)$ 和 $\sin(\omega_c t)$，最后再相加。

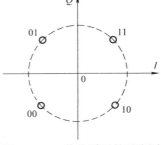

图6.32 二位格雷码的星座图

例6.25 设二进制信息 $d = [0, 1, 0, 1, 1, 1, 0, 0, 1, 1]$，传输比特率为1Mbit/s，载波频率为1MHz，采样率为90MHz；请用普通函数仿真正交相移键控的调制和解调。

解 （1）建模

因为正交相移键控调制时，信号为
$$s(t) = I_n\cos(\omega_c t) - Q_n\sin(\omega_c t)$$
其中 I_n 和 Q_n 的值只有 $+1/\sqrt{2}$ 和 $-1/\sqrt{2}$，所以解调同相分量时，用 $\cos(\omega_c t)$ 乘上 $s(t)$，即
$$\cos(\omega_c t)s(t) = \frac{I_n}{2}[1+\cos(2\omega_c t)] - \frac{Q_n}{2}\sin(2\omega_c t)$$
低通滤波后留下 I_n，只用判断 I_n 的正负便可恢复二进制；同理，解调正交分量 Q_n。

（2）编程

这里用每比特采样 90 次进行编程，程序如下：

```
d=[0,1,0,1,1,1,0,0,1,1];N=length(d);
subplot(411);stem(0:9,d,'');axis([0,10,0,1]);xlabel('n');ylabel('d');box off
d1=2*d-1;
p=reshape(d1,2,N/2)
f=1e6;fs=9e7;K=90;t=(1:K)/fs;
I=[];Q=[];
for n=1:N/2
    I=[I,p(1,n)*cos(2*pi*f*t)];Q=[Q,p(2,n)*sin(2*pi*f*t)];
end
t1=(1:N/2*K)/fs;
subplot(412);plot(t1*1e6,I);xlabel('t/\mus');ylabel('I_ncos(\omega_ct)');grid;box off
subplot(413);plot(t1*1e6,Q);xlabel('t/\mus');ylabel('Q_nsin(\omega_ct)');grid;box off
s=I-Q;
subplot(414);plot(t1*1e6,s);xlabel('t/\mus');ylabel('s(t)');grid;box off;axis tight
figure
r=s;
y=[];
for n=1:N/2
    u=cos(2*pi*f*t).*r((n-1)*K+1:n*K);
    u=sum(u);
    if u>0,y=[y,1];else y=[y,0];end
    v=sin(2*pi*f*t).*r((n-1)*K+1:n*K);
    v=sum(v);
    if v<0,y=[y,1];else y=[y,0];end
end
```

```
Ir=cos(2*pi*f*t1).*r;Qr=sin(2*pi*f*t1).*r;
subplot(411);plot(t1*1e6,Ir);xlabel('t/\mus');ylabel('解调
I');grid;box off;axis tight
subplot(412);plot(t1*1e6,Qr);xlabel('t/\mus');ylabel('解调
Q');grid;box off;axis tight
subplot(413);stem(0:9,y,'');axis([0,10,0,1]);xlabel('n');ylabel('结果');
```

(3) 运行和分析

运行程序得到两张图，图 6.33 反映了 QPSK 信号的调制过程，首先是二进制码 d 变成两路不归零双极型码 p(1,:) = [-1,-1,1,-1,1] 和 p(2,:) = [1,1,1,-1,1]，然后是调制余弦波和正弦波，1 比特 1μs，相加后形成 QPSK 信号 $s(t)$。

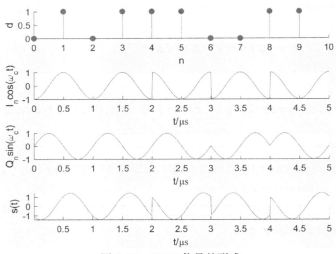

图 6.33　QPSK 信号的形成

图 6.34 反映了 QPSK 信号的解调过程，用本机振荡信号 $\cos(\omega_c t)$ 乘上接收信号 $r(t)$，与 p(1,:) = [-1,-1,1,-1,1] 对比，"-1,-1"对应 $t=0\sim2\mu s$，这时的波形均值都在 x 轴下面，这就是解码的依据。实际解调时，对接收信号就按码长时间分段进行，滤波、判断和并串变换同时进行。

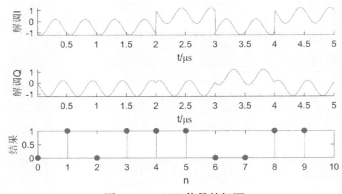

图 6.34　QPSK 信号的解调

6.5.2 伪随机数

随机意味着不可预测，没有规律。科研、游戏、密码需要随机数，随机数需用数学方法产生。伪随机数是用确定算法产生的数字序列，虽不是真正的随机数，但近似随机数序列的性质。

例 6.26 线性同余法是一种产生伪随机数的简单快速方法，它计算的随机数

$$N_{i+1} = \mathrm{mod}(a \times N_i + c, m)$$

开始值 N_0 叫作种子，一粒种子长出一组数字。一般来说，乘数 a、增量 c 和 N_0 都是小于模 m 的正数，c 或 N_0 可以取 0。现在取 $m = 2^{32}$、$a = 16843009$、$c = 826366247$，请以 6 和 7 为种子，各生成 10000 个随机数，并用直方图 histogram 和二维分布的方法观察它们的概率分布。

解 线性同余法用模运算进行迭代，故其产生的数分布在 $0 \sim m-1$ 的范围；为了美观，程序对它们归一化。二维分布用种子 6 的数做横坐标，种子 7 的数做纵坐标。

两个种子的随机数用矩阵描述，一个循环可以完成任务，最后再归一化。编程如下：

```
m=2^32;a=16843009;c=826366247;s=[6;7];
for i=1:10000
    s(:,i+1)=mod(a*s(:,i)+c,m);
end
s=s/m;
subplot(231);histogram(s(1,:));xlabel('数');ylabel('数量');title('种子6分布');
subplot(232);histogram(s(2,:));xlabel('数');ylabel('数量');title('种子7分布');
subplot(233);plot(s(1,:),s(2,:),'.');xlabel('种子6的数');ylabel('种子7的数');title('二维分布');
```

运行程序得到图 6.35，两粒种子的直方图显示，每段数的数量基本相同；二维分布的点均匀地散布在 $x = 0 \sim 1$ 和 $y = 0 \sim 1$ 的整个平面内。这些都说明线性同余法产生的随机数是均匀分布的。

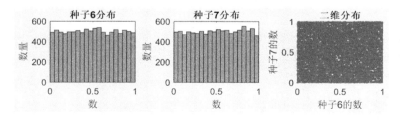

图 6.35 两组随机数的分布

6.5.3 正态分布

正态分布也叫高斯分布，它的概率密度函数为

$$f(x) = \frac{1}{\sigma\sqrt{2\pi}} e^{-\frac{1}{2}(\frac{x-\mu}{\sigma})^2}$$

该函数反映了许多自然、社会数据的统计特性。通过该函数，科学家研究出了多种产生正态分布变量的方法；如 Marsaglia polar method，它用两个在 $(-1,1)$ 均匀分布的变量 u 和 v 计算 $s = u^2 + v^2$，如果 $0 < s < 1$，则计算

$$x = u\sqrt{-2\ln(s)/s},\ y = v\sqrt{-2\ln(s)/s}$$

就得到一对独立的标准正态分布变量。

例 6.27 已知均匀分布可变为正态分布，下面请用线性同余法产生均匀分布变量 10000 个，然后通过 Marsaglia polar method 将它们变为正态分布变量，并用 histogram 和二维分布对它们进行分析；要求用时间 t = datetime，模 m = hour(t) + 10，种子 z = minute(t)，增量 c = second(t) 和乘数 $a = z + c + m$。

解 当正态分布函数的均值 $\mu = 0$ 和方差 $\sigma^2 = 1$ 时，其函数称为标准正态分布，曲线如图 6.36 所示，意思是每段 x 和曲线 $f(x)$ 围的面积是这段 x 的概率，分布在 0 的 x 概率最大。

为了得到正态分布变量，先产生一对 $(-1,1)$ 的均匀分布变量，然后将其单位圆内的数变为正态分布变量。具体程序如下：

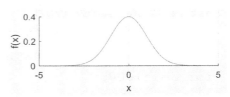

图 6.36 标准正态分布图

```
t=datetime;m=hour(t)+10;z=minute(t);c=second(t);a=z+c+m;
for i=1:10000
    u(i)=mod(a*z+c,m);z=u(i);
end
u=u/m;
t=datetime;m=hour(t)+10;z=minute(t);c=second(t);a=z+c+m;
for i=1:10000
    v(i)=mod(a*z+c,m);z=v(i);
end
v=v/m;
u=2*u-1;v=2*v-1;
s=u.^2+v.^2;
x=[];y=[];
for i=1:10000
    if s(i)<1
        x=[x,u(i)*sqrt(-2*log(s(i))/s(i))];y=[y,v(i)*sqrt(-2*log(s(i))/s(i))];
    end
```

```
    end
    subplot(221);plot(u,v,'.');axis equal;grid;xlabel('u');ylabel
('v');
    subplot(222);plot(x,y,'.');axis equal;grid;xlabel('x');ylabel
('y');
    subplot(223);histogram(x);grid;xlabel('x');ylabel('x数量');
axis tight;
    subplot(224);histogram(y);grid;xlabel('y');ylabel('y数量');
axis tight;
```

运行程序得到图6.37，u和v的二维图反映了它们在 $-1 \sim 1$ 的矩形是均匀分布的；x和y的二维图反映了它们在半径为4的圆是非均匀分布的，中间密外边疏；直方图清楚地反映了x和y中间密外边疏的特点，它们的包络和图6.36的相似。

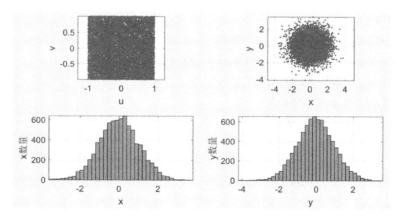

图6.37 正态分布的二维和直方图

6.5.4 图像的插值

图像放大会增加很多空格，空格要填入合适的值，这叫作插值。插值的基础是原图的坐标域和像素，先放大坐标域，然后用原图的像素计算空格的像素值，常见的方法有最近邻插值法和双线性插值法。

最近邻插值法对放大图的空格取原图最近像素的值进行填充，其优点是简单，缺点是有马赛克。双线性插值法对放大图的空格取原图最近的四点像素的值按线性方程计算，优点是图像质量好，缺点是公式复杂。

例6.28 请取一张照片，将其中一部分用最近邻插值法放大3.8倍，若原图的大小为 $M \times N$，放大后的大小就是 $3.8M \times 3.8N$；即原图的一个像素将变成十几个相同的像素。

解 （1）建模

设新图的大小为 $U \times V$，其像素坐标为 (i, j)。先将 $U \times V$ 压缩到 $M \times N$，那么 (i, j) 就变为虚拟坐标 (x, y)，如图6.38所示，$x = i/3.8$，$y = j/3.8$；然后找出最近 (x, y) 的

原图像素，(a, b)、$(a, b+1)$、$(a+1, b)$ 和 $(a+1, b+1)$ 中的一个，将它的像素值赋给 (x, y)。

(2) 编程

虚拟坐标四舍五入后就是最近像素的位置，按这个思路编程，程序如下：

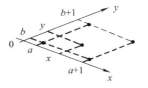

图 6.38 压缩坐标的原理

```
load wbarb
subplot(121);imshow(X,map);
f = X(53:120,100:167);
R = 3.8;
[M,N] = size(f);
U = R*M;V = R*N;
for i = 1:U
    for j = 1:V
        x = i/R;y = j/R;
        x = round(x) +1;y = round(y) +1;
        if x > M x = M;end;
        if y > N y = N;end
        g(i,j) = f(x,y);
    end
end
subplot(122);imshow(g,map)
```

(3) 运行和分析

运行程序得到图 6.39，图 6.39a 是原照片，看上去图像自然连续；图 6.39b 是照片局部放大后的图，看上去有许多锯齿，对比度较强，这是一个像素变成若干个像素的结果。

a)   b)

图 6.39 最近邻插值的图像

例 6.29 请取一张照片，将其中一部分用双线性插值法放大 3.8 倍；即新增的每个空格都要用原图的四个像素合成。

解 (1) 建模

首先，将新图的像素坐标 (i, j) 按公式 $x = i/R$ 和 $y = j/R$ 压缩，R 是放大倍数，如图 6.40 所示，a 和 b 是原图的坐标。

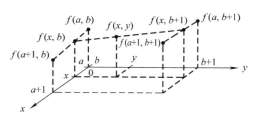

然后计算 $y = b$ 时的像素值 $f(x, b)$，公式为
$$f(x,b) = (x-a)[f(a+1,b) - f(a,b)] + f(a,b)$$

同理，计算 $y = b + 1$ 时的像素值 $f(x, b+1)$，公式为

图 6.40　双线性插值原理

$$f(x,b+1) = (x-a)[f(a+1,b+1) - f(a,b+1)] + f(a,b+1)$$

最后计算 (x, y) 的像素值 $f(x, y)$，公式为
$$f(x,y) = (y-b)[f(x,b+1) - f(x,b)] + f(x,b)$$

这个 $f(x,y)$ 就是新图 (i,j) 的值。

(2) 编程

在计算时要注意原图的边界：当 x 超出原图的边界时，$f(x, b)$ 用 $f(a, b)$ 代替；同理，当 y 超出原图的边界时，$f(x, b+1)$ 用 $f(x, b)$ 代替。编程如下：

```
load wbarb
subplot(121);imshow(X,map);
f = X(53:120,100:167);R = 3.8;
[M,N] = size(f);
U = R* M;V = R* N;
for i = 1:U
    x = i/R + 1;a = floor(x);
    for j = 1:V
        y = j/R + 1;b = floor(y);
        if x < M&y < N
            fx = (x - a)* (f(a + 1,b) - f(a,b)) + f(a,b);
            fx1 = (x - a)* (f(a + 1,b + 1) - f(a,b + 1)) + f(a,b + 1);
        elseif y < N
            fx = f(a,b);
            fx1 = f(a,b + 1);
        else
            fx = f(a,b);
            fx1 = f(a,b);
        end
        g(i,j) = (y - b)* (fx1 - fx) + fx;
    end
end
subplot(122);imshow(g,map)
```

(3) 运行和分析

运行程序得到图6.41，图6.41a是原照片，感觉自然清晰；将其头像部分用双线性插值法放大后，得到图6.41b，看上去图像柔和但略显模糊，这是两点像素间线性变化的效果。

a)　　　　　　　　　　　　　　　b)

图6.41　双线性插值的图像

6.5.5　图像的抽取

抽取也叫下采样，是指对数字信号采样，即序列间隔一定距离提取一个样本。对模拟信号采样时要满足采样定理才不会混叠失真，所以信号采样前都要低通滤波。同样，对数字信号采样也要注意这个问题，对数字图像信号采样亦是如此。

例6.30　请取一张照片，对它的像素按间隔5抽取样本，做成一张新照片。试用直接抽取像素和低通滤波抽取像素两种方法，低通滤波用函数mean代替。

解　照片是二维的，直接抽取像素的方法是按间隔5行和5列提取原图的样本，低通滤波抽取像素的方法是对原图各5×5块像素区求平均。编程如下：

```
load mandrill
I =X/max(X(:));
subplot(131);imshow(I);
R =5;
f =X(1:R:end,1:R:end);
I =f/max(f(:));
subplot(132);imshow(I);
[M,N] =size(X);
for i =1:M/R
    for j =1:N/R
        g(i,j) =mean(mean(X(1 +R* (i -1):R* i,1 +R* (j -1):R* j)));
    end
end
I =g/max(g(:));
subplot(133);imshow(I);
```

运行程序得到图 6.42，图 6.42a 是原图；图 6.42b 是直接抽取得到的照片，它没有低通滤波，失真较大；图 6.42c 是先平均再抽取的，失真较小。

 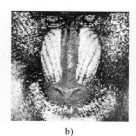 

图 6.42　两种图像抽取

6.6　信号处理

信号处理是指对声音、图像、生物信号进行表示、分析、变换、合成等，以提高传输、存储的效率和主观质量，提取人们感兴趣的信号。

6.6.1　边界的傅里叶描述子

边界是描述图形特征的一种形式，点是描述边界的一种方法。对于二维平面来说，点可以用复数表示，复数可以进行傅里叶变换，变换结果叫作傅里叶描述子。这种复数应用和变换的优点是可以将二维问题变为一维问题，还可以压缩数据。

例 6.31　设平面的边界变量 $z(n)$ 有十五个复数 $[i, 3.5+5i, 7+9i, 8+8i, 4+3.5i, 1, 1-4i, 1-9i, -1-9i, -1-4i, -1, -4+3.5i, -8+8i, -7+9i, -3.5+5i]$，求 $z(n)$ 的傅里叶描述子 $Z(k)$；要求把 $Z(k)$ 高频的 6 点变为 0，对结果做傅里叶反变换，然后画出相关平面图。

解　(1) 建模

有限长序列 $z(n)$ 的离散傅里叶变换为

$$Z(k) = \sum_{n=0}^{N-1} z(n)\, \mathrm{e}^{-\mathrm{j}\frac{2\pi}{N}kn}, (k = 0 \sim N-1)$$

它就是 $z(n)$ 的频谱。令 $U(k)$ 在 $k=5\sim10$ 的地方为 0，其他等于 $Z(k)$；对 $U(k)$ 做傅里叶逆变换

$$u(n) = \frac{1}{N}\sum_{n=0}^{N-1} U(k)\, \mathrm{e}^{\mathrm{j}\frac{2\pi}{N}kn}, (n = 0 \sim N-1)$$

这时的 $u(n)$ 相当于少掉了高频成分的 $z(n)$。

(2) 编程

为了体现二维平面图，用函数 fill 画出 $z(n)$ 和 $u(n)$；为了说明压缩原理，画出 $Z(k)$ 的幅频特性。程序如下：

```
z = [i,3.5 +5i,7 +9i,8 + 8i,4 + 3.5i,1,1 - 4i,1 - 9i, -1 - 9i, -1 - 4i,
-1, -4 + 3.5i, -8 + 8i, -7 + 9i, -3.5 + 5i];
```

```
subplot(221);fill(real(z),imag(z),'y');axis equal;grid;xlabel
('Re(z)');ylabel('Im(z)');
N=length(z);n=0:N-1;k=n;
Z=z*exp(-j*2*pi/N*n'*k);
subplot(222);stem(k,abs(Z));axis([0,N,0,100]);grid;xlabel
('k');ylabel('|Z(k)|');
U=Z;U(6:11)=0;
u=1/N*U*exp(j*2*pi/N*k'*n);
subplot(223);fill(real(u),imag(u),'c');axis equal;grid;xlabel
('Re(u)');ylabel('Im(u)');
```

(3) 运行和分析

运行程序得到图 6.43，z 的频谱 $|Z(k)|$ 显示，高频分量幅值远小于低频，把 $k=5\sim10$ 的 $Z(k)$ 变为 0 对压缩数据来说是很有益的。通信时只要传输 $U(k)$，在接收端根据 $U(k)$ 恢复平面点 $u(n)$，其图形相对发射端 $z(n)$ 在视觉上是可以接受的。

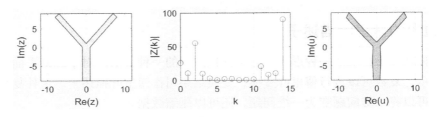

图 6.43 边界的傅里叶描述子

6.6.2 图像噪声

没有规律的数叫随机数，没有规律的时间信号叫噪声，没有规律的图像信号叫图像噪声。常见的图像噪声有高斯噪声、椒盐噪声（也称为双极脉冲噪声）等。

例 6.32 请根据线性同余法产生图像高斯噪声和椒盐噪声，并将它们分别叠加在图像 coins.png 上；要求高斯噪声用 Box – Muller transform 和余数函数 rem 来完成，椒盐噪声的亮点电平为 0.9、暗点电平为 0.1。

解 （1）建模

Box – Muller transform 是一种用 (0,1) 均匀分布的随机数映射标准正态随机数的方法，公式为

$$u = \sqrt{-2\ln(x)}\cos(2\pi y)$$
$$v = \sqrt{-2\ln(x)}\sin(2\pi y)$$

其中，x 和 y 是独立的均匀分布随机数；u 和 v 是独立的标准正态随机数。为了防止 x 和 y 为 0，可以给它们加一极小数，如 10^{-6}。

椒盐噪声在图像上表现为黑或白点，或者两者兼有，其图像电平 z 的概率分布函数为

$$p(z) = \begin{cases} P_w, & z = w \\ P_b, & z = b \\ 1 - P_w - P_b, & 其他 \end{cases}$$

设 $0 \leq z \leq 1$，w 和 b 分别代表白和黑点电平。

线性同余法的公式为

$$x_{n+1} = \mathrm{mod}(ax_n + c, m)$$

其中，a、x_0、c 和 m 都是正数，c 或 x_0 可以取 0。正数模运算可用余数代替。

（2）编程

用随机数产生黑白点时，判断域取 $b = 0.07 \sim 0.1$，$w = 0.87 \sim 0.9$。取 $a = 214013$、$m = 2^{32}$ 和 $c = 2531011$（参考：https://en.wikipedia.org/wiki/Linear_congruential_generator）。具体程序如下：

```
I = imread('circles.png');
subplot(131);imshow(I);title('原图');
[M,N] = size(I);
x = zeros(M,N);y = x;
a = 214013;m = 2^32;c = 2531011;x1 = 3;y1 = 2;
for i = 1:M
    for j = 1:N
        x1 = rem(a* x1 + c,m);y1 = rem(a* y1 + c,m);
        x(i,j) = x1;y(i,j) = y1;
    end
end
x = x/m;y = y/m;
v = sqrt(-2* log(x)).* sin(2* pi* y);
I1 = I + 0.7* v/max(abs(v(:)));
subplot(132);imshow(I1);title('高斯噪声污染');
I2 = 1* I;
I2(x >0.07&x <0.1) = 0.1;I2(x >0.87&x <0.9) = 0.9;
subplot(133);imshow(I2);title('椒盐噪声污染')
```

（3）运行和分析

运行程序得到图 6.44，原图是 01 的黑白图像，它的数据类型是逻辑型。用指令 imshow(I1) 显示高斯噪声污染的图像时，计算机能消除 0~1 外的电平，其效果清楚；若用 imshow(I1,[])，计算机将以 I1 的最小和最大值作为黑白标准，显示的图像对比度就会减弱。

两种噪声污染相比，高斯噪声的干扰幅度强弱变化大，整体污染效果不像双值的椒盐噪声的噪点那么明显。

原图

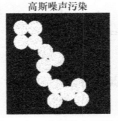
高斯噪声污染

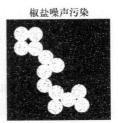
椒盐噪声污染

图 6.44 两种噪声的噪点

6.6.3 图像压缩

从系统看，存储也是通信。在图像通信中，最大的难点是图像海量数据的表示和传输，压缩图像数据就意味着提高传输效率。变换编码是一种图像压缩方法，它先将空域图像变为频域图像，然后进行数据压缩。变换编码的原理如图 6.45 所示。

图 6.45 变换编码的原理

数据压缩前，为了减小变换的计算量，先将图像分成子块，然后将子块从空域变到频域。频域的信号能量大多在低频，对它们取舍也叫量化，可减少数据量。一种量化方法是划片取舍，另一种是按图像和视觉的特点取舍，取舍的副作用是图像质量的损失。编码是用变长码表示量化的数据，它也可减少数据量，但图像质量没有损失。

例 6.33 请用图像 pears.png 做实验，将它分为 8×8 的子块，并对子块用函数 dct2 进行变换，变换系数按图 6.46 所示的划片模块 Q 取舍，1 代表保留数字，0 代表舍弃数字；然后对得到的系数矩阵做离散余弦反变换，显示其图像。

解 图像分块后，逐块进行余弦变换，然后系数 B 乘上 Q 即可完全舍弃高频系数。图像分块到边界时，请注意不满足 8×8 的情况，考虑是否舍弃不满足 8×8 的部分，还是给边界外的部分补零。

图 6.46 系数划片取舍

这里采用舍弃的方法，编程如下：

```
I = imread('pears.png');
I = I(100:250,1:200,1);
R = 8;[H,W] = size(I);
H = floor(H/R);W = floor(W/R);
I = I(1:R* H,1:R* W);
subplot(221);imshow(I,[]);title('原图');
I = double(I);
Q = zeros(R);Q(1:5,1:5) = [1,1,1,1,1;1,1,1,1,0;1,1,1,0,0;1,1,0,0,0;1,0,0,0,0];
```

```
for i =1:H
    for j =1:W
        A = I(1 + (i-1) * R:i* R,1 + (j-1) * R:j* R);
        B = dct2(A);
        C = B.* Q;
        D = idct2(C);
        J(1 + (i-1) * R:i* R,1 + (j-1) * R:j* R) = D;
    end
end
subplot(222);imshow(J,[]);title('完全舍弃高频');
```

运行程序得到图 6.47，原图的频谱舍弃全部高频系数后，图像细节恶化，例如梨子的麻点、伤痕等都消失了，换来的好处是每个子块至少有 49 个 0，可以用很少的比特传送。

原图　　　　　　　完全舍弃高频

图 6.47　划片舍弃高频系数

例 6.34 联合图像专家组（JPEG）代表数字图像常用的有损压缩方法，基于离散余弦变换。图 6.48 是它的一张余弦系数量化表 Q，适用于 8 比特的图像量化。请用 Q 对图像 pears.png 的离散余弦系数进行量化，并分析量化前后的图像。

解　（1）数学建模

先给 8 比特的图像减 128，使其数值范围从 [0, 255] 变为 [−128, 127]；然后将图像分为 8×8 的子块 A，并对 A 做二维余弦变换，得到的系数 $B÷Q$，同时四舍五入。通常，量化结果 C 的高频系数基本为零，剩下的是较小的正负整数，可用少量比特表示，即无损数据压缩。

解压缩过程是 $C×Q$，然后离散余弦逆变换，并四舍五入，再加上 128，就得到解压缩的子块；其元素值有时会超出 [0, 255] 的范围，这种情况要裁掉超出的部分，用函数 uint8 可以完成。

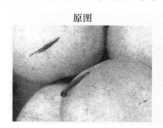

图 6.48　余弦系数量化表

（2）编程

具体程序如下：

```
I = imread('pears.png');
I = I(100:250,1:200,1);
[H,W] = size(I);R = 8;
H = floor(H/R);W = floor(W/R);
```

```
I =double(I(1:R* H,1:R* W));
subplot(221);imshow(I,[]);title('压缩前');
I =I -128;
Q =[16,11,10,16,24,40,51,61;12,12,14,19,26,58,60,55;...
    14,13,16,24,40,57,69,56;14,17,22,29,51,87,80,62;...
    18,22,37,56,68,109,103,77;24,35,55,64,81,104,113,92;...
    49,64,78,87,103,121,120,101;72,92,95,98,112,100,103,99];
for i =1:H
    for j =1:W
        A =I(1 +(i -1)* R:i* R,1 +(j -1)* R:j* R);
        B =dct2(A);
        C =round(B. /Q);
        D =C.* Q;
        E =round(idct2(D)) +128;
        F(1 +(i -1)* R:i* R,1 +(j -1)* R:j* R) =E;
    end
end
G =uint8(F);
subplot(222);imshow(G,[]);title('压缩后');
```

(3) 运行和分析

运行程序得到图6.49，由于量化表 Q 是国际专家经图像和视觉特征实验得到的矩阵，不是"一刀切"的取舍，所以它的压缩结果还能辨别梨子的麻点和伤痕，优于划片取舍。

 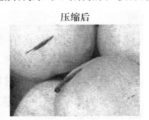

图6.49　采用 JPEG 的量化

取图像灰度变化最快的一个子块观察，如循环语句的 i =9 和 j =13，它的余弦系数 B 和量化系数 C 如图6.50所示，B 是为了好看先做四舍五入；虽然 C 的 0 也很多，但是不同的系数的量化比例是不同的，不是"一刀切"。

$$B = \begin{bmatrix} -110 & -63 & -8 & -6 & -2 & 1 & -1 & -2 \\ -106 & 77 & 21 & 3 & 9 & -1 & 1 & 2 \\ 49 & 18 & -50 & -6 & -8 & -1 & -1 & 0 \\ 3 & -45 & 14 & 24 & 1 & 3 & 1 & 0 \\ 6 & 7 & 27 & -23 & -11 & 0 & -2 & 0 \\ -4 & -1 & -13 & -5 & 21 & 1 & -2 & -1 \\ -1 & 5 & -13 & -5 & -10 & -1 & 0 & 0 \\ -1 & 1 & -2 & 0 & -6 & 10 & 1 & -1 \end{bmatrix} \quad C = \begin{bmatrix} -7 & -6 & -1 & 0 & 0 & 0 & 0 & 0 \\ -9 & 6 & 2 & 0 & 0 & 0 & 0 & 0 \\ 4 & 1 & -3 & 0 & 0 & 0 & 0 & 0 \\ 0 & -3 & 1 & 1 & 0 & 0 & 0 & 0 \\ 0 & 0 & 1 & 0 & 0 & 0 & 0 & 0 \\ 0 & 0 & 0 & 0 & 0 & 0 & 0 & 0 \\ 0 & 0 & 0 & 0 & 0 & 0 & 0 & 0 \\ 0 & 0 & 0 & 0 & 0 & 0 & 0 & 0 \end{bmatrix}$$

图6.50　按比例量化系数

6.6.4 数字水印

用信号处理的方法给数字信号嵌入特定的标记,这种标记叫数字水印,它能表示数字信号所有者的身份。数字信号可以是音频、视频等,数字水印有浮现的和隐藏的,电视台常用浮现水印,音频、图片常用隐藏水印。

例 6.35 请将数字"2020"作为水印嵌入一张照片,要求嵌入的 2020 观感上不影响画面质量,但隐约可见,约占画面大小的 1/4。

解 从数学的角度,只要把数字在画面上的像素值作为切换开关,就可以在有数字的地方给原图加入一个固定值,使像素的亮度变化一级。

准备一张照片和数字图片做实验,数字图片的制作是在计算机的画图板上进行的;先将画图板的底色变黑,然后单击工具栏的添加文字键 **A**,在画图板上添加白色文字 2020,文字大小为 210,位置居中,最后把它保存为图片。编程如下:

```
A=imread('C:\Users\yym\Pictures\Saved Pictures\1585188517.jpg');
subplot(221);imshow(A);title('原图');
[H,W,P]=size(A);
B=imread('C:\Users\yym\Pictures\Saved Pictures\字符.png');
subplot(222);imshow(B);title('数字');
C=B(:,:,1);
[h,w]=size(C);
C(C>0)=20;
D=0*A(:,:,1);
D(1001:1000+h,701:700+w)=C;
for i=1:3
    x(:,:,i)=A(:,:,i)+D;
end
subplot(223);imshow(x);title('白水印');
for i=1:3
    x(:,:,i)=A(:,:,i)-D;
end
subplot(224);imshow(x);title('黑水印');
```

运行程序得到图 6.51,在数字的地方加入一个值,水印会变亮;同理,减去一个值的水印会变暗。水印文字的颜色、大小、位置和突出程度都可根据自己需要调节。

照片和数字图片相加时,请注意它们的大小匹配。本题照片的大小是 $2448 \times 3696 \times 3$,数字图片的大小是 $1212 \times 2304 \times 3$。

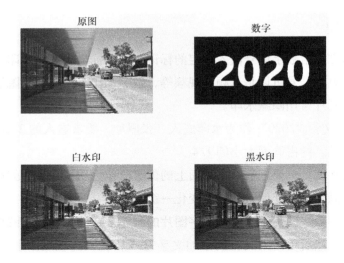

图 6.51 浮现的水印

6.6.5 图像平滑

图像平滑是指去除图像的结构细节或瞬间现象,如不同部分的接合部,让画面看上去更柔和。从数学的角度,平滑就是取平均,或者说低通滤波,它可以去除高频、减小噪声产生的无规律噪点。

例 6.36 请用邻域平均法给照片 football.jpg 做两种实验,一种是直接给照片平滑,另一种是给照片加入高斯噪声,然后消除噪声;高斯噪声均值为 0,方差为 0.01。平均法的邻域如图 6.52 所示,是圆圈包围的 9 点,用函数 sum 求均值。

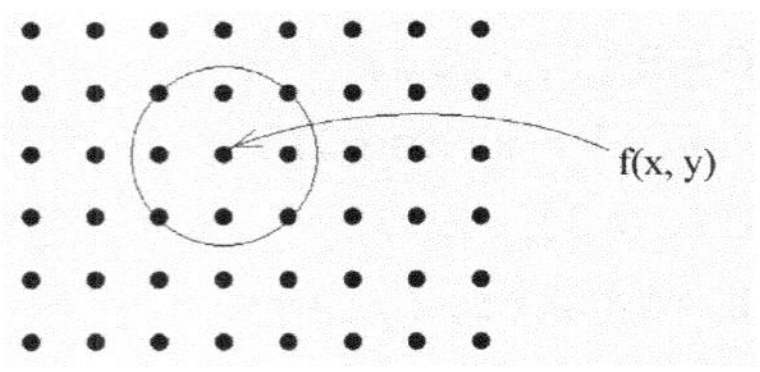

解 (1) 建模

邻域平均法是取原图像素点 $f(x,y)$ 周围的 9 点

图 6.52 邻域平均法

进行加权平均,加权的矩阵没有定数,可根据处理的效果选择,这里用

$$H(i,j) = \frac{1}{10}\begin{bmatrix} 1 & 1 & 1 \\ 1 & 2 & 1 \\ 1 & 1 & 1 \end{bmatrix}, (i = -1 \sim 1, j = -1 \sim 1)$$

计算 (x,y) 点平均值的公式为

$$g(x,y) = \sum_{i=-1}^{1}\sum_{j=-1}^{1} f(x-i, y-j) H(i,j)$$

它相当于二维卷积。

(2) 编程

计算每个点 (x,y) 的均值都要用到它周围的点,处理到图像最外边的像素时,为了简化编程,这里就不处理了。具体程序如下:

```
I = imread('football.jpg');
subplot(221);imshow(I);title('原图');
[M,N,P] = size(I);
I1 = double(I);
J = I1;H = [1,1,1;1,2,1;1,1,1]/10;
for i = 2:M-1
    for j = 2:N-1
        for k = 1:3
            a = I1(i-1:i+1,j-1:j+1,k).*H;
            J(i,j,k) = sum(a(:));
        end
    end
end
subplot(222);imshow(uint8(J));title('原图平滑');
J = imnoise(I,'gaussian',0,0.01);
subplot(223);imshow(J);title('原图被污染');
J1 = double(J);K = J1;
for i = 2:M-1
    for j = 2:N-1
        for k = 1:3
            a = J1(i-1:i+1,j-1:j+1,k).*H;
            K(i,j,k) = sum(a(:));
        end
    end
end
subplot(224);imshow(uint8(K));title('去污染');
```

(3) 运行和分析

运行程序得到图 6.53，原图平滑后，球面的纹理消失了，表面变得模糊（用在人脸上就叫光滑）。加噪声的图像到处都是麻点，平滑后（也叫滤波后），麻点明显减弱。

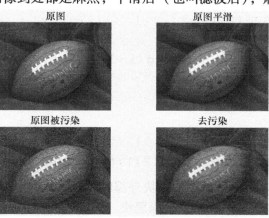

图 6.53　图像的平滑处理

6.6.6 图像的腐蚀

图像腐蚀是对二进制图像中的目标瘦身。例如,以原图的黑像素为目标 A,如图 6.54 所示,结构元素为 S;然后把 S 当作黑点生成器,对原图从左到右、从上到下扫描,当 $S \in A$ 时,S 在新图上产生一个黑点,位置在 S 的参考点 b,否则全是白点。

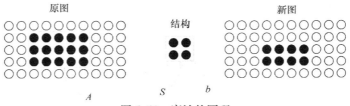

图 6.54 腐蚀的原理

虽说腐蚀的对象是二值图像,但多值图像也是适用的,例如,擦除一些细小噪点、线条等。

例 6.37 有一幅 10×10 的白底图像,图像中间是个 6×6 的黑块,请用一个 3×3 的结构对黑块进行腐蚀,参考点在结构的中心,要求用函数 sum 计算结构内像素值的和。

解 腐蚀的选择是灵活的,这里做两种选择:一种腐蚀黑块的外围,另一种腐蚀黑块的内部。

结构的设计也是灵活的,这里令 S = [1, 1, 1; 1, 1, 1; 1, 1, 1],用一个数组 g 表示两个新图。具体编程如下:

```
f = ones(10);
f(3:8,3:8) = 0;
subplot(221);imagesc(f);colormap gray;title('原图');
S = zeros(3);
s = ones(10);s(1:3,1:3) = S;
subplot(222);imagesc(s);title('结构');
g(:,:,1) = ones(10);g(:,:,2) = f;
for i = 1:8
    for j = 1:8
        a = sum(sum(f(i:i+2,j:j+2)));
        if a == 0
            g(i+1,j+1,1) = 0;g(i+1,j+1,2) = 1;
        end
    end
end
subplot(223);imagesc(g(:,:,1));title('腐蚀外');
subplot(224);imagesc(g(:,:,2));title('腐蚀内');
```

运行程序得到图 6.55,腐蚀原图的黑块外部时,新图是在白图上创建黑块;腐蚀原图的黑块内部时,新图是在原图的基础上擦除黑块。

例6.38 请给图像 circlesBrightDark.png 添加椒盐噪声，然后以4点的方形为结构对有噪声的图像进行腐蚀；要求用函数 imnoise 添加 0.01 倍的椒盐，用函数 sum 求结构内像素值的和。

解 用结构给图像消噪，实际上就是求结构内像素值的和，作为判断图像电平的依据。该图像是无符号8比特的，有黑灰白三色，要先变为双精度并归一化，然后再做腐蚀处理。编程如下：

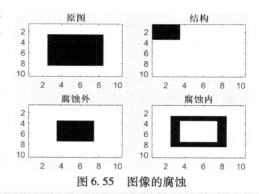

图 6.55 图像的腐蚀

```
I = imread('circlesBrightDark.png');
subplot(131);imshow(I);title('原图');
J = imnoise(I,'salt & pepper',0.01);J = double(J)/255;
subplot(132);imshow(J);title('污染图');
[m,n] = size(J);g = J* 0;
for i =1:m-1
    for j =1:n-1
        a = J(i:i+1,j:j+1);
        a = sum(a(:));
        if a > =3
            g(i,j) =1;
        elseif a < =1
            g(i,j) =0;
        else
            g(i,j) =0.5;
        end
    end
end
subplot(133);imshow(g);title('消噪图');
```

运行程序得到图 6.56，污染图的大部分噪点都被方形结构找到并消除，没消除的噪点是因为它们两个同值并靠在一起。

图 6.56 腐蚀对噪点的消除

本章小结

数组的维数一般是三维甚至更多，看上去比较复杂，但是在应对比较复杂的同类型问题时，数组的优越性就会体现出来。

练习题

1. 彩色视频文件 rhinos. avi 的画面大小是 240×320×3，请裁出它的行 51～200 和列 51～250 部分，并做成一个 150×200×3 画面的视频文件，达到图 6.57 所示的播出效果。编辑中用到的指令有 VideoReader、VideoWriter、open、read、imshow、writeVideo 和 close。

图 6.57　裁剪视频

2. 在三维空间里有一个椭圆环，如图 6.58 所示，它的绘制程序如下：

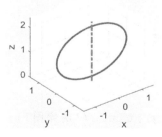

图 6.58　三维空间的椭圆环

```
t=linspace(0,2*pi,100);
x=1.5*cos(t);y=0*t;z=sin(t)+1.2;
u=[0,0];v=u;w=[0,2.4];
plot3(x,y,z,u,v,w,'-.','linewidth',2);axis equal;axis([-1.5,1.5,-1.5,1.5,0,2.4]);
grid;xlabel('x');ylabel('y');zlabel('z');
```

第6章

数组的运用

请在这个程序的基础上，添加适当的指令，让椭圆环绕点画线旋转起来。

3. 连续时间信号 $f(t)$ 的频谱为

$$F(\Omega) = \int_{-\infty}^{\infty} f(t) e^{-j\Omega t} dt$$

用计算机分析 $F(\Omega)$ 时，一方面要对 $f(t)$ 幅值较大的部分采样，得 $f(n)$，另一方面要对 $F(\Omega)$ 幅值较大的部分采样，得 $F(\Delta\Omega k)$，这样一来积分变为

$$F(\Delta\Omega k) = T\sum_{n=0}^{N-1} f(n) e^{-j\frac{2\pi}{N}kn}$$

其中，$\Delta\Omega = \Omega_s/N$，$k = 0 \sim N-1$，$N = \lceil f(t)$ 的时长$/T \rceil$。若连续时间信号 $f(t) = e^{-0.5t}u(t)$，采样角频率 $\Omega_s = 50$，向上取整函数是 ceil，请对比 $f(t)$ 的理论频谱 $F(\Omega)$ 和近似频谱 $F(\Delta\Omega k)$。

4. 二维离散傅里叶变换的旋转性质指出，图像信号在空域中旋转多少度，在频域中也旋转多少度。请用两个相差 45° 的图像信号验证这个性质，以下是两个相差 45° 的方形图形的发生指令：

```
H =20;W =25;f =zeros(H,W);
f1 =f;f1(8:12,11:15) =ones(5);
f2 =f;
for i =1:4
    f2(i +7,14 -i:12 +i) =1;
    f2(i +10,i +9:17 -i) =1;
end
```

要求用矩阵运算计算信号的频谱。

5. 哈达玛变换是通过哈达玛矩阵实现的，哈达玛矩阵是一种方形矩阵，其元素由 1 和 −1 组成，可用递归公式给出。例如，令 H 为 n 阶的哈达玛矩阵，则 $2n$ 阶的哈达玛矩阵为

$$\begin{bmatrix} H & H \\ H & -H \end{bmatrix}$$

直接观察递归公式的结果为

$$H_1 = [1], \quad H_2 = \begin{bmatrix} 1 & 1 \\ 1 & -1 \end{bmatrix}, \quad H_4 = \begin{bmatrix} 1 & 1 & 1 & 1 \\ 1 & -1 & 1 & -1 \\ 1 & 1 & -1 & -1 \\ 1 & -1 & -1 & 1 \end{bmatrix}$$

请编程实现上述过程。

6. 国际象棋的棋盘如图 6.59 所示，由黑色和咖啡色格组成；请用一个 1×200 的向量产生该棋盘的图案，图像大小是 1600×1600，三基色比例是 0.668、0.475 和 0.259，外边框用函数 plot，图像用函数 imshow，符号用函数 text。

7. 灰度变换的方法很多，若用对数函数作为映射函数，即

$$g(x,y) = A\cdot \log[1+f(x,y)]$$

请以图像 trees.tif 做实验，说明 A 应该取多少，并把它用到图像的灰度变换。提示：图像运算前要用 double 变为双精度，显示时用 imshow（变量，[]）。

图 6.59　国际象棋棋盘

8. 假设系统的图像输入信号为 $f(i,j)$，(i,j) 为像素的位置，系统的输出为

$$g(i,j) = 5f(i,j) - f(i+1,j) - f(i-1,j) - f(i,j+1) - f(i,j-1)$$

请用 pout.tif 作为图像信号 f，然后根据上式对 f 进行处理，并根据显示结果说明该系统的功能是什么？

9. 线性啁啾的瞬时频率 $f(t) = ct + f_0$，f_0 是初始频率，$c = (f_1 - f_0)/P$ 是啁啾，f_1 是最后频率，P 是频率从 f_0 到 f_1 的时间。对 $f(t)$ 积分得到的相位为

$$\varphi(t) = 2\pi\left(\frac{c}{2}t^2 + f_0 t\right) + \varphi_0$$

请根据该式产生一个啁啾声音信号，用它测试自己的耳机音质和听力水平，并画出信号的曲线。已知信号的频率从 20Hz 连续变化到 20kHz 花费时间 3 秒，初相位 φ_0 为 0，采样频率是 48kHz。

10. 滑块曲柄是一种四连杆机构，如图 6.60 所示，它有三个旋转接头和一个滑动接头，可模拟气缸的活塞运动。设曲柄长 3，连杆长 7，滑块曲柄在 1.5 高的支架上，两个小方块边长 0.6。请画出曲柄旋转时，滑块曲柄在支架上来回移动的动画。

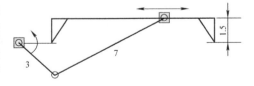

图 6.60　滑块曲柄

11. 通信的星座图是以位置展示信号的图。例如，正交幅度调制的 16-QAM 方案，它的同相分量 $I = [00,01,11,10]$ 对应 $[-3,-1,1,3]$，正交分量 $Q = [10,11,01,00]$ 对应 $[-3,-1,1,3]$；相移键控调制的 8-PSK 方案，它的二进制信号 $[111,110,010,011,001,000,100,101]$ 对应相位 $[0, \pi/4, \pi/2, 3\pi/4, \pi, 5\pi/4, 3\pi/2, 7\pi/4]$；它们的星座图如图 6.61 所示。请画出这两种星座图，图中符号用函数 text 标注。

12. 对复数表示的封闭曲线 $z(n)$ 做离散傅里叶变换，

$$Z(k) = \sum_{n=0}^{N-1} z(n) e^{-j\frac{2\pi}{N}kn},\ (k=0\sim N-1)$$

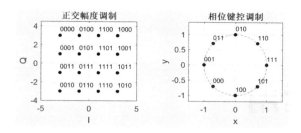

图 6.61 两种星座图

如果令 $Z(k)$ 在 $k=N/2$ 的一部分值为 0，这种 $Z(k)$ 在反变换后，得到的曲线有些是和 $z(n)$ 的曲线相差不大的。试对 $z=[0:8, 8+(1:8)*i, (7:-1:0)+8i, (7:-1:0)*i]$ 做这种处理：① $Z(14\sim21)=0$；② $Z(7\sim28)=0$；③ $Z(3\sim33)=0$。

13. 下面指令将一条斜线变成两条，再加上一条横线，得到一个"A"字图形：

```
for i=1:9
    f(i,i:i+4)=1;
end
subplot(221);imagesc(f);colormap gray;axis xy;
f(1:9,14:26)=flip(f);
subplot(222);imagesc(f);axis xy;
f(3:4,8:19)=1;
subplot(223);imagesc(f);axis xy;
g=zeros(15,50);g(4:12,13:38)=f;
subplot(224);imagesc(g);axis xy
```

现在请用 $S=[1,1;1,0]$ 作为图像腐蚀的结构元素，对 A 进行腐蚀，并指出腐蚀后图形和原来图形的区别。

第 7 章
逻辑的运用

逻辑是一种因果关系的推理。在计算机应用里，逻辑变成了一种运算，它根据条件的判断，决定下一步程序的走向。在 MATLAB 里，判断可以放在很多地方，这取决于我们想怎样控制数字、指令和循环。

在 Command Window 输入 help，回车，找到 matlab/ops，单击，映入眼帘的是 Operators and special characters 运算符和特殊字符，按运算类型分为：Arithmetic operators 算术运算符、Relational operators 关系运算符、Logical operators 逻辑运算符、Special characters 特殊字符、Bitwise operators 按位操作符和 Set operators 集合运算符。

作为条件判断，常用的类型是 Relational operators 和 Logical operators。更具体地说，我们判断条件时，常用的关系和逻辑符号如表 7.1 所示。

表 7.1 常用的关系和逻辑符号

符号	含义	符号	含义	符号	含义
= =	等于	~ =	不等于	<	小于
>	大于	< =	小于等于	> =	大于等于
&	与	|	或	~	非

关系运算是对两个元素的大小进行比较，运算结果只有两种，0 表示不成立，1 表示成立，此时的数 0 和 1 是逻辑数。逻辑运算由与、或、非组成，本质上也是关系运算，它们还细分为按元素进行逻辑运算和按短路进行逻辑运算。

元素逻辑运算的对象是矩阵，先判断两个对象的逻辑值，然后逻辑运算，结果还是矩阵。短路逻辑运算的对象是标量（单数），先判断第一个标量的逻辑值，如果不能完全确定结果，再判断第二个标量的逻辑值。

例如，A = [1 2 0 3 -7] 和 B = [-4 0 5 0 6] 都是大小为 1×5 的矢量，对矩阵 A 和 B "与"运算时，写为 A&B；运算时，先判断 A 的逻辑值，非零值都是 1，B 也是这样；然后对 A 和 B 的逻辑值进行逻辑运算，结果是 [1 0 0 0 1]。

对矩阵的元素 A(3) 和 B(1) "与"运算时，写为 A(3)&&B(1)；运算时，先判断 A(3) 的逻辑值是否为 0，这时马上给出答案 0。如果是对 A(3) 和 B(1) "或"运算，则写为 A(3) || B(1)；运算时，先判断 A(3) 的逻辑值是否为 0，不能确定结果，继续判断 B(1) 的逻辑值，这个值为 1，给出结果 1。

第7章
逻辑的运用

7.1 映射

映射是将一个范围变为另一个范围,将一种概念用另一种概念代替,根据需要,这种代替可以是一对一,也可以是多对一,或一对多。

7.1.1 波形变换

波形变换就是把一种波形在结构不变的情况下变为其他波形,如平移、翻转、尺度等变换。

例7.1 已知基信号$f(t)$的波形如图7.1所示,试画出函数$f(t-1)$、$f(-2t)$和$f(-0.7t+2)$的波形,并用逻辑运算将$f(t)$的波形变为幅度为2的同频矩形波$y(t)$。

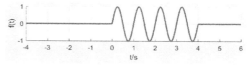

图7.1 基信号的波形

解 前三种变换与$f(t)$的时间有关,后一种变换与$f(t)$的幅度有关。

(1) 前三种变换

从波形看,信号$f(t)$的频率为1Hz,$f(t)=\sin(2\pi t)[\varepsilon(t)-\varepsilon(t-4)]$。画函数$f(t-1)$、$f(-2t)$和$f(-0.7t+2)$的波形时,先编写$f(t)$的画图指令,然后根据各函数括号内的时间关系代换$f(t)$中的$t$。逻辑运算能找出我们需要的位置,具体程序如下:

```
t = -4:0.001:6;t1 = [t;t-1;-2*t;-0.7*t+2];
s = {'f(t)','f(t-1)','f(-2t)','f(-0.7t+2)'};
for k = 1:4
    t2 = t1(k,:);
    f = sin(2*pi*t2);
    f(t2<0 |t2>4) = 0;
    subplot(4,1,k);plot(t,f,'linewidth',2);grid;box off;ylabel(s(k));
end
xlabel('t/s');
```

运行程序得到图7.2,$f(t-1)$是$f(t)$向右平移1;$f(-2t)$是$f(t)$绕y轴翻转并缩小一倍;$f(-0.7t+2)$是$f(t)$向左平移2,然后绕y轴翻转,再放大为原来的$1/0.7$倍。

(2) 后一种变换

先产生向量$f(t)$,然后根据$f(t)$值的正负修改向量值。具体程序如下:

```
t = -4:0.001:6;
f = sin(2*pi*t);f(t<0 |t>4) = 0;
subplot(311);plot(t,f,'linewidth',2);grid;box off;ylabel('f(t)');
f(f>0) = 2;f(f<0) = -2;
subplot(312); plot (t,f,'linewidth',2);grid;box off;ylabel('y(t)');xlabel('t/s');
```

运行程序得到图 7.3，$y(t)$ 将 $f(t)$ 正值的部分变为 2，负值部分变为 -2，频率和原来一样。

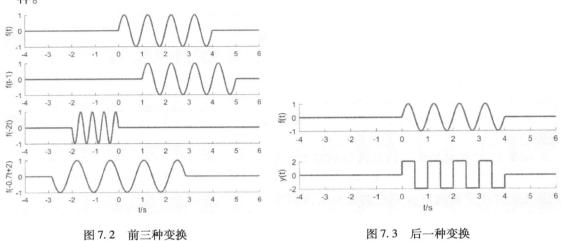

图 7.2　前三种变换　　　　　　　　　图 7.3　后一种变换

7.1.2　文字编码

文字编码是一种映射，它将文字变为数字、比特、电脉冲等形式，以利于通信传输，例如可减少传输的数据量和抵抗传输中遇到的干扰等。

例 7.2　已知 ASCII 码的英语字母和空格对应十六进制数 61～7A 和 20。请用逻辑运算编程，将文字 welcome to wikipedia 变为 ASCII 码的十六进制数。

解　将文字变为数字首先要识别文字的字符，然后把它变为规定的数字；识别过程是逐字进行的循环过程，如果提前识别成功，就要退出循环。

必须给出文字映射十六进制数的规定，才能进行编码。编程如下：

```
A = 'abcdefghijklmnopqrstuvwxyz ';
B = '6162636465666768696A6B6C6D6E6F707172737475767778797A20';
x = 'welcome to wikipedia';
c = [];
for i = 1:length(x)
    for n = 1:length(A)
        if x(i) = = A(n)
            break
        end
    end
    c = [c,B(2*n-1:2*n)];
end
c
```

运行程序得到 c = 77656C636F6D6520746F2077696B697065646961，它是 welcome to wikipedia 的十六进制数，数据类型是字符。

7.1.3 文字解码

文字解码也叫译码，是编码的反过程，它将通信端发来的代表文字的数字信号或码字恢复原状；由于传输难免干扰，所以解码过程有时还要纠错。

例 7.3 伽利略对数学有一段话："The universe cannot be read until we have learned the language and become familiar with the characters in which it is written. It is written in mathematical language, and the letters are triangles, circles and other geometrical figures, without which means it is humanly impossible to comprehend a single word. Without these, one is wandering about in a dark labyrinth."，其中一句表示为下面的 ASCII 十六进制码序列：

"576974686F75742074686573652C206F6E652069732077616E646572696E672061626F757420696E2061206461726B206C61627972696E74682E"

请问这段码序列代表哪句原文？

解 （1）数学建模

解码时先要判断码字，然后再将码字映射到文字。已知 ASCII 码的可显示文字是：

" !"#$%&'()*+,-./0123456789:;<=>?@ABCDEFGHIJKLMNOPQRSTUVWXYZ[\]^_`abcdefghijklmnopqrstuvwxyz{|}~"

文字映射的十六进制数是：

"202122232425262728292A2B2C2D2E2F303132333435363738393A3B3C3D3E3F404142434445464748494A4B4C4D4E4F505152535455565758595A5B5C5D5E5F606162636465666768696A6B6C6D6E6F707172737475767778797A7B7C7D7E"

（2）编程

输入字符时，一般字符要用英语的单引号"'"括起来；若遇到字符是单引号'时，要连写两个单引号"''"。编程如下：

```
A = ['202122232425262728292A2B2C2D2E2F303132333435363738393A',...
    '3B3C3D3E3F404142434445464748494A4B4C4D4E4F505152535455',...
    '565758595A5B5C5D5E5F606162636465666768696A6B6C6D6E6F70',...
    '7172737475767778797A7B7C7D7E'];
B = [' !"#$% &''()* +,-./0123456789:; < = >? @ ABCDEFGHIJKLMNOPQRSTUV',...
    'WXYZ[\]^_`abcdefghijklmnopqrstuvwxyz{|} ~'];
c =['576974686F75742074686573652C206F6E652069732077616E64657',...
    '2696E672061626F757420696E2061206461726B206C61627972696E74682E'];
w = [];
for i =1:2:length(c)
    for n =1:length(B)
        if c(i) = =A(2* n-1)&&c(i +1) = =A(2* n)
            break
        end
```

```
        end
        w = [w,B(n)];
    end
    w
```

(3) 运行和分析

运行程序可知,码序列代表的语句是原文的最后一句。A 和 B 是码字和字符,这种书写可用循环语句 A = [ ]; B = [ ]; for n = 32: 126, A = [A, dec2hex(n)]; B = [B, char(n)]; end; 替换,但程序耗时较多。

7.1.4 黑白转换

对于数字 0 和 1 组成的图像,它显示的效果是黑白两色的。在逻辑运算里,输入的非 0 值被当作逻辑真看待,输入的 0 值被当作逻辑假看待,逻辑非的运算就是将输入值颠倒。

例 7.4 已知 logo.tif 是逻辑值的图像,mri.tif 是无符号 8 位整数的图像,请对它进行逻辑非运算。

解 非运算的符号是 ~,运算用于数组的所有元素。编程如下:

```
I = imread('logo.tif');
subplot(221);imshow(I);title('原图');
subplot(222);imshow(~I);title('新图');
J = imread('mri.tif');
subplot(223);imshow(J);
subplot(224);imshow(~J)
```

运行程序得到图 7.4,逻辑图像的黑白转换效果非常清楚,而灰度图像的黑白转换在显示轮廓方面非常突出。

图 7.4 图片黑白颠倒

7.1.5 趣味相框

相框是图画或照片的保护和装饰边缘,其意义在于突出画面主题或增加美感。

例 7.5 试以照片 pout.tif 的高和宽制作一个椭圆相框,椭圆外做成黑色,椭圆内显示照片的内容。

解 先制作一个 0 和 1 组成的椭圆面,然后用它和照片相乘;椭圆面用圆方程和不等式产生。编程如下:

```
I = imread('pout.tif');
subplot(131);imshow(I);title('原图');
```

```
[H,W] = size(I);
x = linspace(-1,1,W); y = linspace(-1,1,H);
[x,y] = meshgrid(x,y);
for i = 1:H
    for j = 1:W
        z(i,j) = x(i,j)^2 + y(i,j)^2 <1;
    end
end
subplot(132);imshow(z);title('相框');
J = uint8(z).* I;
subplot(133);imshow(J);title('新图');
```

运行程序得到图 7.5，椭圆面相当于数字开关，它的 1 作为选通，0 作为关断。

图 7.5　趣味相框制作

7.1.6　霍夫曼编码

霍夫曼编码是一种无损压缩编码，编码准则是根据符号的概率给两个最小概率符号分配 0 和 1，之后相加两个最小概率，再给两个最小概率分配 0 和 1，如此重复，直至只剩一个概率。

例 7.6　有一串符号 a、b、c、d、e 的概率是 0.2、0.3、0.05、0.4、0.05，请用霍夫曼编码将 a、b、c、d、e 变为二元码，要求使用细胞数组 cell、排序函数 sort 和循环语句 while。

解　给概率从小到大排序时，用 c 记录初始位置，用 cod 记录二元码；c 和 cod 都用细胞数组。另外，条件满足的逻辑真泛指非零值。编程如下：

```
p = [0.2 0.3 0.05 0.4 0.05];
for i = 1:length(p)
    c{i} = i;
    cod{i} = [];
end
while size(c,2) -1
    [p,i] = sort(p);
    c = c(i);
```

```
        for j = c{1}
            cod{j} = ['1',cod{j}];
        end
        for j = c{2}
            cod{j} = ['0',cod{j}];
        end
        c{2} = [c{1},c{2}];c(1) = [];
        p(2) = p(1) +p(2);p(1) = [];
    end
    cod
```

运行程序得到 cod = ['000' '01' '0011' '1' '0010']。

答：a、b、c、d、e 的霍夫曼码是 000、01、0011、1、0010。

7.2 变量外的逻辑

有时希望一种变量能按照特定要求变成另一种变量时,可以将第一种变量直接与要求进行逻辑运算,就可以得到另一种变量。

7.2.1 一阶电路的三要素公式

对于含一个储能元件的线性电路,不管其结构如何,当激励为恒定值时,其输出仅取决于其初始值 $y(0_+)$、稳态值 $y(\infty)$ 和时间常数 τ,写为

$$y(t) = y(\infty) + [y(0_+) - y(\infty)]e^{-t/\tau}$$

它称为三要素公式,时间以初始值算起,$t > 0$。

例 7.7 假设电路的输出电压初始值为 $-2V$,稳态值为 $5V$,时间常数为 $0.7s$,在 $t=3s$ 时,输入发生变化,稳态值变为 $-4V$。试画出输出电压在 $t=0 \sim 5s$ 的波形。

解 电路在 $t \geq 0$ 时,$y(0_+) = -2V$,$y(\infty) = 5V$;当 $t \geq 3$ 时,$y(0_+) = y(3)$,$y(\infty) = -4V$。逻辑运算能够确定索引的位置,程序如下:

```
t = 0:0.001:5;r = 0.7;ys = -2;ye = [5,-4];
n = find(t = = 3);
y = ye(1) + (ys - ye(1))* exp(-t(1:n)/r);
y1 = ye(2) + (y(end) - ye(2))* exp( - (t(n +1:end) - t(n +1))/r);
subplot(211);plot(t,[y,y1]);grid;box off;xlabel('t/s');ylabel
('y(t)/V');
```

运行程序得到图 7.6,在 $0 \leq t \leq 3$ 时,输出按第一种稳定状态变化;当 $3 < t \leq 5$ 时,输出按第二种稳定状态变化。

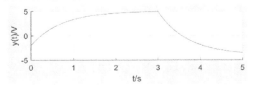

图 7.6 两种稳定状态的输出

7.2.2 二极管的两种模型

肖克利二极管方程不方便分析复杂的电路，可以用分段线性模型代替。这种模型将函数分解为几个线性段，比如将二极管的伏安特性近似为一个理想二极管串联电压源和电阻。

例 7.8 已知肖克利二极管方程为

$$I = I_s \exp\left(\frac{v}{nV_T} - 1\right)$$

设 $I_s = 10^{-12}$ A，$n = 1$，$V_T = 0.0258$V，分段线性模型的电压源为 0.71V，导通电阻为 1/125Ω，请画出该二极管在 $v = 0 \sim 0.77$V 的两种伏安特性。

解 理想二极管在正向电压时导通，相当于短路；反向电压时截止，相当于开路。依此编程如下：

```
Is =1e -12;n =1;VT =0.0258;
v =0:0.01:0.8;
I =Is* (exp(v/n/VT) -1);
subplot(211);plot (v,I,':d','linewidth',1,'markersize',5,'markerfacecolor',[.5 .5 1]);
grid;axis([0.65,0.77,0,7]);hold on;xlabel('v/V');ylabel('I/A');
for i =1:length(v)
    if v(i) <0.71
        I(i) =0;
    else
        I(i) =125* (v(i) -0.71);
    end
end
plot(v,I,'v:','linewidth',1,'markersize',4,'markerfacecolor',[1 .5 .5]);legend('Shockley','Piecewise')
```

运行程序得到图 7.7，分别描述了肖克利二极管模型（Shockley）的伏安特性和分段线性模型（Piecewise）的伏安特性。

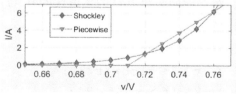

图 7.7 两种伏安特性

7.2.3 奇异信号

奇异信号的特点是，除了若干点不连续或导数不连续，其他地方都是连续的。这种信号虽不好理解，但它非常适合描述突然变化的物理现象，有时还能简化算法。

例 7.9 请根据单位阶跃信号 $\varepsilon(t)$ 和单位脉冲信号 $\delta(t)$ 的定义画出它们的波形图，$t = -4 \sim 4$，要求用基本函数。

解 单位阶跃信号的定义为

$$\varepsilon(t) = \begin{cases} 1, & t > 0 \\ 0, & t < 0 \end{cases}$$

它在 $t=0$ 的地方没有定义。

单位脉冲信号的定义为

$$\delta(t) = \lim_{\tau \to 0} \frac{1}{\tau} [\varepsilon(t+\tau/2) - \varepsilon(t-\tau/2)]$$

它的面积为 1。

编程如下：

```
T=0.01;tao=0.1;
t=-4:T:4;
f=[t>0];
subplot(221);plot(t,f);box off;xlabel('t');ylabel('\epsilon(t)')
f=[t>=-tao/2&t<tao/2]/tao;
subplot(222);plot(t,f);box off;xlabel('t');ylabel('\delta(t)')
```

运行程序得到图 7.8，$\varepsilon(t)$ 在 $t=0$ 处发生跳跃；$\delta(t)$ 在 $t=0$ 时出现脉冲，τ 越趋于 0，脉冲宽度越窄幅度越大。

图 7.8　单位阶跃和脉冲信号

7.2.4　连续周期信号

从数学上看，满足 $f(t+T)=f(t)$ 的函数称为周期函数，符合这个条件的信号称为周期信号。

例 7.10　有一个连续时间的周期矩形波 $f(t)$，其幅度为 2、周期为 3、脉冲宽度为 1。请用函数 floor 画出 $f(t)$ 的波形，$t=-5\sim5$。

解　周期函数 $f(t)$ 的主值区间 $0\sim T$ 等于 t 减去周期 T 的整数倍。依此进行逻辑判断，程序如下：

```
t=-5:0.01:5;
f=t-3*floor(t/3);
f=2*[f>=1&f<2];
subplot(211);plot(t,f,'linewidth',2);box off;xlabel('t');yla-
bel('f(t)');
```

运行程序得到图 7.9，这是一个偶对称的周期函数。

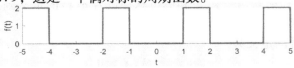

图 7.9　周期矩形波

7.2.5 离散奇异信号

时间离散幅度连续的信号叫作离散时间信号,它也有奇异信号,常见的是单位阶跃序列和单位脉冲序列。

例7.11 请按单位脉冲序列 $\delta(n)$ 和单位阶跃序列 $u(n)$ 的定义,画信号 $x(n)=3\delta(n-5)$ 和 $y(n)=2u(n-2)$ 在 $n=-5\sim10$ 的波形。

解 单位脉冲序列的定义为

$$\delta(n) = \begin{cases} 1, (n=0) \\ 0, (n \neq 0) \end{cases}$$

单位阶跃序列的定义为

$$u(n) = \begin{cases} 1, (n \geq 0) \\ 0, (n < 0) \end{cases}$$

按照这个规定编程,程序如下:

```
n=-5:10;
x=3*(n-5==0);
subplot(221);stem(n,x,'');xlabel('n');ylabel('x(n)');
y=2*(n-2>=0);
subplot(222);stem(n,y,'');xlabel('n');ylabel('y(n)');
```

运行程序得到图7.10,这些二值信号很容易用逻辑运算产生。

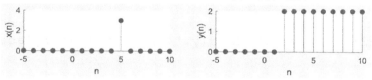

图7.10 放大和平移的单位奇异序列

7.2.6 离散卷积

离散卷积是一种两个离散信号的相乘和相加的运算,定义为

$$y(n) = x(n) * h(n) = \sum_{i=-\infty}^{\infty} x(i)h(n-i)$$

这是理想情况,实际情况是 i 的范围有限,计算机可以承受。

例7.12 已知线性时不变系统的单位脉冲响应 $h(n)=[1\ 3\ 5\ 2]$,输入信号 $x(n)=e^{-0.1n}R_{21}(n)$。请根据移位加权和计算系统的输出 $y(n)$。

解 移位加权和是数字信号处理的基本运算。

(1)算法分析

系统的输出 $y(n)=h(n)*x(n)$,因 $h(n)$ 长4点,故

$$y(n) = \sum_{k=0}^{3} h(k)x(n-k)$$

计算原理如图7.11所示,当 $n=0$ 时,$h_0 \sim h_3$ 在 x_0 右边,$y(0)=h(0)x(0)$;当 $n=1$ 时,h_0

~h_3 往左移 1 点，$y(1) = h(0)x(1) + h(1)x(0)$；最后 $h_0 \sim h_3$ 移出信号 $x(n)$ 的范围。所以，只用计算 $n = 0 \sim 23$ 的 $y(n)$，其他地方的 $y(n) = 0$。

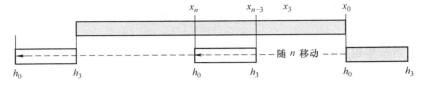

图 7.11　卷积计算的原理

（2）编程

根据以上分析，把卷积的过程分为右中左三段。具体编程如下：

```
h=[1 3 5 2];M=length(h);N=21;n=0:N-1;
x=exp(-0.1*n);
for n=1:M+N-1
    if n<M
        y(n)=h(1:n)*x(n:-1:1)';
    elseif n<N
        y(n)=h*x(n:-1:n-M+1)';
    else
        y(n)=h(n-N+1:M)*x(N:-1:n-M+1)';
    end
end
subplot(211);stem(0:M+N-2,y,'');xlabel('n');ylabel('y(n)');
box off
```

（3）运行和分析

运行程序的结果 $y(n)$ 有数字的，也有曲线的，如图 7.12 所示，在 $n = 0 \sim 23$ 以外的 $y(n)$ 都是零值。

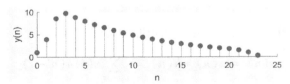

图 7.12　系统的输出

7.2.7　即时码的编码和解码

在通信系统的接收端，当收到一个完整的码字，马上就能正确翻译，这样的码字称为即时码。

例 7.13　请将一串四元码变为二元即时码，四元码的 1、−1、3、−3 对应即时码的 1、01、001、000，并对它们进行解码。要求用函数 randi 产生一串码字。

解　（1）原理

发送端的工作是编码,根据输入判断四元码是 1、还是 -1、3 或 -3,然后赋予相应的二元码,编码的循环次数等于输入的码数。

接收端的工作是解码,根据收到的比特判断二元码是 1,还是 01、001 或 000,然后赋予相应的四元码。解码时,还要判断输入的二元码是否结束,结束则停止译码。

(2) 编程

假设输入的码数是 6,二元码矢量是 c,解码后的矢量是 d,编程如下:

```
M = 6;
s = 2 * randi(4,1,M) -5
c = [];
for m = 1:M
   if s(m) == 1, c = [c,1];
   elseif s(m) == -1, c = [c,0,1];
   elseif s(m) == 3, c = [c,0,0,1];
   else c = [c,0,0,0];
   end
end
c
N = length(c); d = []; n = 1;
while n <= N
   if c(n) == 1, d = [d,1]; n = n +1;
   elseif c(n:n+1) == [0,1]; d = [d,-1]; n = n +2;
   elseif c(n:n+2) == [0,0,1]; d = [d,3]; n = n +3;
   else d = [d,-3]; n = n +3;
   end
end
d
```

(3) 运行和分析

运行程序时,程序将自动产生 M 个四元码 s,并将 s 变为二元即时码 c,再将 c 解码,得到 d。每次运行程序,解码结果 d 都与原来的符号 s 吻合。

7.2.8 电容的充放电

电容是物体的电荷变化与其电动势变化之比,可表示为

$$C = \frac{Q}{V}$$

其大小取决于物体的形状和材料。上式也说明,电容上的电压变化是渐变的。

例 7.14 设电路的 $R = 300\Omega$ 和 $C = 2\mu F$,如图 7.13 所示,电源 $u_s(t) = 3\sin(3700t)R_T(t)$ V,$T = 10$ ms,开关 S 在

图 7.13 电容的充放电

$t=0$ 时刻接通，$u_C(0) = 1V$；请根据微分方程画出电容电压 $u_C(t)$ 的曲线，$t = -5 \sim 15\text{ms}$，采样间隔 $T_s = 10\mu s$。

解 首先列出电路的微分方程，

$$u'_C(t) = \frac{1}{RC}u_s(t) - \frac{1}{RC}u_C(t)$$

然后将 t 离散化，即将方程变成数值计算式

$$u_C(t+dt) = u_C(t) + \frac{dt}{RC}[u_s(t) - u_C(t)]$$

在 S 接通前，电容上的电荷不变。

根据计算式和初始条件编程，程序如下：

```
R = 300;C = 2e-6;Ts = 1e-5;
t = -5e-3:Ts:15e-3;
us = 3*sin(3700*t).*(t>=0&t<10e-3);u(1) = 1;
for n = 1:length(t)-1
    tt = -5e-3+n*Ts;
    if tt>=0
        u(n+1) = u(n)+Ts/(R*C)*[us(n)-u(n)];
    else
        u(n+1) = u(n);
    end
end
subplot(211);plot(t*1e3,us,':',t*1e3,u,'m','linewidth',1);
xlabel('t/ms');ylabel('u(t)/V');
grid;box off;legend('u_s(t)','u_c(t)');axis tight;
```

运行程序得到图 7.14，两条曲线显示，S 闭合前 $u_C(t)$ 不变。S 闭合后，刚开始 $u_s(t)$ 小于 $u_C(t)$，电容放电，$u_C(t)$ 下降；到 $u_s(t)$ 大于 $u_C(t)$ 后，电容充电，$u_C(t)$ 跟随 $u_s(t)$ 变化；$t = 10\text{ms}$ 后 $u_s(t) = 0$，相当于短路，这时电容放电。

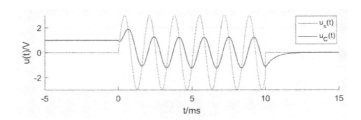

图 7.14 电容的充放电

7.2.9 沃尔什函数

沃尔什函数是一组完备的正交函数集，可以表示任意离散函数，就像三角函数可以表示

任意连续函数。沃尔什函数的一种定义为

$$W_k(t) = \prod_{j=0}^{N-1} \text{sgn}[\cos(k_j 2^j \pi t)], (0 \leq t < 1)$$

其序号 k 是非负整数，它与 j 和 k_j 的关系为

$$k = \sum_{j=0}^{N-1} k_j 2^j$$

N 表示 k 的二进制数的位数。

例 7.15 已知沃尔什函数定义于 $0 \leq t < 1$ 和 $W_k(t) = -1$ 和 1，请用函数 sign 画出 $W_k(t)$ 的 $k = 0 \sim 7$ 的沃尔什函数波形。

解 先产生 k 的二进制数，然后按 $W_k(t)$ 的定义计算 $k = 0 \sim 7$ 的沃尔什函数值，并画图。程序如下：

```
t=0:0.001:1;
for k=0:7;
    a=k;b=[];c=1;
    while c>0
        c=floor(a/2);
        if a-2*c==0
            b=[0,b];
        else
            b=[1,b];
        end
        a=c;
    end
    w=ones(1,length(t));
    for j=0:length(b)-1;
        s=sign(cos(b(end-j)*2^j*pi*t));
        w=s.*w;
    end
    subplot(8,1,k+1);
    plot(t,w,'linewidth',1);box off;axis off;set (gcf,'Position',
[100,100,360,280])
    line(0:1,[0,0],'linestyle','--');
    text(-.1,0,['k=',num2str(k)])
end
text([-.01,.46,.98],[-2,-2,-2],{'0','0.5','1'})
```

运行程序得到图 7.15，虚线表示 t 轴，蓝线表示 $W_k(t)$ 曲线，k 指出是哪个 $W_k(t)$。任意两条曲线相乘，它们的面积都为零，这就叫正交。

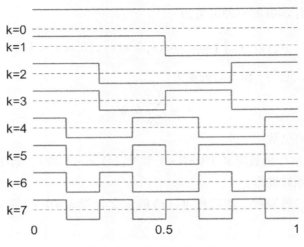

图 7.15　八种沃尔什函数

7.2.10　离散沃尔什函数

离散沃尔什函数的一种写法为

$$W_k(n) = \prod_{j=0}^{B-1} (-1)^{n_j k_{N-1-j}}$$

其中 n 和 k 是长度相同的整数，$n = 0 \sim N-1$，$N = 2^B$；n_j 和 k_j 是 n 和 k 的二进制第 j 位符号。

例 7.16　请按照以上离散沃尔什函数编程，计算 $N=8$ 时的沃尔什矩阵，以棋盘格的形式表示，格子里显示矩阵的元素。

解　先求 n 和 k 的二进制比特，然后比特相乘和相加。同底数幂相乘，底数不变，指数相加。

令 $B = 3$，编程如下：

```
B=3;N=2^B;
for i=0:N-1
    a=i;b=[];
    for j=1:B
        c=floor(a/2);
        if a-2*c==0 b=[0,b];else b=[1,b];end
        a=c;
    end
    n(1+i,1:B)=b;
end
k=fliplr(n);
for i=1:N
    for j=1:N
        W(i,j)=(-1)^(n(i,:)*k(j,:)');
    end
end
```

```
imagesc(W,'alphadata',0.5);colormap copper
[x,y]=meshgrid(0.5:N+0.5,[0.5,N+0.5]);
line([x,y],[y,x],'color',[.1 .1 .1]);
for i=1:N
    for j=1:N
        text(i-0.1,j,num2str(W(i,j)));
    end
end
```

运行程序得到图 7.16，浅色为 1，深色为 -1；第 1~
8 行是 $k=0\sim7$ 的沃尔什序列 $W_{0\sim7}(n)$，各行之间相互正
交，即相乘再相加等于零。

7.2.11 抠图

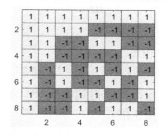

图 7.16 离散沃尔什函数的棋盘格

把图片或影像的某部分分离出来叫作抠图。从数学的
角度看，分离图像时提取像素幅值的比例是可以自己设定
的，设 1 或小于 1 都可以。小于 1 时，分离的像素幅值与
其他像素幅值相加，图像就会产生透明的效果。

例 7.17 请把照片 football.jpg 里的橄榄球抠出来，放到照片 coloredChips.png 的中间，
相加部分的幅值比为 0.7:0.3。

解 先观察 football.jpg 的红绿蓝图像的幅值特点，程序如下：

```
I=imread('football.jpg');colormap gray
for i=1:3
    subplot(3,3,i);imagesc(I(:,:,i));
end
```

运行程序得到图 7.17，三幅图像中红图像的橄榄球背景最深。选红图像的一行观察，
比如第 150 行，用 plot(I(150,:,1)) 画曲线，就会看到背景幅值均在 50 以下。

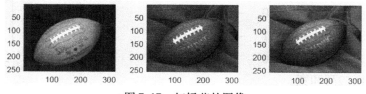

图 7.17 红绿蓝的图像

下面把 60 作为抠图的转换开关，幅值大于 60 的，输出原图的像素值，否则输出零。编
程如下：

```
I=imread('football.jpg');
subplot(131);imshow(I);
r=I(:,:,1);
x=r>60;x=uint8(x);
```

```
y = x .* r; y(:,:,2) = x .* I(:,:,2); y(:,:,3) = x .* I(:,:,3);
J = imread('coloredChips.png');
subplot(132); imshow(J);
[H,W] = size(x);
for i = 1:H
    for j = 1:W
        if x(i,j) > 0
            J(i+50,j+100,:) = 0.3 * J(i+50,j+100,:) + 0.7 * y(i,j,:);
        end
    end
end
subplot(133); imshow(J);
```

运行程序得到图 7.18，橄榄球抠出来后，以 0.7 的比例与图 7.18b 相加，相加部分的比例是 0.3 倍。

 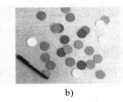 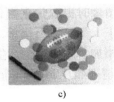

a)　　　　　　　　　　b)　　　　　　　　　　c)

图 7.18　抠图和图像合成

7.2.12　图像的几何变换

图像的几何变换是指图像的大小、形状和位置的改变，这种改变如果使用齐次坐标和矩阵，就容易编程。下面以图像旋转为例进行介绍。

第一，把图像的坐标原点从左上角平移到图像中央，如图 7.19 所示，坐标平移的方程为

$$\begin{bmatrix} x_2 \\ y_2 \\ 1 \end{bmatrix} = \begin{bmatrix} 1 & 0 & -H_1/2 \\ 0 & 1 & -W_1/2 \\ 0 & 0 & 1 \end{bmatrix} \begin{bmatrix} x_1 \\ y_1 \\ 1 \end{bmatrix}$$

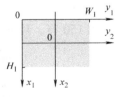

图 7.19　坐标平移

H_1 和 W_1 表示原图的高和宽。

第二，图像绕原点顺时针旋转 α，如图 7.20 所示，图像旋转的方程为

$$\begin{bmatrix} x_3 \\ y_3 \\ 1 \end{bmatrix} = \begin{bmatrix} \cos\alpha & \sin\alpha & 0 \\ -\sin\alpha & \cos\alpha & 0 \\ 0 & 0 & 1 \end{bmatrix} \begin{bmatrix} x_2 \\ y_2 \\ 1 \end{bmatrix}$$

第三，把坐标原点移到新图像的左上角，如图 7.21 所示，坐标平移的方程为

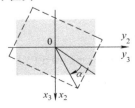

图 7.20　图像旋转

$$\begin{bmatrix} x_4 \\ y_4 \\ 1 \end{bmatrix} = \begin{bmatrix} 1 & 0 & H_2/2 \\ 0 & 1 & W_2/2 \\ 0 & 0 & 1 \end{bmatrix} \begin{bmatrix} x_3 \\ y_3 \\ 1 \end{bmatrix}$$

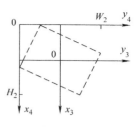

图 7.21 坐标平移

H_2 和 W_2 表示新图的高和宽。把三个矩阵方程联合起来，就可以得到原图和新图的像素位置关系。

例 7.18 请用照片 cameraman.tif 做实验，将它按顺时针方向旋转 45°，旋转后的图像一种是图像大小不变，另一种是原图内容全部保留。

解 （1）建模

为了方便编程，要根据新图的像素坐标，找到原图的像素坐标，然后将原图像素的灰度赋给新图位置的像素。新图位置作为自变量的方程为

$$\begin{bmatrix} x_1 \\ y_1 \\ 1 \end{bmatrix} = \begin{bmatrix} 1 & 0 & H_1/2 \\ 0 & 1 & W_1/2 \\ 0 & 0 & 1 \end{bmatrix} \begin{bmatrix} \cos(\alpha) & -\sin(\alpha) & 0 \\ \sin(\alpha) & \cos(\alpha) & 0 \\ 0 & 0 & 1 \end{bmatrix} \begin{bmatrix} 1 & 0 & -H_2/2 \\ 0 & 1 & -W_2/2 \\ 0 & 0 & 1 \end{bmatrix} \begin{bmatrix} x_4 \\ y_4 \\ 1 \end{bmatrix}$$

表示像素位置的方程是理想的，实际位置是整数表示，此外 x_1 和 y_1 的范围是有限的，所以矩阵运算的结果要四舍五入，并且当 x_1 和 y_1 超出原图范围时，赋给新图像素的值由编程者自己确定。

（2）编程

根据要求，新图的大小有两种：一种的边长与原图相同，即 $H_2 = H_1$ 和 $W_2 = W_1$；另一种的边长是原图的 $\sqrt{2}$ 倍，即 $H_2 = \sqrt{2}H_1$ 和 $W_2 = \sqrt{2}W_1$。具体编程如下：

```
I = imread('cameraman.tif');
subplot(131);imshow(I);
[H1,W1] = size(I);t = pi/4;
H2 = [H1,round(sqrt(2)* H1)];W2 = [W1,round(sqrt(2)* W1)];
for k = 1:2
   h2 = H2(k);w2 = W2(k);
   T = [1,0,H1/2;0,1,W1/2;0,0,1]* [cos(t),-sin(t),0;sin(t),cos(t),0;0,0,1]...
        * [1,0,-h2/2;0,1,-w2/2;0,0,1];
   for i = 1:h2
      for j = 1:w2
         z = round(T* [i;j;1]);
         x = z(1);y = z(2);
         if x <1 |x >H1 |y <1 |y >W1
            J(i,j) = uint8(60);
         else
            J(i,j) = I(x,y);
         end
```

```
            end
        end
    subplot(1,3,1 + k);imshow(J);
end
```

(3) 运行和分析

运行上面程序得到图7.22，如果新图的大小和原图相同，原图的四个角无法显示；如果增加新图的大小，原图的四个角就可以得到保留。

图 7.22　两种图像旋转

7.3　变量内的逻辑

有的时候我们希望变量的元素按照要求进行变化，这里的"要求"相当于逻辑判断，它可以作为变量的索引（index），而"变化"相当于赋值，在等号的右边。例如，我们希望整数变量 x = 1～10 的 5 和 7 变为无穷大，这样编程就可以了：x = 1:10, x(x = =5|x = =7) = inf。

7.3.1　限幅电路

限制信号波形幅度的电路称为限幅电路，也叫削波电路，它能削平超出规定范围的信号波形，常用于整形、波形变换和过压保护。

例 7.19　假设限幅电路的输入 $u_i(t) = 5\sin(2\pi\,0.3t)\,\mathrm{V}$，二极管正向导通电压为 0.7V，如图 7.23 所示，试画出 $u_i(t)$ 和 $u_o(t)$ 的波形。

解　根据二极管的单向导电性，在二极管没有导通时，$u_o(t) = u_i(t)$；当 $u_i(t) > 3.7\mathrm{V}$ 时，VD_1 导通，输出 $u_o(t) = 3.7\mathrm{V}$；当 $u_i(t) < -3.7\mathrm{V}$ 时，VD_2 导通，输出 $u_o(t) = -3.7\mathrm{V}$。依此分析编程如下：

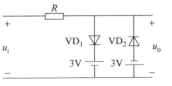

图 7.23　限幅电路

```
f = 0.3;t = 0:0.01:10;
u = 5* sin(2* pi* f* t);
subplot(211);plot(t,u,'linewidth',2);xlabel('t/s');ylabel('u_i(t)/V');grid;box off;
u(u > = 3.7) = 3.7;u(u < -3.7) = -3.7;
subplot(212);plot(t,u,'m','linewidth',2);xlabel('t/s');ylabel('u_o(t)/V');grid;box off;
```

运行程序得到图 7.24，输出信号的波形被限制在 $-3.7 \sim 3.7\text{V}$ 之间。

7.3.2 运算放大器

运算放大器是一种放大倍数很大的电压放大器，通常采用双电源供电，两个电源的公共节点定义为电位零点。

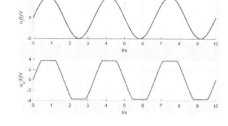

图 7.24 限幅电路的波形

例 7.20 有一个开环差模电压增益 A_d 为 100dB 的集成运算放大器，输出正、负饱和电压为 14V、-14V，若差模输入电压 u_i 分别为 -1V、-1mV、-100μV、-10μV、10μV、100μV、1mV、1V，求输出电压 u_o。

解 运算放大器的差模增益远大于共模增益，故输入差模电压很小时，输出电压随输入差模电压线性变化。依此编程如下：

```
vi = [-1,-1e-3,-100e-6,-10e-6,10e-6,100e-6,1e-3,1];
Av = 1e5;
vo = Av * vi
vo(vo >= 14) = 14
vo(vo <= -14) = -14
```

运行程序得 vo = [-14 -14 -10 -1 1 10 14 14]。

答：输出电压是 -14V、-14V、-10V、-1V、1V、10V、14V 和 14V。

7.3.3 信源压缩编码

压缩编码就是让信源输出的数字或符号按某规律变换，以达到提高传输效率的目的。

例 7.21 设信源有 2^8 个数字需要发射，发射的数字按下面公式变化

$$x(t) = e^{-\cos^2(t)}[\sin(2t) + 2\cos(4t) + 0.4\sin(t)\sin(50t)]$$

设 $t = 0 \sim 2\pi$；请对 $x(t)$ 的频谱 $X(\omega)$ 进行压缩，将 $|X(\omega)|$ 小于最大值 0.2 倍的频谱变为 0，并验证这种做法的可靠性。

解 先按 2^8 离散 $x(t)$，然后计算 $X(k)$，将小于 $0.2|X(k)|_{\max}$ 的 $|X(k)|$ 置零，再对这种频谱的反变换取实部。编程如下：

```
N = 2^8;
t = linspace(0,2 * pi,N);
x = exp(-cos(t).^2).* (sin(2 * t) +2 * cos(4 * t) +0.4 * sin(t).* sin
(50 * t));
    subplot(221);plot(t,x);xlabel('t/s');ylabel('x(t)');axis
tight;box off;
X = fft(x);k = 0:N-1;
    subplot(222);plot(k/2/pi,abs(X));xlabel('f/Hz');ylabel('|X(f)
|');axis tight;box off;
```

```
    a = max(abs(X)) * 0.2;
    X(abs(X)<a) = 0;
    subplot(223);plot(k/2/pi,abs(X));xlabel('f/Hz');ylabel('|Y(f)|');axis tight;box off;
    y = real(ifft(X));
    subplot(224);plot(t,y);xlabel('t/s');ylabel('y(t)');axis tight;box off;
    z = length(find(~abs(X)))
```

在程序里，计算 X 含 0 值的数目时，函数 find 是寻找非零元素索引的，逻辑非"~"变为找 0 元素索引。

运行程序得到图 7.25 和 $z=250$。$Y(f)$ 是按要求置零的频谱，它恢复的信号 $y(t)$ 的波形整体还是与 $x(t)$ 相似的。压缩后的频谱的 0 的数目 $z=250$，这对频谱总数 256 来说是相当大的。

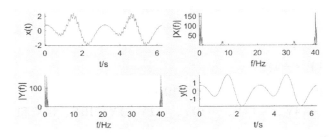

图 7.25　压缩前后的波形和频谱

7.3.4　彩色图像的直方图

图像直方图是表示数字图像数据分布的柱状图，由于彩色图像是由红绿蓝像素组成的图像，所以彩色图像的直方图有三种，分别反映三幅图像的数据分布。

例 7.22　请编写一个程序，要求能显示彩色图像的三基色数据分布情况，数据的数字大小都用 8 比特表示。

解　用函数 find 寻找不同大小的数字，用函数 numel 统计相同大小数字的量。编程如下：

```
I = imread('pears.png');
c = 'rgb';
for n = 1:3
    for k = 0:255
        a = find(I(:,:,n) = = k);
        y(k+1) = numel(a);
    end
    subplot(3,1,n);stem(0:255,y,c(n),'.');xlabel(c(n));ylabel(['n_',c(n)]);axis tight;
end
```

运行程序得到图 7.26，红绿蓝图像的直方图从上到下，横坐标表示灰度的大小，纵坐标表示各种灰度的数量。

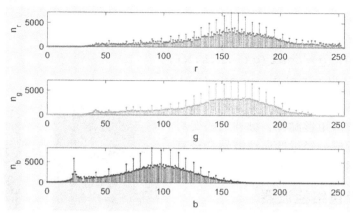

图 7.26　红绿蓝图像的直方图

7.3.5　DFT 在线性卷积中的应用

DFT 可以把线性卷积运算转化为乘法运算，条件是 DFT 的长度至少等于线性卷积的长度，也就是参加卷积的两个序列的长度之和减 1。因为 DFT 有快速算法，叫快速傅里叶变换，所以 DFT 经常用来解决线性卷积的问题。

例 7.23　已知二维巴特沃斯滤波器的传递函数为

$$H(u,v) = \frac{1}{1 + [D(u,v)/D_0]^{2n}}$$

其中 $D(u,v)$ 是点 (u,v) 到最低频的距离，D_0 是截止频率，n 是阶。现在用照片 mandi.tif 做实验，消除 650～1250 行 ×2010～2590 列人脸上的网格现象，可借助 fft2、ifft 等函数。

解　用 DFT 计算卷积时，为了防止折叠失真，图像做 DFT 前要补零。还要注意的是，二维频谱的最低频在频谱平面的四个角，所以频域里设计 $H(u,v)$ 时，其距离 $D(u,v)$ 是中央对称。

增加 fft 的长度即可补零。$H(u,v)$ 的最高频在 (M,N)。取 $n=2$，$D_0 = 0.5\sqrt{M^2+N^2}$，编程如下：

```
I=imread('mandi.tif');
f=I(650:1250,2010:2590);
subplot(121);imshow(f);
[M,N]=size(f);
F=fft2(double(f),2*M,2*N);
u=0:2*M-1;u(u>M)=u(u>M)-2*M;
v=0:2*N-1;v(v>N)=v(v>N)-2*N;
[V,U]=meshgrid(v,u);
```

```
d = sqrt(U.^2 + V.^2);
n = 2;d0 = 0.5* sqrt(M^2 + N^2);
H = 1./(1 + (d/d0).^(2* n));
G = F.* H;
g = ifft2(G);g = real(g(1:M,1:N));
subplot(122);imshow(uint8(g));
```

运行程序得到图 7.27，图 7.27a 画面的网格相当于连续出现的矩形脉冲，脉冲的跳变对应高频成分；高频成分经过低通滤波器会被衰减，图 7.27b 的网格减弱许多。

图 7.27 图像的低通滤波

7.3.6 二极管包络检波器

二极管包络检波器由二极管、电阻和电容组成，如图 7.28 所示，它利用二极管的单向导电性和电容上的电压，取出调幅波 $u_i = U_{im}[1 + m_a\cos(2\pi Ft)]\sin(2\pi f_c t)$ 的正向峰值部分，从而获得调幅波的调制信号 $\cos(2\pi Ft)$。

例 7.24 假设调幅波的 $U_{im} = 0.5\text{V}$，$m_a = 0.8$，$F = 10\text{kHz}$，$f_c = 465\text{kHz}$，电路的二极管导通电阻 $r_d = 200\Omega$，$R = 20\text{k}\Omega$，$C = 0.1\mu\text{F}$；求检波器的输出电压波形，将 $t = 0 \sim 13.9/f_c$ 分为 1000 点。

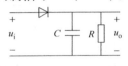

图 7.28 二极管包络检波器

解 根据一阶电路的三要素法，当 $t > 0$ 时，电路的输出为

$$u_o(t) = u_o(\infty) + [u_o(0) - u_o(\infty)]e^{-t/\tau}$$

检波器的二极管导通时，$u_i > u_o$，这时的 $\tau_1 = (r_d // R)C$；截止时，$u_i \leq u_o$，这时的 $\tau_2 = RC$。具体程序如下：

```
Ui = 0.5;ma = 0.8;F = 10e3;fc = 465e3;
rd = 200;R = 20e3;C = 0.1e - 6;
N = 1000;t1 = rd* R/(rd + R)* C;t2 = R* C;
t = linspace(0,13.9/fc,N);
ui = Ui* (1 + ma* cos(2* pi* F* t)).* sin(2* pi* fc* t);
plot(t* 1e6,ui);grid;box off;hold on;xlabel('t/\mus');ylabel('u(t)/V');
plot(t* 1e6,ui./sin(2* pi* fc* t),'- -');
uo = 0* ui;
for i = 2:N
    if ui(i) >uo(i -1)
        uo(i) = ui(i) + (uo(i -1) - ui(i))* exp( -t(i)/t1);
    else
        uo(i) = uo(i -1)* exp( -t(i)/t2);
```

```
        end
    end
plot(t*1e6,uo);legend('u_i(t)','envelope','u_o(t)');
```

运行程序得到图 7.29，虚线表示调幅波的包络，它按调制信号的规律变化；齿状曲线是包络检波器的输出，它的充电放电跟随包络的轨迹变化。

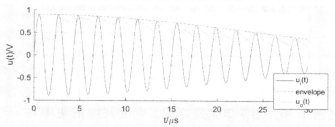

图 7.29　包络检波器的输入输出曲线

7.3.7　图像直方图均衡

图像直方图均衡是指用积累分布函数对图像灰度进行调整，使灰度的概率均匀分布。例如，图像 x 的灰度分为 $i = 0 \sim L-1$ 级，$L = 2^8$，其灰度为 i 的概率 $p_x(i) = n_i/n$，n_i 是 i 的数量，n 是像素总量，对 $p_x(i)$ 进行积累函数运算，得

$$r_i = \sum_{j=0}^{i} p_x(j)$$

把结果 r_i 作为新图像 y 的像素灰度比率，$r_i \times (L-1)$ 作为 y 的像素灰度，像素的位置与 $p_x(i)$ 的相同。

例 7.25　已知图像 circuit.tif 的灰度是 8 比特量化，试对它做直方图均衡，并显示均衡前后的直方图，各等级灰度的像素量用函数 numel 计算。

解　计算直方图的方法是逐个灰度地统计它的像素量。积累函数的值 r_i 是有位置的，它对应原图灰度 i 的位置，$r_i \times (L-1)$ 就是这些位置的像素灰度。程序如下：

```
L=2^8;
x=imread('circuit.tif');
subplot(221);imshow(x);
for i=0:L-1
    n=find(x==i);
    a(i+1)=numel(n);
end
subplot(222);stem(0:L-1,a,'.','markersize',4);axis tight;box off;grid;xlabel('i');ylabel('n_i');
p=a/numel(x);r=zeros(size(x));
for i=0:L-1
```

```
        r(x= =i)=sum(p(1:i+1));
    end
    y=uint8(r*(L-1));
    subplot(223);imshow(y);
    for i=0:L-1
        m=find(y= =i);
        b(i+1)=numel(m);
    end
    subplot(224);stem(0:L-1,b,'.','markersize',4);axis tight;box
off;grid;xlabel('i');ylabel('n_i');
```

运行程序得到图 7.30，图 7.30a 是原图，它的灰度值集中在 $i = 20 \sim 170$ 的地方；图 7.30b 是均衡后的图，它的灰度值分散在 $i = 0 \sim 255$ 的地方，比先前的分布更均匀。

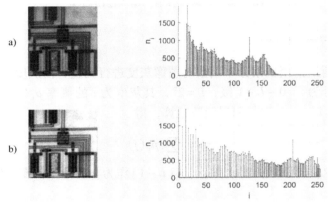

图 7.30 直方图均衡

7.3.8 频移键控的调制和解调

用正弦波的频率来传送数字信号的方法称为频移键控（FSK）。二进制 FSK 是最简单的 FSK，它用两种频率传送 0 和 1 的序列。

例 7.26 已知二进制信号 $x = [1\ 0\ 0\ 1\ 1\ 0\ 1\ 0\ 1]$，比特率为 1Mbit/s。试对 x 内插 100，然后用它调制载波频率，载波的幅度为 5，载频 8MHz 和 2MHz 对应 1 和 0，解调时采用相干检测法。

解 调制时，调频波 $y = A\cos(\omega_c t)$，载频 ω_c 由 x 的 0 和 1 确定。解调时，用两种本振信号乘 y，即

$$y \times \cos(\omega_i t) = \frac{A}{2}[\cos(\omega_c t + \omega_i t) + \cos(\omega_c t - \omega_i t)], \ (i = 0,1)$$

如果 $\omega_c = \omega_i$，相乘结果将含有直流成分，否则都是交流成分。对 $y \times \cos(\omega_i t)$ 求平均，即可削弱交流并突出直流；判断平均值的大小，就可以分辨发来的是 0 还是 1。

实验中，数字信号 x 和解调的数字信号 z 都用曲线表示，便于与调频波曲线比较。具体编程如下：

```
x = [1 0 0 1 1 0 1 0 1];disp('发送的信息是:');disp(x);
N = length(x);I = 100;r = 1e6;
a = [];t = (1:N* I)/r/I;
for i = 1:N
    a = [a,x(i)* ones(1,I)];
end
subplot(311);plot(t* 1e6,a,'linewidth',2);xlabel('t/\mus');
ylabel('x(t)');box off;grid;
A = 5;f = [8e6,2e6];t1 = (1:I)/r/I;
y = [];
for i = 1:N    if x(i) = =1    fc = f(1);else fc = f(2);end
    y = [y,A* cos(2* pi* fc* t1)];
end
subplot(312);plot(t* 1e6,y,'linewidth',1);xlabel('t/\mus');
ylabel('y(t)');box off;grid;
z = [];
for i = 1:N
    z1 = 2* cos(2* pi* f(1)* t1)* y((i-1)* I+1:i* I)'/I;
    z2 = 2* cos(2* pi* f(2)* t1)* y((i-1)* I+1:i* I)'/I;
    if z1 >A/2 a =1;elseif z2 >A/2 a =0;end;
    z = [z,a];
end
disp('接收的信息是:');disp(z);
b = [];
for i = 1:N
    b = [b,z(i)* ones(1,I)];
end
subplot(313);plot(t* 1e6,b,'linewidth',2);xlabel('t/\mus');
ylabel('z(t)');box off;grid;
```

运行程序后，命令窗显示的发送信息和接收信息是相同的，它们的曲线如图 7.31 所示，

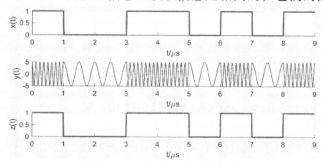

图 7.31 频移键控调制和解调

$x(t)$ 的每个比特宽 1μs，$y(t)$ 的每个 1 对应正弦波八个周期，0 对应正弦波两个周期。逻辑判断的标准选择 A/2 可以提高抗干扰能力。

7.3.9 反锐化掩膜

反锐化掩膜是一种图像锐化技术，它用模糊图像的负像遮盖原图，让图像在视觉上更清晰，其原理如图 7.32 所示，黑线表示图像灰度随位置的变化。锐化的程度可以用缩放负像来控制。为了防止细小的噪点在这个过程中被锐化，可以设置一个阈值，大于这个阈值的负像才可以加入原图。

图 7.32 反锐化掩膜原理

例 7.27 请根据反锐化掩膜的原理，对图像 football.jpg 进行锐化处理。图像模糊用平均法，模板为 3×3，采用函数 sum 来计算均值，缩放系数和阈值由实验确定。

解 反锐化掩膜的公式为

$$锐化 = 原图 + (原图 - 模糊图) \times 缩放系数$$

锐化的条件是：（原图 − 模糊图）> 阈值。

利用 MATLAB 的数组运算特点，彩色图像的编程只用到行和列。"非"运算用来控制函数 size 不输出第三维的数字。具体程序如下：

```
f=imread('football.jpg');f=f(120:240,110:260,:);
subplot(221);imshow(f);
f=double(f);
[m,n,~]=size(f);
g=f;
for i=2:m-1
    for j=2:n-1
        a=f(i-1:i+1,j-1:j+1,:);
        a=sum(sum(a))/9;
        g(i,j,:)=a;
    end
end
subplot(222);imshow(uint8(g));
g1=f-g;
subplot(223);imshow(uint8(g1+100));
h=f;
h(abs(g1)>10)=f(abs(g1)>10)+g1(abs(g1)>10)*0.9;
subplot(224);imshow(uint8(h));
```

运行程序得到图 7.33，因为负像 g1 的数据是正负变化的，故负像显示前，先要加一正数。模板的大小是 3×3 的，故没有对原图外围一圈的数字做均值处理。

7.3.10 随机模拟法

随机模拟法也叫蒙特卡罗法，它用随机数作为函数的自变量，通过确定函数的阈值结果达到目的。例如，想知道半径为 1 的圆面积，那么我们就把该圆用一个长为 2 的正方形平面围起来，然后，在这个平面上撒播 1000 个均匀分布的点，根据比例

$$\frac{\text{圆面积}}{4} = \frac{\text{圆内点数}}{1000}$$

就可以算出圆的面积。

例 7.28 请在一个 2×1 的矩形上画一个半径为 1 的半圆，并用蒙特卡罗法求该半圆的面积；要求半圆用阴影表示，点用随机数产生，将撒播点的过程做成视频。

图 7.33　反锐化掩膜过程

解　在矩形平面均匀地撒播随机点需要两个互不相关的随机变量。半圆的面积 = 2×半圆内的点数/总点数。

利用逻辑运算 ~ 和函数 surf 不画 nan 的特点，绘制半圆阴影。用函数 rand 产生随机数。编程如下：

```
N = 1e4;
[X,Y] = meshgrid(-1:0.001:1,0:0.001:1);
Z = sqrt(1 - X.^2 - Y.^2);
Z(imag(Z) ~ = 0) = nan;
surf(X,Y,Z);shading interp;axis equal;grid;
colormap([0,0,0]);view(2);alpha(0.2);hold on;
x = 2*(rand(1,N) - 0.5);y = rand(1,N);
for k = 1:N
    if x(k)^2 + y(k)^2 < = 1
        plot(x(k),y(k),'.r');
    else
        plot(x(k),y(k),'.b');
    end
    drawnow update
end
n = y(x.^2 + y.^2 < = 1);
S = 2*numel(n)/N
commandwindow
```

运行程序时，屏幕上将显示随机点撒落的视频，最后的结果如图 7.34 所示，命令窗显示 S = 1.562，约等于 π/2。N 越大，S 越接近 π/2。

例7.29 有两个椭圆和一个圆的方程，
$\frac{x^2}{9}+\frac{y^2}{16}=1$，$\frac{x^2}{25}+\frac{y^2}{4}=1$，$(x-0.9)^2+(y+0.9)^2=9$
请把它们相交的平面用阴影表示，并算出阴影的面积；计算时，x 和 y 都在 $[-6,6]$ 取值，步长为 0.01，计算面积的点用函数 meshgrid 产生。

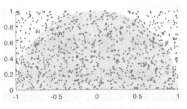

图 7.34 随机模拟法求面积

解 方程的 y 开平方会出现正负值，用增加一行的方法获取负值。相交面外的点设置为 nan 就可以得到阴影。阴影的面积为

$$s = 12^2 \times \frac{阴影的点}{方形内的点}$$

阴影的点可用一个大于 6 的数来判断，编程如下：

```
x = -6:0.01:6;
y = 4*sqrt(1-x.^2/9);
y = [y;-y];
y2 = 2*sqrt(1-x.^2/25);
y = [y;y2;-y2];
y3 = sqrt(9-(x-0.9).^2);
y = [y;y3-0.9;-y3-0.9];
y(imag(y)~=0) = nan;
plot(x,y);axis equal;axis([-6,6,-6,6]);hold on
[x,y] = meshgrid(x);
x(x.^2/9+y.^2/16>1|x.^2/25+y.^2/4>1|(x-0.9).^2+(y+0.9).^2>9) = nan;
surf(x,y,x*0);shading interp;colormap([.8 .8 .8]);
a = x(x<10);
s = 12^2*numel(a)/numel(x)
```

运行程序得到图 7.35，s = 17.4114。
答：阴影的面积等于 17.4114。

7.3.11 随机变量的观测

随机变量是无规律的变量，但它有统计规律，如概率、分布函数等，它们反映了随机变量的取值规律。实践中，人们往往只需要知道随机变量的数字特征，能够解决问题就可以了；例如，用频率代替概率。

例7.30 请找一段英文句子，如 "The carbon cycle is the biogeochemical cycle by which carbon is exchanged among the biosphere, pedosphere, geosphere, hydrosphere, and atmosphere of the Earth."，统计该句子中 t 出现的频率。

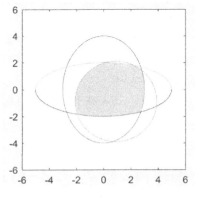

图 7.35 三种圆相交的平面

解 统计中，如果认为 t 包括大小写，则统计 t 的程序如下：

```
s = ['The carbon cycle is the biogeochemical cycle by which carbon is exchanged'...
' among the biosphere, pedosphere, geosphere, hydrosphere,'...
' and atmosphere of the Earth.']
N = numel(s)
n1 = numel(find(s = = 't')),n2 = numel(find(s = = 'T')),
r = (n1 + n2)/N
commandwindow
```

运行程序得到 r = 0.0377。

答：t 在这段文字中的出现频率是 0.0377。

7.4 条件语句

在计算机科学中，当程序出现了分支或循环次数不明确，甚至程序运行出现了问题时，条件语句的重要性就体现出来了，它作为一种指令告诉计算机下一步该怎么做。

7.4.1 自动计算微积分

理论上，微积分是求极小值的数学推导，最后给出闭式表达式。实际上我们需要的是函数的特征值，如某点的斜率，某范围的定积分等，只要能满足要求即可。

例 7.31 已知函数 $f(t) = \cos[6\arccos(t)]$，$t \in [-1, 1]$，求 $f(t)$ 在 $t = 0.8$ 的斜率和在 $[0.2, 0.7]$ 的定积分，要求相对误差小于 0.01。

解 （1）自动计算斜率

理论上，导数的公式为

$$\frac{df(t)}{dt} = \lim_{\Delta t \to 0} \frac{f(t + \Delta t) - f(t)}{\Delta t}$$

其中 dt 是极小值，把 dt 变为一个确定的小数，即可计算函数的斜率。可以先估计一个 dt 值，然后用逻辑判断找到满足要求的斜率。具体程序如下：

```
t = -1:0.01:1;
f = @ (t)cos(6* acos(t));
plot(t,f(t),'linewidth',2);grid;hold on;xlabel('t');ylabel('f(t)');
set(gca,'color','k','gridalpha',1);set(gcf,'color',[.6 .6 .6])
t = 0.8;d = 0.1;e = 1;
plot(t,f(t),'r.','markersize',22);
while e > 0.01
    k = (f(t + d) - f(t))/d;
    k1 = (f(t) - f(t - d))/d;
    e = abs((k - k1)/k);
    d = d/2;
end
k,e
```

运行程序得到图 7.36，k = -6.5657，e = 0.0072。

答：$t=0.8$ 的 $f(t)$ 斜率是 -6.5657，误差是 0.0072，点是斜率的位置。

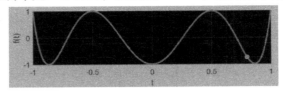

图 7.36　曲线和斜率的位置

（2）自动计算定积分

理论上，定积分的公式为

$$s = \int_a^b f(t)\,\mathrm{d}t$$

它是多个子面积 $f(t)\,\mathrm{d}t$ 的求和，$\mathrm{d}t$ 是极小值；把 $\mathrm{d}t$ 变为一个确定的小数，即可算出曲线的面积代数和。求解 $\mathrm{d}t$ 的方法和前面一样，具体程序如下：

```
d = 1;e = 1;s = 0;
f = @ (t)cos(6* acos(t));
while e > 0.01
    a = d* sum(f(0.2:d:0.7));
    e = abs((s - a)/a);
    s = a;
    d = d/2;
end
disp(['面积 = ',num2str(s),',误差 = ',num2str(e),',步长 = ',num2str(d)])
commandwindow
```

运行程序得到：面积 = 0.2748，误差 = 0.0049742，步长 = 0.0039063。

7.4.2　数制的转换

数制是一种表示数的方法，不同进制的数字符号表示的数字大小是不同的。例如，十进制，708 的 7 表示 7×10^2，8 表示 8×10^0；二进制，101 左边的 1 表示 1×2^2，右边的 1 表示 1×2^0。

例 7.32　试把十进制整数，例如 123456，变为十六进制数；把十六进制整数，例如 A1B1C1，变为十进制数。

解　（1）十进制变为十六进制

十进制数 x 变为十六进制数的方法是 x 除 16，取余数；再对商除 16，取余数，直至商为零。在 MATLAB 里，除了十进制数，其他进制数都是用符号表示的。程序如下：

```
x = 123456;H = '0123456789ABCDEF';
n = x;y = [];
```

```
while n >0
    a = floor(n/16);
    i = n -16* a;
    y = [H(i +1),y];
    n = a;
end
disp(['十进制数',num2str(x),' = 十六进制数',y])
commandwindow
```

运行程序后命令窗显示：十进制数 123456 = 十六进制数 1E240。

（2）十六进制变为十进制

十六进制数 y 变为十进制数的方法是 y 的各位数字分别乘各自相应的权重，然后乘积相加。由于十六进制数是用符号表示的，故转换前符号要变为数字，才能跟权重相乘。程序如下：

```
y ='A1B1C1';H ='0123456789ABCDEF';
N = length(y);x =[];
for i =1:N
    for j =1:16
        if y(i) = =H(j) break,end
    end
    x =[x;j -1];
end
x =16.^(N -1:-1:0)* x;
disp(['十六进制数',y,' = 十进制数',num2str(x)])
commandwindow
```

运行程序后命令窗显示：十六进制数 A1B1C1 = 十进制数 10596801。

7.4.3 施密特触发器

施密特触发器是一种含正反馈的比较器：当输入 x 从低电平向高电平上升，大于正向阈值时，输出翻转；当 x 从高电平向低电平下降，小于负向阈值时，输出翻转。

例 7.33 设施密特触发器的正向阈值电压 $U_+ = 0.8\text{V}$，负向阈值电压 $U_- = 0.2\text{V}$，输入 $x(t) = 0.5 + 0.5\sin(3t)\text{V}$，求 $t = 0 \sim 4$ 的输出电压 $y(t)$ 波形，$y(t)$ 在 0.1V 和 0.9V 之间转换。

解 输入电压的比较有两种阈值，用 $d = 0$ 或 1 来判断是采用哪个阈值。设刚开始时的 $d = 0$，编程如下：

```
t =0:0.001:4;U1 =0.8;U2 =0.2;d =0;
x =0.5 +0.5* sin(3* t);
plot(t,x,'linewidth',2);grid;xlabel('t');hold on
for k =1:length(x)
    switch d
```

```
        case 0
           if x(k) >U1
              y(k) =0.9;d =1;
           else
              y(k) =0.1;
           end
        case 1
           if x(k) >U2
              y(k) =0.9;
           else
              y(k) =0.1;d =0;
           end
     end
end
plot(t,y,'linewidt',2);legend('x(t)/V','y(t)/V')
```

运行程序得到图 7.37，输入电压在两个阈值之间的变化不会触发输出状态的翻转，这种延迟特点使得输出波形非常稳定。

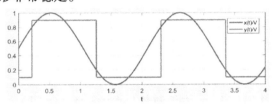

图 7.37 施密特触发器的波形

7.4.4 梯度下降法

梯度下降法是一种迭代算法，也叫最陡下降法，它用迭代计算寻找可微分函数 $f(x)$ 的极小值。根据 $f(x)$ 的梯度，迭代的步长正比于当前梯度的负值，即

$$x_{n+1} = x_n - \mu \nabla f(x_n)$$

学习速率 μ 是使 $f(x_{n+1}) \leqslant f(x_n)$ 的实数，开始值 x_0 是对 $f(x)$ 最小值的猜想。这种算法在通信领域有广泛应用，如自动增益控制、锁相环、自适应均衡等。

例 7.34 在通信工程中，对信号的振幅或频率是有要求的，实现这个要求在数学上叫目标函数。设目标函数为

$$f(x) = x^4 - 3x^3 - 2x + 2$$

试用梯度下降法求 $f(x)$ 在 $x = -3 \sim 5$ 的最小值，并用 $f(x)$ 的曲线验证。

解 对于一维函数，梯度只是导数，也就是斜率，$\dfrac{df(x)}{dx} = 4x^3 - 9x^2 - 2$。迭代是一个反复运算的过程，当计算机找到最小值时，自动结束迭代。

这里设开始值为 5，学习速率 μ 为 0.01，终止公差为 0.00001。编程如下：

```
x =5;m =0.01;d =0.00001;N =10000;n =1;e =1;
while n <N&abs(e) >d
    x1 =x -m* (4* x^3 -9* x^2 -2);
    e =x1 -x;
    x =x1;n =n +1;
end
x
x = -3:0.01:5;
f =x.^4 -3* x.^3 -2* x +2;
plot(x,f,'linewidth',1);grid;axis tight;xlabel('x');ylabel('f(x)');
```

运行程序得到 x = 2.3412 和图 7.38。

答：$x = 2.3412$ 是 $f(x)$ 最小值的位置。

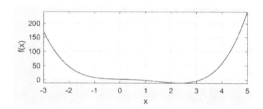

图 7.38 目标函数的曲线

7.4.5 图像的水平和垂直剪切

在平面几何里，剪切（shear）是指一种类似橡胶片的变形，它将图形的每个点都沿固定方向移动，移动量正比于正交方向的量。例如，图形 $f(x,y)$ 的坐标如图 7.39 所示，当水平剪切 $f(x,y)$ 时，其坐标点按下面方程变化

$$\begin{cases} u = x \\ v = y + \alpha x \end{cases}$$

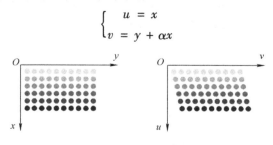

图 7.39 水平剪切

例 7.35 请根据上面介绍的剪切原理，对图像 peppers.png 分别进行水平和垂直剪切。设水平剪切的系数 $\alpha = 0.2$，垂直剪切的系数 $\alpha = 0.1$，保留原图的全部像素。

解 （1）建模

水平剪切时，新像素的水平位置 $v = y + \alpha x$，垂直位置 $u = x$，写成矩阵方程为

$$\begin{bmatrix} x \\ y \\ 1 \end{bmatrix} = \begin{bmatrix} 1 & 0 & 0 \\ -\alpha & 1 & 0 \\ 0 & 0 & 1 \end{bmatrix} \begin{bmatrix} u \\ v \\ 1 \end{bmatrix}$$

垂直剪切时，新像素的垂直位置 $u = x + \alpha y$，水平位置 $v = y$，写成矩阵方程为

$$\begin{bmatrix} x \\ y \\ 1 \end{bmatrix} = \begin{bmatrix} 1 & -\alpha & 0 \\ 0 & 1 & 0 \\ 0 & 0 & 1 \end{bmatrix} \begin{bmatrix} u \\ v \\ 1 \end{bmatrix}$$

（2）编程

为了保证剪切方向的像素全部得到保留，新图在这个方向的像素数量要相应地增加。一个剪切程序要用两次。编程如下：

```
I = imread('peppers.png');
subplot(221);imshow(I);
t(:,:,1) = [1 0 0;-.2 1 0;0 0 1];t(:,:,2) = [1 -.1 0;0 1 0;0 0 1];
[m,n,~] = size(I);
d = round([0.2*m,0.1*n]);
for p = 1:2
    T = t(:,:,p);
    if p == 1
        U = m;V = n + d(p);
    else
        U = m + d(p);V = n;
    end
    J = zeros(U,V,3);
    for u = 1:U
        for v = 1:V
            A = round(T*[u;v;1]);
            if A(1) >0&A(1) < =m&A(2) >0&A(2) < =n
                J(u,v,:) = I(A(1),A(2),:);
            else
                J(u,v,:) =160;
            end
        end
    end
    subplot(2,2,p +1);imshow(uint8(J));
end
```

（3）运行和分析

运行程序得到图 7.40，图 7.40a 是原图；图 7.40b 是水平剪切，它的图像水平向右拉，列数增加，行数不变；图 7.40c 是垂直剪切，它的图像垂直向下拉，行数增加，列数不变。

图 7.40　两种图像剪切

7.4.6　文氏图

文氏图也叫逻辑图，它用点表示事物的元素、闭合曲线表示事物的群组，闭合曲线的重合关系展示了不同群组之间的关系。文氏图常用来帮助理解问题和逻辑推导。

例 7.36　有两个集 A 和 B，A 代表两足生物，B 代表会飞生物，会飞且有两足的生物涉及两个集。请用文氏图描述两种群组的关系，A 用红色圆表示，B 用绿色圆表示。

解　两种群组作为一个群体时称为并集，用两个圆相连来表示；具有两种群组特征的物种作为一个群组时称为交集，用两个圆的叠加部分来表示。产生叠加部分的关键是找到两个圆的交点，用两个圆之间的点距作为依据，就可以找到圆矩阵的交点序号。

函数 any 是用来判断数组的元素有没有非零元素的，编写程序如下：

```
N=500;t=linspace(0,2*pi,N);
x=1+cos(t);y=1+sin(t);
x1=x+1;
subplot(221);fill(x,y,'r','facealpha',.7,'edgecolor','none');
axis([0,3 0,2]);title('A\cupB');
patch(x1,y,'g','facealpha',.7,'edgecolor','none');text([.6,
2.2],[1 1],{'A','B'},'fontsize',13);
set(gca,'xtick',[],'xticklabel',[],'ytick',[],'yticklabel',
[]);
for i=1:N
    a=(x(i)-x1).^2+(y(i)-y).^2;
    if any(a<0.001)
        break
    end
end
n=i;
x2=[x(1:n),x1(N/2-n:N/2+n),x(N-n:N)];y1=[y(1:n),y(N/2-n:N/2+n),y(N-n:N)];
subplot(222);fill(x2,y1,[.4 .8 .1],'edgecolor','none');axis([0,
3 0,2]);title('A\capB');
set(gca,'xtick',[],'xticklabel',[],'ytick',[],'yticklabel',[])
```

运行程序得到图 7.41，生物 A 和 B 的并集面积比 A 和 B 的交集面积大。

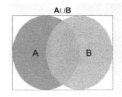 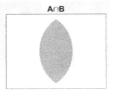

图 7.41　生物的文氏图

7.4.7　555 定时器

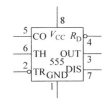

555 定时器是一种多功能集成电路，如图 7.42 所示，各引脚的作用见表 7.2，它将模拟功能和逻辑功能合为一体：输出端 OUT 高电平时，放电端 DIS 截止；OUT 低电平时，DIS 饱和。巧妙地连接引脚，定时器可变为施密特触发器、单稳态触发器或多谐振荡器。

图 7.42　555 定时器的引脚

表 7.2　555 定时器各引脚的作用

TR	TH	OUT
$>V_{CC}/3$	$>2V_{CC}/3$	0
$>V_{CC}/3$	$<2V_{CC}/3$	保持原态
$<V_{CC}/3$	$<2V_{CC}/3$	1

例 7.37　把 555 定时器按图 7.43 连接成为单稳态触发器。设 C 的充电时间常数为 0.2s，放电时间常数为 0.005s，触发脉冲 u_I 的周期 0.5s，宽度 0.01s，幅度 1.2V，V_{CC} 为 3V，饱和电压为 0.3V，求电容 C 和输出 u_O 的电压波形。

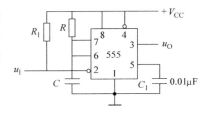

图 7.43　单稳态触发器

解　(1) 数学建模

单稳态触发器有一个稳态 0.3V 和一个暂态 3V，接通电源时需要一个稳定过程。触发脉冲是负脉冲，脉冲来时，$u_O=3V$，C 充电；u_C 超过 2 时，$u_O=0.3V$，C 放电；由于触发器有反馈回路，用状态图描述更好理解，如图 7.44 所示。

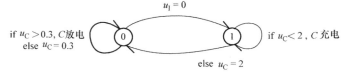

图 7.44　单稳态电路的状态图

(2) 编程

刚接通电源时，设 $u_O=3V$，根据状态图编程，程序如下：

```
N=1000;t=linspace(0,2,N);tt=mod(t,0.5);t0=0;
tc=0.2;tf=0.005;
uo=3;uc=0;
ui=1.2*(tt<0.4|tt>0.41);
```

```
    subplot(311);plot(t,ui,'m','linewidth',1);box off;ylabel
('u_I/V');axis tight;
    for n=2:N
        switch uo(n-1)
            case 3
                if uc(n-1)<2
                    uc(n)=3-2.7*exp(-(t(n)-t0)/tc);uo(n)=3;
                else
                    uc(n)=2;uo(n)=0.3;t01=t(n);
                end
            case 0.3
                if uc(n-1)>0.3
                    uc(n)=0.3+1.7*exp(-(t(n)-t01)/tf);uo(n)=0.3;
                else
                    uc(n)=0.3;uo(n)=0.3;t0=t(n);
                    if ui(n-1)==0
                        uo(n)=3;
                    end
                end
        end
    end
    subplot(312);plot(t,uc,'m','linewidth',1);box off;ylabel('u_C/
V');axis([0,2,0,2]);
    subplot(313);plot(t,uo,'m','linewidth',1);box off;xlabel('t/s
');ylabel('u_O/V');axis([0,2,0,3]);
```

(3) 运行和分析

运行程序得到图 7.45，电路刚接通电源时，$u_I = 1.2V$，$u_C = 0$，输出 $u_O = 3V$，是暂态。因为，放电端 DIS 截止，C 通过电阻 R 充电，当 u_C 超过 2 时，u_O 翻转，稳定在 0.3V。只有 u_I 为 0 时，才会让 u_O 进入暂态。

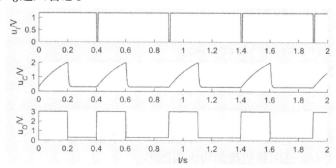

图 7.45 触发器的输入输出波形

7.4.8 图像的边缘检测

图像的边缘是指图像局部性质突变的地方，它有方向和幅度两个属性；沿边缘方向的像素灰度变化缓慢，垂直于边缘方向的像素灰度变化剧烈。将灰度值变化作为边缘判断的依据，可以将目标和背景很好地分开。

例 7.38 离散拉普拉斯算子是一种差分求和运算，通常与平滑滤波一起使用，以消除噪声的干扰。下面矩阵是一种含平滑滤波的拉普拉斯算子

$$h = \begin{bmatrix} .25 & .5 & .25 \\ .5 & -3 & .5 \\ .25 & .5 & .25 \end{bmatrix}$$

请用它对图像 cameraman.tif 进行边缘检测，并通过阈值判断，将图像二值化。阈值大小由实验确定，要求用函数 sum 求和。

解 这种算子运算是邻域像素分别与 h 的元素相乘再相加，新图在图像四边的像素值取它们旁边的像素值。

由于拉普拉斯算子是二阶微分，它突出的是灰度变化的波峰和波谷；所以运算结果可根据视觉做调整。具体程序如下：

```
I = imread('cameraman.tif');[M,N] = size(I);
subplot(131);imshow(I);
I = double(I);J = zeros(M,N);
h = [.25 .5 .25;.5 -3 .5;.25 .5 .25];
for i = 2:M-1
    for j = 2:N-1
        a = I(i-1:i+1,j-1:j+1).*h;
        J(i,j) = sum(a(:));
    end
end
J(1,:) = J(2,:);J(M,:) = J(M-1,:);J(:,1) = J(:,2);J(:,N) = J(:,N-1);
J = J - min(J(:));
J = J/max(J(:)) * 255;
K = 255 - J;
J(J >140) = 255;J(J <=140) = 0;
subplot(132);imshow(J);
K(K >140) = 255;K(K <=140) = 0;
subplot(133);imshow(K);
```

运行程序得到图 7.46，图 7.46b 是图像边缘的极小值图形，因为二阶导数的波峰对应极小值；同理，图 7.46c 是图像边缘的极大值图形。

图 7.46 两种边缘效果

7.4.9 图像的膨胀

图像膨胀就是对图像的某种性质区域进行扩张，例如，把图像的所有白色区域向外扩张一个像素，这样一来图像的白色部分就变大了。

用结构元素处理图像类似卷积运算，只要将乘加运算变为逻辑运算即可。例如，用三个黑点的 L 形组成一个结构，如图 7.47 所示，以 L 的转角作为参考点翻转，然后作为模板。这个模板在原图上扫描，如果模板的黑点与原图的黑点相交，则新图的参考点像素得到某数值，否则保持原图数值。

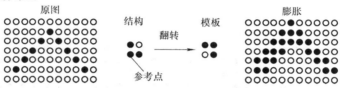

图 7.47 图像膨胀的原理

例 7.39 试取一个 L 形作为结构，参考点设在转角，用 L 形对彩色图像 onion.png 的绿色进行膨胀；设 L 形共有七个点，绿矩阵的值大于 100 时当作绿色，用函数 any 判断 L 是否与绿像素相交。

解 用数字 1 作为 L 的识别因子，然后用 L 扫描原图的绿矩阵；当 L 与大于 100 的绿元素相交时，参考点的三基色像素取各自 L 上的三基色最大值；反之，取原图的三基色数值。扫描不了的地方保持原图的值，具体程序如下：

```
I=imread('onion.png');
I=I(20:120,1:160,:);
subplot(221);imshow(I);title('原图');
d=4;
h=ones(d,d,3);h(2:d,1:d-1,:)=0;
subplot(222);imshow(h);axis([-2,6,-2,8]);title('结构');
[M,N,~]=size(I);I=double(I);J=I;
for i=1:M-d+1
    for j=d:N
        a=I(i:i+d-1,j-d+1:j,:).*h;
        a1=a(:,:,2)>100;
        if any(a1(:))
            J(i,j,:)=max(max(a));
        end
    end
end
subplot(223);imshow(uint8(J));title('膨胀图');
```

运行程序得到图 7.48，对比原图，青椒的绿色得到了膨胀。实际上明亮的地方都得到了膨胀，亮点膨胀后的形状是 L 形的。

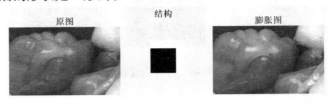

图 7.48　绿色膨胀

7.4.10　形态学的开运算

对图像先腐蚀后膨胀的操作称为开运算：腐蚀就是结构元素与目标完全重合时，结构参考点的像素发生变化；膨胀就是结构元素与目标相交时，结构参考点的像素发生变化。例如图 7.49，它的黑点被一个圆腐蚀，圆的中央作为参考点；黑点被腐蚀后，再用这个圆对剩下的黑点进行膨胀。

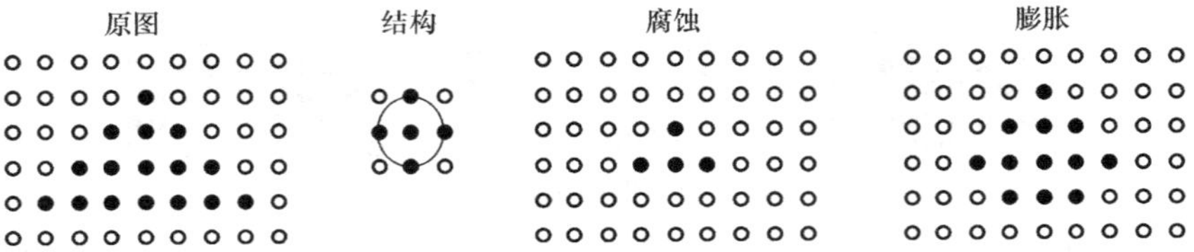

图 7.49　形态学的开运算

例 7.40　试用一个 3×3 的方块结构对图像 cell.tif 进行开运算（参考点选在结构的中央），找出图像的细胞形状。

解　先观察有细胞的图像行，根据其像素值范围确定二值图像的阈值，然后形成 0 和 255 的二值图像。腐蚀时，当结构内全是白像素时，参考点的像素变为 0，否则像素值不变。膨胀时，当结构内有白像素时，参考点的像素变为 255，否则像素值不变。

根据以上分析编程，程序如下：

```
I = imread('cell.tif');
subplot(221);imshow(I);title('原图');
I = double(I);
J = I;J(I>100) = 255;J(I< =100) = 0;
subplot(222);imshow(J);title('二值图');
[M,N] = size(I);
K = J;
for i = 2:M-1
    for j = 2:N-1
        a = J(i-1:i+1,j-1:j+1);
        if all(a(:)) K(i,j) = 0;end
```

```
        end
    end
subplot(223);imshow(K);title('腐蚀');
L = K;
for i = 2:M-1
    for j = 2:N-1
        a = K(i-1:i+1,j-1:j+1);
        b = any(a(:));
        if b L(i,j) = 255;end
    end
end
subplot(224);imshow(L);title('先腐蚀再膨胀');
```

运行程序得到图 7.50，从二值图看，腐蚀把白色变为黑色，只留下一条白边。膨胀加宽了这条白边。

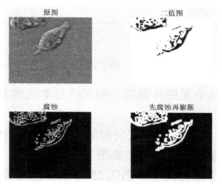

图 7.50 形态学的开运算

本章小结

逻辑判断是一种是和不是的条件运算，基本形式只有与、或、非三种，在应用时对具体问题进行抽象，尽可能地简化条件，这对编写简单易懂的程序很重要。

练习题

1. 已知信号 $f(t)$ 的波形如图 7.51 所示，请画出 $f(-0.5t-1)$ 的波形。
2. 请对英语小写字母和空格进行编码，要求编成 5 比特的等长码，并用它们对句子 "art is a imaginative" 编码和译码。
3. 已知二极管的伏安特性方程为

$$I = I_s \exp\left(\frac{v}{nV_T} - 1\right)$$

图 7.51 信号 $f(t)$ 的波形

设 $I_s = 10^{-12}$A、$n = 1.1$ 和 $V_T = 26$mV，$v = 0 \sim 0.7$V。试用两个并联的分段线性模型给该二极管建模，第一个在 0.59V 导通，导通电阻为 10Ω，第二个在 0.65V 导通，导通电阻为 1.7Ω。参考结果如图 7.52 所示。

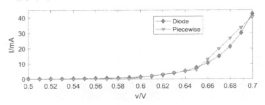

图 7.52　三段线性模型

4. 有两个周期为 2，幅度为 4 的周期信号，如图 7.53 所示，试用逻辑运算和函数 floor 画出它们的波形。

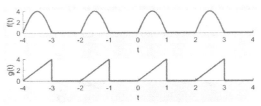

图 7.53　两个周期信号

5. 文件 saturn.png 是一张土星照片数组，用无符号 8 位整数表示，它的背景是黑色的，试把背景颜色变为暗蓝色 [23, 83, 119]。

6. 请把照片 peppers.png 分别逆时针方向旋转 60°和对角镜像，变化后的图像像素数量不变，然后将原片和变化片连成一张图片，如图 7.54 所示。

7. 用 555 定时器构成的多谐振荡器如图 7.55 所示，已知 $R_1 = 50$kΩ，$R_2 = 100$kΩ，$C = 0.01$μF，试画出振荡器的输出 u_O 的波形。

图 7.54　三张连成一张

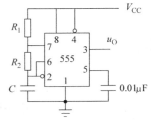

图 7.55　多谐振荡器

8. 七段显示器是一种显示十进制数的设备，如图 7.56 所示。试设计一个显示十进制数的七段显示器，要求循环显示 0～9 三遍，一秒变化一次数字，显示的数字是黑色。下面是基本参考程序（提示：零做除数的结果是不出图的）：

图 7.56　七段显示器

```
z = [i,3.4 +i];
a = [1.35 +6i +z;6.1 +4.1i +0.9i* z;6.1 +0.9i +0.9i* z;1.35 +z;
1.8 +0.9i +0.9i* z;1.8 +4.1i +0.9i* z;...
    1.35 +3i +z];
set(gcf,'position',[800,350,400,400]);
plot([0,6,6 +8i,8i,0]);hold on;axis equal off;
for m =1:7
    plot(a(m,:),'linewidth',20,'color',[.8.8.8]);
end
```

9. 下面的程序给出了一个半径为 1 的 1/8 球体，如图 7.57 所示，请用蒙特卡罗法估算该球体的体积，用函数 rand 产生 10000 个随机点。

```
t =0:0.01:pi/2;f =0:0.01:pi/2;
[t,f] =meshgrid(t,f);
x =sin(t).* cos(f);y =sin(t).* sin(f);z =cos(t);
surf(x,y,z);axis equal;shading interp;alpha (0.8);view(28,19);
hold on;
```

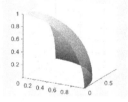

图 7.57　估算 1/8 的球体

10. 请用一个 3×3 的方块结构对二值图扫描三遍：第一遍，当结构内有白像素时，将参考点（位置在方块的中央）的像素变为 255；第二遍，当结构内全是白像素时，参考点的像素变为 0；第三遍，做法同第一遍。

二值图的程序如下：

```
I =imread('mandi.tif');I =I(200:800,1600:2300);
m =90;J =I;
J(I >m) =255;J(I < =m) =0;
```

第 8 章 符号的运用

符号是代表一定意义的图形、文字、声音、造型等标志,通信是使用符号来实现的,数学、计算机的实现也离不开符号。

符号除了可以标注坐标和图形,还可以用于代数运算。简单地说,代数就是用符号代表数字。用符号代表数字的运算更具有抽象意义,有时还会更精确。MATLAB 除了数值运算,还能符号运算,即数学推理。

例如,一元二次方程 $ax^2+bx+c=0$ 的根 $x=\dfrac{-b\pm\sqrt{b^2-4ac}}{2a}$,这种符号运算在 MATLAB 里的写法如下:

```
syms a b c x
solve(a* x^2 +b* x +c)
```

又如,三角函数 $\sin\dfrac{\pi}{3}=\dfrac{\sqrt{3}}{2}$,这种符号运算在 MATLAB 里的写法如下:

```
syms pi
sin(pi/3)
```

上面说的是我们常见的代数运算,包括微分、积分、复数运算等。除了代数运算,符号还可以用于编码,只要能赋予它一定意义,它就能按用户的意愿完成任务。

8.1 坐标和图的注释

在坐标上画图时,为了便于读者理解,应注明坐标的符号和物理单位;如有必要,还要对图的个别部分补充说明。信息科学与工程常用的希腊字母在 MATLAB 的输入方式如表 8.1 所示。

表 8.1 常用的希腊字母

输入方式	希腊字母	输入方式	希腊字母	输入方式	希腊字母	输入方式	希腊字母
\alpha	α	\beta	β	\gamma	γ	\delta	δ
\epsilon	ε	\zeta	ζ	\eta	η	\theta	θ
\lambda	λ	\mu	μ	\pi	π	\rho	ρ
\sigma	σ	\tau	τ	\phi	φ	\omega	ω

输入大写希腊字母时,只要将表中的开头小写换成大写即可。

这些符号记不住也没关系,在 MATLAB 界面右上角的搜索栏输入 xlabel,然后回车,就可以看到很多与标记符号有关的使用说明和实例。

8.1.1 场效应晶体管的转移特性

场效应晶体管是依靠电场去控制半导体导电的,参与导电的只有多数载流子,因此也叫单极性晶体管。漏极电流与栅源电压的关系叫转移特性。

例 8.1 已知图 8.1 中场效应晶体管的转移特性是 $i_D = I_{DSS}(1 - u_{GS}/U_P)^2$,漏极饱和电流 I_{DSS} 分别为 2mA、3mA、4mA,夹断电压 $U_P = -4V$,试画出该管的转移特性曲线。

图 8.1 N 沟通结型场效应晶体管

解 这是 N 沟道结型场效应晶体管,它的输入电压 u_{GS} 应在 $U_P \sim 0$ 内变化。三种饱和电流的转移特性曲线可用矩阵完成。编程如下:

```
I=[2;3;4];U=-4;
u=-4:0.1:0;
i=I*(1-u/U).^2;
plot(u,i);xlabel('u_{GS}/V');ylabel('i_D/mA');
legend('I_{DSS}=2mA','I_{DSS}=3mA','I_{DSS}=4mA','location',
'northwest')
```

运行程序得到图 8.2,图例(legend)放在西北角。如果 plot(u,i)换成 plot(u,i(1,:),u,i(2,:),'-p',u,i(3,:),'--'),曲线的区别会更大,legend 的效果也更好。

8.1.2 放大电路的频率特性

在中频条件下,放大电路的放大倍数是实常数。如果考虑低频和高频,放大倍数就是复数了,它与频率有关,这种关系称为频率特性。

例 8.2 如果考虑低频和高频的情况,单管共射极放大电路的电压放大倍数为

$$\dot{A} = \frac{A_0}{\left(1 - j\dfrac{f_1}{f}\right)\left(1 - j\dfrac{f_2}{f}\right)\left(1 + j\dfrac{f}{f_3}\right)\left(1 + j\dfrac{f}{f_4}\right)}$$

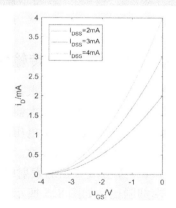

图 8.2 转移特性曲线

其中 A_0 是中频放大倍数。设 $A_0 = 100$、$f_1 = 10Hz$、$f_2 = 40Hz$、$f_3 = 100kHz$、$f_4 = 400kHz$,请画出电路的幅频特性曲线,并用点标注截止频率。

解 因为画图的频率范围很宽,横坐标采用对数刻度。另外截止频率通常是指中频放大倍数 0.707 倍的地方。具体编程如下:

MATLAB
在电子信息类专业中的应用

```
A0 =100;f1 =10;f2 =40;f3 =1e5;f4 =4e5;
f =0:3e6;
A =A0./(1 -j* f1./f)./(1 -j* f2./f)./(1 +j* f/f3)./(1 +j* f/f4);
A =abs(A);
subplot(211);semilogx(f/1e3,A);grid;xlabel('f/kHz');ylabel('|A(f)|');hold on
n =find(round(A) = =71);
x =f(n);y =round(A(n));
plot(x/1e3,y,'.r','markersize',20);box off
text(x(1)/1e3,y(1),['  (',num2str(x(1)),',',num2str(y(1)),')']);
text(x(2)/1e3,y(2),['  (',num2str(x(2)),',',num2str(y(2)),')']);
```

运行程序得到图 8.3，该电路的下限频率约为 43Hz，上限频率约为 92.6kHz。

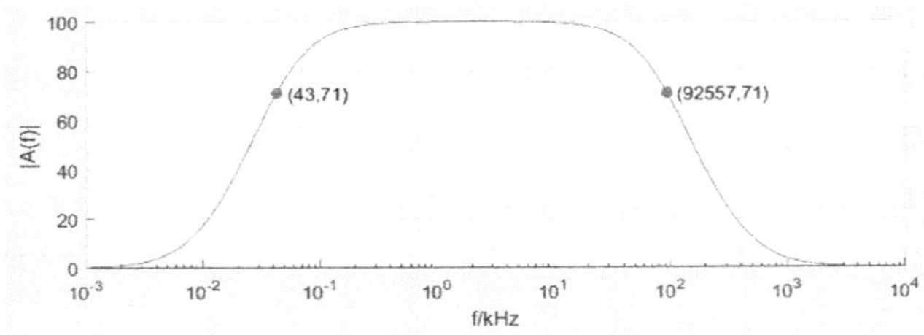

图 8.3 单管放大电路的幅频特性

8.1.3 差分放大器的传输特性

差分放大器也叫差动放大器，它是用两个性能相同的晶体管以对称的形式构成的放大器，图 8.4 是一种典型的差分放大器结构，它能抵消输出电压的零点漂移。该放大器的输出与输入的关系称为传输特性。

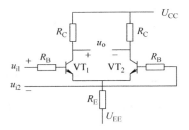

图 8.4 典型的差分放大器结构

例 8.3 差分放大器的发射极电阻 R_E 用恒流源代替能够提高共模抑制比，如图 8.5 所示，已知它的电压传输特性为

$$u_o = -R_C I \cdot \tanh(\frac{u_i}{2V_T})$$

其中 $R_C = 3\text{k}\Omega$，$I = 1\text{mA}$，$V_T = 26\text{mV}$，请画出该传输特性在 $u_i = -0.2 \sim 0.2\text{V}$ 的曲线，并用虚线标出其线性范围。

解 根据双曲正切 $\tanh(x)$ 在 $|x| < 1$ 时约等于 x 的特点，得到传输特性的线性方程为

$$u_o \approx -R_C I \cdot \frac{u_i}{2V_T}$$

这里令线性方程的范围在 $[-2V_T, 2V_T]$。具体程序如下：

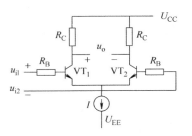

图 8.5 具有恒流源的差分放大器

```
R = 3e3;I = 1e - 3;V = 26e - 3;
ui = -0.2:0.01:0.2;
uo = -R* I* tanh(ui/2/V);
plot(ui,uo,'linewidth',2);grid;xlabel('u_i/V','fontsize',12);
ylabel('u_o/V','fontsize',12);hold on;
x = [2* V, -2* V];y = [-R* I,R* I];
plot(x,y,'r - -','linewidth',2);title('传输特性 @ V_T = 26mV','fontsize',12);
set(gca,'linewidth',1,'fontsize',12);
```

运行程序得到图 8.6，当输入 $|u_i| \leq 0.05\text{V}$ 时，传输特性近似一条直线；当 $|u_i| > 0.05$ 时，传输特性进入饱和区。

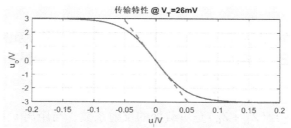

图 8.6　传输特性的曲线

8.1.4　信号合成

任何信号都可以用不同频率的正弦波合成，这些正弦波的幅度和相位由信号的频谱幅度和相位决定。

例 8.4　已知周期对称方波信号为

$$f(t) = \frac{4}{\pi}[\cos(\Omega t) - \frac{1}{3}\cos(3\Omega t) + \frac{1}{5}\cos(5\Omega t) - \cdots]$$

设周期信号的频率 $f = 3\text{Hz}$，求余弦波 1~9 个组成的信号波形。

解　为了方便对比，将九个波形排列在同一幅画布上，这时的坐标符号将会占较大比例，应将它们缩小。编程如下：

```
O = 2* pi* 3;f = 0;
t = 0:0.001:0.8;
for n = 1:9
    f = f -4/pi/(2*n-1)*(-1)^n*cos((2*n-1)*O*t);
    subplot(3,3,n);plot(t,f);xlabel('t','fontsize',8);ylabel(['f_',num2str(n),'(t)'],'fontsize',8);
    axis tight;set(gca,'fontsize',8);pause(1)
end
```

运行程序得到图 8.7，合成信号 f_n 的下标表示余弦波的个数，个数越多，合成信号的形状越像方波。

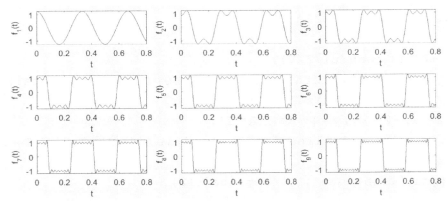

图 8.7 合成信号的波形

8.1.5 史密斯图

史密斯图是一种均匀无耗传输线的输入阻抗和反射系数之间的关系图,它由三种圆组成。第一种是等反射系数圆,它将负载阻抗 Z_L 和特性阻抗 Z_0 固定,用极坐标表示反射系数 $\Gamma(z)$ 为

$$\Gamma(z) = \frac{Z_L - Z_0}{Z_L + Z_0} e^{-j2\beta z} = |\Gamma(0)| e^{j(\varphi_0 - 2\beta z)}$$

式中,$\Gamma(0) = (Z_L - Z_0)/(Z_L + Z_0)$ 是负载处的反射系数,与距离 z 无关,z 以负载为原点。这说明模 $|\Gamma(z)|$ 与 z 无关,相位 $(\varphi_0 - 2\beta z)$ 随 z 变化,所以这种圆叫等反射系数圆。

另外两种是等电阻圆和等电抗圆,它们用直角坐标表示反射系数,即 $\Gamma = u + jv$,根据输入阻抗和反射系数的关系

$$Z = Z_0 \frac{1 + \Gamma}{1 - \Gamma}$$

令 $\dfrac{Z}{Z_0} = r + jx$,r 叫归一化电阻,x 叫归一化电抗,就可得到 u 和 v 的方程组

$$\begin{cases} \left(u - \dfrac{r}{1+r}\right)^2 + v^2 = \dfrac{1}{(1+r)^2} \\ (u-1)^2 + \left(v - \dfrac{1}{x}\right)^2 = \dfrac{1}{x^2} \end{cases}$$

第一方程以 r 为参数,得到的圆叫等电阻圆;第二方程以 x 为参数,得到的圆叫等电抗圆。这三种圆画在一起,就是一个完整的阻抗圆图,也称史密斯图;这些圆都在单位圆内,因为 $|\Gamma(0)| \leq 1$。

例8.5 请在一个坐标系里画出等反射系数、等电阻和等电抗圆,设等反射系数圆的模 $|\Gamma(z)| = [0.1, 0.4, 0.7, 1]$,等电阻圆的归一化电阻 $r = [0.1, 0.5, 1.5]$,等电抗圆的归一化电抗 $x = \pm[0.5, 1.2, 2.7]$。要求单位圆内为白色、外为灰色,并标注反射系数的相位 0°和180°,以及 r 和 x 的值。

解 将等反射系数圆用灰色表示,等电阻圆用实线表示,等电抗圆用虚线表示。

(1) 建模

画等反射系数圆时,用角度作为自变量。

画等电阻圆时,用 u 作为自变量,$u = (r-1)/(r+1) \sim 1$,因变量

$$v = \pm\sqrt{\left(\frac{1-r}{1+r}+u\right)(1-u)}$$

画等电抗圆时，用 v 作为自变量；由于等电抗圆在单位圆内，用单位圆 $u^2+v^2=1$ 和电抗圆方程可求它们在横轴上面的交点 v_1

$$v_1 = \frac{2}{x}\bigg/\left(1+\frac{1}{x^2}\right)$$

用 $v=0\sim v_1$ 计算电抗圆在横轴上的左半圆的 u

$$u = 1-\sqrt{\frac{2v}{x}-v^2}$$

（2）编程

等反射系数圆的角度都是360°，故用矩阵变量画图。等电阻圆的自变量范围随 r 变化，等电抗圆的自变量范围随 x 变化，故均用循环语句画图。编程如下：

```
N=100;t=linspace(0,2*pi,N);r=.1:.3:1;
x=cos(t);y=sin(t);
patch(x,y,'w');axis([-1,1,-1.1,1.1]);hold on;axis equal off;
plot(x'*r,y'*r,'linewidth',1,'color',[.8 .8 .8]);
text([-.15 -.15 -.15 -.15],[.15 .45,.75 1.05],{'0.1' '0.4' '0.7' '1'});
text([1.3,-.1],[-.1,1.2],{'u' 'v'},'fontsize',12);
annotation('arrow',[.2,.9],[.517 .517]);annotation('arrow',[.518,.518],[.1 .97]);
text([-1.4,1.1],[-.1,.1],{'\phi=180 \circ','\phi=0 \circ'});
r=[.1,.5,1.5];
for n=1:3
    u=linspace((r(n)-1)/(r(n)+1),1,N);
    v=sqrt(((1-r(n))/(1+r(n))+u).*(1-u));
    plot([u,nan,u],[v,nan,-v],'linewidth',2);
end
text([-.85 -.38 .14],[-.2 -.12,-.03],{'0.1' '0.5' '1.5'},'rotation',-70)
x=[.5 1.2,2.7];
for n=1:3
    v=linspace(0,2/x(n)/(1+1/x(n)^2),N);
    u=1-sqrt(2*v/x(n)-v.^2);
    plot([u,nan,u],[v,nan,-v],'-.','linewidth',2);
end
text([-.7,.2,.8],[.9 1.08,.7],{'0.5' '1.2' '2.7'},'rotation',-60)
text([-.7,.2,.8],[-.8 -1.02,-.67],{'-0.5' '-1.2' '-2.7'},'rotation',-60)
```

（3）运行和分析

符号 nan 表示非数字，在画图中不起作用，这个特点可用来避免 plot 画上下圆时的过渡曲线。

运行程序得到图 8.8,等反射系数圆 $\Gamma(z)$ 的相位 $\varphi = 0°$ 时,z 点的电压入射波和反射波相位相等,故电压幅度最大;反之,当 $\varphi = 180°$ 时,z 点的电压幅度最小。归一化输入阻抗的电阻圆都在单位圆内,电抗圆的感抗部分在实轴上面,容抗部分在实轴下面。

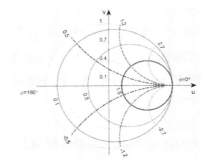

图 8.8 史密斯图

8.1.6 史密斯图的应用

史密斯图可用来对传输线的输入阻抗、反射系数、驻波比等进行快速转换。例如,用输入阻抗 Z 和特性阻抗 Z_0 求驻波比 ρ,根据是 $\rho = \dfrac{1 + |\Gamma|}{1 - |\Gamma|}$,归一化阻抗 $\dfrac{Z}{Z_0} = r + jx = \dfrac{1 + \Gamma}{1 - \Gamma}$;当 $x = 0$ 时,$\Gamma = u + jv$ 的 $v = 0$,对于 $u \geq 0$,有 $r = \rho$。

例 8.6 已知传输线的特性阻抗 $Z_0 = 300\Omega$,线上 z 点的输入阻抗 $Z = 180 + j240\Omega$,试用史密斯图求解该点的反射系数 $\Gamma(z)$ 和驻波比 ρ,画出求解过程所用到的圆。

解 (1) 建模

先求归一化阻抗 $\dfrac{Z}{Z_0} = r + jx$,然后用 r 和 x 画出等电阻和电抗圆;再找到它们的交点,也就是反射系数 Γ。Γ 的圆在 u 轴正方向与一个等电阻圆相交,该圆的半径 $\dfrac{1}{1 + r} = \dfrac{1 - |\Gamma|}{2}$,电阻 $r = \dfrac{2}{1 - |\Gamma|} - 1$。

(2) 编程

史密斯图具有对称性,根据解题要求,画上半部分就可以了。编程如下:

```
r=0.6;x=0.8;t=0:0.1:3.2;
u1=(r-1)/(r+1):0.01:1;v1=sqrt(((1-r)/(1+r)+u1).*(1-u1));
v2=0:0.01:2/x/(1+1/x^2);u2=1-sqrt(2*v2/x-v2.^2);
plot(u1,v1,u2,v2,'-.','linewidth',2);axis equal;grid;hold on;
axis([-1.03,1.03,-.03,1.03]);
a=u1+j*v1;b=u2+j*v2;
for n=1:length(a)
    if any(abs(a(n)-b)<0.01)
    break
    end
end
G=abs(a(n)),ang=angle(a(n))/pi
plot(a(n),'ro','markersize',10);
```

```
u=cos(t);v=sin(t);
plot(u,v,u*G,v*G,':','linewidth',2,'color',[.7.9.8]);
r=2/(1-G)-1
u3=(r-1)/(r+1):0.01:1;v3=sqrt(((1-r)/(1+r)+u3).*(1-u3));
plot(u3,v3,'linewidth',2);
text([.3,u1(n)+0.05,.7],[.67,v1(n),.3],{'r=0.6',num2str(a(n)),['r=' num2str(r)]});
text(-.66,.82,'|\Gamma|=1','rotation',35);
text(-.13,.82,'x=0.8','rotation',-65);
```

（3）运行和分析

运行程序得到图 8.9，$r=0.6$ 的等电阻线和 $x=0.8$ 的等电抗线的交点就是 z 点的反射系数 $\Gamma(z)=0.5e^{j0.5\pi}$，驻波比 $\rho=3$。

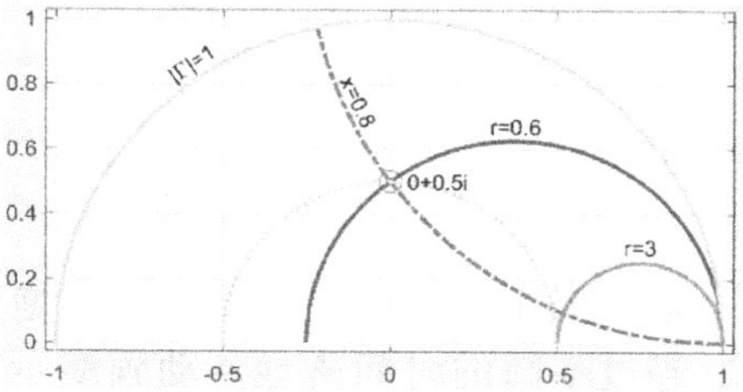

图 8.9　反射系数和驻波比

8.1.7　弹道

弹道也叫飞行轨迹，它是运动物体随时间在空间中移动的路径。在经典力学中，该物体可以是炮弹、卫星等。

例 8.7　在无风无空气阻力重力均匀的平面上，以初速度 10m/s 分别从角度 65°、45° 和 30° 投射炮弹，请画出炮弹的运动过程，并标出它们轨迹的角度和落点时间。

解　根据初速度 v 和发射角度 θ，炮弹的水平距离
$$x = v\cos(\theta)t$$
垂直距离
$$y = v\sin(\theta)t - \frac{1}{2}gt^2$$
三颗炮弹都在同一平面上发射和落地。

下面按重力加速度 $g=9.8\text{m/s}^2$ 进行编程，程序如下：

```
v=10;a=[65;45;30];g=9.8;
t=0:0.01:2;
x=v*cosd(a)*t;y=v*sind(a)*t-g/2*ones(3,1)*t.^2;
for i=1:3
    c=find(y(i,:)<0);x(i,c)=x(i,c(1));y(i,c)=0;time(i)=t(c(1));
end
for n=1:length(t)
    plot(x(:,1:n)',y(:,1:n)',x(:,n),y(:,n),'.','linewidth',2,'markersize',15);axis equal;
```

```
        line([0,11],[0,0]);xlabel('x/m');ylabel('y/m');axis([0,
11,-2,4.5]);
        line([0,11],[-.07,-.07],'linewidth',3,'color',[.8 .8 .8]);
        text(7.5,3.5,['time = ' num2str(t(n)) ' s'],'fontsize',13);
        drawnow
end
x = [3.3,4.1,3.4];y = [3.8,2.14,.9];
x1 = [7.8,10.2,9];
for i =1:3
        text(x(i),y(i),{'    \uparrow',[' \theta = ',num2str(a(i)),' \circ']});
        text (x1 (i), -.2,[' time = ',num2str (time (i),2),' s'],'rotation',-90);
end
```

运行程序后,屏幕将显示三颗炮弹从同一点发出,经过不同的时间落地。动画演示 2 秒,最后结果如图 8.10 所示,图中角度为 45°的炮弹射程最远。

8.1.8 彩色符号卡片

例 8.8 请用 rand 随机产生 $M \times N$ 张彩色卡片,每张卡片填上三个英语大写字母;要求字母在卡片里中间对齐和斜排列。

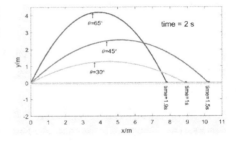

图 8.10 三种角度的炮弹轨迹

解 因 text 字体的高度默认为 10 点,为了卡片里的字符串线条匀称,将字体的高度设置为随卡片的大小变化而变化。

字母的 ASCII 随机数用 rand 产生,字体的高度由实验效果设为 $5 + 36/\sqrt{M \times N}$ 点,编程如下:

```
M =10;N =13;
A = rand(M,N);B = round(25* rand(M,3* N) +65);
imagesc(A);colormap jet;
set(gca,'xtick',1:N,'ytick',1:M);xlabel('列号');ylabel('行号');
for m =1:M
    for n =1:N
        text(n,m,char(B(m,3* n -2:3* n)),'fontsize',5 +36/sqrt(M* N),...
                'horizontalalignment','center','rotation',45);
    end
end
```

运行程序得到图 8.11,随机数 B 根据 ASCII 变成了英语大写符号。

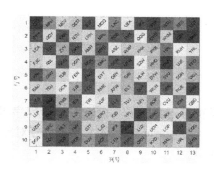

图 8.11　彩色符号卡片

8.2　数学推导

MATLAB 不但能够进行数值、逻辑、画图等运算，还能够进行数学推导，也就是用符号推导。

这些符号推导的函数有很多，可通过 help 了解。例如，想知道因式分解的符号指令，在命令窗中输入 help，然后回车，命令窗马上会出现 MATLAB 的功能目录；找出目录里 symbolic/symbolic 条目并单击，就会出现 Symbolic Math Toolbox，这是一个符号数学工具箱，里面有许多类型的推导指令；在标题 Simplification 下面有 factor，它就是因式分解的函数，单击将看到详细的说明。

常用的符号运算函数见表 8.2。

表 8.2　常用的符号运算函数

函数	功能	函数	功能	函数	功能
factor	因式分解	solve	解方程	symsum	级数求和
diff	微分	int	积分	dsolve	解微分方程
fourier	傅里叶变换	ifourier	傅里叶反变换	laplace	拉普拉斯变换
ilaplace	拉普拉斯反变换	ztrans	z 变换	iztrans	z 反变换

8.2.1　因式分解

因式分解是指将一个数学对象（多项式或数字）写为若干个简单的同类对象（因式）的乘积。多项式的因式通常是指实系数的最低阶多项式，数字的因式则指不可约的素数。

例 8.9　有一个多项式 x^3-1 和数字 91，请用 factor 对它们因式分解，要求用两种方法创建符号对象。

解　用符号进行推理时，首先要定义准备使用的符号属于符号对象。定义符号对象的函数有 sym 和 syms，sym 只能定义单个符号对象，syms 能定义多个符号对象。

（1）用 sym 编程

具体的程序如下：

```
a = sym('x')
b = factor(a^3 -1)
c = sym(91)
d = factor(c)
```

在这里，sym 定义了 a 是符号对象，它等于 x；运行程序得到 b = [x − 1, x^2 + x + 1]，意思是 $x^3 - 1 = (x-1)(x^2 + x + 1)$。sym 还定义了 c 是符号对象，它等于 91；运行程序得到 d = [7, 13]，意思是 $91 = 7 \times 13$。

如果按下面写法编程：

```
sym('x');
factor(x^3 -1)
```

那么程序运行后会显示错误，因为 sym('x') 只是定义了"x"，没有说"x"赋给谁。

如果按下面写法编程：

```
factor(sym('x')^3 -1)
```

那么运行这个程序的结果就是正确的。

（2）用 syms 编程

具体程序如下：

```
syms x
factor(x^3 -1)
factor(sym(91))
```

在这里 syms 定义了 x 是符号对象，后面的表达式可以直接使用 x。不过 syms 不能定义数值为符号对象。

8.2.2 解方程

方程是用等号连接的表达式，表达式里有一个或多个未知数；解方程就是要找出这些未知数。MATLAB 提供了函数 solve，它可解方程，也可解方程组。

例 8.10 有一个四阶的切比雪夫多项式

$$\cos[4\arccos(x)] = 0$$

和一个直线和圆组成的方程组

$$\begin{cases} y = x \\ x^2 + y^2 = 1 \end{cases}$$

请用 solve 进行求解。

解 被求解方程的等号可以写，也可以不写。

（1）不写等号

具体程序如下：

```
syms x y
solve(cos(4* acos(x)))
solve(y -x,x^2 +y^2 -1)
```

运行程序得到的第一个结果 ans = −(2^(1/2) +2)^(1/2)/2、(2^(1/2) +2)^(1/2)/2、−(2 −2^(1/2))^(1/2)/2、(2 −2^(1/2))^(1/2)/2。

切比雪夫多项式的解为

$$x_{1,2} = \pm \frac{1}{2}\sqrt{\sqrt{2}+2}$$

$$x_{3,4} = \pm \frac{1}{2}\sqrt{2-\sqrt{2}}$$

第二个结果 ans = x:[2x1 sym]，ans = y:[2x1 sym]，它是结构数组。结构数组的元素结构是一样的，这里的元素结构是 2x1 的。在命令窗中输入 a = ans.x，b = ans.y，就可以看到方程组的解，a = −2^(1/2)/2 和 2^(1/2)/2，b = −2^(1/2)/2 和 2^(1/2)/2。

方程组 $y = x$ 和 $x^2 + y^2 = 1$ 的解为

$$\begin{cases} x_{1,2} = \pm \sqrt{2}/2 \\ y_{1,2} = \pm \sqrt{2}/2 \end{cases}$$

（2）写等号

具体程序如下：

```
syms x y
solve(cos(4* acos(x))= =0)
[a,b]=solve(y= =x,x^2 +y^2 = =1)
```

注意，这种写法的方程等号要写两次。

8.2.3 微分方程

如果一个等式里既有函数又有函数的导数，那么这个等式就称为微分方程。物理学、工程学和其他科学的很多问题都是用微分方程描述的。

在命令窗里输入 help symbolic，回车，找到目录 Solution of Equations，里面的 dsolve 就是符号求解微分方程的函数，单击会出现详细的说明。

例 8.11 设系统的输入 $f(t) = -2e^{-t}\varepsilon(t)$ 和输出 $x(t)$ 的关系为

$$x''(t) + 5x'(t) + 6x(t) = f(t)$$

它是一个常系数线性微分方程，初始条件为 $x(0) = 2$ 和 $x'(0) = -1$。求该方程的齐次解、通解和全解。

解 齐次解是指微分方程的 $f(t) = 0$ 的解，通解是指不含初始条件的解，全解是指含初始条件的解。具体编程如下：

```
x0 =dsolve('D2x +5* Dx +6* x =0')
x1 =dsolve('D2x +5* Dx +6* x = -2* exp(-t)')
x2 =dsolve('D2x +5* Dx +6* x = -2* exp( -t)','x(0) =2','Dx(0) = -1')
```

运行程序得到的第一个结果是齐次解 x0 = C1* exp(−2* t) + C2* exp(−3* t)，它对应的数学公式为

$$x_h(t) = C_1 e^{-2t} + C_2 e^{-3t}$$

不管 C_1 和 C_2 取什么值，$x_h(t)$ 都满足齐次微分方程。

第二个结果是通解 x1 = C3*exp(-2*t) - exp(-t) + C4*exp(-3*t)，它对应的数学公式为

$$x(t) = x_h(t) + x_p(t) = C_1 e^{-2t} + C_2 e^{-3t} - e^{-t}, (t \geq 0)$$

该 $x(t)$ 满足本题的微分方程，但不满足初始条件。

第三个结果是全解 x2 = 7*exp(-2*t) - exp(-t) - 4*exp(-3*t)，它对应的数学公式为

$$x(t) = 7e^{-2t} - 4e^{-3t} - e^{-t}, (t \geq 0)$$

该 $x(t)$ 既满足本题的微分方程，又满足初始条件。

8.2.4 连续时间傅里叶级数

连续时间傅里叶级数也叫周期信号的傅里叶级数，是一种把周期信号分解为正弦波的方法，它们的正弦波可以用三角函数表示，也可以用复指数表示。正弦波的幅度称为傅里叶级数系数。

例8.12 有一个连续时间的周期锯齿波信号 $f(t)$，它的波形如图 8.12 所示，求它的傅里叶级数系数 F_n，并画出其频谱图；要求用符号函数 int 求解。

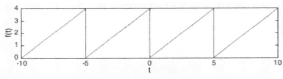

图 8.12 周期锯齿波

解 （1）建模

从波形图看，该信号在一个周期（$t = 0 \sim 5$）内的函数为

$$f(t) = kt = 0.8t$$

它的连续傅里叶级数系数为

$$F_n = \frac{1}{T} \int_0^T f(t) e^{-jn\Omega t} dt = \frac{k}{T} \int_0^T t e^{-jn\Omega t} dt$$

（2）编程

具体程序如下：

```
k=4/5;T=5;
syms t n
F=k/T*int(t*exp(-j*n*2*pi/T*t),0,T)
n=-10:10;
F=eval(F);% F(11)=2;
subplot(221);stem(n,abs(F),'.');xlabel('n');ylabel('|F_n|');
box off;grid;axis tight;
    subplot(222);stem(n,angle(F)/pi,'.');xlabel('n');ylabel('\phi_n/\pi');box off;grid;axis tight;
```

（3）运行和分析

在第四行设置一个断点，当程序运行到断点时会自动停止。这时，命令窗将呈现 F = -1/(n^2*pi^2) + (exp(-pi*n*2i)*(pi*n*10i+5))/(5*n^2*pi^2)，意思是

$$F_n = \frac{-1}{n^2\pi^2} + \mathrm{e}^{-\mathrm{j}2\pi n}(\mathrm{j}10n\pi + 5)\frac{1}{5n^2\pi^2}$$

利用 n 是整数的特点，得

$$F_n = \mathrm{j}\frac{2}{n\pi}$$

对于 $n=0$ 的特殊情况，从积分公式得 $F_0 = 2$。

接下来继续执行程序，函数 eval(F) 的作用是对符号表达式进行数值计算；得到的频谱曲线如图 8.13 所示，$n=0$ 的位置没有曲线，这是因为这时的 F_0 不是数字。在程序的 F = eval(F) 后面添加 F(11) = 2，就可以修正这个缺陷。

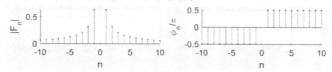

图 8.13　锯齿波的频谱

8.2.5　连续时间傅里叶变换

连续时间傅里叶变换简称傅里叶变换，是一种把非周期连续时间信号分解为正弦波的方法，这些正弦波都用复指数表示，它们的幅度叫作频谱，是复数形式。

例 8.13　设连续时间信号 $f(t)$ 分别等于 $\mathrm{e}^{-2t}\delta(t)$、$3\mathrm{e}^{-5t}\varepsilon(t)$、$7\varepsilon(t)$，$\varepsilon(t)$ 是单位阶跃信号，求它们的傅里叶变化 $F(\omega)$，要求用函数 fourier 求解。

解　单位脉冲信号 $\delta(t)$ 和单位阶跃信号 $\varepsilon(t)$ 在 MATLAB 里写为 dirac(t) 和 heaviside(t)，把三个信号写成矩阵的形式，程序如下：

```
syms t
f = [exp(-2*t)*dirac(t),3*exp(-5*t)*heaviside(t),7*heaviside(t)];
F = fourier(f)
```

运行程序得到 F = [1, 3/(5+w*1i), 7*pi*dirac(w) - 7i/w]。

答：三个信号的傅里叶变换为

$$\begin{cases} \mathrm{e}^{-2t}\delta(t) \leftrightarrow 1 \\ 3\mathrm{e}^{-5}\varepsilon(t) \leftrightarrow \dfrac{3}{5+\mathrm{j}\omega} \\ 7\varepsilon(t) \leftrightarrow 7\pi\delta(\omega) + \dfrac{7}{\mathrm{j}\omega} \end{cases}$$

8.2.6　拉普拉斯变换

拉普拉斯变换简称拉氏变换，是一种把连续时间信号分解为复指数的方法，或者说是一种将函数从时域变到复频域的方法。

实际应用的信号都是有起始时间的,为了方便应用,它们的起始时间都定在0,这样的因果信号的拉普拉斯变换称为单边拉普拉斯变换。MATLAB 的函数 laplace 默认为单边拉普拉斯变换。

例 8.14 已知 $f_1(t) = \sin(3t)\varepsilon(t)$ 和 $f_2(t) = 2\varepsilon(t)$,求它们的单边拉普拉斯变换 $F_1(s)$ 和 $F_2(s)$,请用函数 laplace 完成。

解 因函数 laplace 默认单边拉普拉斯变换,所以编程时不用写 heaviside(t)。编程如下:

```
syms t
f = [sin(3* t),2];
F = laplace(f)
```

程序运行结果为 F = [3/(s^2 +9),2/s]。

答:$F_1(s) = 3/(s^2+9)$,$F_2(s) = 2/s$。

例 8.15 已知像函数 $F_1(s) = (5s+4)/(s^2+5s+6)$ 和 $F_2(s) = (3s+4)/(s^2+2s+17)$,求它们的原函数,请用函数 ilaplace 完成。

解 求原函数就是做反变换,函数 ilaplace 是对符号函数进行拉普拉斯反变换。编程如下:

```
syms s
F = [(5* s +4)/(s^2 +5* s +6),(3* s +4)/(s^2 +2* s +17)];
f = ilaplace(F)
```

程序运行结果为 F = [11* exp(-3* t) -6* exp(-2* t),3* exp(-t) * (cos(4* t) + sin(4* t)/12)]。

因为单边拉普拉斯变换的对象是因果信号,所以本题的原函数 $f_1(t) = (11e^{-3t} - 6e^{-2t})\varepsilon(t)$,$f_2(t) = e^{-t}[3\cos(4t) + \sin(4t)/4]\varepsilon(t)$。

8.2.7 连续时间卷积

连续时间卷积是一种函数乘积的积分运算,函数的自变量都是连续的,即

$$f(t) * h(t) = \int_{-\infty}^{\infty} f(\tau)h(t-\tau)d\tau$$

它的结果还是函数。这种积分可用来计算系统对输入信号的响应。

例 8.16 已知系统的单位脉冲响应 $h(t) = e^{-t}\varepsilon(t)$,它的输入信号 $x(t) = \sin(3t)\varepsilon(t)$,请用拉普拉斯变换求该系统的输出 $y(t)$。

解 如果 $f(t) \leftrightarrow F(s)$ 和 $h(t) \leftrightarrow H(s)$,根据卷积定理

$$f(t) * h(t) \leftrightarrow F(s)H(s)$$

因为 $y(t) = f(t) * h(t)$,所以对 $F(s)H(s)$ 做拉普拉斯反变换,就可以得到系统的输出 $y(t)$。

$h(t)$ 和 $x(t)$ 都是因果信号,直接编程即可。程序如下:

```
syms t
h = exp(-t);x = sin(3* t);
H = laplace(h);X = laplace(x);
Y = H* X;
y = ilaplace(Y)
```

运行结果为 y = (3 * exp(- t))/10 - (3 * cos(3 * t))/10 + sin(3 * t)/10。

答：系统的输出为
$$y(t) = 0.3[e^{-t} - \cos(3t)] + 0.1\sin(3t), \ (t > 0)$$

8.2.8 平面电磁波

电磁波是一种矢量，当它的场量方向垂直于传播方向，并且场量的等相面是平面时，这种电磁波称为平面电磁波。

例 8.17 已知以 z 轴方向传播的均匀平面电磁波的波动方程为

$$\begin{cases} \dfrac{d^2 E_x}{dz^2} + k^2 E_x = 0 \\ \dfrac{d^2 H_y}{dz^2} + k^2 H_y = 0 \end{cases}$$

这里的均匀是指电场 E 和磁场 H 的量只是沿 z 轴变化，即 $\dfrac{\partial}{\partial x}=0$ 和 $\dfrac{\partial}{\partial y}=0$，请用函数 dsolve 求这个方程的解。

解 这里的微分方程自变量是 z，而函数 dsolve 默认的自变量是 t，为了得到本题的自变量，需要在 dsolve 里加以说明。编程如下：

```
Ex = dsolve('D2E + k^2 * E = 0','z')
Hy = dsolve('D2H + k^2 * H = 0','z')
```

运行程序后，第一个结果是电场 Ex = C1 * exp(k * z * 1i) + C2 * exp(- k * z * 1i)，数学公式为

$$E_x(z) = E_1 e^{-jkz} + E_2 e^{jkz}$$

它在时域的写法为

$$E_x(z,t) = |E_1|\cos(\omega t - kz + \varphi_1) + |E_2|\cos(\omega t + kz + \varphi_2)$$

第一项代表沿 z 轴方向传播的均匀平面电磁波，第二项代表沿 z 轴反方向传播的均匀平面电磁波；E_1 和 E_2 由边界条件决定。

第二个结果是磁场 Hy = C3 * exp(k * z * 1i) + C4 * exp(- k * z * 1i)，数学公式为

$$H_y(z) = H_1 e^{-jkz} + H_2 e^{jkz}$$

它在时域的写法为

$$H_y(z,t) = |H_1|\cos(\omega t - kz + \varphi_1) + |H_2|\cos(\omega t + kz + \varphi_2)$$

其物理意义同电场 $E_x(z,t)$。

8.2.9 z 变换

z 变换是一种将离散时间信号从时域变换到复频率域的求和运算，例如

$$X(z) = \sum_{n=-\infty}^{\infty} x(n) z^{-n}$$

实际应用的信号都是有起始时刻的，一般设这个时刻为 0。MATLAB 的 z 变换函数 ztrans 就是默认 $n = 0 \sim \infty$ 的。

例 8.18 已知序列 $x(n) = \cos(0.6n)$，求它的单边 z 变换，请用函数 ztrans 来完成。

解 求 $x(n)$ 的单边 z 变换就是认为 $x(n) = \cos(0.6n)\varepsilon(n)$，$\varepsilon(n)$ 是单位阶跃序列。运用 ztrans 时，直接写入 $x(n)$ 就可以了。编程如下：

```
syms n
X = ztrans(cos(0.6*n))
```

运行结果为 X = (z*(z - cos(3/5)))/(z^2 - 2*cos(3/5)*z + 1)，它的数学表达式为

$$X(z) = \frac{z^2 - \cos(0.6)z}{z^2 - 2\cos(0.6)z + 1}$$

例 8.19 已知 $F(z) = \dfrac{z(4z^2 + 2z)}{(z+1)(z+2)(z+3)}$，求它的 z 反变换，请用函数 iztrans 来完成。

解 MATLAB 的 z 变换是单边 z 变换，进行 z 反变换时要注意这点。编程如下：

```
syms z
F = z*(4*z^2 + 2*z)/(z+1)/(z+2)/(z+3);
f = iztrans(F)
```

运行结果为 f = (-1)^n - 12*(-2)^n + 15*(-3)^n。

答：$F(z)$ 的 z 反变换为

$$f(n) = (-1)^n - 12(-2)^n + 15(-3)^n, \quad (n \geq 0)$$

8.2.10 离散时间卷积

离散时间卷积是一种序列乘积的求和运算，序列的自变量都是离散的，即

$$f(n) * h(n) = \sum_{i=-\infty}^{\infty} f(i) h(n-i)$$

它的结果还是序列。这种求和可用来计算系统对输入信号的响应。

例 8.20 已知系统的单位脉冲响应 $h(n) = 0.75 \times 0.1^n u(n)$，输入 $x(n) = 0.5 \times 0.3^n u(n)$，$u(n)$ 是单位阶跃序列，请用 z 变换求该系统的输出 $y(n)$。

解 如果 $h(n) \leftrightarrow H(z)$ 和 $x(n) \leftrightarrow X(z)$，根据卷积定理

$$h(n) * x(n) \leftrightarrow H(z)X(z)$$

因为 $y(n) = h(n) * x(n)$，所以对 $H(z)X(z)$ 做 z 反变换，就可以得到系统的输出 $y(n)$。

MATLAB 的 z 变换默认单边 z 变换，编程时不用写阶跃信号。程序如下：

```
syms n
h = 0.75*0.1^n;
x = 0.5*0.3^n;
H = ztrans(h);
X = ztrans(x);
Y = H*X;
y = iztrans(Y)
```

运行程序得到 y = (9*(3/10)^n)/16 - (3*(1/10)^n)/16。考虑到因果信号，系统的输出为

$$y(n) = \frac{3}{16}(3 \times 0.3^n - 0.1^n)u(n)$$

8.3 编码技术

从信息技术来看，编码就是把一种符号变为另一种符号，这种变换有利于处理、传输和保护信号。

8.3.1 替换密码

替换密码（substitution cipher）是一种加密方法，它将明文的符号按基本符号顺序进行等距离变换，以此得到密文。例如，基本符号由英文 26 个小写字母组成，替换密码的密钥是循环右移 1 位，如果明文是 zoo，那么加密后的密文便是 app。

例 8.21 已知基本符号由 26 个字母 a～z 和两个标点符号 ","."以及空格组成，替换密码的密钥是循环右移七位；请以此对明文"we are discovered. flee at once."进行加密，并且对加密后的密文进行译码。

解 加密的方法很多，下面介绍一种加密的方法。

首先，定义一个符号序列 s；然后找出明文符号在 s 中的位置，并将它们循环右移 7 位，通过右移后的位置给出密文符号。

解密时的原理与加密时相同，但是在编程时由于 MATLAB 的数字或符号位置编号是从 1 开始的正整数，所以加密和解密的写法略有不同。

下面是加密和解密的程序：

```
s =['abcdefghijklmnopqrstuvwxyz,. '];
a =[];
p ='we are discovered. flee at once. ';
disp(['加密前的明文是:',p])
%%% 加密
for i =1:length(p)
    b =find(s = =p(i));
    n =mod(b +6,29) +1;
    a =[a,s(n)];
end
disp(['加密后的密文是:',a])
%%% 解密
c =[];
for j =1:length(a)
    d =find(s = =a(j));
    m =mod(d -8,29) +1;
    c =[c,s(m)];
end
disp(['解密后的明文是:',c])
commandwindow
```

运行程序得到"加密前的明文是：we are discovered. flee at once."、"加密后的密文是：alghylgkpzjv lylkfgmsllgh,gvujlf"和"解密后的明文是：we are discovered. flee at once."。

8.3.2 转置密码

转置密码（transposition cipher）就是将明文的符号串通过矩阵的方式，进行水平到垂直的转换，以此生成密文。例如，明文是"we are discovered flee at once"，对它进行转置的一种方法是将明文的符号按锯齿形起伏排列，如图8.14所示，然后将符号水平读出，就得到密文"wecrl teerd soeef eaoca ivden"。密文的空格是为了提高可读性，不含信息。

```
w     e     c     r     l     t     e
  e r d s o e e f e a o c
    a   i   v   d   e   n
```

图8.14 围栏密码

例8.22 有一种转置密码称为列转置，它的加密方法是先将明文的符号按规定长度的行排列，然后将排列好的符号阵列按列读出符号。行的长度等于密钥的符号长度，列的读出顺序等于密钥字母的顺序。

已知明文是we are discovered, flee at once，请将它用密钥zebras进行列转置，要求密文能够得到解密。

解（1）数学模型

根据zebras的长度6，明文符号按一行6个符号安排矩阵，如图8.15所示；密钥字母的顺序为6、3、2、4、1、5，按这个顺序逐列读出符号。

```
6 3 2 4 1 5
w e a r e d
i s c o v e
r e d f l e
e a t o n c
e
```

图8.15 转置密码的原理

（2）编程

由于符号矩阵的最后一行有5个空，这种单元性质不同的矩阵用细胞数组（cell array）来描述是最合适不过的。编程如下：

```
p = 'wearediscoveredfleeatonce'
N = length(p);k1 = 6;k2 = [5,3,2,4,6,1];M = ceil(N/k1);
%%% 加密
a = cell(M,k1);n = 1;
for i = 1:M
    for j = 1:k1
        if n < = N,a{i,j} = p(n);n = n +1;end
    end
end
b = [];
for j = k2
    b = [b,a{:,j}];
end
b
%%% 解密
```

```
c = cell(M,k1);m = 1;r = N - (M-1)* k1;
for j = k2
    if j > r,d = M-1;else,d = M;end
    for i = 1:d
        c{i,j} = b(m);m = m +1;
    end
end
f = [];
for i = 1:M
    f = [f,c{i,:}];
end
f
```

（3）运行和分析

运行程序得到密文 b = evlna cdtes earof odeec wiree，解密后的明文 f = weare disco vered fleea tonce。

8.3.3 汉明码

汉明码是一种能够自己纠错的码，它的码字由信息比特和监督比特组成，在传输过中若有 1 比特错误，译码器能够发现并纠正这个错误。

例 8.23 已知一个（7，4）汉明码的生成矩阵为

$$G = \begin{bmatrix} 1 & 0 & 0 & 0 & 1 & 0 & 1 \\ 0 & 1 & 0 & 0 & 1 & 1 & 1 \\ 0 & 0 & 1 & 0 & 1 & 1 & 0 \\ 0 & 0 & 0 & 1 & 0 & 1 & 1 \end{bmatrix}$$

它能将 4 比特的信息变为 7 比特的码字。请写出它的编码程序，并给码字的第 2 比特加入干扰，然后用译码程序检验汉明码的纠错能力。

解 （1）数学建模

设信息比特为行向量 x，那么用生成矩阵产生的汉明码为

$$C = x * G$$

根据生成矩阵 G 与一致校验矩阵 H 的关系

$$G * H^T = 0$$

求出

$$H = \begin{bmatrix} 1 & 1 & 1 & 0 & 1 & 0 & 0 \\ 0 & 1 & 1 & 1 & 0 & 1 & 0 \\ 1 & 1 & 0 & 1 & 0 & 0 & 1 \end{bmatrix}$$

它的用途是检测接收到的码字 $R = C + E$ 中是否有错误 E。根据是汉明码与一致校验矩阵存在关系

$$C * H^T = 0$$

故伴随式

$$S = R * H^T = E * H^T$$

是一个行向量；S 的转置与 H 的哪一列相同，就说明码字在哪个位置出错了。

(2) 编程

设 4 比特的信息为 x = [0 0 0 1]，用它产生汉明码和验证汉明码的纠错能力。由于编解码的运算都是二进制，故运算结果都要模 2 运算。编程如下：

```
G = [1 0 0 0 1 0 1;0 1 0 0 1 1 1;0 0 1 0 1 1 0;0 0 0 1 0 1 1];
x = [0 0 0 1]
C = mod(x * G,2)
%%%%%解码
H = [1 1 1 0 1 0 0;0 1 1 1 0 1 0;1 1 0 1 0 0 1];
E = [0 1 0 0 0 0 0];
R = mod(C + E,2)
S = mod(R * H',2)';
for i = 1:7
   if S == H(:,i)
      R(i) = mod(R(i) +1,2);
      break
   end
end
y = R(1:4)
```

(3) 运行和分析

运行程序得到信息 x = [0 0 0 1] 的汉明码 C = [0 0 0 1 0 1 1]，接收符号序列 R = [0 1 0 1 0 1 1]，它的第 2 比特是干扰造成的，译码后的结果 y = [0 0 0 1]，与 x 相同。

8.3.4 文本的编码和解码

按照 ASCII 标准，一个常用字符对应一个十进制数。若脉冲信号的幅度有四种值，如 -3、-1、1、3，它就能表示 00、01、10、11，即一个脉冲能传 2 比特。这样一来，文本就能在电波上传输。

例 8.24 已知 ASCII 码的可显示字符用十进制数 32~126 表示，请编写一个程序，它能把这些字符变为 -3、-1、1、3 的四进制码，还能将这些四进制码恢复为 ASCII 码。提示：函数 real 或函数 double 都可以将字符变为十进制数。

解 编码时，首先要找出字符的十进制数，然后将它不断除以 4，得到的余数连起来就是四进制数；这些四进制数映射到 -3、-1、1 和 3，就是四进制码。

因可显示字符有 95 个，故每个字符需要四位四进制码。具体操作请看下面程序：

```
s = 'very good'
N = length(s);
```

第 8 章
符号的运用

```
x = zeros(1,4*N);
for n = 1:N
    a = real(s(n));
    for i = 0:3
        b = a - floor(a/4)*4;
        x(4*n-i) = 2*b-3;
        a = floor(a/4);
    end
end
disp(['x = ',num2str(x)])
y = [];
for m = 1:N
    c = (x(4*m-3:4*m)+3)/2;
    b = c(1)*4^3+c(2)*4^2+c(3)*4+c(4);
    y = [y,char(b)];
end
y
```

程序的 s 是输入字符，x 是四进制码，y 是译码结果。运行程序得到 s = very good，x = [-1 3 -1 1 -1 1 -1 -1 -1 3 -3 1 -1 3 1 -1 -3 1 -3 -3 -1 1 -1 3 -1 1 3 3 -1 1 3 3 -1 1 -1 -3]，y = very good。

8.3.5 字母的二进制码

在计算机里存储或运算的字符是以二进制的形式存在的，ASCII 不但规定了字符与十进制码的关系，还规定了与二进制码和十六进制码的关系。十进制方便学习和研究，十六进制方便编程。

例 8.25 有一个字母组成的单词是 Wikipedia，请把它转变为 ASCII 的二进制数码，并以一个字母一个二进制数码的顺序，逐行逐列地动画显示。可用函数 double、dec2bin、text、set 和 gcf 来完成。

解 基本原理是先用 double 把字母变为十进制，然后用 dec2bin 变为二进制，再用 text 显示它们。

数码的显示是从左到右、从上到下，画面的修饰用 set 和 gcf。编程如下：

```
s = 'Wikipedia';
N = length(s);
a = double(s);
for p = 1:3
    plot([0,7,7,0,0],[0,0,5,5,0],'g','linewidth',3);axis off;
    set(gcf,'color','none','toolbar','none','numbertitle','off','menubar','none');
```

```
    for k = 1:N
        y = floor((k - 0.1)/3);
        x = k - 3* y;
        b = dec2bin(a(k),8);
        text(2.09* x - 0.75,4 - 1.1* y,s(k),'color','g','fontsize',19);pause(0.2)
        text(2.1* x - 1.6,3.5 - 1.1* y,b,'color','g','fontsize',19);pause(0.2)
    end
    pause(0.3)
end
```

运行程序得到一幅字母和二进制码连续变化的画面,绿色的 Wikipedia 和二进制码从左到右、从上到下重复三次,最后如图 8.16 所示。总耗时 12 秒,可用 tic 和 toc 进行测量。

图 8.16 字母和二进制码的动画

8.4 隐函数

隐函数是一种形如 $R(x_1, x_2, \cdots, x_n) = 0$ 的方程,R 表示 n 个变量之间关系,例如,单位圆的隐函数是 $x^2 + y^2 - 1 = 0$。隐函数用于函数值不是单一或者不易求出的情况。

8.4.1 等位线

当二元函数等于常数时,这时,二元变量的集画出来的曲线就叫作等位线。它应用在电位的等位线、高度的等高线、海水盐度的等盐线等领域。

例 8.26 设平面 $x = -5 \sim 5$ 和 $y = -5 \sim 5$ 上的电位分布为 $u = \sin(x+y) - \cos(xy)$,求电位 u 分别为 1 和 -1.2 的曲线,要求用函数 ezplot 作图。

解 在 MATLAB 的 help 里查看,ezplot 是一个在 $-2\pi \leqslant x \leqslant 2\pi$ 区间画函数曲线的工具,函数可以是显式或隐式的,画图区间可以自己指定。

这里为了修饰曲线,采用句柄的方法制图。程序如下:

```
a = [-5,5];hold on;
h = ezplot('sin(x+y) - cos(x* y) -1',a);set(h,'linewidth',2);
h = ezplot('sin(x+y) - cos(x* y) +1.2',a);set(h,'linecolor','m','linestyle',':','linewidth',2)
legend('u = 1','u = -1.2')
```

运行程序得到图 8.17,图的标题显示的是最后一条曲线的方程。如果没有用 set 设置曲线的特点,图例 legend 显示的曲线就没有区别了。

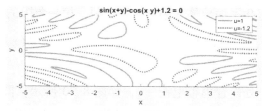

图8.17 等位线

8.4.2 等位面

在数学中，等位面是由三个变量的隐函数的点组成的面，隐函数的方程为
$$F(x,y,z) = 0$$
隐式表示方程的变量 x、y 或 z 不能求解。如果函数的图能用方程 $z=f(x,y)$ 来描述，则称为显式的。

例 8.27 已知一个电位分布函数为 $u(x,y,z) = x^2 + y^2 - [\ln(z+3.2)]^2$，请用函数 isosurface 画出 $u(x,y,z) = 0.02$ 在 $-2 \leqslant x \leqslant 2$、$-2 \leqslant y \leqslant 2$ 和 $-3.04 \leqslant z \leqslant 3$ 区间的等位面，颜色为银色，同时将这个等位面复制到 x 右边 6 的地方。

解 在 help 里查看，isosurface 是用来计算三维函数 $u(x,y,z)$ 等于常数时的等位面的顶点和小平面的值，也可直接绘制等位面。

等位面的变量是三维的，要用 meshgrid 或 ndgrid 产生三维网格。复制等位面时，自变量 x 要加 6，函数 $u(x,y,z)$ 里的 x 要减 6。编程如下：

```
x=linspace(-2,2);y=x;z=linspace(-3.04,3);
[x,y,z]=meshgrid(x,y,z);
f=x.^2+y.^2-[log(z+3.2)].^2;
isosurface(x,y,z,f,0.02);title('x^2+y^2-[ln(z+3.2)]^2=0.02');axis equal off;hold on
x=linspace(-2,2)+6;y=linspace(-2,2);
z=linspace(-3.04,3);
[x,y,z]=meshgrid(x,y,z);
f=(x-6).^2+y.^2-[log(z+3.2)].^2;
isosurface(x,y,z,f,0.02);
camlight(90,-30);lightangle(-90,-45);colormap white;
whitebg([.3 .5 .5]);material metal;
```

运行程序得到图 8.18，色彩图函数 colormap 后面的符号控制曲面的颜色，材料函数 material 后面的符号控制曲面的反射特性。如果程序后面添加指令 lighting flat，组成酒杯的小平面就会显示出来。

8.4.3 静态场的镜像法

镜像法是一种求解导体边界外静电场的方法，它用边界对称区间放置虚拟电荷的方法来代替导体表面的感应电荷。

图8.18 银器的等位面

例 8.28 设无限大直角平面导体在第二~四象限，第一象限的 $x=2$ 和 $y=1$ 处有一个点电荷 q，如图 8.19 所示，$\frac{q}{4\pi\varepsilon}=1$，求 q 在第一象限产生的电位 $\Phi(x,y)$，并画出 $\Phi(x,y)=$ 0.1、0.2、0.4 的曲线。

解 在点 $(-2,1)$ 处设置虚拟电荷 $-q$，如图 8.20 所示，同时在点 $(-2,-1)$ 和 $(2,-1)$ 处也虚设点电荷 q 和 $-q$；这样就可以使导体表面的电位为零，得到第一象限任意点 (x,y) 的电位函数

$$\Phi(x,y) = \frac{q}{4\pi\varepsilon}\left(\frac{1}{r_1} - \frac{1}{r_2} + \frac{1}{r_3} - \frac{1}{r_4}\right) = \frac{1}{r_1} - \frac{1}{r_2} + \frac{1}{r_3} - \frac{1}{r_4}$$

其中，r_k 是第 k 个点电荷到点 (x,y) 的距离，$k=1\sim 4$。

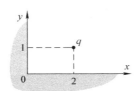

图 8.19　点电荷的位置

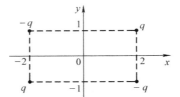

图 8.20　虚拟电荷的设置

下面是画等位线的程序：

```
syms x y
r = @ (a,b)sqrt((x-a)^2+(y-b)^2);
f = 1/r(2,1) -1/r(-2,1) +1/r(-2,-1) -1/r(2,-1);
h = ezplot(f -0.1,[0,5],[0,4]);set(h,'linewidth',1.5);hold on;ax-
is equal;
h = ezplot(f -0.2,[0,5],[0,4]);set(h,'linewidth',1.5,'linecolor
','m','linestyle','- -');
h = ezplot(f -0.4,[0,5],[0,4]);set(h,'linewidth',1.5,'linecolor
','b','linestyle','-.');
legend('\Phi =0.1','\Phi =0.2','\Phi =0.4');plot(2,1,'.','marker-
size',23);grid;text(2.1,1,'q');
```

运行程序得到图 8.21，图例显示电位越小的等位线越靠近导体的边界，越靠近点电荷 q 的曲线越像圆。

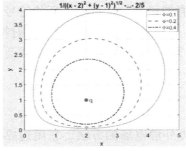

图 8.21　直角导体的电位

8.5 映射

符号不但可以代表变量,还可以代表概念,代表变化,代表操作,代表我们希望的事物。重写系统(L-system)就是一个典型的例子,它用符号描述事物的发展过程,从某种状态开始进行符号迭代。这么做可以模拟真菌、细胞、植物等的生长过程,还可以推出我们意想不到的结果。

数字也是一种符号,通过映射,数字可以变成虚拟的图像,用以模拟地形、地质、植被、目标等。

8.5.1 灰度的阈值分割

若图像的背景和目标有不同的灰度,就可以设置一个阈值对灰度进行分离,突出我们的目标。

例 8.29 请给照片 cameraman.tif 设置一个阈值,将图像分为二值图像,要求突出照片中的摄像师,用函数 imshow 显示图像。

解 函数 imshow 可以显示灰度、彩色和二进制图像,它的二进制对白色是多少没有规定。阈值设置为 100 的程序如下:

```
I = imread('cameraman.tif');
subplot(121);imshow(I);
g = zeros(size(I));
g(I >100) = 45;
subplot(122);imshow(g)
```

运行程序得到图 8.22,二值图像通过消除背景突出了摄像师的形象。

图 8.22 图像二值化

8.5.2 L 系统

L 系统依据一种规则对符号进行迭代,使得符号数量不断扩大,然后再将符号变为几何结构。L 系统最初用来模拟植物细胞的行为。

例 8.30 设符号的变量是 X 和 F,常数是 +、- 和 [ ],规则是 X→F+[[X]-X]-F[-FX]+X 和 F→FF;规定 F 表示前进的线段,+ 表示左转 25°,- 表示右转 25°;X 不画图,只控制曲线的演变;方括号 [ ] 表示保存当前的位置和角度,它们遇到时才恢复。请从 X 开始,按规则对符号进行迭代,迭代重复六次,然后按规定将符号变为曲线。

解 符号作图从原点开始,初始角度取63°,线段长度取1。编程如下:

```
S = 'X';
for k = 1:6
    t = S;S = [];
    for n = 1:length(t)
        if t(n) = = 'X'
            S = [S,'F + [[X] - X] - F [ - FX] + X'];
        elseif t(n) = = 'F'
            S = [S,'FF'];
        else
            S = [S,t(n)];
        end
    end
end
z = 0;A = 0.35 * pi;a = 5 * pi/36;m = [0,0];
hold on;axis equal;set(gca,'color',[0.95 0.91 0.83])
for k = 1:length(S);
    switch S(k)
        case 'F',plot([z,z + exp(j* A)],'Color',[0.3 0.4 0]);z = z + exp(j* A);
        case ' + ',A = A + a;
        case ' - ',A = A - a;
        case '[',m = [m;[z,A]];
        case ']',z = m(end,1);A = m(end,2);m(end,:) = [];
    end
end
```

运行程序得到图 8.23,它是符号迭代六次后再变为曲线的结果,像一棵树。

图 8.23 符号迭代得到的树

8.6 矢量的符号

科学中遇到的量有两种,一种是只有大小的标量,一种是有大小还有方向的矢量。在几何中,矢量用带箭头线段表示,长度表示矢量大小,箭头表示矢量方向。MATLAB 的 quiver

函数能将矢量画在指定位置上，还可以缩放箭头的大小。

8.6.1 电偶极子的电场

电偶极子是指两个距离很近的等量异性点电荷组成的系统，它在空间中产生的电场强度等于两个点电荷产生的电场强度的矢量和。

例 8.31 若采用图 8.24 的坐标，则电偶极子在点 (x, y) 的电场强度为

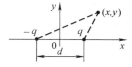

$$E = \frac{q}{4\pi\varepsilon R_1^3}R_1 - \frac{q}{4\pi\varepsilon R_2^3}R_2$$

请画出 E 的矢量图。

图 8.24 电偶极子的坐标

解 点 q 到点 (x, y) 的矢量 $R_1 = a_x(x - d/2) + a_y y$，考虑到 $R_1 = 0$ 时的电场无穷大，编程时给 R_1 加一个正数。同理，点 $-q$ 的矢量 $R_2 = a_x(x + d/2) + a_y y$。令 $\frac{q}{4\pi\varepsilon} = 2$ 和 $d = 2$，编程如下：

```
x = -2:0.2:2;y = -1:0.2:1;u = 0;v = 0;
[x,y] = meshgrid(x,y);
for n = 1:2
    x1 = x + (-1)^n;
    R = sqrt(x1.^2 + y.^2) + 0.3;
    u = u - (-1)^n* 2* x1./R.^3;v = v - (-1)^n* 2* y./R.^3;
end
quiver(x,y,u,v,0.7);grid;axis tight equal;hold on
scatter(1,0,'filled');scatter(-1,0,'c','filled');xlabel('x');
ylabel('y');
```

运行程序得到图 8.25，电偶极子内的电场分布比较均匀，电偶极子外的电场衰减很快。

8.6.2 波导里的电磁波

引导电磁波传播的系统称为波导，常见的波导有双导线、同轴线、矩形波导等，它们的应用与电磁波的频率有关。研究金属管波导中的电磁波时，一般认为它的材质均匀、横截面形状不变，这样横截面上的场分布就能反映波导的性能。

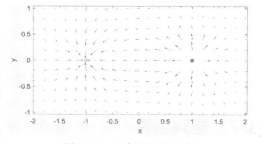

图 8.25 电偶极子的电场

例 8.32 设矩形波导的宽 $a = 2$ 和高 $b = 1$，沿 z 轴传播的横电磁波在横截面上的电场为

$$\begin{cases} E_x = E_{x0}\cos(\frac{m\pi}{a}x)\sin(\frac{n\pi}{b}y)\,\mathrm{e}^{-\mathrm{j}\beta z} \\ E_y = -E_{y0}\sin(\frac{m\pi}{a}x)\cos(\frac{n\pi}{b}y)\,\mathrm{e}^{-\mathrm{j}\beta z} \end{cases}$$

横截面上的磁场为

$$\begin{cases} H_x = H_{x0}\sin(\frac{m\pi}{a}x)\cos(\frac{n\pi}{b}y)\,\mathrm{e}^{-\mathrm{j}\beta z} \\ H_y = H_{y0}\cos(\frac{m\pi}{a}x)\sin(\frac{n\pi}{b}y)\,\mathrm{e}^{-\mathrm{j}\beta z} \end{cases}$$

请画出横电磁波在 $m=1$，$n=1$ 时的横截面场分布。

解 分布图一般关心场量在各个位置的相对值，故设 $z=0$，$E_{x0}=E_{y0}=1$，$H_{x0}=H_{y0}=1$。编程如下：

```
a=2;b=1;m=1;n=1;E=1;H=1;
x=linspace(0,a,16);y=linspace(0,b,8);
[x,y]=meshgrid(x,y);
Ex=E*cos(m*pi/a*x).*sin(n*pi/b*y);
Ey=-E*sin(m*pi/a*x).*cos(n*pi/b*y);
subplot(121);
quiver(x,y,Ex,Ey,0.7);grid;xlabel('x');ylabel('y');title('TE_
{11}的E(x,y)');axis equal tight;
Hx=H*sin(m*pi/a*x).*cos(n*pi/b*y);
Hy=H*cos(m*pi/a*x).*sin(n*pi/b*y);
subplot(122);
quiver(x,y,Hx,Hy,0.7);grid;xlabel('x');ylabel('y');title('TE_
{11}的H(x,y)');axis equal tight;
```

运行程序得到图 8.26，这里的箭头线段只表示各自位置的矢量方向和大小，电场在四个角和中央最小，它呈现半波的变化，磁场也是这样。

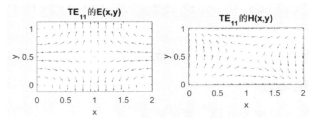

图 8.26　横电磁波的场分布

8.7　矩阵运算

数值型运算的变量可以表示为矩阵，符号运算的变量也可以表示为矩阵。符号变量可以用来进行矩阵运算，还可以和数字变量互相转换。

8.7.1　线性方程的求解

线性方程组可以用矩阵描述，它的求解可以用数值变量的矩阵运算求解，也可以用符号变量的矩阵求解。

例 8.33 有一个二元一次方程组

$$\begin{cases} ax_1 + bx_2 = e \\ cx_1 + dx_2 = f \end{cases}$$

请用算术求方程的符号解。如果这时给出 $a=2$、$b=3$、$c=4$、$d=5$、$e=6$、$f=7$，求符号解的数值。

解 先求解符号方程组，然后给符号解的符号赋值，再用函数 eval 计算符号赋值后的数值解。编程如下：

```
syms a b c d e f
A = [a b;c d];B = [e;f];
x = A\B
a = 2;b = 3;c = 4;d = 5;e = 6;f = 7;
x = eval(x)
```

运行程序得到的第一个解是符号解 x = [-(b*f - d*e)/(a*d - b*c);(a*f - c*e)/(a*d - b*c)]，第二个解是符号赋值后的数值解 x = [-4.5; 5]。

8.7.2 符号矩阵的微分

符号表达式的微分运算是函数 diff，如果表达式有多个自变量，diff 默认的自变量是 x；如果没有 x，则选择与 x 最近的符号作为自变量或者自己指定自变量。

例 8.34 有四个函数，它们的表达式分别是 $3x^2$、$5t^2$、$t\sin(0.7x)$、$8e^{2x}$。请把它们写成矩阵的形式，并分别求矩阵对 x 和 t 的导数。

解 四个函数的 2×2 符号矩阵形式为 $f = \begin{bmatrix} 3x^2 & 5t^2 \\ t\sin(0.7x) & 8e^{2x} \end{bmatrix}$，对 f 求导的程序如下：

```
syms x t
f = [3* x^2,5* t^2;t* sin(0.7* x),8* exp(2* x)]
g = diff(f)
h = diff(f,t)
```

运行程序得到 f 对 x 的导数，g = [6*x, 0;(7*t*cos((7*x)/10))/10, 16*exp(2*x)]，它的数学写法为

$$\frac{df}{dx} = \begin{bmatrix} 6x & 0 \\ 0.7t\cos(0.7x) & 16e^{2x} \end{bmatrix}$$

还有 f 对 t 的导数，h = [0, 10*t;sin((7*x)/10), 0]，它的数学写法为

$$\frac{df}{dt} = \begin{bmatrix} 0 & 10t \\ \sin(0.7x) & 0 \end{bmatrix}$$

8.7.3 符号矩阵的积分

符号表达式的积分运算是函数 int，如果不给 int 上下限，int 就按不定积分运算。

例 8.35 已知一个周期信号 $f(t)$，如图 8.27 所示，请用函数 int 求它的傅里叶级数，

并画出级数前四项的合成信号波形。

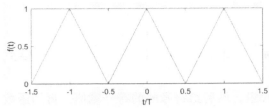

图 8.27 三角波信号

解 傅里叶级数的系数为

$$F_n = \frac{1}{T}\int_{-T/2}^{T/2} f(t)\mathrm{e}^{-jn2\pi/Tt}\mathrm{d}t$$

本题的 $f(t)$ 在 $t = -T/2 \sim T/2$ 的表达式为

$$f(t) = \begin{cases} \dfrac{2}{T}t + 1, & (t \leqslant 0) \\ -\dfrac{2}{T}t + 1, & (t > 0) \end{cases}$$

依此公式编程,程序如下:

```
syms T t n
f=1/T* [2/T* t+1; -2/T* t+1]* exp(-j* n* 2* pi/T* t);
F1 = int(f(1),-T/2,0);
F2 = int(f(2),0,T/2);
F = F1 + F2
```

运行程序得到 F = 1/(2*n^2*pi^2) − 1i/(2*n*pi) + (1 + pi*n*1i − exp(pi* n*1i))/(2*n^2*pi^2) − exp(−pi*n*1i)/(2*n^2*pi^2)。手工整理后的傅里叶级数的系数为

$$F_n = \frac{1-(-1)^n}{\pi^2 n^2}$$

对于 $n = 0$ 的特殊情况,直接从积分式得 $F_0 = 0.5$。利用 F_n 的偶对称和欧拉公式,$f(t)$ 的傅里叶级数为

$$f(t) = 0.5 + \sum_{n=1}^{\infty} 2F_n\cos(n\frac{2\pi}{T}t) = 0.5 + \sum_{n=1}^{\infty}\frac{4}{\pi^2(2n-1)^2}\cos[(2n-1)\frac{2\pi}{T}t]$$

绘制 $f(t)$ 前四项的合成波形的程序如下:

```
N =3;T =1;f =0.5;
t = -2:0.001:2;
for n =1:3
    f =f +4/pi^2/(2* n-1)^2* cos((2* n-1)* 2* pi/T* t);
end
plot(t,f);grid;axis equal;xlabel('t/T');ylabel('f_4(t)');axis([-2,2,0,1]);box off
```

运行程序得到图 8.28，它的形状和理想三角波的波形相似。

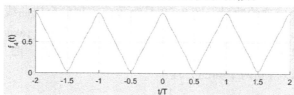

图 8.28　傅里叶级数合成的信号

8.7.4　泰勒级数

泰勒级数用无限项多项式来表示函数。表面上看它把简单变成了复杂，实际上在机器产生函数时，泰勒级数的作用是将函数计算变成了乘法和加法的计算。

例 8.36　在 DSP 系统与应用中，如果要产生周期正弦信号，就要把正弦函数展开为级数。请用 MATLAB 的函数 taylor 找出解决方案，要求正弦信号的精度为 1‰。

解　为了减少 DSP 的计算量，应把多项式的 x 限制在小于 1，所以取 $x=0\sim\pi/4$。然后利用 $\sin(2x)=2\sin(x)\cos(x)$ 可得 $x=0\sim\pi/2$ 的正弦值，剩下 $x=\pi/2\sim2\pi$ 的正弦值由对称性获取。

获取正弦和余弦函数的泰勒级数时，符号泰勒级数的编程如下：

```
syms x
f = taylor([sin(x);cos(x)])
```

运行程序得到 f = [x^5/120 − x^3/6 + x; x^4/24 − x^2/2 + 1]，它的数学写法为

$$\begin{cases}\sin(x)=x-\dfrac{x^3}{3!}+\dfrac{x^5}{5!}-\dfrac{x^7}{7!}+\cdots\\ \cos(x)=1-\dfrac{x^2}{2!}+\dfrac{x^4}{4!}-\dfrac{x^6}{6!}+\cdots\end{cases}$$

若取级数的前四项，考虑 $x=\pi/4$，$(\pi/4)^7/7!\approx3.6576\times10^{-5}$ 和 $(\pi/4)^6/6!\approx3.2599\times10^{-4}$，说明级数的误差小于 0.33‰，满足精度的要求。

所以用 DSP 产生的正弦波时，取泰勒级数的前四项就可以满足要求了。

本章小结

符号是一种概念，它能代表文字、声音、图形等，用符号作为数学的变量，是推动数学快速发展的主要因素之一。

练习题

1. 已知指数函数 e^x 的泰勒级数为

$$f(x)=1+x+\dfrac{x^2}{2!}+\dfrac{x^3}{3!}+\cdots,(-\infty<x<\infty)$$

请分别画出 e^x 与 $f(x)$ 的前八项的曲线，$x=-3\sim3$，要求级数的曲线逐条出现，一秒更换一条，每条都显示它的合成项的数目，图 8.29 是级数前三项的合成曲线。

提示：set(gca,'fontsize',20); set(gca,'dataaspectratio',[1 3 1]); axis([-3,3,-4,20]);。

2. 如果将传输线的反射系数 $\Gamma(z)$ 写成直角坐标形式，即 $\Gamma(z)=u+\text{j}v$，那么可以得到两个圆的方程

$$\begin{cases}(u-\dfrac{r}{1+r})^2+v^2=(\dfrac{1}{1+r})^2\\(u-1)^2+(v-\dfrac{1}{x})^2=(\dfrac{1}{x})^2\end{cases}$$

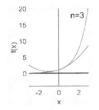

图 8.29 指数函数和它的泰勒级数

其中的参量 r 是归一化电阻，x 是归一化电抗。设 $r=0$、0.25、0.5、1、2，$x=\pm0.1$、±0.5、±1、±2、±4。请画出 $\Gamma(z)$ 的完整阻抗圆图，要求标出每条曲线的图例。

3. 有一个三元非线性方程组

$$\begin{cases}x^2+3x+z+2=0\\x+yz=2\\xy=2\end{cases}$$

求它的解。

4. 已知沿 z 轴方向传播的均匀平面电磁波的电场 $E_x(z)$ 的波动方程为

$$\dfrac{\text{d}^2E_x(z)}{\text{d}z^2}+k^2E_x(z)=0$$

设 $z=0$ 是空气和理想导体的分界面，电磁波从左入射这个界面，入射波幅度为 E_{im}；请用函数 dsolve 求 $E_x(z)$ 的表达式，边界条件是 $E_x(0)=0$。

5. 替换密码是一种古老的加密方法，它将明文里的符号按它在规定的符号集里的顺序，用相隔若干位置的符号替换。例如，在 MATLAB 里的中文符号"啊"，它的数字是 double('啊')=21834，如果密钥是 3，则 21834 就变为 21837，得到的密文符号就是"哼"。

现在有一段明文是"听到的太多是谎话，汤姆没办法做出正确的判断"，请把它用替换密码的方法加密，并且能够解密，密钥是 3。

6. 请将明文 Too many lies make Tom unable to see 的字母按一行五列的方式排成矩阵，对于最后一行剩下的空位，随机选择字母填充它们，然后按 3、2、4、1、5 列的顺序从矩阵中读出字母，形成密文，要求能够解密。

7. 有一个半波余弦周期信号 $f(t)$，如图 8.30 所示，它的周期是 T，如果用函数 int 求解 $f(t)$ 的傅里叶级数，经手工整理，可以很快得到 $f(t)$ 的傅里叶级数，即

$$f(t)=\dfrac{1}{\pi}+\dfrac{1}{2}\cos(\dfrac{2\pi}{T}t)-\sum_{m=1}^{\infty}\dfrac{2(-1)^m}{\pi(4m^2-1)}\cos(\dfrac{4\pi}{T}mt)$$

请编程实践。

8. 在 x 轴上有一长度为 d 的带电细金属丝，如图 8.31 所示，r 是点 (x,y) 到原点的距离，r' 是金属丝上电荷 $\rho(r')\text{d}r'$ 到原点的距离，$\rho(r')$ 是金属丝的电荷线密度，R 是点 (x,y) 到电荷 $\rho(r')\text{d}r'$ 的距离。

已知金属丝外的电位为

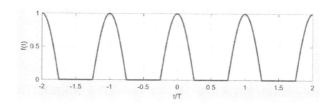

图 8.30 半波余弦周期信号

$$\phi = \frac{1}{4\pi\varepsilon_0}\int_0^d \frac{\rho(r')}{R}dr'$$

求 $z=0$、$\frac{\rho(r')}{4\pi\varepsilon_0}=1$、$d=2$、$x=-1.5\sim3.5$、$y=-2\sim2$ 时，电位 $\Phi=1$、1.3、2、4 的等电位线。

9. 请给照片 onion.png 添加一个可见水印，图 8.32 是它的模板，要求高度是照片高度的三分之一，水印的线条宽度是三个像素。

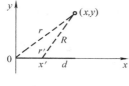

图 8.31　金属丝　　　　　图 8.32　水印模板

水印中斜线的制作公式为

$$y = \frac{y_2 - y_1}{x_2 - x_1}(x - x_1) + y_1$$

其中 x 和 y 代表像素的位置，是整数。添加水印后的照片可以用函数 imwrite 另存为一张新照片，图 8.33 是水印添加在左上角的效果图。

图 8.33　添加水印的照片

10. 在 L 系统中，如果 X 和 Y 是变量，常量是 F、+ 和 -，迭代的起点是 FX；迭代的规则是遇到 X 就用 X+YF 替换，遇到 Y 就用 FX-Y 替换，遇到其他符号时符号不变；画图的规则是 F 表示一条有向线段，+ 表示原来的角度减少 90°，- 表示原来的角度增加 90°。请依照上述规则迭代十次，然后用得到的符号串从原点开始画图。

参 考 文 献

[1] 王瑞兰. 信号与系统 [M]. 北京：机械工业出版社，2011.
[2] 陈晓平，李长杰. 电路原理 [M]. 3版. 北京：机械工业出版社，2018.
[3] 何超，林雁飞，周云鹏. 模拟电子技术新编 [M]. 北京：清华大学出版社，2014.
[4] 韩学军，王义军. 模拟电子技术基础 [M]. 2版. 北京：中国电力出版社，2013.
[5] 唐治德，申利平. 模拟电子技术基础 [M]. 2版. 北京：科学出版社，2015.
[6] 汤秀芬，李虹. 数字电子技术基础 [M]. 北京：北京邮电大学出版社，2014.
[7] 唐朝仁，李姿，王纪. 数字电子技术基础 [M]. 北京：清华大学出版社，2014.
[8] 王丽娟，贾永兴，王友军，等. 信号与系统 [M]. 北京：机械工业出版社，2018.
[9] 鄂大伟. 大学信息技术基础 [M]. 厦门：厦门大学出版社，2012.
[10] 郭辉萍，刘学观. 电磁场与电磁波 [M]. 4版. 西安：西安电子科技大学出版社，2015.
[11] 符果行. 电磁场与电磁波基础教程 [M]. 2版. 北京：电子工业出版社，2012.
[12] 符果行. 电磁场与电磁波基础教程 [M]. 北京：电子工业出版社，2009.
[13] 杨毅明. 数字信号处理 [M]. 2版. 北京：机械工业出版社，2017.
[14] 邓家先，肖嵩，严春丽. 信息论与编码 [M]. 2版. 西安：西安电子科技大学出版社，2011.
[15] 冯桂，林其伟，陈东华. 信息论与编码技术 [M]. 北京：清华大学出版社，2007.
[16] 王育民，李晖，梁传甲. 信息论与编码理论 [M]. 北京：高等教育出版社，2005.
[17] 冯桂，周林. 信息论与编码 [M]. 北京：清华大学出版社，2016.
[18] BOSE R. 信息论编码与密码学 [M]. 武传坤，译. 北京：机械工业出版社，2010.
[19] GONZALEZ R C，WOODS R E，EDDINS S L. 数字图像处理（MATLAB版）[M]. 阮秋琦，译. 北京：电子工业出版社，2009.
[20] 杨帆. 数字图像处理与分析 [M]. 4版. 北京：北京航空航天大学出版社，2019.
[21] 王一丁，李琛，王蕴红. 数字图像处理 [M]. 西安：西安电子科技大学出版社，2015.
[22] 廖惜春. 高频电子线路 [M]. 北京：人民邮电出版社，2014.
[23] 孔英会，高强，张素香，等. 通信系统原理 [M]. 北京：机械工业出版社，2011.
[24] 达新宇，李伟，付晓，等. 通信原理教程 [M]. 北京：电子工业出版社，2016.
[25] 陈根祥，路慧敏，陈勇，等. 光纤通信技术基础 [M]. 北京：高等教育出版社，2010.
[26] 毛均杰，刘荧，朱建清. 电磁场与微波工程基础 [M]. 北京：电子工业出版社，2004.
[27] 田加胜，陈柯，刘巧云，等. 微波技术基础 [M]. 武汉：华中科技大学出版社，2011.
[28] 宋铮，张建华，黄冶. 天线与电波传播 [M]. 3版. 西安：西安电子科技大学出版社，2016.
[29] 潘建寿，王琳，严鹏. 随机信号分析及应用 [M]. 北京：清华大学出版社，2011.
[30] 陈怀琛，吴大正，高西全. MATLAB及在电子信息课程中的应用 [M]. 北京：电子工业出版社，2002.
[31] JR C R J，SETHARES W A S. 软件无线电 [M]. 潘甦，译. 北京：机械工业出版社，2008.
[32] 郑阿奇，曹弋，赵阳. MATLAB实用教程 [M]. 北京：电子工业出版社，2004.
[33] 赵静，但琦，严尚安，等. 数学建模与数学实验 [M]. 3版. 北京：高等教育出版社，2008.
[34] 邵玉斌. Matlab/Simulink通信系统建模与仿真实例分析 [M]. 北京：清华大学出版社，2008.
[35] 刘卫国. MATLAB程序设计与应用 [M]. 2版. 北京：高等教育出版社，2006.
[36] 薛定宇，陈阳泉. 基于MATLAB/Simulink的系统仿真技术与应用 [M]. 北京：清华大学出版社，2002.
[37] 曹弋，闵富红，叶彪明. MATLAB在电类专业课程中的应用——教程及实训 [M]. 北京：机械工业出版社，2016.

[38] 苏小林，赵巧娥. MATLAB 及其在电气工程中的应用 [M]. 北京：机械工业出版社，2014.
[39] 陈桂明，张明照，戚红雨. 应用 MATLAB 语言处理数字信号与数字图像 [M]. 北京：科学出版社，2000.
[40] 贾科军. 基于光 OFDM 及其相关技术的室内可见光通信研究 [M]. 成都：西南交通大学出版社，2019.
[41] 杨鉴，梁虹. 随机信号处理原理与实践 [M]. 北京：科学出版社，2010.
[42] 李晓峰. 随机信号分析 [M]. 北京：电子工业出版社，2011.
[43] 樊昌信. 通信原理教程 [M]. 4 版. 北京：电子工业出版社，2019.